임을 위한 행진곡

임을 위한 행진곡

– 국가행사 기념곡 지정에 대한
찬반 토론자료 –

김대령 지음

비봉출판사

저자 서문

광주사태 35주년을 불과 한 달 여 앞둔 지난 4월 6일 정의화 국회의장은 "〈임을 위한 행진곡〉의 제창은 단순히 노래를 부르는 것이 아닌 '역사의 인식' 속에 국민이 화합하는 시발점이 될 수 있도록 해야 한다"고 했다. (국민일보 2015년 4월 6일자). 그러나 그의 발언은 몇 가지 의문점을 던진다. 첫째는 '역사의 인식'에 관한 것이다. 정의장의 그 '역사의 인식'이라는 것은 과연 무엇인가? 현재 이 노래에 대한 국민들의 의견은 서로 다른 두 가지가 첨예하게 대립하고 있는데, 어떻게 이 노래를 제창함으로써 국민들이 화합할 수 있다는 것인가?

〈임을 위한 행진곡〉은 북한이 장려하고 선전하는 노래라는 것은 주지의 사실이다. 지난 2014년 5월 17일에도 북한의 대남공작부서인 통일전선부가 광주사태 34주년 기념으로 산하 선전조직 '우리민족끼리'의 유튜브 채널에 "1980년 5월 18일 미국은 광주를 처참하게 짓이길 희세의 살인극을 연출했고 전두환 살인 역적은 빛고을 광주를 핏속에 잠그었다"는 자막과 〈님을 위한 행진곡〉 동영상을 올려놓았다. (Uriminzokkiri 2014)

물론 북한의 이런 선전의 피리소리에 장단 맞추어 춤추는 이른바 종북 세력이 우리 사회에 있는 것은 사실이다. 그러나 그들은 국민의 극히 일부분인 특정 집단일 뿐인데, 온 국민이 그들을 따라야 할 이유가 있는가?

그러면 북한에서는 왜 이 노래를 선전하고 있는가? 그것은 북한과 공조하여 광주사태를 주동한 것이 〈남조선 민족해방전선〉(이하 〈남민전〉)이었기 때문이다. 지금 5·18측이 국가 기념행사 지정곡으로 삼으려고 하는 〈임을 위한 행진곡〉의 주인공들은 바로 〈남민전〉의 전사들이었다.

이 노래의 남자 주인공 윤상원은 혁명가였다. 이념적으로 그는 남조선노동당(이하 남로당)의 후예였으며, 남로당의 후예라는 의미에서 그는 혁명가였다. 그는 북한식 '인민민주주의'의 의미로 '민주'를 외쳤던 혁명가였다. 이석기의 〈민족민주혁명당〉의 원조가 박현채와 윤상원 등의 '민족민주' 운동권 진영이었다. 이렇듯 〈임을 위한 행진곡〉은 남로당의 후예로서 열사로 추앙되는 인물에게 바쳐진 노래였다. 따라서 이 노래를 국가행사의 제창곡으로 지정하는 것은 자유민주주의에 대한 배반이자, 더 나아가 자유민주주의 이념에 입각하여 건국된 우리 모두의 조국 대한민국에 대한 배반이다.

〈민학련〉 등 〈남민전〉의 전위조직들이 광주사태를 조직하여 사용하던 용어 '민족민주'의 의미는 '인민민주주의'였다. 그래서 5월 18일이 북한에서는 국가기념일이 된 것이다. 해마다 5월이면 북한의 극장들에서는 〈님을 위한 교향시〉란 영화를 상영한다. 김일성이 황석영에게 〈임을 위한 행진곡〉을 영상화한 영화 〈님을 위한 교향시〉의 시나리오를 쓰게 한 데는 이유가 있었다.

따라서 〈임을 위한 행진곡〉을 대한민국 국가행사에서 국민들이 제창할 기념곡으로 지정하기 전에 먼저 그 이유를 설명해야 한다. 이 문제는 몇몇 정치인들과 특정 정치세력이 정치적으로 야합하여 결정할 문제가 결코 아니고 반드시 전 국민들이 참여하는 공론화 과정을 거쳐야 할 문제이다.

이렇듯 본서는 국가적으로 중요한 이슈에 대한 찬반 논란에 대한 국민토론 자료로서 집필되었다. 〈임을 위한 행진곡〉에 대한 독자들의 입장이 무엇이든 간에, 독자들은 본서를 통해 이 노래의 역사적 문맥 및 그

가사와 곡에 내포되어 있는 의미들에 대한 객관적이고 정확한 사실을 접하게 될 것이다.

본서의 또 하나의 집필 목적은 국민의 알 권리 존중이다. 광주사태 당시 광주에서 게릴라전을 수행한 북한 특수부대원들 중 일부의 실명과 사진이 광주사태 35주년에 즈음하여 최근 밝혀지고 공개된 바 있다. 〈임을 위한 행진곡〉의 주인공인 윤상원이 바로 그 북한군 및 간첩단의 공조세력의 핵심 인물이었을 때에는 그의 정체에 대해, 그의 사상 및 배경에 대해, 그리고 그가 누구이며 그를 둘러싸고 전개된 5·18사건들의 진실이 무엇인지에 대해 국민들은 알 권리가 있다. 이런 국민들의 알 권리에 부응하려는 것이 본서 집필의 부차적인 동기이다.

[목 차]

저자서문 / 5

제 1 장 〈남조선 해방〉 전사에게 바치는 행진곡 / 11

    1. 〈임을 위한 행진곡〉은 무엇을 위한 노래인가? / 12

    2. 〈임을 위한 행진곡〉의 '임'은 누구인가? / 33

제 2 장 한 고교생 5 · 18유공자가 본 〈임을 위한 행진곡〉의 '임' / 74

제 3 장 두 청소년 복면시민군과 5 · 18 / 103

제 4 장 5 · 18열사들을 향해 쏜 시민군 저격수 / 133

제 5 장 〈임을 위한 행진곡〉 주인공들의 사인(死因) 비화 / 189

    1. 박기순의 연탄가스 중독 / 190

    2. 윤상원의 수류탄 자폭 / 211

        가. 사전 조직된 윤상원의 홍보팀 / 211

        나. 윤상원 조직이 사전 계획한 무장반란 음모 / 216

        다. 자유민주와 대적하던 민족민주혁명 / 235

        라. 시민군 지도부의 TNT 자폭 협박 / 239

        마. 윤상원 사인의 미스터리를 푸는 열쇠 / 244

제 6 장 남한의 〈임을 위한 행진곡〉과 북한의 〈님을 위한 교향시〉 / 257

    1. 『찢어진 깃폭』과 황석영의 〈님을 위한 교향시〉 / 260

    2. 〈임을 위한 행진곡〉 작사자가 표절한 북한 자료 / 282

국가행사 기념곡 지정에 대한
찬반 토론자료

[임을 위한 행진곡]

제 7 장 김일성에게 바친 영화 〈님을 위한 교향시〉 / 296

제 8 장 〈임을 위한행진곡〉과 부산저축은행 금융비리 / 335

에필로그 / 388

[부록] 1. 5월 27일 새벽 시민군 집단총기난사 사건 발생 지형 / 395

[부록] 2. 〈임을 위한 행진곡〉의 주인공이 작성한 5·18 성명서들 / 408

　　1. 민주시민들이여 / 408

　　2. 호소문 / 409

　　3. 민주 시민아 일어서라 / 410

　　4. 결전의 순간이 다가왔다 / 411

　　5. 우리는 피의 투쟁을 계속한다! / 412

　　6. 민주수호 전남도민 총궐기문 / 413

　　7. 선 언 문 / 415

　　8. 투사회보 제6호 / 416

　　9. 우리는 왜 총을 들 수밖에 없었는가? / 417

　　10. 광주사태의 진상을 고함 / 419

참고문헌 / 422

"본서는 〈임을 위한 행진곡〉이 국가행사 노래로서 제창되는 것이 적합한지의 여부에 대한 국민 토론의 한 참고 자료로 집필되었다. 따라서 본서 저자는 독자들의 어떤 반론이나 반박과 비평도 환영한다. 건전한 비평이 건전한 토론문화를 정착시킬 것이다.

본서는 5·18에 대한 미완의 연구의 중간 발표이다. 5·18 사건의 진상규명 및 내러티브 완성은 국민 모두가 동참해야 하는 작업이며, 조만간 보다 정확한 사실들이 밝혀질 것이다. 그러나 누구누구가 시민군이었느냐에 대해서는 광주사태 35주년에 이제 거의 다 밝혀졌다."

제 1 장 〈남조선 해방〉 전사에게 바치는 행진곡

　여간첩 황순희, 윤기정, 이선실 등 간첩 조직들이 "경상도 군인이 전라도 사람 씨를 말리러 왔다"는 유언비어를 한창 퍼뜨리고 있던 1980년 5월 20일 오후, 황석영이 썼다고 알려진 『죽음을 넘어, 시대의 아픔을 넘어』라는 책의 실제 저자인 이재의의 유인물팀 후배 한 명이 "우리 모두 이 자리에서 먼저 가신 님들과 같이 죽읍시다."라고 외쳤다.(이재의 1988) 그러나 그때는 아직 북한군이 폭동 선동용 '시체작품'도 만들어 놓기 전이어서 죽은 사람이 아무도 없었는데도 마치 "먼저 가신님들"이 있는 듯이 즉석에서 이런 거짓말을 지어냈던 것이다. 그런 구호로 사람들을 선동하여 폭동의 판이 커지게 한 이재의의 조직은 "먼저 가신 님들과 같이" 죽지 않았다. 그들은 사람들을 선동하여 일이 커지게 한 후 자기들은 살아야겠다며 모두 도망갔다.

　사람들을 선동한 후 자기들은 살아야겠다며 얼른 도망갔던 운동권들 중에서 김종률이 1년 후에 "우리 모두 이 자리에서 먼저 가신 님들과 같이 죽읍시다."라는 선동 구호를 주제로 〈임을 위한 행진곡〉에 곡을 붙이고, 광주사태 때 광주에 있지 않고 서울에 있었던 황석영이 가사를 붙여 〈임을 위한 행진곡〉 노래를 만들어 냈다. 그러면 〈임을 위한 행진곡〉은 무엇을 위해, 누구를 위해 작사 작곡된 노래인가?

1. 〈임을 위한 행진곡〉은 무엇을 위한 노래인가?

〈임을 위한 행진곡〉의 가사가 작사된 배경에는 〈남조선 민족해방전선〉(이하에서는 줄여서 〈남민전〉) 사건 및 〈명동YWCA 위장결혼식〉 사건이 있다. 이 노래의 기원은 백기완이 1980년 12월에 지은 시 '묏비나리 — 젊은 남녘의 춤꾼에게 띄우는'이다. 그런데 이 노래의 작곡 배경은 광주사태이다.

1981년 5월 당시 전남대 상대 학생이었던 김종률이 광주사태 1주년 기념으로 황석영의 운암동 자택에서 광주사태 당시의 시민군 군가 '전진가'를 모방한 곡을 썼는데, 이 곡이 바로 〈임을 위한 행진곡〉의 곡이다. 1982년 2월 초에 황석영은 여러 권의 운동권 시집들을 갖고 이 곡에 맞는 가사를 찾다가 백기완의 시에서 그 가사를 찾아 곡에 맞게 약간 다듬고 〈님을 위한 행진곡〉이란 새 이름을 붙여서 자기 이름으로 발표하였다. 요컨대, 1982년 2월 어느 날 황석영과 김종률이 다른 사람의 원작을 즉흥적으로 짜깁기하여 만들어낸 것이 오늘날 대표적인 운동권 가요 〈임을 위한 행진곡〉인 것이다.

한 시대의 사건으로 인해 탄생되고, 한 시대를 배경으로 하는 노래는 그 시대의 역사를 알아야 그 의미를 충분히 이해할 수 있다. 〈임을 위한 행진곡〉의 등장 배경은 이른바 〈남민전〉 사건과 광주사태라는 양대 사건이었으므로, 이 양대 사건의 역학 관계를 알아야만 이 노래의 가사와 곡을 제대로 이해할 수 있다.

백기완과 황석영은 모두 〈남민전〉 사건과 직접 혹은 간접적으로 관련
되어 있다. 〈남민전〉은 베트콩(남베트남 민족해방전선)의 한국판이었던
자생간첩단 〈남조선 민족해방전선〉의 약칭이고, 〈남민전〉 전사들은 백
기완과 황석영의 동지들이었다. 그래서 그들이 〈남민전〉 동지들을 위해
이 시를 쓰고 이 가사를 만들었던 것이다.

백기완은 1979년 11월 24일의 '명동YWCA 위장결혼식 사건'을 통해
〈남민전〉 사건과 관련되어 있다. 1979년 10월 26일 박정희 대통령 시해
사건으로 나라가 혼란스러운 틈을 타서 〈남민전〉 세력이 총궐기하여 국
가를 전복시키려고 했던 것이 바로 '명동YWCA 위장결혼식 사건'이다.

1979년 11월에는 아직 광주사태 주동자들이 무장봉기를 일으킬 준비
가 충분히 되어 있지 않았다. 그런데도 일명 '명동YWCA 위장결혼식 사
건'을 시도한 이유는 박정희 대통령 서거 직후가 국가를 전복시킬 절호의
기회라고 판단했기 때문이다. 사건 이름 때문에 국민들은 무슨 결혼식 사
건 정도로만 생각하기 쉽지만, 실은 박정희 대통령이 서거한 후 새 대통
령이 선출되기 전의 혼란기를 놓치지 않고 부마사태를 능가하는 사태를
서울과 여러 도시에서 동시에 일으키려고 시도했던 사건이다.

광주사태는 〈남민전〉 세력의 국가전복 음모 사건이다. 이 사건은 원
래 전국 규모의 사건으로 계획되어 있었고, 광주사태 때에도 서울과 광
주에서 동시에 일어났다. 그런데도 이 사건을 '광주사태'라고 부르는 이
유는, 서울에서는 가두시위가 무장봉기로 확대되지 않았으나 광주에서
는 무장봉기로 발전했기 때문이다. 중소도시인 광주에서 무장봉기가 일
어날 수 있었던 이유는 그곳에 군납업체 아세아자동차 공장이 있었기 때
문이다.

명동YWCA 위장결혼식 사건의 배후세력 중에는 김대중과 〈민청협〉 간부들도 있었다. 그때 백기완은 김대중의 동지였고 이 사건 주동자들 중 한 명이었다. 그가 12월에 수감되어 있을 때 그는 〈인민혁명당 재건위〉 및 〈남민전〉 동지들을 위해 '묏비나리 ─ 젊은 남녘의 춤꾼에게 띄우는' 이라는 제목의 시를 썼다. 이 장편 시에서 〈임을 위한 행진곡〉에 해당하는 부분을 인용하면 이렇다:

> 사랑도 명예도 이름도 남김없이
> 한 평생 나가자던 뜨거운 맹세
> 싸움은 용감했어도 깃발은 찢어져
> 세월은 흘러가도
> 구비치는 강물은 안다
>
> 벗이여 새 날이 올 때까지 흔들리지 말라
> 갈대마저 일어나 소리치는 끝없는 함성
> 일어나라 일어나라
> 소리치는 피맺힌 함성
> 앞서서 가나니
> 산 자여 따르라 산 자여 따르라

위의 시에서 깃발은 〈남민전〉의 깃발이다. 즉, 공산주의 혁명을 상징하는 깃발이다.

이 시를 이해하려면 먼저 1970년대 후반이 어떤 시대였으며, 당시 운동권 시인은 무슨 생각을 하고 있었는지부터 알아야 한다. 1970년대 후반은 공산주의 혁명의 기운이 아주 강하던 시기였다. 월남이 1975년에 적화통일되었으므로 그 다음 차례는 한국이라는 것이 운동권의 이론이었으며, 그들은 곧 공산당이 천하를 지배하는 시대가 도래할 것으로 기대하고 있었다.

백기완의 시 중에서 〈임을 위한 행진곡〉에 해당하는 연(聯)의 바로 앞 연은 이러하다:

> 무너져 피에 젖은 대지 위엔
> 먼저 간 투사들의 분에 겨운 사연들이
> 이슬처럼 맺히고
> 어디선가 흐느끼는 소리 들릴지니

위에서 "무너져 피에 젖은 대지 위엔 먼저 간 투사들의 분에 겨운 사연들"에서 "투사"는 〈남민전〉의 투사들이지만, 여기서는 〈남민전〉의 동지인 〈인혁당 재건위〉 사건 주동자 8인을 일컫는다. 1973년과 1974년 사이에 월남의 인민혁명당과 동시에 남한에서 인민혁명의 방법으로 적화통일을 하려던 〈인혁당 재건위〉 사건이 있었는데, 1975년 4월 월남에서 드디어 인혁당이 인민혁명과 적화통일에 성공했다는 소식이 전해지던 바로 그때 한국에서는 〈인혁당 재건위〉가 인민혁명 및 적화통일의 목표를 달성하지 못한 채 그 주동자 8명이 처형당한 일이 있었다.

1970년대의 운동권의 세계관은 1990년대 이후의 운동권의 세계관과 달랐다. 백기완의 시 〈묏비나리〉는 그런 남로당과 빨치산 계열의 혁명가들이 후배 운동권들에게 공산주의 혁명을 위해 목숨 바치는 투쟁정신을 이어받으라고 격려하는 내용의 시인데, 그런 의미는 1990년 이후의 독자들에게는 호소력이 약하다. 그러나 1970년대의 운동권은 1990년에 공산주의가 러시아와 동유럽에서 몰락할 것이라고는 꿈에도 예상할 수 없었다. 그때 그들이 듣고 아는 바의 전부는 전 세계가 공산화되어야만 유토피아가 건설된다는 것이었다. 이런 이론에서는 전 세계 공산화에 장애물이었던 대한민국을 파괴하는 것이 곧 지상낙원의 건설을 위한 첫 단계였으므로 정당화되었다.

위에서 인용한 백기완의 〈묏비나리〉는 혁명가의 시이자 대한민국에 반역하는 반역자의 시이다. 혁명과 반역은 때로는 동전의 양면과 같지만, 이 시의 경우에는 혁명의 시로 미화하기보다는 반역의 시라고 부르는 것이 적합할 것이다.

혁명이나 반역은 혁명가나 반역자들의 경제관과도 관계가 있다.

오늘날 리비아에서 시민군 혹은 민병대에 의한 국가 파괴가 끊임없이 자행되고 있다. 리비아 국민은 2011년의 리비아 혁명을 땅을 치고 후회하면서 혁명의 시계를 거꾸로 되돌릴 수 없느냐고 탄식하고 있는데도 불구하고 시민군에 의한 산업 기간시설 파괴는 끊임없이 진행되고 있다. 이제는 이 문제가 너무도 심각하여 과거의 시민군 지지자들도 "리비아가 시민군에 의해 자살하고 있는데도 서구 국가들이 보고만 있다(The West stood by as Libya committed suicide by militia)"고 원망하고 있다.

리비아에서 2011년 2월 혁명을 조직한 자들은 혁명에 성공하면 리비아도 두바이처럼 잘 사는 나라가 될 것이라고 약속했고, 그때 대다수 국민들은 그 약속을 믿고 시민군에 가담했다. 혁명에 성공하는 방법은 곧 무장투쟁이고 파괴였는데, 그 일을 위해 시민군이 필요했다. 그런데 문제는 시민군이 국가원수 카다피를 살해한 후에도 무장투쟁과 기간시설 파괴가 계속 진행되고 있다는 것이다.

1970년대의 한국의 운동권이 바로 그러한 위험한 세계관을 가지고 있었다. 그들은 자유민주주의 체제인 대한민국을 공격하는 것이 전세계의 공산화를 앞당겨 지상에 유토피아를 건설하는 길이라고 생각했다. 한국이 산업화와 경제발전을 위해 노력할 때 그들이 필사적으로 그것을 방해하고 국가 전복을 시도한 것은 이 때문이다.

박정희 대통령은 한국이 수출로 외화를 벌어들일 수 있는 나라가 되어야 한다고 판단했다. 그러나 1970년대의 글쟁이 백기완은 정반대로 생각하고 있었다. 그래서 그는 시인과 논객의 붓을 들고 결사적으로 박정희의 산업화 정책을 반대하고 방해했다. 부마사태와 박정희 대통령 시해 사건이 백기완과 그의 동지들에게는 국가를 전복시킬 절호의 기회였고, 그래서 시어(詩語)로 민중봉기 선동을 하였다. 오늘날의 운동권 독자들에게는 이 시가 별로 감명을 주지 못하겠지만, 이것이 그때는 잘 팔리는 시였다.

1970년대의 백기완은 한국을 미국의 더러운 식민지로 규정하고 있었으며, 박정희의 수출정책은 곧 미 제국주의의 경제식민지가 되는 길이라고 판단하였기에 박정희와 미국을 극도로 증오했다. 백기완은 목숨 던져 미 제국주의와 싸우라는 메시지로 이 시를 썼던 것이다.

백기완의 이 시는 또한 샤머니즘적 색채가 강하다. 남한과 북한의 반미 투쟁에는 공통적으로 샤머니즘의 요소가 있다. 북한의 주체사상은 철학이라기보다 미신에 가깝다. 〈남민전〉은 베트콩, 즉 〈남베트남 민족해방전선〉을 그대로 모방한 것인데, 그러나 베트남의 공산당에게는 호치민 수령숭배주의가 없었다. 원래 공산주의에는 수령숭배 사상이 없는데도 북한에서만 공산주의가 샤머니즘에 접목되어 수령숭배라는 주체사상(主體思想)이 만들어졌다.

백기완의 동지는 〈남민전〉이었으며, 그의 시에서 춤꾼은 무당이었다. 그의 시 〈묏비나리〉는 샤먼으로서의 무당의 굿춤과 주술의 기운을 끌어들여 사악한 마력의 큰 바람을 불러일으키고, 그 바람의 힘으로 반미·반국가 세력을 형성하자는 의미를 담고 있다.

백기완의 시에서 "젊은 남녘의 춤꾼"은 〈남민전〉의 투사이자 굿춤을 추는 무당이다. 이 시에서 "산 자여 따르라"는 먼저 죽은 남로당과 빨치산 계열의 혁명가들의 혼백이 후배 운동권에게 하는 말이다. 그래서 "산 자여 따르라"의 의미는 "투쟁하다가 죽은 사람들이 살아 있는 사람들을 향해 새로운 세상이 올 때까지 흔들리지 말고 목숨 걸고 투쟁하라"고 하는 호소이다.

이것을 양동안 한국학중앙연구원 명예교수는 이렇게 설명한다:

① 남한 청년운동가들은 처음부터 목숨을 던질 각오를 하고 운동에 나서서 살인마 구조인 남한사회 구조를 뒤엎어야 한다.

② 혁명 투쟁을 하다가 죽는 것을 두려워하지 말고 죽더라도 부활하여 민중의 혁명의지를 격발시켜 분단의 벽과 미 제국주의를 무너뜨리고 죽어야 한다.

③ 투쟁하다가 죽는 것은 살아 있는 사람들을 향해 새로운 세상이 올 때까지 흔들리지 말고 목숨 걸고 투쟁하라는 호소가 된다.

④ 혁명이 일어나면 민중과 힘을 합쳐 가진 자들과 이 세상의 껍질을 깨버리고 해방 세상을 이뤄내야 한다.

〈묏비나리〉가 전달하려는 메시지의 ③에 해당하는 부분에서 혁명투쟁을 하다가 먼저 죽은 선배 투사의 영혼이 후배 투사에게 "새날이 올 때까지 흔들리지 말고 목숨 걸고 투쟁하라"고 촉구하는 대목이 바로 〈임을 위한 행진곡〉의 가사이다.(경향신문 2014년 4월 17일자)

황석영은 위의 의미를 담아서 백기완이 그의 〈남민전〉 동지들을 위해 쓴 시를 그대로 사용하되 다만 노래 가사에 적합하게 다듬은 후 노래 이름을 〈임을 위한 행진곡〉이라고 붙였던 것이다.

사랑도 명예도 이름도 남김 없이
한 평생 나가자던 뜨거운 맹세
동지는 간 데 없고 깃발만 나부껴
새 날이 올 때까지 흔들리지 말자

세월은 흘러가도 산천은 안다
깨어나서 외치는 뜨거운 함성
앞서서 나가니 산 자여 따르라
앞서서 나가니 산 자여 따르라

백기완의 시 〈묏비나리〉처럼 황석영의 노래 가사 〈임을 위한 행진곡〉도 그의 〈남민전〉 동지들을 위한 노래이다. 〈임을 위한 행진곡〉의 경우 그 남녀 주인공은 구체적으로 〈남민전〉의 위장 취업자 1호였던 윤상원과 박기순이다. 부산저축은행 금융비리 사건의 장본인인 박형선은 박기순의 오빠로서, 그녀가 위장 취업해 있던 당시에는 위장 농민이었다. 박기순은 전남대 국사교육학과 3학년 재학 중에 학업을 중단하고 위장 취업했다.

백기완의 시와 황석영의 노래 가사에서 "새 날"은 월남의 배트콩처럼 한국의 〈남민전〉 전사들이 인민혁명에 성공하는 날이다.

통일혁명당이나 인민혁명당과 마찬가지로 〈남민전〉은 공산당이었다. 그러나 실질적으로는 공산당 조직이면서도 국가보안법을 피해 가기 위해 '통일혁명당'이란 당명 대신 월남의 베트콩처럼 〈남조선 민족해방전선〉이란 명칭을 사용했던 것이다. 광주에서 전남대 후배 운동권 윤상원과 박기순을 〈남민전〉 전사로 양성한 김남주의 투철한 공산주의 혁명사상을 잘 대변하는 시들 중에는 자신을 가리켜 "나는 혁명시인… 나는 민중의 벗… 나는 해방전사"라고 노래한 시 〈나 자신을 노래한다〉가 있다.

혁명은 전쟁이고
피를 흘림으로써만이 해결되는 것
나는 부르겠다 나의 노래를
죽어가는 내 손아귀에서 칼자루가 빠져나가는 그 순간까지

나는 혁명시인
나의 노래는 전투에의 나팔소리
전투적인 인간을 나는 찬양한다

나는 민중의 벗
나와 함께 가는 자 그는
무장이 잘 되어 있어야 한다
굶주림과 추위 사나운 적과 만나야 한다 싸워야 한다

나는 해방전사
내가 아는 것은 다만
하나도 용감 둘도 용감 셋도 용감해야 한다는 것
투쟁 속에서 승리와 패배 속에서 그 속에서
자유의 맛 빵의 맛을 보고 싶다는 것 그뿐이다.

이 시를 쓴 김남주는 바로 광주사태를 맨 처음에 설계한 인물이다. 그리고 김남주의 이런 살기 돋친 혁명의지를 자신의 몸을 불살라 실행에 옮긴 인물이 바로 〈임을 위한 행진곡〉의 주인공 윤상원이다. 따라서 이 노

래를 제대로 이해하기 위해서는 〈남민전〉의 역사 가운데 우리가 꼭 알아야 할 기본적인 사실들이 있다.

〈임을 위한 행진곡〉은 1982년 2월에 윤상원과 박기순의 〈남민전〉 동지들이 이 두 남녀의 유해를 광주 망월동 공동묘지(현 국립 5 · 18민주 묘지)에 합장하면서 영혼결혼식을 올려줄 때 넋풀이를 하기 위해 작사 작곡된 것이다. 즉, 죽은 사람의 원한을 풀어주는 굿춤을 추기 위해 만들어진 노래이다.

그런데 죽은 사람의 원한을 풀어주기 위해 굿춤을 추는 샤머니즘의 세계관에서는 인간에게는 영혼은 없고 단지 혼이 있을 뿐인데, 죽은 사람의 혼이 바로 귀신이다.

황석영과 김종률은 1978년 12월에 연탄가스 중독으로 사망한 박기순을 처녀귀신으로 간주하고, 처녀귀신의 원한을 풀어주는 노래로서 〈임을 위한 행진곡〉을 작사 작곡했던 것이다. 따라서 이 노래와 관련된 한 가지 기본적 사실은, 이 노래는 바로 귀신들에게 바쳐진 노래라는 것이다.

박기순은 광주사태가 일어나기 1년 반 전이었던 1978년 12월 26일 새벽에 연탄가스 중독으로 사망했으므로 광주사태와는 직접적으로 아무런 관계가 없고, 따라서 5 · 18유공자가 될 수도 없다. 그런데도 5 · 18측은 그녀를 5 · 18묘지에 윤상원과 합장했는데, 그들의 논리는 그녀가 광주사태의 희생자이자 유공자라는 것이다.

어떻게 이런 논리가 성립될 수 있는가? 어떻게 광주사태가 일어나기 약 1년 반 전에 연탄가스 중독으로 사망한 여성이 광주사태의 유공자였다는 논리가 성립될 수 있는가?

여기서 5 · 18측 논리는 〈남민전〉의 여성 전사 박기순이 군납업체 아세아자동차 공장이 있는 광천동 공단에서 1978년에 위장 취업했으므로 그녀도 어엿한 광주사태 주동자라는 것이다. 즉, 광주사태가 일어나기 훨씬 전의 그녀의 위장취업이 광주사태 때의 무장봉기와 관계가 있다는 것이 그녀를 5·18묘지에 안장한 측의 논리이다.

그런데 박기순이 광천동 공단에 여공으로 위장 취업했을 때 해남으로 가서 지게꾼 농민으로 위장 취업했던 그녀의 오빠 박형선이 훗날 부산저축은행 대주주 시절 가난한 사람들의 푼돈을 횡령했던 것으로 보아, 그들 남매가 1970년대 후반에 가난한 사람들을 위해 위장 취업 했던 것으로 보이지는 않는다. 그렇다면 박형선과 박기순 남매의 위장취업의 진짜 동기는 무엇이었을까?

만약 박기순이 1978년에 광천동 공단에서 위장 취업함으로써 2년 후에 발생한 5·18사건에 크게 기여하였다는 것이 5·18측의 논리라면, 이제 우리가 따져 물어봐야 할 게 있다. 1978년 〈남민전〉이 윤상원과 박기순을 위장취업자로 파견했을 때, 왜 그 파견 지역이 군납업체 아세아자동차 공장이 있는 광천동이어야 했는가?

사실 이 질문은 1980년 5월 21일 오전 9시에 불순세력 600여 명이 아세아자동차 공장을 습격하여 군용트럭과 장갑차 등 수백 대의 차량을 탈취하여 무기탈취 및 시민군 수송에 사용한 사건을 검토해 봐야만 그 해답이 나올 수 있는 질문이다.

그때 아세아자동차 공장을 습격한 불순세력 대부분은 북한 특수부대 요원들이었지 시위대가 아니었다. 그날 오전 9시 이전에는 시위 자체가 없었다. 더구나 전날인 5월 20일에 버스는 눈에 띄는 대로 폭력시위대에 징발되었기 때문에 21일 새벽부터 일체의 공공 교통수단은 운행이 중단되었으므로 광주시민들이 새벽부터 걸어서 광천동 아세아자동차공장까지 갈 수도 없었을 뿐더러, 여러 동네의 시민들이 걸어서 동시에 아세아자동차 공장에 도착한다는 것은 불가능한 일이었다.

이런 사실은 5·18단체들이 광주시민과 유공자들에게 일일이 물어봐서 과연 몇 명이나 아세아자동차공장 습격에 참여했는지 확인해 보면 알수 있다. 그 중에는 〈남민전〉 전위조직과 연결되어 공장을 습격할 때 협조한 이들도 더러 있겠지만, 그 외엔 대부분 외지인들이었다.

광주사태라는 표현보다는 광천동 사태라는 표현이 더욱 어울릴 정도로 광천동 군납업체 습격 사건은 무장봉기가 가능하도록 만든 사건이다. 이때 윤상원에게 협조했던 자들은 80만 광주시민 전체가 아니라 광천동 공단의 일부 근로자들뿐이었다.

윤상원과 박기순이 처음에는 광천동 공단에 위장 취업했다가 공단 청소년들을 대상으로 들불야학을 시작했는데, 이들은 하나의 단단한 조직이 되어 일단 광주사태가 일어나자 물불 가리지 않고 윤상원에게 협조하면서 광주사태의 주동세력이 되었다. 5·18측은 박기순의 위장취업의 의의를 여기서 찾는 것이다.

말하자면, 광천동 들불야학이 광천동 공단 내부 협력자의 역할을 한것이다. 그러나 그들은 결코 게릴라전 전문가들이 아니었다. 장갑차를 몰고 기관총을 쏘았던 게릴라전 전문가들은 광천동 주민들도 광주시민들도 아니었고 외지에서 침투한 자들이었다.

여기서 우리가 주목해야만 하는 중대한 사실은, 내란 상태를 야기하기 위한 〈남민전〉과 북한의 공조는 〈임을 위한 행진곡〉의 두 남녀 주인공이 광주 광천동 공단에 위장취업자로 파견될 즈음이었던 1978년에 이미 시작되었다는 사실이다.

　넋풀이라는 굿춤은 그 대상을 악령에게 바치는 사교의식(邪敎儀式: cultic ritual)이다. 이런 의식이 거행된 이유와 관련하여 두 가지 의문점이 있다. 첫째, 한국을 조선인민공화국에 부속하는 남조선으로 호칭하는 〈남조선 민족해방전선〉이 무슨 이유로 1978년에 광주 광천동 공단으로 위장 취업자들을 파견했는지, 둘째, 〈남민전〉 전사들 간의 동지애가 어떠했었기에 1982년에 옛 동지들이 모여 그 두 사람을 위한 넋풀이 의식을 거행했는지에 대한 의문이다.

　첫 번째 의문과 관련하여 한 가지 단서는, 광주사태를 주동하기 위한 〈남민전〉과 북한의 공조는 1978년 1월부터 이미 시작되었다는 사실이다. 그 경위를 약술하면 이렇다.

　남민전 내부에서 북한군을 끌어들여 무장반란으로서의 광주사태를 일으킬 계획이 처음 거론되었던 때는 1977년 1월이었다.

〈남민전〉 총책이자 중앙위원 이재문은 1977년 7월 1일 모처에서 "남민전은 투쟁 목표를 현 정권 타도, 남북연방제, 사회주의 통일에 두고 있으므로 북한에 지원군을 요청하여 내란상태를 야기시켜야 한다"며 "가장 시급한 북한과의 연계 문제 해결을 위해 조직원 1명을 일본으로 보낼 계획이다. 일본만 가면 조총련을 비롯한 많은 연계선이 닿을 수 있다"고 조직원들에게 설명했다. 이에 임준열(현 민족문제연구소 소장 임헌영)은 "누가 일본에 간다면 내가 잘 아는 교포 시인인 김 모라는 사람에게 소개장을 써줄 수 있다"고 말했고, 결국 같은 해 11월 소개장을 작성해 주어 안용웅과 김모 씨와의 만남을 주선했다.

〈남민전〉이 밀파한 안용웅이 일본 조총련계의 도움을 받아 월북할 때 임동규가 자신의 숙부인 조총련 간부 임한묘에게 전할 편지를 써 주었다.(임동규 2005) 당시 38세의 안용웅은 1977년 11월 10일부터 15일까지 조총련 동경도 야다찌 지부 상공회 부회장 임한묘 및 조총련계 시인 김윤 등의 주선으로 재일 북괴공작원과 접선, 김일성에게 보내는 1978년도 신년 인사문과 함께 사업보고서를 전달하고 공작금 3억원의 지원을 요청했으며, 북괴공작원이 이를 수락, 자금은 안용웅의 소속회사인 크라운물산을 통해 신용장(L/C) 개설 형식으로 송금해 주겠다는 약속을 받았다.

안용웅은 공작원에게서 "78년 1월 초 서울 시내에 〈남민전〉 명의의 삐라를 살포하면 그 조직력을 인정, 즉시 대남방송을 통해 김일성에게 보낸 인사문을 그대로 방송, 〈남민전〉의 조직과 활동을 인정하겠다"는 지령을 받았다. 이에 따라 이재문 등은 78년 1월 초 서울 시내 도뀨호텔 앞과 을지로 세운상가 앞 등에 "정권을 타도하자"는 등의 불온전단 5백 장을 살포했고, 그 후 이들은 1월 5일부터 13일 사이에 3회에 걸쳐 남조선 해방전사들이 보낸 인사문을 발표하는 북괴방송을 청취했다.

이렇듯 북한은 〈남민전〉 조직원들을 '남조선 해방 전사'라고 호칭했

던 것이다. 이재문이 북한군을 끌어들여 내란을 일으키자고 했을 때 그
제안은 김남주의 평소 구상이었던 '광주코뮌'과 딱 맞아떨어졌다. 김남주
가 자신의 시 〈나 자신을 노래한다〉에서 자신을 가리켜 "나는 해방 전
사"라고 한 것은 이런 문맥에서 이해되어야 한다. 김남주는 자신은 북한
정권의 밀명을 수행하는 자라는 의미로서 자신을 가리켜 "해방 전사"라
고 했다.

　　북한의 지령대로 1978년 1월 초 서울 시내 도큐호텔 앞과 을지로 세
운상가 앞 등에서 수백 장의 유인물을 살포한 〈남민전〉 전사들 대부분은
김남주 등 광주운동권이었다. 광주사태 주동자들의 북한방송 청취는 이
때부터 시작하여 광주사태 때까지 계속되었다. 임헌영이 작성하고 이재
문이 서명하여 김일성에게 보낸 충성맹세 편지를 북한이 방송하는 것을
주로 광주운동권으로 구성된 〈남민전〉 전사들이 1978년 1월 5일부터 13
일 사이에 3회에 걸쳐 청취한 때를 기점으로 내란상태를 야기하기 위한
〈남민전〉과 북한의 공조가 시작되었던 것이다.
　　〈남민전〉이 북한의 지령대로 북한이 지정한 장소에 유인물을 살포하
자 북한이 그것으로 베트남에서의 인민혁명을 위한 베트콩과 월맹의 동
맹관계와 같은 〈남민전〉과 북한의 관계가 성립된 것을 인정한다고 방송
한 것은 공조를 위한 〈남민전〉과 북한의 계약방식이었다. 〈남민전〉과 북
한 측 사이의 이러한 밀약을 통한 북한의 광주사태 개입은 광주사태가
일어나기 2년 반 전이었던 1978년 1월에 시작되었다.

　　김남주의 오랜 숙원이 1871년의 파리코뮌을 모방하여 노동자들로 구
성된 시민군이 한 도시를 통치하는 광주코뮌을 건설하는 것이었다. 그런
데 광주에서 노동자들이 모여 사는 동네는 광천동 공단이었다. 두 명의

남민전 전사 윤상원과 박기순이 남민전 위장취업자 제1호로서 광천동 공단에서 위장취업을 시작한 것도 이때부터였다. 광천동 공단에는 군납업체 아세아자동차 공장이 있다는 점에 착안하여 북한의 특수부대들이 이 공장에서 각종 군용차량 수십 대를 순식간에 탈취하여 전광석화처럼 시민군을 조직하고 무장봉기를 일으키는 훈련을 하기 시작한 것도 이때부터였다.

무릇 사람의 사상은 독서를 통해 형성되는 법이다. 그런데 노동시인 박노해는 윤상원이 가장 애독한 책은 체 게바라의 『도시게릴라』였음을 이렇게 기록한다:

> 또한 상원은 그 당시만 해도 살벌한 금서였던 사회주의 서적을 학습하고 강학들에게도 교양시켰다. 특히 게바라의 『도시게릴라』는 상원이 특별히 아끼던 책이다. 70년 당시, 남한 운동가들의 지적 환경은 매우 척박하였다. 마르크스나 엥겔스, 레닌의 원전은 거의 부재하였고, 정통적인 개설서 역시 찾아보기 어려웠다. 오직 모택동의 『모순론』과 『실천론』을 위시한 몇 가지의 논문과 이집트의 낫세르, 쿠바의 카스트로, 체 게바라, 까밀로 또레스 신부, 그리고 일본에서 들어온 몇 가지 개설서들이 전부였다.(박노해 1989, 89)

윤상원이 군납업체가 있는 지역을 활동무대로 삼았을 뿐 아니라 거기에서 도시게릴라전 방법을 연구, 후배 운동권에 보급했던 것이다.

'전진가'로서의 〈임을 위한 행진곡〉은 시민군 군가로서 불리고 있다. 그런데 최초의 시민군은 김남주가 조직한 전위대였으며, 전위대 군가 작사자도 김남주였다. 자신을 북한정권 하수인인 해방전사로서 자처하는 김남주가 "남민전 전위대의 노래가사를 만들었다."(이인배 1988, 177)

김남주에 이어 시민군 군가를 작성한 인물은 시민군 전체를 〈남민전〉 투사로 간주했던 윤상원이다. 윤상원의 〈투사의 노래〉는 창작이라기보다 기존 노래의 변형이지만, 그는 시민군 기관지로서 그가 발행하던 〈투사회보〉에 그 가사를 이렇게 실었다:

투사의 노래 ('전우의 시체를 넘고 넘어' 곡에 맞춰)
1. 이 땅에 민주를 수호코자 일어선 시민들
　시민들은 단결하여 다 같이 투쟁하자
　피에 맺힌 민주사회 언제 오ー려ー나
　강철같이 단결하여 끝까지 투쟁하자

2. 부ー모형제를 지키고자 일어선 시민들
　학생들과 시민들은 다 같이 투쟁하자.
　피에 맺힌 전두환을 언제 죽ー이ー나ー
　피에 맺힌 전두환을 언제 죽ー이ー나ー
　　　　　　　(5 · 18사료편찬위원회 2009, 2:82)

윤상원이 가사를 쓴 위의 시민군 군가 가사를 보면 〈임을 위한 행진곡〉이 무엇을 위한 노래인지 더욱 분명해진다. 이 곡은 윤상원의 원한을 풀어주는 넋풀이로 작사 작곡되었다. 그런데 위의 〈투사의 노래〉 가사대로라면 전두환을 죽이는 것이 윤상원의 피에 맺힌 원한을 풀어주는 길이 된다.

황석영과 김종률이 그런 의도를 품고 무당의 굿춤으로서 〈임을 위한 행진곡〉을 작사 작곡했을 때 그 굿은 저주의 굿이다. 저주의 굿은 악령의 힘을 빌려서 하는 굿이므로 1982년 2월 5 · 18묘지에서 무당들이 이 저주의 굿판을 벌였을 때부터 〈임을 위한 행진곡〉의 가사는 저주의 주술(呪

術)을 거는 주문(呪文)이 되는 것이다.

더구나 〈임을 위한 행진곡〉의 가사는 귀신이 살아있는 사람을 향하여 말하는 형식으로 되어 있다. 윤상원을 위한 넋풀이 가사가 그러할 때 그 의미는 귀신이 그 노래를 제창하는 사람들에게 〈투사회보〉 5월 26일자에 "피에 맺힌 전두환을 언제 죽-이-나-"라는 노래 가사를 싣고, 그 다음에 죽은 자신의 원한을 풀어 달라는 의미가 된다. 이 얼마나 살기 돋친 저주로 가득한 노래 가사인가!

지난 2015년 4월 6일 정의화 국회의장은 "〈임을 위한 행진곡〉의 '임'은 광주정신이며, 제창을 통해 갈등과 분열이 아닌 우리 사회의 통합으로 나아가야 한다"고 말했지만, 그 어떤 경우에도 저주의 주술로 사회의 통합이 이루어지는 경우는 없다.

사실은 윤상원 본인에게도 전두환에 대한 별 원한이 없었을 것이고, 그가 전두환에 대하여 개인적으로 원한을 품어야 할 아무 이유도 없었을 것이다. 그는 혁명가였으며, 사회주의 혁명에 성공하려면 시민들을 계속 선동해야 했고, 그 방법이 전두환에 대한 적개심을 품게 하는 것이었기에 잠시 그의 이름을 이용했을 뿐이다.

윤상원과 박기순을 위한 넋풀이로서의 〈임을 위한 행진곡〉은 1982년 2월의 영혼결혼식 때 처음 공개되었고, 그때 부른 노래를 황석영이 카세트로 녹음하여 〈넋풀이 - 빛의 결혼식〉이라는 제목의 카세트테이프를 대량 제작하여 보급함으로써 세상에 알려지게 되었다.

그런데 〈빛의 결혼식〉이란 화려한 제목과는 달리 두 사람의 영혼결혼식은 한국 샤머니즘에서의 영혼결혼이었다. 이런 미신적인 영혼결혼식에 황석영이 〈빛의 결혼식〉이란 제목을 붙인 것이다. 게다가 그 영혼결혼식은 흔히 있는 영혼결혼식이 아니라 두 사람의 적, 즉 〈남민전〉의 적을 저주하는 넋풀이가 수반되었던 결혼식이다.

광주사태 기간 동안 박치음이 작사 작곡한 시민군 노래로서 〈전진가〉가 있었는데, 황석영이 손질한 백기완의 시에다 김종률이 〈전진가〉의 곡을 붙여서 〈임을 위한 행진곡〉을 작곡했다.

노동은 중앙대학교 음악창작학과 교수는 〈임을 위한 행진곡〉의 제작 및 보급과정을 이렇게 요약한다:

> 80년 광주항쟁의 비극적 죽음 현장에서 박치음(박용범)이 작사 작곡한 〈전진가〉와 82년 백기완의 시를 황석영이 다듬은 〈님을 위한 행진곡〉이 김종률에 의해 작곡되면서 대학가와 모든 민주항쟁 현장에 노래운동 서클과 노래패들이 조직되어 갔다.(노동은 2003, 268)

〈임을 위한 행진곡〉의 작곡자로 알려진 김종률은 당시 전남대 상대학생이었다. 광주운동권은 광주사태를 일으킬 준비의 일환으로 장차 시민군 홍보반으로 활용하기 위해 1980년 1월에 마당극 극회 '광대'를 조직하여 황석영의 극단이 되게 하였는데, 김종률은 바로 이 '광대'의 단원이었다.

광주사태 이후에도 무수한 시민군 노래가 운동권 가요로 쏟아져 나왔지만 〈임을 위한 행진곡〉이 1980년대 운동권 노래의 분수령이었음을 노동은은 이렇게 서술한다:

> 전자의 경우, 대표적인 작품이 광주항쟁의 비극적 죽음 현장에서 만들어진 박치음(박용범)의 '전진가'이다. 이 노래는 충격과 비장감을 표현하기 위해 단조의 행진곡풍으로 만들어졌다. 이 노래는 80년대 노래운동의 분수령인 작품 〈님을 위한 행진곡〉(1982년, 백기완 – 황석영 시, 김종률 작곡)으로 정점화한다.

'전진가'풍의 노래들로 광주항쟁을 직간접으로 표현한 작품으로는 '광주출정가'(고규태 시, 정세현 곡), '노래'(김남주 시, 김경주 곡), 〈님을 위한 행진곡〉, '부활하는 산하'(이성자 작사 작곡), '분노는 계속됩니다', '오월의 노래 2', '오월 이야기', '오월의 노래 3', '전진하는 오월', '진군가', '혁명 광주'등이 있다. (중략)

이상의 작품 중에서 박치음의 '전진가', 김종률의 〈님을 위한 행진곡〉, 김상철의 '남도의 비', 정세현의 '꽃아 꽃아' 등이 광주 민주화 항쟁을 형상화한 대표적인 노래로서 그 표현 양식이 단조의 행진곡풍의 비장감과 창작 민요로서 영향을 미쳤다.(노동은 2003, 275-276)

무수히 많은 시민군의 노래들이 등장했지만 널리 보급되거나 오래 존속하지 못하고 〈임을 위한 행진곡〉이 가장 영향력 있는 운동권 노래로 자리매김 하였음을 노동은은 이렇게 다시 한 번 역설한다:

이 '전진가'는 이후 1982년 백기완의 시를 황석영이 다듬고 김종률이 작곡한 〈님을 위한 행진곡〉으로 정점을 이루어 80년대와 그 이후의 모든 집회 현장에서 노래운동의 전형을 이루었으며, 국민의 노래로 가장 크게 영향력을 미친 노래이다. (노동은 2003, 275-276)

그러나 이 노래는 귀신이 이 노래를 제창하는 사람들에게 자기를 따르라고 명령을 내리는 형식으로 되어 있다. 〈임을 위한 행진곡〉은 죽은 자가 산 자에게 명령을 내리는 넋풀이 형식의 노래이다:

위의 노동은의 설명에 약간 부언하자면, 1982년 2월 초에 광주 운암동에 자리잡은 황석영의 저택 2층 서재에 황석영, 김종률, 임영희, 홍희윤 등 여러 명의 광주운동권과 운동권 극회 '광대'출신 노래패 등 15명이 모여서 처음 이 테이프를 제작할 때, 그들은 죽은 자의 귀신이 산 자에게 자기 원한을 풀어달라고 말한다는 '넋풀이' 무당 푸닥거리로 널리 보급하기 위해 이 테이프를 제작하였다. 〈젊은 넋의 노래〉로 시작되는 이 테이프는 〈무등산 자상가〉, 〈회상〉, 〈에루야 에루얼싸〉, 〈못 오시나〉, 〈격려가〉, 〈님을 위한 행진곡〉의 순서로 되어 있고, 〈님을 위한 행진곡〉의 끝 가사가 1978년 12월 26일 연탄가스 중독으로 사망한 박기순이 처녀귀신이 되고 1980년 5월 27일 수류탄으로 자폭한 윤상원이 귀신이 되어 "산 자여 따르라"고 강하게 외치는 말로 되어 있는데, 이 가사가 비장함이 서린 '전진가'의 곡으로 표현되어 있다.

당시 기독교계에도 침투하여 종교의 보호막을 쓰고 활동하던 〈남민전〉과 광주운동권이 있었다. '넋풀이' 테이프는 그것이 무당 푸닥거리를 위한 것이라는 사실을 감춘 채 EYC(한국기독청년협의회)에서 제작한 것처럼 위장 명의를 사용 배포했고, 그 제목도 〈빛의 결혼식〉이란 전혀 엉뚱한 제목을 붙여서 사람들이 기독교 결혼식을 위한 테이프인 것처럼 착각하도록 속여서 전국에 보급하였다. 이때부터 운동권은 이 테이프의 마지막 노래 〈님을 위한 행진곡〉을 애국가 대신 부르기 시작하여 오늘에 이른 것이다.

황석영은 넋풀이 노래극의 마지막을 합창으로 장식하는 이 끝 노래 명칭을 처음에는 북한식 표기대로 〈님을 위한 행진곡〉이라고 붙였고, 김종률도 2008년 5월 〈님을 위한 행진곡〉이라는 이름의 음반을 발표한 바 있으나, 최근에는 한국어 표준어 규정에 따라 보통 〈임을 위한 행진곡〉이라고 부른다.

'넋풀이'테이프는 1982년 2월 2일 황석영의 서재에서 제작되자마자 기독교단체인 한국기독청년협의회(EYC)의 스티커를 붙였다. 이렇듯 〈임을 위한 행진곡〉이 기독교 단체 이름으로 1982년부터 널리 보급되었으나, 이는 기독교인들이 결코 불러서는 안 되는 노래이다. '넋풀이' 노래는 남을 저주하는 굿을 위한 노래이다. 〈임을 위한 행진곡〉은 저주의 행렬을 위한 행진곡이다.

1982년 2월 황석영을 위시한 광주운동권이 갑자기 '넋풀이'테이프를 제작한 이유는 두 가지였다. 표면적으로 내세운 이유는 연탄가스 중독으로 사망한 박기순과 광주사태 마지막 날 새벽 자기 수류탄으로 자폭한 윤상원의 영혼결혼식을 샤머니즘 의식으로 치러주기 위한 것이었다. 그러나 황석영에게 보다 중요한 것은 〈임을 위한 행진곡〉을 5·18노래로서 운동권에 널리 보급하는 것이었다. 그러나 이 노래는 영매(靈媒)인 무당의 입을 통해 부르는 노래이지 결코 결혼식에 적합한 노래는 결코 아니다. 테이프의 제목은 〈빛의 결혼식〉이라고 해놓고 그 내용은 축복의 노래가 아니라 저주의 노래였다.

우리나라에 기독교가 전래되기 이전이었던 조선왕조 시대에도 남을 저주할 목적으로 행해지는 굿은 반사회적인 것으로 인식되었다. 넋풀이 굿은 악령의 힘을 빌려 죽은 자의 원한을 갚겠다고 하는 것인데도 1982년 2월에 윤상원과 박기순의 유해를 망월동 공동묘지(현 5·18묘지)에 합장하면서 그 굿을 하였다.

2. 〈임을 위한 행진곡〉의 '임'은 누구인가?

〈임을 위한 행진곡〉의 남자 주인공 윤상원과 여자 주인공 박기순은 둘 다 〈남민전〉의 전사들이었다. 네이버 백과사전은 〈남민전〉의 기본전

략을 이렇게 기록한다:

> 이들의 기본전략은 민중해방이라는 구호로 서민층을 선동하여 일차
> 적으로 민중의 봉기를 유발시키고, 이를 인민해방군으로 발전시켜 국
> 가전복 투쟁을 전개하다가 북한의 도움을 받아 사회주의 혁명을 성취
> 한다는 것이다. 이를 위하여 민주화를 가장한 대정부 투쟁 선동, 불온
> 전단(不穩傳單) 살포, 도시게릴라 활동, 북한과의 접선 등의 구체적인
> 활동을 하였다.(네이버 백과 2011)

사실 이 기본 전략대로 광주사태 주동자들은 민중의 봉기를 유발시키고 이를 인민해방군으로 발전시킬 목적으로 예비군 무기고를 습격했다. 1980년 5월 24일의 궐기대회 때 '시민군'이란 공식 명칭이 채택되었는데, 주동자들은 '인민해방군'이란 뜻으로 이 명칭을 사용했다. 즉, '시민군'은 대한민국의 자유민주주의를 부정하고 그 체제를 전복시키려는 반국가 세력의 빨치산 형태의 군사조직으로 조직된 것이다.

북한은 광주 광천동에 군납업체 아세아자동차 공장이 있음을 포착, 1978년부터 특수부대에 가상훈련을 시키면서 준비하고 있다가 특수부대 요원들을 시민군으로 파견함으로써 광주 인민봉기를 도와주었다. 〈남민전〉이 장차 '광주 인민봉기' 때 '시민군' 혹은 '봉기군'의 지휘부를 형성할 군사조직 '혜성대'를 조직한 때도 바로 이 무렵이었다.

〈남민전〉은 베트콩, 즉 〈남베트남 민족해방전선〉을 그대로 모방한 조직이었고, 시민군은 〈남민전〉의 군대였다. 〈남민전〉은 시민군이 서울을 장악하고 인민군이 서울에 입성할 때 중앙청에 게양할 대형 깃발, 즉 전선기(戰線旗)까지 만들어 놓았다. 〈남민전〉은 베트콩 기를 그대로 모방하여 만들되 다만 중앙의 별만 황색에서 인공기의 적색으로 바꾸었다.

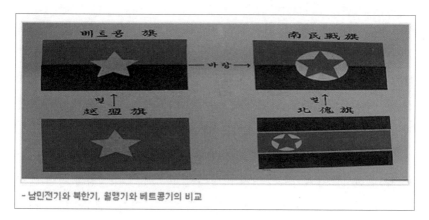

- 남민전기와 북한기, 월맹기와 베트콩기의 비교

남민전기와 북한기, 월맹기와 베트콩기의 비교

〈사진 설명〉: 위 사진에서 북한군 게릴라들이 서울에 도착하면 한국
판 베트콩인 〈남민전〉이 베트남식 적화통일을 공표하면서 중앙청에 게양
하려고 준비해 두었던 〈남민전〉 깃발은 베트콩 기(旗)를 그대로 모방한 것
이며, 중앙의 별만 원형 테두리가 있는 빨간 색의 북괴기 별임이 한 눈에
드러난다.

전선기의 상부는 적색으로 해방된 지역인 북한을, 하부는 청색으로
미(未)해방 지역인 남한을 상징하며, 중앙의 붉은 별은 사회주의 혁명의
희망을 의미했다. 가로 1.5m 세로 1.1m의 이 대형 남민전 전선기는 1970
년대 중반에 월남의 베트콩과 동시에 같은 방법으로 남한에서 인민혁명
을 일으키려고 했던 〈인혁당 재건위〉 사건 주동자 8인의 내복을 염색한
천으로 만들었기에 유일무이한 깃발이었으며, 〈남민전〉 총책 이재문의
아파트에 보관되어 있었다.

월맹과 베트콩이 1975년 적화통일에 성공한 방법으로 한반도를 적화
통일할 목적으로 1976년에 결성된 〈남민전〉 조직 중에서 전사(戰士)들의
조직은 비밀조직이었고, 〈민주투쟁위원회〉라는 위장 명칭을 사용하던

투사(鬪士)들의 조직은 비밀조직이 아니었다. 예를 들어 〈남민전〉이 김일성에게 보내는 충성맹세 편지를 작성한 임헌영은 전사였고, 이재오는 투사였다. 투사들 중에서 김일성에 대한 충성이 아주 확실하게 증명된 자들만 전사로 진급하였다. 〈남민전〉은 철저한 비밀조직이었으므로 내부자가 아니면 누가 전사인지 아무도 알 수 없었다.

그러나 1977년부터 형 박석률과 같이 〈남민전〉 전사였던 박석삼은 〈남민전〉의 전사들이 누구누구인지 소상히 알고 있었으며, 〈임을 향한 행진곡〉의 남녀 주인공 윤상원과 박기순은 둘 다 〈남민전〉 전사였다는 사실을 이렇게 밝힌다:

〈남민전〉은 실패한 운동이고 패배한 운동이다. 조직 노선과 투쟁 노선이 잘못된 운동이고 우리 운동에 별로 기여한 것도 없이 징역만 많이 받은 사건이기도 하다. 그렇다고 하여 그 운동에 참여한 전사들의 열정까지 비난될 일은 아니다. 생각해 보면 나는 특히 불행한 사람이기도 하다. 함께 했던 동지들 중 먼저 간 사람들이 너무나 많다. 박기순, 윤상원, 이철규… 이재문, 신향식 선생님, 전수진 할머니…. 모두 나와 적지 않은 인연이 있는 분들이고 남주형과 윤한봉 형이 또한 그렇고….(박석삼 2011, 125)

윤상원은 물론 심지어 5·18기념재단 설립자 윤한봉도 〈남민전〉 전사였다는 중대 증언을 한 박석삼의 형 박석률에 대해 첨언하면, 그는 1977년 10월 22일 〈민투〉 및 〈남민전〉 조직원으로 가입하여 활동하면서, 같은 해 12월 6일 〈남민전〉 청년학생위원회 호남지역책으로 임명된 후 "격! 몰아내자 박 정권" 등 각종 유인물의 제작 및 배포에 주도적으로 참여하고, 김남주, 조봉훈, 박석삼, 이학영, 김종삼 등 광주의 운동권을 대거 〈민투〉 조직원으로 가입시켰다.

1977년 11월 22일에 구성된 〈청년학생위원회〉(약칭 〈청학위〉)도 〈남민전〉의 골간 조직이었다. 훗날 시민군으로 발전하는 〈남민전〉의 최초 군사조직인 '혜성대'가 〈청학위〉 광주지역 성원들로 채워져 있었음을 조희연은 이렇게 기록한다:

> 〈청학위〉는 출발 당시부터 오르그의 책임 하에 각 지역 조직책을 두었는데, 경북지역 오르그로서는 정만기(후에 정만기가 활동 중지상태에 들어감으로써 임규영으로 교체됨)가, 광주지역 오르그로서는 박석률(79년 4월 수배 후 김기영이 대리를 맡게 됨)이 이를 담당하였다. 광주지역의 경우 혜성대가 이 지역 피신자들의 일부(김남주, 박석삼)로 구성되었다.(조희연 1991)

〈남민전〉의 계급, 계층 조직의 건설은 주로 청년학생층에 대한 조직 활동을 통해 시도되었고, 이를 담당한 부서가 조직부 산하의 〈청학위〉였다. 〈청학위〉는 〈남민전〉의 골간 조직으로 그 자체가 지역별 계층별 조직으로 구성되었다. 〈남민전〉 총책 이재문은 학생운동과 청년운동에 지대한 관심을 가지고 있었다. 그는 현실적인 정치적 힘을 중시하고 청년학생운동의 정치적 영향력에 주목하면서 〈남민전〉의 〈청학위〉의 조직 강화에 주력했을 뿐만 아니라 자신이 직접 책임지도위원으로 〈청학위〉를 지도했다.(안병용 1990, 261)

광주사태가 시작되기 1년 전에 이미 윤상원 등 광주사태 주동자들이 〈남민전〉의 골간 조직인 〈청학위〉에 가입하였음을 조희연은 이렇게 기록한다:

> 이 시기에는 특히 〈청학위〉에 광주지역에서 당시 광주 민주화운동의 청년 핵심 인자들이 가입하게 됨으로써 〈청학위〉 지역조직이 확충될 수 있는 가능성이 주어지게 된다.(조희연 1991)

사실상 광주의 대표적 운동권이 모두 〈남민전〉 전사들이었다는 사실
을 박호재와 임낙평은 이렇게 확인한다:

〈남민전〉 사건에 연루된 광주 〈민청학련〉 세대 중에는 박석률(서강
대 출신, 〈민청학련〉 관련), 김남주(전남대 〈함성〉지 사건 연루), 이강(〈
민청학련〉 관련, 당시 가톨릭농민회 활동), 김정길(〈민청학련〉 관련), 이학
영(〈민청학련〉 관련, 전 순천 YWCA간사, 순천지역운동 관계) 등이 포함
되어 있었다.(전남사회문제연구소 1991, 167)

광주운동권 이강은 〈남민전〉 전사이자 〈가톨릭농민회〉 간부였다. 농
민이 아닌 이강이 〈가톨릭농민회〉 간부가 되었던 것은 농민운동을 위해
서가 아니다. 〈가톨릭농민회〉가 5월 19일 예비군 무기고를 접수하기로
사전 계획을 세운 배후에는 〈남민전〉 세력이 있었다.

〈남민전〉 청년 핵심 인자들이 광주를 전략적 거점으로 무장봉기를 일
으킬 목표를 세워놓고 가톨릭농민회와 전남대학교와 조선대학교 및 광
주의 노동단체들을 배후조종하고 있었던 것이다.

그들 편에서는 무모한 모험을 하려는 것이 아니었다. 그들이 탐독한
공산주의 혁명사에는 레닌도, 모택동도, 카스트로와 체 게바라도, 호지
명도 몇 명 안 되는 청년들과 학생들과 시민군들을 이끌고 혁명에 성공
하였다. 한국에서도 결정적 시기에는 북한의 군사적 지원을 받음으로써
그것이 가능하다는 것이 그들의 이론이었다.

〈남민전〉의 청년 핵심 인자들로 구성된 광주사태 주동자들이 북한의
군사적 지원을 기대하고 있었다는 사실을 최초로 학문적 논리로 확인한
사람은 운동권 진영의 조희연이었다. 조희연에 따르면, 〈남민전〉은 "남
한 혁명의 전개 과정에서 북한의 역량을 전략적으로 배합 가능한, 결정
적 국면에서 결합 가능한 역량으로 인식하고 있었다.… 〈남민전〉은 북한

과의 관계 형성의 문제를 일종의 '남북한 통일전선'혹은 '남북한 연합전선'의 문제로 파악했다."(조희연 1990, 289)

"북한의 역량을 전략적으로 배합 가능한, 결정적 국면에서 결합 가능한 역량"등은 〈남민전〉의 혁명전략 논리를 위한 용어들이다. 그런데 다소 추상적인 이 용어를 쉬운 말로 풀이하면 "남조선 민족해방을 위한 인민해방군으로서의 '시민군'과 '북한군'이 결정적 국면에서 연합군을 형성할 수 있다"는 의미이다.

〈남민전〉은 반제(反帝), 즉 반(反)미제국주의 민족민주 연합 운동을 추진하는 주체는 "모든 민족민주 세력을 망라하는 통일전선"이라는 관점에서 "민족민주 통일전선과 민주 연합전선 운동을 전략적 전술적 지도의 문제로 제기했다."(안병용 1990, 270)

북한식 '인민민주주의'가 〈남민전〉의 용어로는 '민족민주'였으며, 그래서 민족민주 통일전선을 위해 〈남민전〉과 북한은 한 편이었다. 지금껏 북한과 〈남민전〉 출신 광주사태 주동자들의 5 · 18논리에서 북한과 5 · 18세력은 한편인 이유가 바로 여기에 있다.

〈남민전〉은 이미 1978년에 김일성에게 충성맹세 서신을 보냈을 적에 그 서신 속에서 지원을 요청해 놓았으며, 바로 그때부터 북한특수부대는 광주 광천동 소재 군납업체 아세아자동차 공장의 차량들을 탈취하여 수일 만에 무장봉기를 남한 전국으로 확산시키는 가상 특수훈련에 돌입하였다. 이즈음 김일성은 이 작전을 수행할 대남공작부서에 이런 비밀지령을 내려놓고 있었다:

> 결정적 시기가 포착되면 지체 없이 총 공격을 개시해야 합니다. 전국
> 적인 총파업과 동시에 전략적 요충지대 곳곳에서 무장봉기를 일으켜
> 전신전화국, 변전소, 방송국 등 중요 공공시설들을 점거하는 동시에
> 단전(斷電)과 함께 통신교통망을 마비시키고 임시혁명정부의 이름으

로 북에 지원을 요청하는 전파를 날려야 합니다. 그래야 남과 북의 전략적 배합으로 혁명적 대사변을 주동적으로 앞당길 수 있습니다. (자유북한군인연합 편 2009, 29)

박석률이 〈청학위〉의 광주지역 연락책 및 교양책을 맡고 있을 때 포섭한 김남주, 조봉훈, 박석삼, 이학영, 김종삼 등을 중심으로 〈남민전〉의 또 하나의 산하조직인 〈민학연〉이 조직된 사실을 안병용은 이렇게 기록한다:

> 〈청학위〉는 이들을 대상으로 중심인물을 조사 선정하고 조직화 작업을 행하였다. 이를 통해 서울과 대구, 광주의 주요 대학 학생운동 출신 인자가 〈남민전〉에 참여하게 되고, 이들이 〈민주구국학생연맹〉 (약칭 〈민학련〉)의 토대가 되었다.(안병용 1990, 261-62)

다시 말해, 1979년 2월 〈청학위〉는 당시 정치적 영향력이 강화된 학생층의 조직화를 위해 학생분과위를 독립시키기로 하고, 차성환을 책임지도위원으로, 이수일을 조직지도위원으로, 노재항을 교양지도위원, 최석진과 김부섭을 지도위원으로 하는 〈민학련〉을 발족시켰다.

〈민학련〉은 해방 정국 시절의 남로당 산하 〈민학련〉에서 따온 이름이다. 〈민학련〉은 〈남민전〉이 전남대와 조선대 학생 등 학생층을 원격 조종하기 위해 만든 조직이었으며, 윤상원의 주도 하에 있었다.

1980년 3월 1일 최규하 대통령의 시국사범 사면복권 조치에 따라 〈민청학련〉 사건 및 〈남민전〉 사건 연루자들이 복적되어 복학했는데, 양대 시국 사건에 연루된 학생들은 대부분 광주지역 학생들이었으므로 전남대에 복적생들이 가장 많았다.

최규하 대통령이 수백 명의 시국사범들을 모두 사면 복권시킨 것은 국민화합을 위해서였지만, 이때 사면 복권되어 복학한 〈남민전〉 투사들의 생각은 달랐다.

조희연은 한국을 미국의 신식민지로 간주한 〈남민전〉이 1980년 봄을 대중의 혁명적 잠재력이 폭발할 수 있는 시기, 즉 무장봉기를 수반하는 투쟁으로 남조선을 미국으로부터 해방시킬 수 있는 시기로 보고 있었음을 이렇게 기록한다:

> (당시 〈남민전〉은) 식민지적 조건에서 대중의 혁명적 잠재력은 평상시에는 잠복되어 있으나 결정적 국면에서는 폭발적인 형태로 표출될 것인바, 그러한 때 대중의 자연발생적인 대중봉기를 무장이 수반된 목적의식적인 투쟁으로 전환해 내는 데 전위적인 세력의 임무가 있는 것으로 평가했다.(조희연 1990, 288)

그래서 최규하 대통령의 기대와는 달리 〈남민전〉 사건 연루자들과의 화해가 성사되기는커녕 그들에게 광주사태를 조직할 기회만 만들어 준 꼴이 되었던 것이다. 〈남민전〉의 〈민투〉 및 〈민학련〉 조직에서 활동하다가 〈남민전〉 사건에 연루된 후 최 대통령의 특별사면으로 복학한 학생들은 먼저 각 대학교 총학생회를 장악하고 본격적으로 시위를 조직하였다. 1980년 5월의 모든 가두시위는 이들 복적생들이 주도한 것이었다. 이것이 민중봉기에 의한 김대중의 집권전략과 맞아떨어졌기 때문에 그때는 〈남민전〉 출신 운동권과 김대중은 한편이었다.

자신들이 〈남민전〉 조직책임을 극비로 하고 광주운동권이란 타이틀만 가지고 활동한 김대중 내란음모 사건의 주역들, 즉 광주사태 주동자들이 바로 윤한봉과 윤상원과 김상윤이었다. 이들은 유인물 팀장 이재의, 전남대 총학생회장 박관현을 통해 복적생들과 재학생들 간의 유기적 관계를 조정하며 가두시위를 총지휘하고 무장봉기로서의 광주사태를 기획하였다.

광주사태 당시 정보부 전남지부장으로 있던 정석환의 5월 16일자의 비망록(정석환 1996, 118) 중에는 이런 메모가 있다:

> 전남대 및 조선대생들은 윤한봉, 김상윤, 김남주 주동 하에 전남지역 〈구국청년학생회〉가 주동이 되어 박정희 군사독재 및 유신독재 19년을 청산하는 계기를 만들어야 한다는 분위기였다.

김영삼 대통령의 주도 하에 5 · 18재판이 정치적으로 막 시작되었던 1996년 1월에 정석환이 갑자기 〈신동아〉 1월호에 자신의 이 메모를 공개한 이유는 재판이 김대중 및 5 · 18측에 유리하도록 여론몰이를 하기 위함이었다. 그러나 오늘 우리가 다시금 찬찬히 이 메모를 들여다보면 아주 중대한 단서들이 들어 있다.

정석환도 그때는 모르고 있었을 테지만, 윤한봉과 김상윤과 김남주 세 명 모두 〈남민전〉 전사들이었다. 그리고 이 세 명 모두 〈임을 위한 행진곡〉의 주인공 윤상원의 바로 윗선이었다. 광주사태가 일어나기 이틀 전에 이미 정석환은 〈남민전〉 세력이 최규하 대통령 정부를 전복시키려는 엄청난 음모를 꾸미고 있다는 정보를 포착했던 것이다.

그때도 시민들은 〈남민전〉의 산하조직 명칭들에 대해서는 알지 못했다. 광주사태는 〈남민전〉의 전위조직인 〈민학련〉과 골간 조직인 〈청학위〉가 사전에 준비하여 일으킨 것이었는데, 정석환은 〈남민전〉의 조직명에 익숙하지 않아서 이 두 조직을 하나로 합해 〈구국청년학생회〉라고 메모해 두었던 것이다. 여하간 그의 이 메모는 광주사태 주동세력의 정체 및 실체에 대한 중대 단서이다.

학생이 아닌 〈남민전〉 세력인 윤한봉, 김상윤, 김남주가 전남대 및 조선대생들을 총지휘하고 있었고, 전남대와 조선대생들 머리 위에 〈남민

전)의 전위조직인 〈민학련〉과 골간 조직인 〈청학위〉가 있었다. 5월 16일
의 대규모 가두시위 때도 박관현 전남대 학생회장은 허수아비였고, 실제
주동세력은 〈민학련〉과 〈청학위〉 등 〈남민전〉 조직이었다.

　이런 중대 사실은 북한과 남한의 5·18영화 감상법에 참고가 된다. 황
석영이 시나리오를 쓴 북한의 5·18영화 〈님을 위한 교향시〉에서 박관현
학생회장이 피신하였는데도 무장봉기가 일어났다. 남한의 5·18영화 〈화
려한 휴가〉는 학생회장이란 존재가 아예 실종된 영화이다. 박관현을 전
남대 총학생회장으로 등장시키지 못하고 강진우라는 대동고 학생으로
등장시킨다. 영화는 학생회장이 없는데 누구의 주동 하에 무장봉기가 일
어난 것인지를 전혀 설명하지 못한다.
　전남대 학생회장 박관현은 5월 18일 여수 돌산에 가 있었는데도 광주
사태가 예정대로 진행되었으며, 폭력시위를 무장봉기로 승격시키기로
예정되어 있었던 5월 21일 오전에 〈민학련〉 명의로 전단 수만 장이 광주
시내에 살포되었다. 이처럼 학생회장 박관현이 없어도 폭력시위 및 무장
봉기에 아무런 지장이 없었던 이유는 그 실제 주동세력이 학생회장이 아
니라 〈민학련〉 등 〈남민전〉의 전위조직들이었기 때문이다.
　5·18성명서 태반이 〈민학련〉 명의로 되어 있었는데, 이것은 곧 〈남
민전〉의 대외용 명칭이었다. 〈남민전〉 명의를 사용하면 자생 간첩단의
정체가 바로 탄로나지만 〈민학련〉 명의로 하면 광주시민을 현혹할 수 있
기 때문에 이 명의를 사용, 광주사태를 주동했던 것이다.

　위의 정석환의 메모에서 또 한 가지 중대 사실을 발견할 수 있다. 광
주사태를 총체적으로 기획한 3인방 윤한봉과 김상윤과 김남주 중에 2명,
즉 김상윤과 김남주는 녹두서점 인물들이었다. 김남주는 녹두서점 설립

자이고 김상윤은 새 주인이었다. 그런데 정석환의 메모에는 빠져 있는 또 한 명의 녹두서점 인물이 바로 윤상원이다.

인물 명으로는 녹두서점 3인방이 광주사태의 주역이고, 단체명으로는 〈민학련〉이 광주사태의 주동세력이었다는 사실은 녹두서점이 〈민학련〉의 아지트였다는 사실을 논리적으로 입증한다.

사실 〈남민전〉의 군대조직인 '시민군'의 뿌리 조직이었던 '혜성대'를 1979년에 조직한 김남주는 광주사태 당시 광주교도소에 수감되어 있었고, 김상윤은 5월 17일 자정 무렵의 예비검속 때 연행되었으며, 윤한봉은 5월 18일 아침부터 숨어 지내다가 5월 21일 아침 나주를 거쳐 오후에 목포로 도망갔다. 그럼에도 불구하고 폭력시위와 무장봉기가 예정대로 진행될 수 있었던 것은 윤상원이 녹두서점에 남아 있었기 때문이다.

오늘날 5·18단체들이 윤상원을 위한 노래 〈임을 위한 행진곡〉에 그토록 큰 의미를 두는 이유는 윤상원이 있었기에 광주사태가 가능했고, 윤상원 없는 광주사태는 생각할 수 없었기 때문이다. 그런데 아울러 우리가 눈 여겨 봐야 할 사실이 있다. 김남주와 김상윤이 없어도 윤상원만 있으면 〈남민전〉의 전위조직 〈민학련〉과 골간 조직인 〈청학위〉가 광주지역에서 가동될 수 있었다는 것이다.

윤상원은 시국사범에 연루된 기록이 전혀 없었기 때문에 광주운동권이 전략적으로 그에 대한 정보가 노출되지 않도록 보호했다. 더구나 본명인 '윤개원'을 사용하지 않고 '상원'이란 별명을 사용했기 때문에 광주사태 직전은 말할 것도 없고 광주사태가 끝난 지 몇 년 후에도 수사 당국은 윤상원이란 인물의 존재를 전혀 모르고 있었다.

5월 17일 자정 무렵 김대중 내란음모사건 주동자 예비검속 때 유독 윤상원만 예비검속 대상에서 제외된 것은 그의 운동권 활동이 광주운동권 및 〈남민전〉 조직 외부로 전혀 노출되지 않았기 때문이다.

지금은 심지어 여야 정치인들 중에서도 〈임을 위한 행진곡〉을 부르는 이들이 많이 있지만, 광주사태 당시까지만 해도 광주시민들조차 윤상원이 누구인지 전혀 모르고 있었다. 그때까지 그는 무명의 인물이었는데 광주사태 때 혜성처럼 등장하여 주역이 되었던 것이다.

그런데 여기서 우리가 놓치지 말아야 할 사실이 있다. 5 · 18단체들의 입장에서 볼 때엔 윤상원 없는 광주사태를 생각할 수 없듯이, 우리가 볼 때엔 〈남민전〉의 조직 없는 윤상원을 생각할 수 없다. 윤상원 혼자서 한국 근현대사의 대 사건인 광주사태를 일으킨 것이 아니라 그와 함께 움직이는 조직들이 있었는데, 그 중에서도 위력을 발휘한 조직이 〈남민전〉의 전위조직 〈민학련〉이었다.

당시 윤상원은 이미 평범한 광주시민이 아니었다. 광주사태 당시에는 광주시민들에게 생소한 무명의 인물이었지만 〈남민전〉 전위조직들 안에서는 그는 이미 중견 지도자급이었다. 그래서 윤한봉과 김상윤과 김남주가 없을 때 그가 〈민학련〉을 호령할 수 있었다.

〈임을 위한 행진곡〉에서 가장 중요한 것은 윤상원으로, 그가 어떤 인물인지 알기 위해 가장 중요한 것은 〈남민전〉이다. 〈남민전〉은 뚜렷한 이념과 투쟁 목표를 가진 조직이었다. 오늘날 일부 정치인들이 '광주정신'이란 말을 할 때 그 정신은 윤상원의 정신, 즉 대한민국을 부정하는 반국가 단체 〈남민전〉의 정신을 말한다. 그러면 이런 사실을 좀 더 명확하고 구체적으로 살펴보도록 하자.

1960년의 8 · 15 경축사와 11월 4일의 당 대회에서 북한은 '혁명의 참모부'로서의 '지하당'의 필요성을 제기했는데, 그 이유는 "남한 인민들이 민족해방 민주주의 혁명에서 승리를 쟁취하기 위해서는 마르크스=레닌주의를 지침으로 하는 노동자, 농민을 비롯한 광범한 근로대중의 이익을

대표하는 혁명적 당을 가져야 한다"는 판단 때문이었다. (조희연 1990, 99)

〈임을 위한 행진곡〉 가사 중 "산 자여 따르라"는 "윤상원을 비롯한 〈남민전〉의 마르크스 혁명론을 따르라"는 의미이다. 현 서울특별시 교육감 조희연도 〈남민전〉의 정치노선은 '반제 · 민족해방운동'이었다고 말한다.(조희연 1991, 299)

그렇다면 〈남민전〉의 용어에서 반제(反帝)의 의미는 무엇인가? 그것은 북한의 5 · 18교육 자료에 실렸던 "남조선이 미국의 식민지로부터 독립하기 위한 민족해방운동"이다.(전 북한군 항공사령부 2009, 155)

북한에서 5 · 18연구 분야의 전문가인 한영읍은 1990년도 북한 월간지 〈근로자〉 5호에 실린 "남조선 인민들의 반파쇼 민주화 투쟁을 보다 높은 단계에로 발전시킨 영웅적 광주 인민봉기"라는 제목의 기고문 87쪽에서 광주사태 주동자들이 주창하는 '반제(反帝)'를 이렇게 해설한다:

"광주 인민봉기를 계기로 남조선 인민들의 반파쇼 민주화투쟁은 보다 높은 단계의 투쟁인 반미 민족해방 투쟁으로 확고히 전환되게 되었다. 남조선 인민들의 투쟁은 본질에 있어서 남조선에 대한 미제의 식민지 지배를 끝장내고 민족의 자주권을 완전히 회복하기 위한 반미 민족해방 운동이다."

〈임을 위한 행진곡〉의 주인공 윤상원이 누구인 줄 알게 되면 "산 자여 따르라"는 가사는 그의 '인민민주주의 혁명 전략'을 따르라는 뜻임을 알 수 있다. 북한의 '민족해방 인민민주주의 혁명' 전략이란 "남조선의 혁명은 남한의 혁명세력이 주체가 되어 수행해야 한다"는 일종의 '지역혁명론'으로서, 우선 1단계로 남한에서 '민족해방 인민민주주의 혁명'을 수행한 다음, 2단계로 사회주의 혁명을 진행시킨다는 '단계적 혁명론'이다. 북한은 이러한 전략 하에 1960년대 후반의 〈통일혁명당〉을 시작으로

1970년대 〈남민전〉, 1980년대 〈한국민족민주전선〉, 1990년대 〈조선노동당 중부지역당〉 등 남한 내 지하당 구축을 지속적으로 시도해 왔다. 그이후로 윤상원의 그런 이념을 가장 모범적으로 따르고 있는 인물 중에 이석기가 있다.

〈임을 위한 행진곡〉은 시민군 군가의 성격을 띠고 있고, 그 노래의 주인공인 윤상원은 시민군 지휘부를 대표하는 인물로 알려져 있다. 그런데 시민군은 '인민해방군'으로 조직되었다. 시민군은 〈남민전〉 강령 제7조에 "국가와 인민을 보위하는 군대를 건설한다"에 의거하여 조직되었다. 그런데 이 강령에서 말하는 국가는 대한민국을 지칭하는 것이 아니라 북한에 종속된 반국가세력을 지칭한다.

윤상원은 시민과 인민이란 용어를 혼용해서 사용했다. 〈남민전〉 내부자들끼리 사용한 용어는 '인민'이고, 광주시민을 대상으로 성명서를 발표할 때는 자생 간첩단 냄새가 나는 '인민'이란 용어를 감추고 '시민'이란 용어를 사용했다. 그래서 〈남민전〉의 군대의 명칭을 '시민군'이라고 정했지만, 윤상원은 '인민해방군'이란 의미로 시민군을 이해하고 있었다.

윤상원이 시민군을 인민해방군으로 인식하고 있었기에 1980년 5월 21일 저녁 시민군이 광주를 완전 점령한 후부터의 광주를 '해방구'라고 불렀다. 윤상원의 후배 운동권 박몽구는 그의 기고문 "광주민중항쟁의 횃불 윤상원 열사에게 드리는 글"에서 광주사태 당시 광주에 '해방구'가 설치되었음을 증언한다.(박몽구 1989, 126-127) 전용호도 무장시민군이 도청을 점거하고 있던 5월 21일부터 27일까지의 기간을 '해방기'라고 부른다.(전용호 1989, 289)

그런데 광주사태 주동자들이 광주에 해방구를 설치한 것은 단독 작전이 아니라 북한군과의 연합작전이었다. 북한의 5·18 논리에서 남한에 해방구를 설치하는 것은 6·25전쟁의 연속이다. 6·25전쟁 때 북한이 적화통일에 실패한 이유는 남로당 유격대들이 좀 더 크게 봉기를 일으키지 못하고 좀 더 많은 해방구를 만들지 못했기 때문이라는 것이 김일성의 분석이었다.

전 북한군 서해안 방어부대 군관은 그가 북한 제3군단 승용차 관리소 정치부소장에게서 들은 말을 이렇게 인용한다:

> 북한 대남부서(북한 중앙당 통일전선부)는 "광주에서 청년학생들의 주도로 일어나는 민주화 시위를 자극하여 광주를 해방구로 만들어서 적후 전선을 형성하기 위한 전략을 만들었다."(전 북한군 방어부대 군관 2009, 231)

광주에 해방구가 설치되기 전에는 백제야학 지하실에서 선동 유인물을 제작하여 배포하던 손남승이 5월 22일부터는 시민군 상황실에서 근무했는데, 당시 주동자들의 목표가 해방 정권을 세우는 것이었음을 그는 이렇게 증언한다:

> 우리들이 야학의 지하실에서 만든 유인물은 5, 6종 정도였다. 그 발행 이름은 전부 기억할 수는 없고 제일 마지막으로 만든 이름이 '광주시민 학생 혁명위원회'였던 것 같다. 그 내용은 광주 시내에서 일어나고 있는 상황들을 홍보하고 나아가 선동까지 하는 것이었다. 차량을 접수, 제공하라는 것과 폭약이나 총기류를 시민군이 가져야 한다, 또 주변의 관공서나 악질기업주 집에 방화토록 선동하는 한편, 조금만 더 견디면 군사정권을 무너뜨리고 해방 정권을 세울 수 있다고 썼다.(손남승 1988)

광주매일 기자들도 21일 무장시민군이 전남도청을 점령한 후의 광주

공원을 '해방공원'이라고 불렀다:

> 공원 광장은 시민군에게 유리한 지리적 특성과 19일의 항쟁 성과로
> 21일부터는 중화기인 LMG가 설치되고 시민군의 총기교육이 실시되
> 는 등 항쟁 초기부터 시민들의 해방 광장이 된다.(광주매일『正史 5 ·
> 18』1995, 218)

광주사태 당시 광주운동권이 광주에 해방구를 설치했다는 사실의 증
인 중에는 류이인열도 있다. 1990년에는 북한이 창당 자금을 지원한 민중
당에서 간첩 김낙중과 더불어 창당위원이었으며, 2008년에는 인디 저널
리스트로서 광우 촛불시위를 지원하고 있었던 류이인열은 1980년 광주
사태 때 해방구가 설치된 광주를 '혁명의 코뮌'이라고 부른다:

> 광주는 모든 것을 이야기했어요. 혁명의 코뮌을 그냥 보여준 것이지
> 요. 해방구가 된 5일간의 광주는 이상을 현실로 바꿔놓았죠.(김경대
> 2008)

그러면 윤상원 등 광주사태 주동자들은 도대체 언제부터 광주에 해방
구를 설치할 계획을 가지고 있었는가? 그 한 가지 단서는 광주사태가 일
어나기 꼭 열흘 전인 5월 8일에 전남대학교 총학생회 명의로 작성되어
배포된 "민족민주화 성회"라는 제목의 성명서이다. 성명서 제목에 북한
식 '인민민주주의'라는 의미의 '민족민주'라는 단어가 들어 있으며, 전문
의 결론이 "이곳이 해방을 맞는 민족의 광장이 되기를 염원한다"이다.(5 ·
18 사료편찬위원회 2009, 1: 684) 즉, 북한식 인민민주주의를 위한 해방구를
설치하겠다는 선언이 광주사태가 시작되기 열흘 전에 이미 있었던 것이
다.

윤상원의 후배 임낙평도 북한의 적화통일 전략 용어인 '반제반파쇼

민족해방 운동'을 그대로 사용하여 광주사태의 의의는 '반제반파쇼 민족
해방 운동'이라고 규정한다:

> 내가 생각한 5·18항쟁의 의의라고 한다면, 이전까지의 운동이 단순
> 한 '반독재 민주회복 투쟁'이었다면 이후 운동에 있어 '반제반파쇼 민
> 족해방 운동'이라는 학생운동의 양·질적 변화를 꾀했다고 본다.(임낙평
> 1988)

임낙평이 이처럼 북한의 대남공작 용어를 그대로 사용한 이유는 남파
간첩의 직접적인 영향이었다기보다 전남대 운동권 선배들 중 〈남민전〉
전사 혹은 〈남민전〉 사건 연루자들의 영향이었을 것이다.

윤상원의 바로 윗선이었던 3명의 광주운동권 거두 윤한봉과 김상윤
과 김남주를 키운 광주운동권의 원조는 4명의 대표적 빨치산인 류락진,
박현채, 김세원, 장두석이었다. 해방정국 당시 남로당 산하 〈민학련〉을
조직, 한국전쟁 때부터 빨치산 활동을 했던 김세원은 그 후 빨치산 신분
을 감추기 위해 전남대학교에 입학하여 후배 운동권들을 양성했다. 전남
대 운동권의 원조 김세원의 뿌리 깊은 영향의 한 예가 전남대 교정에서
발견된 김일성 분향소이다. 1994년 7월 김일성이 사망했을 때 전남대 학
생회관에 김일성 분향소가 설치되고 김일성과 김정일을 찬양하는 유인
물 4종이 발견되었다.(조선일보 1994년 7월 16일자.)

여배우 문근영의 외조부 류락진을 비롯한 박현채, 김세원, 장두석은
모두 남한의 호남 출신이면서도 북한이 조국이라고 말하는 이상한 사람
들이었다. 윤한봉과 김남주 등 그런 빨치산 이념의 영향을 받은 광주운동
권들 역시 북한을 자신들의 조국이라고 했다. 5·18기념재단 설립자 윤
한봉은 12년간의 미국 망명생활을 마치고 1993년에 영구 귀국했을 때에

도 여전히 한국을 남부 조국이라고 불렀다.(윤철호 1994, 44) 그렇다면 작금의 현 국회의장 정의화 등 일부 정치인들이 광주 정신 혹은 5·18정신을 언급할 때 광주 운동권들 중 누구의 정신을 말하는 것인지 이제는 공개 질문으로 물어보아야 한다.

광주사태를 총기획했고 5·18의 상징적 존재인 윤한봉이 한국을 '남부 조국'이라고 호칭한 이유는 〈남민전〉의 역사논리 및 정치논리에서는 그들의 조국은 북한이고 남한은 북한에 부속된 남부 조국에 불과하기 때문이다. 예를 들어, 〈남민전〉 중앙위원이었던 안재구가 구국전선 창립선언문을 작성하면서 "조국 남반부에서 주체혁명 위업을 실현해 나가기 위해 일심일체로 뭉친 김일성, 김정일주의 정수분자들이며, 우리 혁명을 승리의 종착점으로 이끌어갈 지휘핵심들이며 전위부대"라는 문장에서 그는 '한국' 대신 '조국 남반부'라는 용어를 사용한다.

광주매일이 발간한 『正史5·18』의 특별취재반 역시 〈민청학련〉 사건 주동자들과 〈남민전〉 전위조직이 광주사태 주동세력이었다는 사실을 이렇게 밝힌다:

> 광주 민청 세대는 석방 2개월 후 '구속자협의회'를 조직하고 본격적인 사회운동을 시작한다. 농민운동과 노동운동에 투신, 노조조직 등 기층 민중운동 확산에 노력한다. 사회과학 서클을 조직, 의식 있는 후배들을 배출하고 종교계·학계 등 광범위한 세력과의 연대활동에도 주력한다. 일부는 〈남민전〉 등 혁신계 전위운동에도 참여한다. 마침내 민청 세대는 긴급조치 9호 세대와 큰 줄기를 이뤄 80년 5월을 맞이하게 된다.(광주매일『正史5·18』특별취재반 1995, 38)

광주매일 특별취재반이 위의 기록에서 사용한 용어들에 대한 보충설명을 하면, '사회과학 서클'이란 코뮌주의 혁명가 그룹을 양성하던 파리

코뮌 스터디 그룹 및 〈남민전〉 세포교육 서클 등을 일컫는다. 그리고 혁신계는 남로당 및 빨치산 계열이 주류를 이루던 정치세력을 일컫는다. 이렇듯 광주매일이 말하는 5·18의 큰 줄기란 그 이념 및 활동의 뿌리가 남로당 및 빨치산으로 거슬러 올라가는 줄기이다. 1950년대 말에 지하로 잠적했던 빨치산들이 1960년 4·19를 기회로 반정부 시위에 가담할 즈음 여러 좌익세력들이 통합하여 하나의 정치집단을 형성했을 때 그들의 집단을 대표하는 용어로서 〈혁신계〉라는 명칭을 사용하였다.

광주운동권과 북한은 이미 1960년대 초부터 밀착해 있었다. 그 즈음 북한이 남한에 간첩단 조직인 통일혁명당(약칭, 통혁당)을 조직했는데, 통혁당이 아지트로 삼기 위해 북한 공작금으로 학사주점을 인수하여 경영할 때 그 경영인은 바로 광주운동권으로서 훗날 〈남민전〉 전사가 된 임동규였다.(임동규 2005)

광주운동권 임동규는 1977년 7월 14일 안용웅의 집에서 〈남민전〉 총책 이재문의 집전으로 〈남민전〉 가입 선서식을 거행했다. 〈남민전〉에 가입하기 위해서는 집전자와 가입자가 칼을 서로 맞잡고 선서식을 거행해야 했다.(임동규 2005)

조지 카치아피카스가 밝힌 대로, 광주운동권 김남주는 1970년대 중후반에는 녹두서점에서 윤상원 등 광주의 후배 운동권을 모아놓고 파리코뮌 강연을 했었다.(카치아피카스 2002, 239-240) 임헌영에 따르면, 이때 김남주는 "민중문화연구소 활동의 일환으로『파리 코뮌』이란 일어책을 강독"하다가 상경하여 1978년 박석률과 함께 〈남민전〉에 가입했다. 그는 철저한 마르크스-레닌주의자였다.(임헌영 1995, 42-45)

〈남민전〉이 김일성에게 보낸 충성맹세 서신의 작성자인 임헌영이 김남주는 철저한 마르크스-레닌주의자였다고 말했을 때, 그 말의 뜻은 김남주는 투철한 공산주의 혁명가라는 뜻이었다. 광주운동권 박석률의 동생으로서 역시 〈남민전〉 전사였던 박석삼은 김남주가 녹두서점에서 코뮌주의 지하혁명가 그룹을 양성하던 시절을 이렇게 회상한다:

> 78년 초 남주형은 광주의 녹두서점 뒷방에서 학생들과 세미나를 했다. 교재는 『파리 코뮌』. 그리고 후배들에게 남미의 해방 시인 네루다와 파울로 프레이리의 책도 권했다. 이 일로 수배되어 형은 서울로 피신했다. 후배들에게 형이 전달하려고 한 것은 무엇이었을까? (박석삼 2011, 123)

파리코뮌에 심취한 김남주가 구상한 공산주의 혁명 모델은 1871년의 파리코뮌이었으며, 김남주의 그 구상을 윤한봉과 김상윤과 윤상원이 1980년 5월 광주에서 실행한 것이 광주사태의 한 배경이었다.

시민군이 전남도청과 광주시청 등 광주의 모든 관공서들을 접수한 이유는 시민군 혹은 민병대에 의한 통치의 이상을 실현하는 코뮌 권력을 건설하기 위해서였다. 일반 광주 시민들은 코뮌이라는 공산주의 혁명 용어를 모르므로 일반 대중이 이해할 수 있는 용어인 '광주해방구'를 사용했으나, 주동자들의 용어로는 광주코뮌이었다.

2011년의 리비아 시민군의 승리 이후 리비아에서는 시민군에 의한 암살과 내전이 계속되고 있음을 오늘날 전 세계가 보고 있다. 만약 1980년에 시민군이 승리했으면 우리나라는 어떻게 되었을까? 이 질문에 대한 해답은 김남주가 키운 한 좌익사상범 김정익의 수기 『囚人番號 3179: 어느 좌익 사상범의 고백』에 있다.

광주에서 윤상원 등 좌익운동권을 키운 김남주가 교도소에서도 계속 좌익 운동권을 양성했다. 김남주가 남조선에서 민중혁명을 일으키는 방

법은 코뮌권력을 건설하는 것, 즉 남조선이 시민군 혹은 민병대에 의해
통치되는 사회를 만드는 것이었다. 시민군의 승리가 광주사태 주동자들
의 용어로는 민중혁명의 성공인데, 만약 광주사태가 시민군의 승리로 끝
났더라면 김남주가 무엇을 하려고 했는지, 교도소에서 김정익이 김남주
로부터 반복해서 교육받은 내용이 이렇게 표현되어 있다:

"계급적 적들을 증오하라. 철저히 증오하라. 남조선에서 민중혁명이
일어나면 최우선적으로 해야 할 일이 이 사회의 민족반동 세력을 철저
히 죽여 없애는 것이다. 그 숫자는 200만 정도는 될 것이다. 그래야만
혁명을 완전하게 완수할 수 있기 때문이다."(김정익 1989)

윤상원은 1978년 서울에서 6개월간 직장생활을 하다가 갑자기 광주
로 내려왔는데, 그 이유는 파리코뮌과 〈남민전〉 전위조직의 위장취업과
관계가 있었다. 당시 〈남민전〉 계열 운동권의 위장취업은 노동자들을 위
한 취업이 아니라 남조선 해방 전략의 한 단계였다.

인민혁명당(인혁당), 통일혁명당(통혁당), 남조선 해방전략당(전략당)
등의 이적단체 간부였다가 1976년 〈남민전〉 결성에 참여한 김병권은 남
조선해방전략당은 현장 노동자 중심이었음을 이렇게 밝힌다:

"우리의 조직구성 원칙에서 중요한 점은 현장 노동자를 기본으로 한
다는 것입니다. 이 점이 통혁당과 통합을 결의한 한 가지 이유가 됩니
다. 통혁당은 인텔리 중심이었으며 우리는 노동자 중심이었기 때문이
죠."(김지형 2002, 134-35)

한국을 한국이라 부르기를 거부하고 남조선이라 부르며, 현장 노동자
중심으로 남조선 해방 전략을 발전시키겠다는 남조선 해방전략당의 이
론은 〈남민전〉에서 현장론으로 발전했으며, 그때부터 노동 분야에 위장

취업하는 〈남민전〉 인자들이 있었다. 윤상원의 전남대 후배 임낙평은 윤상원이 1978년 가을 서울에서의 은행원 생활을 갑자기 그만두고 광주 광천동으로 온 이유가 〈남민전〉 인자로서의 위장취업이었음을 이렇게 증언한다:

"직장을 6개월 만에 그만두고 다시 광주로 내려온 윤상원은 그해 10월 광천공단 내의 한남플라스틱(주)에 일용노동자로 취업했다. 현장을 떠난 운동은 관념이며 현장이 중심이 될 때 우리 운동은 획기적으로 발전할 수 있다는 운동론에 입각, 그는 노동현장에 투신했다. 광주·전남 지역에서 그가 세칭 '위장 취업자' 1호로 기록될 만큼 당시로서는 현장 투신이 드물었다." (임낙평 1989, 99.)

윤상원은 녹두서점이 배출한 대표적 광주운동권이었다. 김남주가 서점 주인이었을 때는 그곳에서 코뮌주의 혁명가로 양성되었고, 김상윤이 새 주인이 된 후로는 〈남민전〉 전사로서 양성되었다.

광주 운동권들 중에서 김정길, 이학영, 박석률, 김남주, 차성환, 윤상원, 윤한봉, 조봉훈, 임동규 및 박기순 등 박석삼이 〈남민전〉 동지들이라고 부른 자들은 공산당 정치학습을 거친 후 6개월간의 심화 학습과 실천투쟁을 거쳐 〈남민전〉의 정식 성원인 전사(戰士)로 승격한 자들이었는데, 그런 사실을 현 서울특별시 교육감 조희연은 이렇게 밝힌다:

정치학습 교과과정에는, 1) 강령 및 규약, 2) 생활규범, 3) 피신법 및 투쟁기술론, 4) 철학, 5) 정치 정세, 6) 통일전선 및 운동사, 7) 공작론 등이 있었다. 그 후 조직원의 교양 내용 8가지는 너무 많고 비효율적이라는 이유에서 1978년 7월 중앙위에서 강령, 규약, 생활규범, 기술론 등 4가지로 축소하였다. 이러한 일련의 교양작업을 통하여 〈남민전〉은 정세관의 일치, 정치 노선의 일치, 조직 노선의 일치, 실천력의 통일을 도모하였다.

교양내용의 교안을 만들기 위한 시도도 이루어졌는데, 1977년 5월에는 이재문이 정치정세와 경제학, 신향식이 철학과 조직공작 기술론, 안재구가 민족해방투쟁사와 통일전선론을 분담하여 교양내용을 집필하기로 했다. 이러한 일련의 교양이 끝나면 위원회에 배치되거나 점조직, 선조직의 형태로 상부와 연결을 갖는 위치로 배치되게 된다. 이렇게 배치된 인자는 6개월간의 심화 학습과 실천투쟁의 축적을 근거로 〈남민전〉의 정식 성원, 즉 전사(戰士)로 승격된다.

전사로 승격된 〈남민전〉 성원의 경우 특정 투쟁 과정에 동원되거나 아니면 위원회에 배치되는 경우 그 위원회를 중심으로 조직 활동을 하고, 그렇지 않은 경우 개인적인 수준에서 심화 학습을 하거나 조직 확대를 위한 성원 포섭 작업을 행하게 하였다.(조희연 1991)

북한의 대남공작부서 통일전선부의 지령대로 움직이는 고정간첩 안재구가 〈남민전〉의 정치학습 교재를 집필할 때 그 교재 내용은 과연 어떠했을까? 윤상원의 사상은 그런 심화 학습과정을 거쳐 형성되었다.

녹두서점은 한국판 베트콩 〈남민전〉 전사들이 즐겨 찾던 회합 장소이다. 광주의 〈남민전〉 사건 연루자들인 박석률, 이강, 김남주, 이학영, 김정길, 박석삼, 조봉훈 등이 녹두서점을 안방처럼 드나들고 있었다.(전남사회문제연구소 1991, 167) 전남대와 조선대 출신들 중에서 유독 〈남민전〉 전사들이 많았던 이유는 광주의 녹두서점이 심화 학습 과정의 〈남민전〉 전사 후보 양성 공간으로 활용되고 있었기 때문이다.

김상윤이 후배 운동권 양성을 위해 탐독한 이념도서들 중에는 『공산주의의 이론과 실제』『공산주의와 세계혁명』 및 『한국의 민족주의』 등이 있었다.(한국 기독교교회협의회 1987, 7:475) 김상윤은 자신이 윤상원과 조

봉훈 등 〈남민전〉 전사들을 6개월간 소그룹 단위로 학습시켜 양성한 사실을 이렇게 증언한다:

> 나는 제적된 상태였지만 학생운동에 관계했다. 전남대 내에는 메시아, 민사연, 맷돌, 독서잔디, 루사 등의 서클이 있었는데 거의 활발하게 움직이고 있었다. 나는 서클 중심의 학습보다는 소그룹 단위의 학습에 대해 생각했다. 소그룹 단위의 학습은 활동 인자가 노출되지 않고 학습내용을 심도 있게 진행할 수 있다는 장점이 있었다. 윤상원, 김광한, 김금해 등 5명이 6개월 단위로 학습했다. 또한 5명이 각자 소그룹을 만들어 다른 활동인자들을 학습시켰으므로 1976년도에는 그 수가 굉장히 많았다 …. 1977년 1학기까지 학습을 시켰다. 보안상의 문제도 있었지만 윤상원, 조봉훈, 노준연, 김영종, 김금해 등의 활동가들이 학교에 대거 진출했기 때문에 더 이상의 일은 그들에게 맡겼다.(김상윤 1989)

윤한봉을 보좌하던 광주일고 동문 정용화는 〈남민전〉 전사 이강 등이 살고 있는 두암동에서도 윤상원 등이 운영하는 소그룹이 있었으며, 박관현 등도 소그룹에서 심화학습을 받았음을 이렇게 기록한다:

> 그때 그들은 김상윤, 윤강옥, 이강 선배들이 살고 있는 두암동에서 자발적으로 형성한 그룹 단위로 공부하고 있었다. 예를 들면 김선출, 김남주 등 문화운동을 표방하는 그룹, 윤상원 등 노동현장운동을 모색하며 전단계로서 야학을 운영하는 그룹, 상대 내에서 경제학을 전공하는 몇몇 사람들의 그룹 등이었다. 나도 두암동에 자주 들르는 사이 여러 선후배들을 알게 되었다….
> 1978년 3월, 1학년에 복학하고부터는 점차 두암동 출입을 줄이고 문리대 1학년 중심으로 10여명을 모아 사회과학을 공부했다. 같은 연배

로서 가깝게 지내게 된 영문과의 양강섭과 법대의 박관현도 함께 했다. 1977년부터 자발적으로 꾸려졌다. 여러 그룹들도 심화된 학습을 통해 역량이 강화되고 있었다.(정용화 1989)

정용화가 말하는 심화된 학습은 조희연이 말하는 〈남민전〉의 6개월 과정의 정치학습이며, 그 교과 내용 중에 주체사상이 있었다. 〈남민전〉의 '전사 생활규범 10조' 중 제1조에 '주체사상을 확립하자'는 문구가 명기되어 있다.(안병용 1990, 273)

우리가 5·18기록물로서의 광주운동권의 증언을 읽을 때 반드시 숙지해야 할 점은 그들은 '주체사상'을 지칭하는 용어로 '사회과학'이란 은어를 사용했다는 것이다. 그들 용어에서 '사회과학'은 학문으로서의 사회과학이 아니라 반미·종북 이념으로서의 주체사상이었다.

당시 운동권 학습교재 중 철학과 조직공작 기술론은 신향식이 집필했는데, 그는 북한이 보내준 공작금으로 통일혁명당(약칭, 통혁당)이 인수한 학사주점을 경영했던 인물이다. 통혁당은 북한 주체사상에 대한 학습과 이해의 필요성을 강조했는데, 조희연에 따르면, 〈남민전〉의 당이 곧 통일혁명당이었다.(조희연 1991, 291-294)

1976년에 결성된 〈남민전〉이란 조직의 명칭은 바로 한 해 전인 1975년에 무장봉기에 의한 인민혁명 및 적화 통일에 성공한 베트콩(남베트남 민족해방전선)의 명칭을 따온 것이지만, 그 명칭을 차용하여 〈남민전〉을 조직한 자들은 1960년대의 통혁당 간첩단 사건 연루자들이었다. 요컨대 〈남민전〉은 베트남의 투쟁방식을 그대로 답습하되 통혁당 재건위의 성격을 지니고 있었던 것이다.

김영삼씨가 오락가락하는 정치 논리로 국민을 혼동시킨 것은 5·18

재판이 처음이 아니었다. 1979년 10월 〈남민전〉 사건이 발생하자 당시 신민당 총재 김영삼씨는 〈남민전〉 사건 연루자들이 민주인사라고 옹호했으며, 그의 압력으로 이듬해인 1980년 2월 하순 최규하 대통령이 〈민청학련〉 및 〈남민전〉 양대 시국사범 대부분을 사면 복권시켜 주었다. 그들은 각 대학교에 복적하여 〈민청협〉이란 새로운 명칭으로 1980년 봄의 각종 시위 및 광주사태를 조직했다.

〈남민전〉 사건 연루자들이 민주인사라고 한 김영삼씨 논리대로라면, 〈남민전〉 중앙위원 안재구는 민주인사이다. 그러나 그가 대통령에 취임한 후 안재구가 김일성의 지령을 받아 〈구국전위〉를 결성했는데, 그때 김영삼 정부는 〈구국전위〉는 간첩단이라고 발표했다. 〈남민전〉 출신이 만든 〈구국전위〉가 간첩단이라면 〈남민전〉이 일으킨 광주사태 또한 결코 민주화운동일 수 없음에도 불구하고 김영삼은 다시 한 번 오락가락하여 이듬해 1995년에 5·18특별법을 제정하고 5·18재판을 진행함으로써 다시 한 번 국민들을 혼란시켰던 것이다.

한기호 새누리당 의원은 지난 2014년 자신의 페이스북에 올린 글에서 "북한의 각종 매체에서는 5·18을 영웅적 거사로 칭송하고 매년 대대적인 기념행사를 한다. 우리가 북한에서 일어난 일을 기념하는 날이 있는가? 왜 북한이 우리의 기념일을 이토록 성대하게 기념하는지 궁금하다"고 적었다.(데일리안 2014년 5월 18일자)

북한이 해마다 광주인민봉기를 국가행사로 성대하게 기념하는 이유는 북한의 특수부대가 직접 참여했을 뿐 아니라 김일성의 주체사상을 학습한 자들이 광주인민봉기 주동자들이었고, 광주 인민봉기를 기점으로 주체사상이 남한 운동권 이념의 주류로 자리잡았기 때문이다.

북한의 5·18연구가 한영읍은 광주인민봉기 10주년 기고문에서 그런 사실을 이렇게 기록한다:

"력사적인 광주인민봉기는 남조선에서 불멸의 주체사상을 보급하는 데서 전환적인 계기를 열어놓았다.…(중략)… 남조선에서 주체사상은 1980년대에 들어서면서 인민대중의 자주적 요구를 실현하기 위한 지도사상으로 확고히 뿌리내리기 시작했다."(한영읍 1990, 89)

한국을 공산화하기 위해서는 '반미(反美)'라는 반(反)제국주의 투쟁이 중요하다는 〈남민전〉의 투쟁 노선이 광주사태 이후의 운동권 논리에 그대로 수용됐다. 386주사파에서 전향해 북한 인권운동을 벌이고 있는 이동호 북한민주화포럼 간사(연세대 82학번)는 "80년대에 연세대에 주사파가 확산된 데에는 노동계로 간 학생들이 〈남민전〉 잔당들과 접촉했던 것이 결정적 계기였다"며 "주체사상은 서울대 일부에서 자생적으로 받아들인 것이 아니라 북한과 연계된 〈남민전〉 조직이 학생운동권에 의도적으로 주입시킨 것이라는 분석이 옳다"고 말했다. 또 다른 운동권 전향자는 "〈남민전〉이 퍼뜨린 주체사상의 씨앗은 80년 광주사태라는 촉매와 함께 대학가에 급속히 확산됐다"고 증언했다.

그렇다면 〈임을 위한 행진곡〉이 5·18기념행사의 지정곡이 되는 것이 어떤 세력에게 왜 중요한지 알 수 있다. 〈임을 위한 행진곡〉의 가사 중 "산 자여 따르라"를 제창하는 사람들은 주체사상에 물드는 마력이 있기 때문에 적화통일 세력에겐 이 노래가 그토록 중요한 것이다. 1980년대 중반부터 이 노래가 보급되는 만큼 주체사상은 남한 사회에 퍼지고 번져 나갔다.

이렇듯 〈임을 위한 행진곡〉은 주사파를 양성하는 노래라는 점에서 결국 김일성을 위한 노래이다. 그래서 김일성이 이 노래를 작사한 황석영을 북한으로 불러들여 북한의 5·18영화 〈님을 위한 교향시〉의 시나리오를 쓰도록 했던 것이다.

〈임을 위한 행진곡〉은 또한 인민군에 부역하는 노래이고, 혁명군을 위한 노래이다. 박노해는 그의 기고문 "광주 무장봉기의 지도자 윤상원 평전"에서 윤상원과 그의 〈남민전〉 동지들은 시민군을 혁명군으로 불렀던 사실을 이렇게 기록한다:

> 혁명군들은 '해방된 광주'를 차를 타고 질주했다. 막대기나 쇠파이프로 차창을 두드리고 노래를 부르고 구호를 외치면서 마음껏 해방의 거리를 질주했다. 혁명군은 개선 병사처럼 의기양양했고, 해방된 거리마다 늘어선 시민들은 '우리편'을 위해 박수를 아끼지 않았다. 해방된 광주는 젊음과 정열 그 자체였다.(박노해 1989, 107)

그런데 여기서 중요한 것은 혁명군의 정체이다. '해방된 광주'라는 표현은 오로지 〈남민전〉의 논리에서만 사용될 수 있는 표현이다. 그리고 5월 21일 밤새도록 밤하늘을 향해 총을 쏘며 광주 시내를 군용차량을 타고 질주한 자들은 광주시민들이 아니라 시민군을 가장한 북한 특수부대 요원들이었다. 밤새도록 거리에서 울리는 총성 때문에 불안해서 잠을 설친 쪽은 광주시민들이었다. 이런 사실에 비추어 볼 때 〈임을 위한 행진곡〉의 가사 "산 자여 따르라"는 인민군과 한 편이 되라는 의미이다.

앞서 우리가 살펴본 대로 전남대 운동권은 주체사상, 좌익이념 및 공산주의를 뜻하는 운동권 은어로서 '사회과학'이란 용어를 사용하였다는 사실의 한 예가 바로 박선정의 증언이다:

> "그런데 1978년 6월 29일 전남대 교육지표 사건으로 서클 회장인 신일섭 씨와 학술부장인 안길정이 구속되었다 …. 문우회 멤버들이 겨울방학에 다시 모여 민족의 얼과 대학의 양심을 되찾자는 뜻의 '얼샘회'를 창립했다. 곧바로 겨울에 집중적으로 학습했다. 사회과학의 원론보

다는 주로 이영희의 〈우상과 이성〉, 〈베트남전쟁〉 등 기초적인 사회과
학책과 문학책을 읽고 학습했다. 나는 열심히 활동하여 1979년 2학기
때 얼샘회 회장을 맡았다."(박선정 1989)

위의 박선정의 증언에서 문학책이란 황석영의 픽션 소설을 말한다.
이영희와 황석영 모두 사회과학과는 아주 거리가 먼 인물들이었다.

황석영은 1969년 5월 군에서 제대한 후 베트남전쟁을 소재로 한 단편
소설 '탑'을 발표함으로써 문단에 등단했다. 그는 훗날 베트남전쟁을 소
재로 한 장편소설 『무기의 그늘』을 발표했는데, 이 두 소설이 월맹 공산
군과 베트콩을 해방 전사로, 그리고 미군을 침략자로 규정하는 그의 반
미 세계관을 반영한 소설들이다.

만약 김일성의 초청 의사가 1988년에 황석영에게 은밀히 전달될 수
있었다면, 1980년에도 이미 북한세력과 광주사태 주동자들 사이에 충분
히 접선이 이루어질 수 있었을 것이다. 황석영이 대한민국과 북한 사이
에서 어느 편에 서 있었는지는 김일성이 훨씬 더 정확히 알고 있었다.
김일성에게는 열 명의 남파공작원들보다 한 명의 한국판 베트콩이 훨씬
더 소중했을 것이다. 그런데 황석영의 소설이 베트콩(〈남베트남 민족해방
전선〉)의 반미 · 종북 이론이 한국에 연착륙하여 한국판 베트콩으로서의
〈남민전〉이 급성장할 수 있는 토양을 만들어 주었다.

황석영은 김일성을 만나러 가기 직전에 『창작과 비평』 겨울호에 "항
쟁 이후의 문학"이란 제목으로 기고한 글에서 자신의 문학 속에 들어 있
는 반미 · 종북 세계관을 토로했다. 김일성은 〈님을 위한 행진곡〉의 작사
자를 한국에 이적행위를 하는 인물, 즉 북한의 대남공작부서가 부는 피
리소리에 따라 춤을 추는 인물로 보았던 것이다.

베트콩의 반미 · 종북 투쟁을 지지하는 소설을 썼던 황석영은 광주사
태의 의의는 미국으로부터의 민족해방을 위한 전쟁에 있다는 자신의 시
각을 이렇게 말한다:

> 외국 잡지에서 베트남 반전 포스터를 본 적이 있는데, 어느 농촌 가
> 정의 4대에 걸친 투쟁과 죽음과 이별의 역사를 나타내는 가족사진이
> 도표 식으로 연결되어 있는 걸 봤습니다. 하여튼 우리 시대는 크게는
> 반제 · 자주화 투쟁의 백여 년에 걸친 근대사 속의 한 과정이면서, 지
> 금 우리가 살고 있는 이 시대는 '분단시대'입니다. 아마 뒤에 문학사가
> 들은 우리의 작품을 분단시대의 문학이라고 분류할 테지요. 분단의 기
> 점을 미군이 점령군으로 들어오던 '해방'의 날로부터 잡고 있는 학생들
> 의 생각은 올바른 것입니다. 이미 그때부터 또 다른 민족해방을 위한
> 전쟁 상황에 들어갔다고 보는 견해이지요. 실로 미군정에서 6 · 25직전
> 까지 수십만의 무고한 민중이 죽고 다쳤으니까요. (황석영 1988, 50−51)

여기서 황석영이 말한 학생들이란 학생층 주사파 〈한총련〉이다. 황석
영이 주사파의 피리소리에 따라 춤을 추며 주사파의 역사논리를 지지하
고, 그의 문학으로 주사파가 번식할 수 있는 토양을 만들었다.

이어 황석영은 〈임을 위한 행진곡〉의 주인공 윤상원이 "미국인을 인
질로 카터 행정부와 밀고 당기면서" 최규하 대통령의 퇴진과 계엄군의
철수와 시민군 식량수송을 요구하면서 "투쟁을 지속시킬 계획"을 세웠던
사실을 이렇게 증언한다:

> "제 4기는 이것의 심화된 기초 위에서 분단고착화 내지는 예속화 정
> 책을 추진하던 미국과 그 추종세력인 매판 독재세력에 대한 광범위하
> 고도 지속적인 민중의 항쟁이 시작된 시기입니다.
> 무엇보다도 광주항쟁이 우리에게 가르쳐준 것은 한반도의 분단은 우

리를 둘러싼 강대국 사이의 대립이나 남북 동포들 간의 이념적 갈등에서가 아니라, 바로 미국의 동북아전략에 따른 간섭과 지배 때문이라는 뼈아픈 깨달음이었습니다. 군사파쇼 정권은 바로 외세가 창출한 것이었습니다. 광주에서 봉기했던 항쟁지도부는 이 점을 눈치 채고 이란에서의 방식대로 미국인을 인질로 카터 행정부와 밀고 당기면서 군사정권의 퇴진과 계엄군의 철수와 식량수송을 요구하면서 투쟁을 지속시킬 계획도 세웠지만, 역시 당시로서는 대중들의 정치의식에 한계가 있다고 여겨서 결행하지 못했습니다.

광주에 살던 미국인들을 일단 미 공군기지 안으로 대피시킨 미 대사관의 조치는 그쪽에서 먼저 이러한 점들을 알고 있었다는 증거입니다. 도둑이 제 발이 저리다는 경우지요."(황석영 1988, 50-51)

〈남민전〉 전사 윤상원의 원래 계획은 전남도청을 접수한 후 광주 거주 미국인들을 인질로 납치하여 도청에 억류시키고 미국 카터 행정부를 상대로 밀고 당기는 협상을 하는 것이었다. 그러나 미국인들을 인질로 납치하는 극단적인 반미 행동을 하면 시민들의 민심이 당장 떠난다고 그의 후배들이 강력하게 반대하여 그 계획이 무산되었다. 그런데 황석영은 그 계획이 무산된 것은 광주시민들의 정치의식에 한계가 있었기 때문이라며 광주시민들을 탓하고 있다.

북한이 특수부대 요원들을 시민군으로 가장하여 침투시키고 있었던 때에 윤상원이 광주에 거주하는 미국인들을 미국과의 협상용 인질로 납치하려고 했던 것은 북한 편에서 환영하는 행위, 즉 이적행위였다. 어떤 정치적 흥정과 거래를 목적으로 자기 도시에 거주하는 외국인들을 인질로 납치하는 행위는 테러리스트들이나 하는 행위임에도 불구하고, 황석영은 그것이 반미주의 행동이기에 전폭 지지하고 그를 위하여 〈임을 위한 행진곡〉을 작사해 주었다. 그런 극단적인 반미에 있어서 황석영은 북한과 한편이었다.

1978년과 79년 사이에 자생간첩단 〈남민전〉 전위조직들이 대학생들 사이에, 특히 광주의 전남대와 조선대 운동권 학생들 사이에, 급격히 확산된 후에 광주사태가 일어났다. 〈남민전〉 청년학생위원회가 서울과 대구와 광주의 주요 대학에서 운동권 학생들을 포섭한 사실을 안병용은 이렇게 말한다:

> "〈청학위〉는 이들을 대상으로 중심 인물을 조사 선정하고 조직화 작업을 행하였다. 이를 통해 서울과 대구, 광주의 주요 대학 학생운동 출신 인자가 〈남민전〉에 참여하게 되고 이들이 〈민학련〉의 토대가 되었다."(안병용 1990, 261-62)

그런데 〈남민전〉이 학생들을 포섭할 때 결코 직접적으로 간첩단 조직에 가입하라고 말하지 않는다. 〈남민전〉의 학생운동권 포섭 전략에서는 위장 용어를 사용한다. 앞서 살핀 대로, 전남대에서 많이 사용된 위장 용어는 '사회과학'이었다. 〈남민전〉은 전남대 내에 무수한 소그룹들을 조직하고, 사회과학 서클이라며 학생들을 유인했다. 이 소그룹들은 서클 이름만 각기 달랐을 뿐 주체사상이 골자인 정치학습 내용도 같았고, 왕년의 빨치산 박현채의 저서, 이영희의 저서와 황석영의 소설 등을 학습교재로 삼은 것도 같았다.

윤상원의 전남대 후배들도 대부분 처음에는 간첩단에 심한 거부감을 느낄 학생들이었다. 그러나 사회과학을 함께 공부하자는 말의 미끼에 낚여 주체사상이 그 골자였던 반미 논리를 학습하고, 여러 달 체 게바라와 박현채와 이영희의 저서 등 좌익이념 도서들을 교재로 공부하고, 빨치산 미화 소설 등을 읽다 보면 차츰 〈남민전〉 이념으로 의식화되어 그 조직에 동화되고 윤상원의 부하가 되게끔 되어 있었다.

〈남민전〉이 광주의 조선대학교 및 서울의 주요 대학들에서 사용한 위장 용어는 〈민투〉(즉, 〈민주투쟁위원회〉의 약칭)였다. 〈남민전〉은 '북한식 인민민주주의를 위하여 투쟁하는 위원회'라는 뜻으로 그 전위조직에 〈민주투쟁위원회〉라는 명칭을 붙였는데, 운동권 학생들을 포섭할 때 '민주투쟁위원회'의 민주는 '자유민주'가 아니라 '민족민주', '인민민주'라는 사실을 설명해 주지 않았다. 그래서 〈민주투쟁위원회〉가 간첩단 전위조직이라는 사실을 모른 채 민주화 운동을 하는 단체로 오인한 학생들이 이 조직에 발을 들여놓게 되었다.

조선대학교의 경우 이미 1980년 4월에 〈남민전〉 세력이 총학생회를 완전 장악하여 '총학생회' 체제를 〈민주투쟁위원회〉 체제로 바꾸고, 5월 9일에 정식으로 〈민투〉 발족 선언을 하고, 전남대 및 서울지역 대학들과 연대하여 광주사태를 일으킬 음모에 박차를 가하고 있었던바, 그런 사실을 이우정 공동의장은 이렇게 증언한다:

"5월 1일, 광주시 학운동 광신여관에서 김운기, 양희승, 이경, 한국재, 곽재구, 임왕택, 김수영, 김현장(문부식과 함께 1982년 부산 미문화원 방화사건으로 구속) 등과 회합하여 〈조선대학교 민주화투쟁위원회〉(이하 〈민투〉)를 결성하였다.

다음날 광주시 서석동 수로여인숙에서 김운기, 양희승 … 등과 만나 집행부(운영부, 기획부, 섭외부, 조직부)를 새 부서로 구성하였다. 위원은 김운기, 양희승, 이경, 유재도 등 복적생 4명과 나, 그리고 구교성(보이스카웃 회장), 김대홍(학생카톨릭회장), 김수영(학생기독교회회장) … 등으로 했다. 김운기와 내가 공동의장으로 선출되었다.

이렇게 결성된 〈민투〉는 별도의 결성식 없이 조직되어 학회장단을 방문하며 장외투쟁을 요구했다. 뜻대로 되지 않아 학회장단을 밀어내고 그 장소를 〈민투〉 사무실로 사용했다. 그 당시 〈민투〉 운영자금으로는 선배들에게 100만 원 정도의 도움을 받고 서클연합회 잔여금 190만 원 정도(나중에 김대중 자금으로 발표)가 고작이었다.

5월 6일경 다시 수로여인숙에서 〈민투〉 집행부 모임을 갖고 문제발생시 공동책임을 지도록 〈민투〉 집행부를 취소하고 집단지도 체제로 운영하기로 했다.

5월 9일, 정식으로 〈민투〉 발족을 선언하고 학교 본관 앞에서 학내 문제로 농성중인 학생들 앞에 나아가 "비상계엄 해제", "전두환, 신현학 퇴진" 등을 내용으로 하여 작성한 〈시국선언문 1호〉를 낭독했다. 이 시국선언문 1호는 자금부족으로 유인물 제작이 불가능하여 몇 장 복사하여 기자들에게만 나누어주는 정도였다.

5월 11일경, 한국재와 함께 상경하여 고려대 총학생회를 방문, 조선대 〈민투〉의 결성 사실을 알렸다.

12일, 서울대 총학생회실에서 전국 대학교 총학생회 대표회의가 개최된다는 사실을 전해 들었다. 그때 휴교령이 내려질 경우 온몸으로 거부한다는 내용의 서울지역 24개 대학과 전남지역 대학의 공동투쟁을 결의하는 〈제1 공동시국선언문〉 등에 관해 의견을 나누었다."(이우정 1988.)

5·18에 북한의 개입이 없었다고 말하는 자들은 5·18기록물들을 전혀 읽어보지 않은 자들이다. 아직 시민군 사망자가 단 한 명도 없었던 1980년 5월 21일 오전 11시경에 윤상원의 조직이 〈민주청년 민주구국총학생 연맹〉 명의로 "민주수호 전남도민 총궐기문"이란 제목의 삐라 수만 장을 금남로 및 도청 인근 지역에 살포했다. 최규하 대통령과 신현확

국무총리를 북한 말씨로 '유신잔당 놈들'이라고 호칭하는 이 성명서는 대통령과 총리를 갈기갈기 찢어 죽이라는 말로 시작한다: "흉악한 국민의 배반자 유신잔당 놈들을 갈기갈기 찢어 죽여 피 토하며 죽어간 우리 아들딸들의 한을 풀어주자!"(〈민주청년 민주구국총학생연맹〉 1980)

윤상원은 미혼이었고 학생들에게는 아들딸들이 없었으므로 이 성명서 작성자가 학생일 수는 없다. 더구나 광주사태 주동자들의 요구대로 신현확 총리가 5월 19일에 사퇴한 지 이미 이틀이 지났는데도 그를 갈기갈기 찢어 죽이자고 할 광주시민이 있겠는가?

만약 광주시민들 중에 〈민주구국총학생연맹〉 명의로 북한 말씨로 그렇게 선동한 사람이 아무도 없었던 것이 사실이라면, 이 성명서 작성에는 간첩이 끼여 있었다. 이 외에도 광주사태 주동자들 중에 간첩이 끼여 있었다는 단서가 될 만한 북한의 문헌 자료들은 수없이 많다.

5월 25일 밤, 윤상원의 주도로 광주운동권의 오랜 숙원이었던 코뮌권력기구가 조직되었는데, 그 명칭으로 〈남민전〉이 전위조직의 위장명칭으로 사용하는 〈투쟁위원회〉를 따서 붙였다. 그러나 윤상원에게는 〈남민전〉의 정체성이 중요하였기에 그는 그 다음날 노골적으로 그 명칭을 〈남민전〉의 조직명인 〈민주구국 투쟁위원회〉로 개칭하였다. (김영택 1988, 214.)

윤상원이 1980년 5월 25일 전남도청에서 조직한 권력기구는 〈남민전〉의 강령에 의거한 임시혁명정부 성격의 기구였다는 사실이 남한에서는 이제야 차차 밝혀지고 있지만, 북한에서는 그 당시 이미 그런 사실을 아주 상세하게 인지하고 있었다.

남한에서는 1985년 5월에 가서야 비로소 광주사태 5주년 기념도서 『광주5월 민중항쟁의 기록: 죽음을 넘어 시대의 어둠을 넘어』가 황석영의 이름으로 출간되었지만, 그 전에 이미 북한에서는 『광주의 분노』가 출

간되었다. 그런데 이 책은 황석영이 작사한 〈임을 위한 행진곡〉의 주인
공 윤상원이 〈남민전〉의 전위조직의 명칭을 따서 만든 〈민주구국 투쟁위
원회〉의 의의는 혁명정권을 세우기 위한 과도적인 주권적 대표기관이라
는 데 있음을 이렇게 기록한다:

　　"≪광주민주국≫의 선포를 알리는 식은 간단했다. 각계각층 대표들
　의 의견들이 제기되고 그에 따라 ≪광주민주국≫의 림시 명칭이 결정되
　였다. ≪광주민주국≫의 림시 명칭은 ≪민주투쟁위원회≫였다. ≪민주
　투쟁위원회≫가 곧 자유와 민주의 완벽한 정권은 아니였다. 그것은 진정
　한 자유, 민주의 정권을 세우기 위한 과도적인 ≪주권적 대표기관≫이
　였다.
　　≪민주투쟁위원회≫는 행정부와 외무부, 기획부와 통보부, 작전 상
　황실과 기동타격대 그리고 대변인실 등의 10개의 부서를 두었고 매개
　부서와 책임자들은 ≪민주투쟁위원회≫ 위원장의 지시에 따라 움직이
　게 되어 있었다."(김선철 1985, 44)

　북한측의 이런 기록은 사실 놀랍도록 정확한 것이다. 북한측 기록과
5 · 18측 기록이 정확하게 일치하는 몇 개를 더 들어보자. 시민군이 전남
도청을 점령한 후로는 광주가 대한민국의 통제에서 벗어난 사실을 북한
측은 이렇게 기록한다:

　　"광주시가 봉기군에 의하여 점거된 후부터 괴뢰도청이란 존재하지
　도 않았으며, 괴뢰 내무부 역시 전라남도의 행정에 대해 손을 써본 적
　이 없었다. 5월 22일 전라남도의 광범한 지역은 봉기군에 의하여 완전
　히 장악되었다."(김선철 1985, 51)

광주사태 당시 동아일보 광주 주재 기자였던 김영택도 북한이 그런

사실을 발표한 후 11년 만에야 그런 사실을 똑같이 보도한다:

　　"광주공화국 시대가 열린 것이다. 군은 이제 광주 외곽과 광주교도
　　소만 지키고 있을 뿐 시내는 완전히 시민군의 장악 하에 들어가게 되
　　어 중앙정부의 통제에서 벗어난 시민 자율행정이 실시되게 된 것이다.
　　지방정부의 대명사인 도청이 국가통치권에서 벗어난 것은 6 · 25이후
　　처음 있는 일이었다."(김영택 1996, 119)

　김영택 기자의 이런 기사가 5 · 18측과 일부 정치인들이 〈임을 위한
행진곡〉의 '임'은 '광주정신'이라고 말하는 근거이다. 그런데 김영택의 이
기록이 사실이라면 이 기록과 정확히 일치하는 북한측의 기록 또한 사실
일 것이다.

　그래서 5 · 18측 학자들은 "시민군이 국가의 의례를 집행하기 시작하
고, 시민들을 징병하고, 재산을 집행하는 등 국가권력을 행사했으며, 스
스로 무장력을 갖춰 시민군을 조직하는 데 이르러 국가로 완성되었다"고
보는 것이며 (최정운 1999, 146-154) '전남민국' '광주공화국'이란 명칭의
새로운 국가가 탄생했다고 말하는 것이다.(최정운 2001, 326)

　이렇듯 〈임을 위한 행진곡〉의 주인공이 〈남민전〉 강령에 의거하여 그
전위조직의 명칭을 따라서 만든 코뮌 권력기구 〈민주구국 투쟁위원회〉를
5 · 18측에서는 '전남민국' 혹은 '광주공화국'이라고 부르며, 대한민국 통
치를 벗어난 그런 임시혁명정부 성격의 조직체를 만든 것을 일컬어 '광주
정신'이라고 말하고 있는 것이다.

　윤상원이 이끄는 시민군 지도부 조직이 단순한 무장투쟁 조직이 아니
라 '전남민국' 혹은 '광주공화국' 통치기구였다는 사실에 대하여 북한측과
5 · 18측의 기록과 견해가 정확히 일치한다. 그런데 문제는 윤상원이 그

통치기구를 만든 이유가 5·18측이 말하는 소위 '광주정신'이므로 그 이유가 몹시 중요한 것이다. 위에서 인용한 대로 북한측은 그 이유가 혁명정권을 세우는 것이었다고 했다.

광주사태 주동자들은 광주사태를 일으키기 1주 전쯤에 무장폭동 계획서를 완성했는데, 이 문건을 그들은 일명 '자유' 문건 혹은 '자유노트'라고 부른다. 이 폭동계획서에서 광주사태 주동자들은 '해방'이란 용어를 이런 문맥에서 사용한다:

> 학생운동은 70년대 유신체제를 거부하고 유신잔당과 일부 독점자본, 관료, 제국주의 자본을 제거하여 자유민주주의와 노동 농민현장에서 모순을 극복 민중운동에 수렴하여 민중해방과 민족통일에 수렴하여야 한다.

> 우리 사회는 외국자본이 잠식하고 있는 신식민주의 이론에 입각하여 식민지 반봉건 사회로 규정하고 국내 파쇼독재 가능성이 있으므로 외국 독점자본 및 매판자본을 척결하고 통일에 대한 관념론을 지양, 민중이 주체가 된 반제 반봉건적 민주주의 혁명을 해야 하는데 민중혁명의 주체는 학생, 노동자, 농민, 시민, 지식인이 되어야 된다. 혁명은 부르조아 민족혁명이다.(5·18사료편찬위원회 2009, 3:690)

이 문건에서 광주사태 주동자들은 그들이 일으키려는 광주사태는 민중혁명이고, 민중혁명의 목표는 '민중해방'과 '민족통일'임을 밝힌 것이다. 동 문건은 "민중혁명의 주체는 학생·노동자·농민·시민·지식인이 되어야 된다"고 명시했던바. 이는 〈남민전〉의 전위조직인 〈민학련〉(〈구국민주학생연맹〉) 강령 제4호 "노동자운동, 농민운동, 여타 대중운동을 적극 지원하고 연대투쟁을 통하여 민중의 권익을 옹호한다"에 의거한 것이다.

이렇듯 위에서 부분적으로 인용한 5·18기록물들은 〈남민전〉의 전위 조직이 사전에 치밀하게 무장폭동 계획을 준비한 사실을 보여준다. 또한 위 기록들은 윤상원과 그의 동지들은 광주를 한국으로부터 분리시키려 던 음모를 '해방'이란 용어로 포장하였음을 보여준다.

이렇듯 광주공화국으로서의 '전남민국'을 만들려고 했던 윤상원 및 그의 추종자들은 분리주의자들이었다. 그들은 광주를 한국으로부터 분리 시켜 전남민국을 세우겠다며 지역감정을 극도로 자극하는 악성 유언비 어들을 만들어내서 시민들을 선동했다. 따라서 〈임을 위한 행진곡〉은 윤 상원의 그 분리주의를 따르라는 노래이다. 그런데 오늘날 정의화 국회의 장은 그것을 가리켜 통합정신이라는 뚱딴지같은 말을 하고 있다.

만약 그것이 통합정신이었다면 2005년 6·15민족통일 대축전에 참가 한 북한 대표단이 5월 14일 장대비를 맞으며 5·18묘지를 공식 참배하였 을 리가 있겠는가? 이때 5·18묘지에 묻힌 북한의 열사들에게 헌화하면 서 김영대 단장은 "5·18은 자주와 민주, 평화통일을 상징한다"고 말했 는데, 그 말은 '반미와 인민민주주의에 입각한 통일이 5·18정신'이라는 말이다.

김영대 단장이 그렇게 말한 데에는 충분히 그렇게 주장할 근거가 있 다. 북한에서는 광주사태가 일어난 직후부터 5·18연구문헌들이 출간되 었는데, 1982년에 출간된 문헌에서는 '광주정신'을 "민주와 통일에 대한 광주 인민봉기자들의 열망"으로 수령 김일성을 "통일조국에 모시고 그 따사로운 품속에 안기려는 숭고한 열망으로 굽이쳤다"는 문장으로 서술 하였다.(조국통일사 1982, 598)

그런데 실제로 그런 말을 한 시민군이 대동고등학교 학생들 중에 있 었으며, 그런 말을 하여 남보다 보상금을 두둑이 받아 오늘날의 화폐가 치로 환산하면 30억 원에 해당하는 당시 2억 원의 거액 보상금을 받은 윤기권이 1991년 봄에 월북했다. 이렇듯 광주의 대표적 시민군 윤기권에게는 그가 평소 애창하던 〈임을 위한 행진곡〉의 정신을 행동으로 실천하는 길은 곧 월북하여 김일성의 품에 안기는 것이었다.

윤상원이 그의 코뮌 권력기구 명칭을 〈민주구국투쟁위원회〉로 정한 이유를 5·18측은 뭐라고 설명하는가? 〈남민전〉과 북한의 대남공작부서는 늘 같은 뜻으로 '구국'이란 용어를 사용한다. 그래서 북한의 1982년도 5·18연구도서 『주체의 기치 따라 나아가는 남조선 인민들의 투쟁』3장 "영웅적 광주인민봉기의 력사적 의의"에서는 그 이유가 "조국통일에 대한 남조선 인민들의 한결같은 념원과 지향을 반영하여 영웅적으로 싸운 대중적인 애국적 구국항쟁"이었다고 설명하고 있는 것이다.(조국통일사 1982, 65)

제 2 장 한 고교생 5·18유공자가 본
〈임을 위한 행진곡〉의 '임'

〈임을 위한 행진곡〉의 남자 주인공 윤상원을 잘 아는 사람들 중의 하나가 노동시인 박노해이다. 그가 아는 윤상원은 도시 게릴라이다. 그런 관점에서 보면 〈임을 위한 행진곡〉은 도시 게릴라를 위한 행진곡이다. 윤상원의 꿈은 체 게바라와 같은 도시 게릴라가 되는 것이었다. 그 도시 게릴라는 민주주의 철학을 위한 게릴라가 아니라, 공산주의 서적으로 무장된 사상을 위한 게릴라였다.(박노해 1989, 89)

윤상원은 체 게바라(Che Guevara, 1928-1967)의 『도시게릴라』를 애독했다. 여기서 광주의 혁명가 윤상원의 정신을 형성한 이 책에 대해서 우리가 반드시 알아야 할 사실이 있다. 윤상원과 박노해가 『도시게릴라』라고 부르던 그 책의 원전은 〈*Guerrilla Warfare*〉로서 한국에서는 출판 금지된 책이었다. 그러면 윤상원과 그의 동지들은 이 책의 한국어 번역본을 어디서 구했는가?

윤상원은 〈남민전〉 전사였으며, 〈남민전〉의 정당은 통일혁명당(통혁당)이었다. 1960년대 중반 이후 북한은 남한에 〈통혁당〉이란 명칭의 간첩단을 조직하여 한편으로는 김대중의 국회 진출을 돕고 다른 한편으로는 전라도에서 시민군을 조직하고 무장봉기를 일으킬 음모를 추진하고 있었다. 바로 그때 시민군 간부 훈련용 교재로 간첩단이 번역한 책이 체 게바라의 저서 〈*Guerrilla Warfare*〉였다.(조희연 1990, 120)

1960년대의 통혁당에는 빨치산들이 참가했다. 빨치산은 적의 배후에서 통신·교통 시설을 파괴하거나 무기나 물자를 탈취하고 인명을 살상하는 비정규군을, 특히 우리나라에서는 6·25 전쟁 전후에 각지에서 활동했던 공산 게릴라를 일컫는다. 요컨대, 공산당의 유격전을 위한 전사들을 빨치산이라고 불렀다. 그래서 빨치산과 게릴라는 같은 말이다. 그런데 스스로 빨치산이라고 부르면 빨갱이 정체가 탄로나기 때문에 광주운동권은 도시게릴라라는 용어를 선택했던 것이다.

1968년의 통혁당 사건으로 이 음모는 사전에 발각되어 실패했지만, 1976년에 〈남민전 준비위〉라는 명칭으로 통혁당을 재건한 통혁당 잔당들은 통혁당 시절 시민군 간부 양성 교재로 사용하기 위해 한국어로 번역한 〈*Guerrilla Warfare*〉를 그대로 〈남민전〉 전사 양성을 위한 학습 교재로 사용했다. 광주운동권이 여러 지하 독서서클들을 만들어 돌려가며 이 책을 읽었는데, 책 제목을 『도시 게릴라』라고 한 이유는 1950년대의 지리산 빨치산들보다 한층 업그레이드된 게릴라 투쟁을 하겠다는 뜻에서였다.

1980년에는 1950년대처럼 지리산 같은 산 속에서 빨치산 투쟁을 할 필요가 있는 시대가 아니었다. 새로운 작전 목표는 단번에 전남도청과 광주시청을 점령하는 것이었다. 그래서 게릴라전 개념을 도시 게릴라전으로 업그레이드 하고, 시민군의 무장봉기로 쿠바를 공산화하는 데 성공한 체 게바라의 저서 〈*Guerrilla Warfare*〉를 탐독했던 것이다. 윤상원은 〈*Guerrilla Warfare*〉 연구가였다.

조희연에 따르면, '도시 게릴라'는 〈남민전〉의 신조어였다. 〈남민전〉

은 '무장이 수반된 민중봉기'를 전제하고 있었으며 '도시 게릴라' 방식의
대중봉기를 기도했다.(조희연 1991, 288)

통혁당은 '전국적 대중봉기'와 '무장 유격전'을 배합하는 투쟁방식을
준비했다. 그러나 〈남민전〉의 경우에는 '무장 유격전'의 배합 비율이 훨
씬 높은 투쟁 방법을 준비했다.(조희연 1990, 133) 그래서 〈남민전〉 전위조
직이 준비하여 발생한 1980년의 광주사태 때 5월 21일을 기하여 대중봉
기 방식의 투쟁이 무장 유격전으로 격상되었던 것이다.

광주운동권의 세계관은 중고교 시절 통혁당 산하의 '광랑(光郞)'이란
서클을 통해서 형성되었는데, 조희연은 통혁당 내부의 무장투쟁관은
1964년 이후 북한이 쿠바 혁명을 성공모델로 삼는 대남노선을 설정한 데
서 비롯된 것임을 다음과 같이 관찰한다:

> 실제 64년 이후 60년대 말까지 북한은 남한에서의 유격 근거지의 구
> 축, '결정적' 시기에서의 남한 무장투쟁 역량과 북한 군사역량의 결합
> 을 목표로 대남노선을 적극화해 왔다. 49년 중국에서의 혁명의 성공,
> 59년 쿠바에서의 혁명 성공은 — 비록 양자의 무장투쟁의 역사적 경과
> 와 형태는 달랐음에도 불구하고 — 제3세계 혁명운동의 현실적 투쟁
> 형태에 막대한 영향을 미쳤으며, 한국의 운동 역시 그러한 영향을 일
> 정하게 받고 있었다. (조희연 1990, 135)

1977년 말에 〈남민전〉이 김일성에게 충성맹세 서신을 보내고 1978년
초에 무장투쟁을 위한 북한과의 공조가 공식화된 이래 북한과 〈남민전〉
전위조직들은 남한에서의 유격전을 위한 결정적인 시기를 1980년 봄으
로 보았다. 그래서 유격전 혹은 게릴라전으로서의 무장봉기가 그해 5월
에 일어났던 것이다.

그들이 도시 게릴라 혹은 '비정규적 군대'로서의 '시민군'을 조직할 계

획을 세운 배경을 조희연은 이렇게 설명한다:

> 당시 남한 사회의 경우, 중국의 '정강산(井岡山)', 베트남의 '정글', 쿠
> 바의 '농촌 배후지' 같은 것이 없기 때문에 '인간의 숲', '인간 정글' 속
> 에서의 기동력 있는 무장투쟁 방식(도시 게릴라 혹은 농촌에서의 소규모
> 유격전)이 가능한 것으로 인식하고 있었다. 이것은 일종의 '비정규적 군
> 대'에 해당하는 것인바, 이러한 무력을 확대 강화하고 그것을 결정적인
> 국면에서 '정규군대'로서의 북한의 군사역량과 결합시켜 냄으로써 혁
> 명적 투쟁의 성공 가능성이 주어질 수 있다고 보았다.(조희연 1990,
> 135-136)

시민군의 "무력을 확대 강화하고 그것을 결정적인 국면에서 '정규군
대'로서의 북한의 군사역량과 결합시키려고" 했다는 말은 북한에 2단계
의 군사지원 복안이 있었다는 말이다. 1단계는 '시민군'으로 가장한 북한
특수부대 요원들을 침투시켜 도시 게릴라전을 지원해 주는 것이고, 2단
계는 도시 게릴라전이 서울까지 확산되면 비정규전을 정규전으로 전환
하고, 북한군이 일제히 휴전선을 넘어 남침하는 것이었다.

윤상원에게 가장 큰 영향을 미친 인물들 중에 그의 선배 김남주(金南
柱)가 있다. 4수하여 진학한 전남대학교 1학년 시절부터 학교 공부 대신
카스트로, 모택동, 체 게바라의 저서 등 '불온서적'에 눈을 돌리는 한편
베트남 민족해방 전쟁을 깊이 공부하면서(이인배 1988, 174) '불온서적'전
문서점인 '카프카서점'을 설립했는데. 이 서점이 녹두서점의 전신이고,
광주사태 당시 윤상원은 녹두서점 직원이었다. 녹두서점은 카프카서점
시절부터 〈남민전〉 조직들의 서울·광주간 연락소 및 전남 지역의 거점
이었다.

김남주가 전남대 재학 시절 학교 공부보다는 베트남 민족해방전쟁을

깊이 공부했다는 말은 베트콩의 인민혁명을 공부했다는 말이다. 베트콩을 한국어로 번역하면 〈남베트남 민족해방전선〉이고 '민족해방전쟁'은 '적화통일을 위한 투쟁'이란 의미의 베트콩 용어였다.

카프카서점을 설립하고 서점 안에 파리코뮌 독서클럽을 만들어 후배 운동권을 양성하던 김남주가 그 지하서클이 문제가 되어 서울로 피신해 보니 〈남베트남 민족해방전선〉을 모방한 〈남민전〉이 이미 결성되어 있었다. 그는 즉시 가입하여 서약식을 거쳐 〈남민전〉 전사가 되었다.

전남대 교환교수 카치아피카스의 연구 결과에 따르면, 이양현과 정상용과 윤상원 등 1970년대 후반에 박정희 대통령 암살 음모에 가담하였던 광주운동권 전원이 김남주의 파리코뮌 스터디그룹의 회원들이었다. 조선대 운동권 김종배 역시 그 지하조직의 회원이었는데, 2001년 11월 27일자 구술 녹취에서 그는 정상용, 윤강옥, 김영철, 윤상원, 박효선이 광주사태 이전에 파리 코뮌 스터디그룹의 일원이었다고 진술했다.(카치아피카스 2002, 240) 김남주에게서 카프카서점을 인수하여 녹두서점 간판을 단 김상윤도 파리코뮌 스터디그룹의 회원이었다. 그리고 파리코뮌 스터디그룹은 〈남민전〉 광주지역의 여러 세포조직들의 모(母)조직이었다.

시민군 이춘희는 2001년 12월 12일자의 카치아피카스 교수와의 인터뷰에서, 광주사태 당시 광주YWCA 내의 왕년의 빨치산 장두석의 사무실에서 시민군 지도부가 체 게바라의 의의와 함께 파리코뮌에 대해 이야기했다고 하였다.(카치아피카스 2002, 241)

이처럼 광주운동권에게 체 게바라가 혁명의 상징적 존재였다는 사실은 지금도 그들이 "라틴 아메리카에 카스트로가 있다면 우리에겐 김대중이 있고, 라틴 아메리카에 체 게바라가 있다면 우리에겐 윤상원이 있다"고 말하는 사실에서도 엿볼 수 있다.

광주운동권이 광주사태 도중에 갑자기 엉뚱하게 공산주의 혁명가 체 게바라의 의의와 함께 파리코뮌에 대해 이야기했던 것인가? 아니다. 그들이 박정희 대통령 암살 목표를 세웠을 때부터 그들의 목표는 혁명이었다. 그리고 그 혁명의 목표는 파리코뮌을 모방한 광주코뮌을 건설하는 것이었다. 그리고 광주코뮌 건설 방법이 체 게바라의 게릴라전 방법론을 적용하는 것이었다.

지금은 어디를 가나 책이 넘쳐나지만 1960년대에는 책이 귀했다. 그러한 때에 북한은 남한 운동권의 사상 교육을 위해 과감한 출판 지원을 했다. 북한이 1960년에 남한에 구축한 지하당 통혁당 본부는 서울에 학사주점 간판을 달고 있었지만 그 실제 본거지는 전라도였다. 통혁당 내부 교양사업으로서 중요한 것 중 하나가 마르크스, 엥겔스, 레닌, 스탈린 등의 저작들을 보급하는 것이었다. 그런 공산주의 이념 도서들 중에는 북한에서 출판된 도서들도 많았다고 조희연은 말한다:

> "『마르크스 · 엥겔스 전집』, 『레닌 전집』, 스탈린의 『레닌주의의 기초』, 『스탈린 전집』, 모택동의 전략전술에 관한 저작, 체 게바라의 무장투쟁에 관한 저작, 『조선노동당 약사』, 『청춘의 노래』, 『대중조직론』, 『신식민지주의』 등을 학습했다. 이 서적들 중 해방 이후 번역된 경우에는 고서점에서 구해서 돌려보기도 했고, 북한에서 출판된 경우에는 월북 과정에서 가져다 돌려 읽었으며, 그렇지 않은 경우엔 독자적으로 번역해 읽거나 원서로 읽었다."(조희연 1990, 116)

간첩선이 북한 출판물을 남한 운동권에 보급하는 주요 루트는 목포였다. 1960년대에 목포로 보급된 책들이 워낙 많아서 1970년대에도 광주운동권이 목포에 가면 헌 책방에서 북한의 이념서적들을 쉽게 구할 수 있었는데, 이런 책들은 녹두서점의 보급망을 통해 금방 전국의 운동권으로 보급되었다. 비록 1968년 통혁당의 무장봉기는 사전에 발각되어 실패했지만, 이처럼 그 당시 통혁당이 보급한 사상 서적들이 지속적인 영향을 끼쳐서 윤상원이 광주의 혁명가로 자라도록 했다.

〈임을 위한 행진곡〉의 여주인공 박기순과 남주인공 윤상원은 둘 다 노동야학인 들불야학의 운영자들이었다. 그런데 노동야학도 실은 통혁당이 1960년대에 이미 시도한 사실이 있었음을 조희연은 밝힌다:

> "노동운동과 관련된 영역으로서는 일종의 '노동야학'과 같은 시도를 들 수 있겠는데, 당시 〈민해전〉의 일부 성원들이 '평창섬유'에서 '공원들을 위한 기도회'를 '노동야학'으로 발전시키고자 시도했던 것으로 보인다."(조희연 1990, 118)

북한이 체 게바라의 무장투쟁에 관한 저작을 남한 운동권에 보급한 이유는 그들의 적화통일 전략을 위해서였다. 반국가 세력인 북한이 한국을 전복시키려는 의도로 보급한 도서들은 금서(禁書)가 되는 것이 마땅하다. 그런데도 1970년대에는 운동권이 그런 금서들을 소지하거나 보급하다가 적발되어도 학문 연구를 목적으로 하는 독서였다는 거짓말로 빠져나갔고, 또 그런 거짓말이 통했다. 그리고 1980년대에는 그것이 민주화 운동이었다는 궤변이 등장함으로써 1988년부터 '광주사태'가 '5 · 18광주민주화운동'이라고 불리게 되었다.

이런 인식의 혼동에 한국의 기독교신학이 영적 간음으로 기여했다. 1982년 2월 황석영과 김종률이 〈임을 위한 행진곡〉을 합창으로 녹음한 테이프에 〈넋풀이 — 빛의 결혼식〉이란 제목을 붙인 후 한국기독청년협의회(EYC) 스티커를 붙여 보급했는데, 한국의 기독교가 그것을 허용한 것은 영적 간음이다. 그런데 박노해가 1989년에 1970년대를 회상하며 작

성한 아래의 글은 1970년대에 이미 한국의 기독교신학에 영적 간음이 있
었음을 보여준다:

> "스탈린의 '숙청' 이미지로 인하여 마르크스, 엥겔스와 러시아 혁명
> 과 레닌은 정서적으로 멀게 느껴졌고, 문화대혁명과 더불어 제3세계에
> 선풍을 불러일으키고 있던 마오이즘의 영향, 배우기 쉬운 일본어 강습
> 과 일서의 광범한 유통, 해방신학의 도입으로 친밀해진 체 게바라와
> 카스트로, 그리고 이영희 교수의 중국을 새롭게 바라보게 한 선구적
> 업적 등이 70년대 남한 운동가들의 학습 풍토에 큰 영향을 끼쳤다."(박
> 노해 1989, 89)

남미 사람이 쓴 책이라고 해서 모든 책이 해방신학 도서일 수는 없고,
북한이 체 게바라의 게릴라 전투 방법론을 남한에 보급하려는 것이 한국
기독교 신학의 발전에 기여하기 위해서가 아님이 분명한데도 불구하고
게릴라로서의 시민군을 조직하여 공산주의 혁명을 완수하라는 그의 책
을 해방신학 도서라고 할 수 있는가?

박노해가 "해방신학의 도입으로 친밀해진 체 게바라와 카스트로"라
고 말할 때 여기에는 두 가지 암시가 있다. 첫째로, 이 말은 기독교의 보
호막 덕분에 1970년대에는 운동권이 체 게바라와 카스트로의 공산주의
혁명 관련 도서들을 당당하게 읽을 수 있게 되었다는 것이다. 이때부터는
그런 금서를 읽다가 체포되어도 KNCC 등 기독교 단체들이 종교탄압이
라며 석방운동을 해 주었다.

둘째로, 이 말은 한국의 민중신학에서는 해방신학과 공산주의 이념간
의 구별이 아예 없어졌다는 것이다. 문익환과 한상렬 등 민중신학 계열
목회자들 주변의 운동권들이 체 게바라와 카스트로를 해방신학의 상징
적 존재인 것처럼 인식하게 된 것은 민중신학이 그런 혼동을 운동권에

심어 주었기 때문이다. 이러한 민중신학과 좌익이념의 결합이 바로 일종의 영적 간음이다.

민중신학은 건전한 신학운동이었다기보다는 좌익이념과의 혼합주의로서의 영적 간음 현상이었다. 그럼에도 1970년대에 한국에서 민중신학이 번성하여 공산주의 계열 운동권에 장막을 만들어 주었다. 도시산업선교회가 민중신학 계열 목회자들의 주무대가 됨에 따라 공장노동자들을 위한 선교의 개념이 상당히 왜곡되었다.

그러나 앞에서 조희연이 밝혔듯이, 공원들을 위한 도시산업선교의 개념은 이미 1960년대부터 왜곡되기 시작했다. 간첩단 통혁당 계열의 〈민해전〉이 '공원들을 위한 기도회'를 '노동야학'으로 발전시키려고 시도했다. 1970년대 후반에는 〈남민전〉이 도시산업선교회를 자기 전위조직들을 공장에 위장 취업시키는 통로로 삼았다.

박기순이 1978년 7월에 들불이라는 이름의 노동야학을 시작했을 때 광천동 천주교회가 교리실을 야학장소로 제공한 것은 도시산업선교에 기여하기 위해서였을 것이다. 그러나 야학에서 강학한 박기순과 윤상원은 모두 〈남민전〉 전사들이었다. 〈남민전〉이 노동야학을 장악했을 때 그 현장에서 이뤄지는 교육은 체 게바라와 카스트로로 대표되는 반미 투쟁 이념 및 박현채로 대표되는 종북 빨치산 위주의 이념의 편식(偏食)이었다. 그래서 광주의 두 노동야학이었던 들불야학과 백제야학은 시민군 양성소와도 같은 구실을 하게 된 것이다.

광주운동권 용어에서 문화운동은 샤머니즘 운동이었다. 무당 굿춤을 위한 노래, 즉 넋풀이로서의 〈임을 위한 행진곡〉의 작사 작곡 배경은 1978년 광주운동권이 미신 문화를 전파하기 위해서였다. 그해에 북한과의 공조를 시작한 〈남민전〉이 공산혁명에 성공하려면 먼저 노동자들과 농민들을 선동해야 하는데, 노동자와 농민들은 어려운 사상이론 도서들을 읽으려고 하지 않는다. 당시의 노동자들과 농민들의 문화는 미신 문화 혹은 샤머니즘에 가깝다는 점에 착안하여 남민전은 '광대'라는 명칭의 선동팀을 만들고 「민중문화 연구소」라는 간판을 달았던 것이다.(황석영 1985, 167)

광주운동권의 용어에서 '광대'는 무당이다. '광대'는 무당들의 굿을 그대로 모방했다. 단지 다른 것이 있다면 굿춤에 연극적 요소가 많아지게 한 것이었으며, 굿을 하는 이유가 거리풀이, 귀양풀이, 다리풀이 및 대문풀이를 위한 것이 아니라, 노동자들과 농민들의 원한을 풀어준다는 것이었다. 그래서 '돼지풀이'라는 새로운 굿 이름이 등장했다. 넋풀이로서의 〈임을 위한 행진곡〉의 원조는 '돼지풀이'였다. 요컨대, 1982년 2월 작사 작곡된 〈임을 위한 행진곡〉이 운동권의 첫 넋풀이가 아니라 1978년에 이미 '돼지풀이'가 있었다.

1982년 2월 '광대' 팀이 다시 모여 넋풀이 노래로서의 〈임을 위한 행진곡〉 테이프를 제작한 이유는 광주사태 기간에 그들이 윤상원의 통솔하에 있었기 때문이다. '광대' 단원들 중에는 노동야학 강학을 겸직하고 있던 자들이 많아서 '광대' 팀과 들불야학은 한 통속이었다. 황석영은 광주사태 선동의 주역은 들불야학과 '광대'팀이었다는 사실을 이렇게 기록한다:

　　　이들은 항쟁 초기에는 유인물 작업 및 배포 활동으로, 그리고 뒤에는 광범위한 투쟁의지를 시민들 가운데 심어놓는 선전 활동으로 일관했다. 궐기대회의 기획과 진행을 맡은 것은 이들 선전팀이었다. 항쟁 기간 중에 대부분의 운동권 관계자들이 사전에 연행되거나 피신하여 광주시내에 잔류하지 못했음에도 이들이 곧 조직적인 선전활동에 착수할 수 있었던 것은 비교적 운동의 제2선이라고 할 만한 들불야학과 '광대'팀이 단체의 구성원으로서 온전할 수 있었기 때문이다. (황석영 1985, 167-168)

'광대'팀이 1978년부터 시작한 미신 혹은 귀신문화 운동이 오늘날 운동권 노래들의 기원이다. 그리고 〈임을 위한 행진곡〉을 가장 먼저 합창으로 부르며 테이프 제작을 한 자들은 바로 귀신문화 운동을 하던 '광대'팀이었다.

이렇듯 그들의 반미 종북 운동은 미신숭배 사상과 접목되어 있었던 것이다. 이런 유의 미신숭배 사상의 귀결은 주체사상이다. 샤머니즘을 공산주의에 접목시켜 만들어진 수령숭배 사상이 바로 북한의 주체사상이다. 주체사상의 세계관 구조는 샤머니즘이다. 단지 그 숭배의 대상이 미신에서 김일성 수령으로 바뀌었을 뿐이다. 〈남민전〉이 보급한 미신숭배 사상은 주체사상과 하나로 통한다.

광주운동권의 민주주의는 거꾸로 가는 민주주의였다. 민주주의와 미신은 서로 상극이다. 그래서 먼저 미신 타파운동을 해야 민주주의가 발전할 수 있는데, 광주운동권은 먼저 미신 보급운동을 했던 것이다. 민주주의와 미신이 서로 상극이라는 것은 북한 정권이 우리보다 더 잘 안다. 그런데 어째서 북한에서는 김일성 수령숭배가 필요한가? 그래야만 세습정권 체제가 유지되기 때문이다. 북한체제는 경제가 나빠서 붕괴되는 것이 아니라 수령숭배주의가 무너지면 붕괴될 것이다.

아마도 20세기 역사상 세계의 민주화에 가장 큰 기여를 한 인물은 전두환일 것이다. 그만큼 전두환 대통령의 '88 서울올림픽은 20세기 역사의 획기적인 사건이었다. 동구와 소련의 공산주의 국가들의 붕괴의 직접적인 원인은 서울올림픽이었다. 1953년부터 미소 간에 35년간 지속된 냉전은 민주주의와 공산주의, 자본주의와 사회주의 체제의 우열을 가리는 경쟁이었다. 그리고 그 우열은 과연 어느 쪽 체제가 경제를 발전시키느냐로 결정될 것이었다.

공산주의 혁명가들은 공산주의가 실현되면 모두가 더 잘 살게 될 것이라고 약속했었다. 그리고 그 신화는 수십 년간 지속되었다. 동구권 국가들은 6 · 25전쟁 직후 북한의 경제 재건을 지원해 주었다. 그래서 그들이 서울 올림픽에 참석할 때에는 전쟁으로 폐허가 된 모습을 그리며 왔었다. 그런데 와 보니 그 발전상이 찬란했다. 그래서 1989년부터 동구권 공산주의 국가들이 와르르 붕괴되기 시작했으며, 이듬해에는 그 여파로 소련마저 붕괴하고 민주화되었던 것이다.

공산주의 국가들이 모두 붕괴되는 데 크게 기여한 전두환 대통령과는 정반대로 북한의 공산주의 체제 보존에 크게 기여한 한국 대통령은 김대중이다. 동구의 공산주의 국가들이 모두 붕괴하고, 공산주의 종주국이자 북한 정권의 버팀목이었던 러시아마저 공산주의를 헌신짝처럼 버렸을 때 사람들은 몇 년 못 가서 북한에서도 공산주의 체제가 붕괴될 것으로 기대했다. 그런데 2000년 김대중의 대북 비밀송금과 방북이 북한정권을 기사회생시켰다. 김대중의 북한 방문이 북한에서는 남한 대통령이 상전 국가에 조공을 바치러 오는 것으로 선전되었다. 그 후에도 김대중 정부의 금강산 관광사업 및 대북 퍼주기 등은 북한의 체제 유지에 결정적인 기여를 했다.

그럼에도 불구하고 북한체제 유지의 가장 큰 비결은 주체사상이다. 김대중 정부와 노무현 정부가 대북 퍼주기를 계속하는 동안에도 한총련 등 남한의 주사파들은 한반도의 주권은 북한정권에 있고, 한국은 주권국이 아니므로 북핵 회담에서 한국은 빠지고 북미 양자회담을 해야 한다고 주장하며 시위하였다. 남한과 북한에서의 그런 주체사상 논리가 북한체제가 건재하도록 하고 있는 것이다.

주사파가 민주화운동을 하였는가? 주사파가 한반도의 주권이 북한 수령이 통치하는 곳에 있다고 주장할 때, 그 주장은 남한도 북한 수령의 통치를 받아야 한다는 뜻이다. 민주주의 체제를 부정하는 그런 주장이 민주화운동인가?

주사파는 대한민국의 애국가 부르기를 거부한다. 그래서 주사파는 애국가 대신 〈임을 위한 행진곡〉을 불러왔다. 어째서 주사파가 이 노래를 5·18행사 기념곡으로 지정하자고 하는가? 5·18행사는 국가행사이다. 따라서 대한민국 법에 의해 이 노래가 국가행사 지정곡으로 규정되면 그 다음부터는 다른 국가행사들에서도 애국가 대신 〈임을 위한 행진곡〉을 제창할 법적 근거가 마련되기 때문이다. 〈임을 위한 행진곡〉이 애국가 대신 제창되기 시작하면 한국 국민의 애국정신이 파괴된다. 지금 주사파의 음모는 바로 이것을 노리고 있는 것이다.

오늘날 5·18단체 간부들 대부분은 광주사태 당시 고교생 혹은 청소년 시민군들이었다. 북한군을 제외한 나머지 시민군 대부분은 청소년들이었다. 워낙 고교생 시민군 숫자가 많았기 때문에 그 중에 더러 중학생 시민군들도 있었다. 그런데 광주에서는 어떻게 그렇게 많은 고교생 무장 시민군이 등장하게 되었는가? 그것은 광주운동권이 고교생 및 청소년 시민군을 조직할 사전 준비를 해두었기 때문이다.

중학생들에겐 사리분별 능력이 없다. 그것이 바로 고교생 시민군 조직을 준비한 자들에게 고교생 시민군을 조직해야 할 이유였다. 사리분별 능력이 없는 청소년들은 쉽게 선동될 수 있고, 감수성이 예민한 청소년 시기에 그들의 세계관을 빨간색으로 물들여 놓으면 그것은 평생 간다. 박현채와 장두석 등 광주사태 배후의 빨치산들은 중학생 시절 빨치산이 된 후 김일성에 대한 그들의 충성심이 평생 일편단심이었다.

고교생 시민군은 운동권 교사 박석무와 박행삼 등이 있던 대동고등학교, 그리고 운동권 교사 오종렬과 김준태 등이 있던 전남고등학교 등 운동권 교사들이 포진한 학교들에만 있었다. 북한이 1960년대부터 남한 운동권에 보급한 불온서적들에 대한 통칭으로서 '반미 종북 이념 서적들'이란 용어도 적합하겠으나, 보다 쉬운 말로 그냥 '불온서적'들이다. 고등학생들이라고 누구나 주는 대로 총기 지급을 받은 것이 아니라, 평소 불온서적의 독서로 의식화되어 있던 학생들만 총기 지급을 받았다.

〈남민전〉은 〈체 게바라〉 등 북한이 1960년대부터 지원한 공산혁명 및 이념서적 독서클럽을 만들어서 대학생들을 의식화시켰다. 그런 어려운 이념서적을 읽지 않는 노동자들과 농민들은 〈광대〉를 동원한 미신문화 푸닥거리로 홀리고 의식화시켰다. 고등학생들을 대상으로는 고교생 눈높이에 맞는 불온서적을 선정하여 읽히는 독서클럽을 만들어서 의식화시켰다.

고등학생들을 대상으로 하는 불온서적 독서클럽은 광주에만 있었는데, 운동권 교사들은 그러한 독서클럽의 위장명칭으로 〈양서조합(良書組合)〉이란 것을 사용했다. 박석무와 박행삼 등 운동권 교사들의 눈에는 붉은 색깔의 불온서적이 양서였던 것이다.

1991년 초에 현재 가치로 환산하여 30억원에 해당하는 보상금 2억원을 수령한 후 월북한 윤기권은 대표적 5 · 18시민군이자 5 · 18광주민주화운동 유공자이다. 그는 한국에서 계속 거액의 보상금을 지급 받으며 평생 잘 살 수도 있었다. 그런 그가 왜 갑자기 월북했는가? 바로 그는 대동고등학교 학생으로서 양서조합 회원이었기 때문이었다. 양서조합에서 읽었던 불온서적의 영향으로 그는 시민군이 되었고, 박석무와 박행삼 등 운동권 교사들의 영향으로 형성된 종북 이념이 오래 지속되어 마침내 김일성 수령이 있는 북한으로 월북했던 것이다.

남한에서 불과 200자 원고지 17매의 5·18수기를 쓰고, 그 수기 한편으로 2억 원의 보상금을 받은 윤기권은 월북 후 계속 5·18수기를 썼는데, 북한에서 해마다 국가행사로서 5·18을 기념할 때마다 그의 5·18수기가 그의 육성으로 방송되곤 했다. 그런데 광주사태 당시 시민군으로서 인민군에 부역했던 그가 월북 후에도 인민군 부대 순회강사로서 계속 인민군 부역을 하였다. 경기도 군포시의 탈북자 오모씨는 자신이 부대에서 들은 그의 강연 요지를 이렇게 증언한다:

남조선에서 북한으로 귀순한 사람이 부대에 내려와서 강연하는 것을 보고 더 정확한 것을 알게 되었다. 그 사람은 광주봉기 때 시민군 지휘부에 있었고 북한 특수부대와 협동해서 통일을 위해 싸웠다고 하였다.(자유북한군인연합 2009, 38)

대동고 시민군들 중에 김효석이 있었는데, 바로 윤기권의 친구였다. 대동고 학생들이 5·18사건 때 맹활약을 했다. 5월 18일 첫날 광주에서 경찰이 계엄군 투입 요청을 하지 않을 수 없는 상황을 이 두 학생이 야기했다. 김효석이 경찰의 시위 진압차인 페퍼포그차를 화염병으로 태운 데 이어 윤기권이 경찰 15명을 인질로 납치하자 마침내 경찰은 군병력 긴급 지원을 요청해야만 했던 것이다.

광주사태의 주동자들은 사전에 화염병 제조 및 보급 방법을 치밀하게 연구하고 준비하였으며, 시위에서 화염병이 등장한 것은 광주사태 때가 처음이었다. 전쟁터에서 대전차용 무기인 화염병이 날아오자 경찰은 경악하고 공포에 질렸다.

광주운동권은 고교생 시민군을 편성할 계획을 가지고 지하 독서서클 '양서조합'을 운영하고 있었으므로, 이 지하서클에 출입하던 윤기권과 김효석 등은 이 지하서클에 출입하던 윤상원과 서로 잘 아는 사이였다. 윤상원은 들불야학 청소년들뿐만 아니라 지하 독서서클에 출입하는 일반 고교생들까지 운동권 후배로 아울러 양성하고 있었다. 윤기권과 김효석처럼 이미 절친했던 고교생들이 5월 27일 새벽의 도청전투 때까지 그의 곁에 있었다.

김효석 군도 5월 18일 광주사태 첫날 화염병을 난생 처음 보았지만, 처음 사용했을 때 화염병 하나로 페퍼포그차 1대를 전소시킨 무용담을 그는 이렇게 자랑한다:

> 그런데 페퍼포그가 얼마나 쏴 대던지 정신을 못 차렸어요. 근디 기억에 남는 것이 누가 화염병이라고 해 가지고 박카스 병에 휘발유를 넣어 가지고 그것을 들고 다닙디다. 5월 18일 날. 박카스병을 하나 들고 다니는 놈이 앞에 하나 돌아다니더라고. 제일 앞에 희곡 쓴 선배하고 같이 스크럼 짜고 엎드리면서 보니 병을 들고 있어서 물어보니까 박카스 병인데 휘발유를 넣어 가지고 여기에 심지를 넣어놓기 때문에 불을 붙여서 던지면 불이 붙는다 이거야. 그래서 어떻게 그걸 던질 수가 있소? 땡길 수는 없고 불붙이기가 복잡하다고 그러더라고. 그래서 아, 저것이 상당히 소용성이 있겠구나 생각했어. 그래 가지고 황금동으로 해서 돌아서 구 학생회관 앞에서 페퍼포그를 만난 거야. 그래서 거기서 쇼가 일어난 거야. 페퍼포그는 쏘고, 그런데 그 사람이, 박카스병을 들고 있던 사람이, 보니까 그걸 던지고 도망가는 거야. 정신이 없으니까. 그래서 내가 얼른 집었지. 박카스병이 좋더라고. 그래서 거기서 공방전이 벌어지다가 어떻게 경찰들이 후퇴를 하는 거야. 페퍼포그를 뿜어대던 지프차가 학생회관 정문 바로 앞에서 멈춰 서더니 경찰들이 물러난

거야.

그러자 학생들이 영차영차 하더니 차를 엎어버리더라고. 그래서 내가 제일 앞에 서 있다가 차를 엎는 데는 협조를 안 했어. 근데 차 딱 엎어지니까 앉는 좌석이 보일 거 아냐, 얼른 보니까 생각이 나. 이걸 딱 부어놓고 불을 질러버리면 될 거 아니냐, 그 생각이 얼핏 난 거야. 툭 뽑으니까 물이 폭 솟아. 그래서 그걸 부어 가지고 불을 붙였어. 그러니까 처음에는 안 붙더라고, 막 종이로 라이타로 몇 번을 하니 불이 붙더라고. 그 페퍼포그 차에. 불이 붙어서 타는 걸 보고 도망간 거야. 그렇게 해서 내가 페퍼포그를 1대 불태웠잖소. 5월 18일 날 학생회관 정문 앞에서. 엎어진 차를 그 박카스병 하나 가지고 태운 거예요. (김효석 1998.)

광주사태 때 경찰의 시위진압 차 페퍼포그를 불태움으로써 폭동의 포문을 열었던 인물은 다름 아닌 김효석이란 이름의 고등학생이었다.

전남대 학생들도 그때는 경찰 재산에 불을 지르는 것은 꿈에도 생각할 수 없었다. 학생회 임원들이 모두 아침에 어디론가 도망가 버렸기 때문에 일요일에 시위하려는 대학생 수는 많지 않았으며, 박관현 사망 유언비어에 자극받은 일부 학생들이 있었지만, 그들을 제외하면 대학생들이 경찰을 향해 폭동행위를 할 분위기는 아니었다. 그런데 왜 고등학생 김효석이 폭동 행위의 포문을 연 것일까?

이른바 '이념서적' 독서클럽 학생들에게는 윤상원이 두목과도 같은 존재였다. 녹두서점은 고등학생용 참고서 서점이 아니라 좌익도서 전문 서점이었기에 고교생들이 갈 일이 없었음에도 김효석은 윤상원을 만나기 위해 이 서점을 자기 집 드나들 듯이 드나들고 있었다.

고등학생 윤기권이 경찰 여러 명을 인질로 납치하고, 김효석이 페퍼 포그를 불태운 것은 매우 과격한 폭력행위였다. 그렇다면 무엇이 그들로 하여금 이렇게 과감한 행동을 할 수 있게 했는가? 그것은 그들에게 윤상원이란 지도자가 있었기 때문이다. 윤상원은 그들에게 두목과도 같은 존재로서, 그들은 윤상원이 뭔가 음모를 꾸미고 있다는 것을 평소부터 알고 있었으며, 5월 18일부터 윤상원이 무엇을 원하는지 알고 있었다.

대동고 운동권 학생들의 이런 폭력행위는 5월 19일 오후부터 광주 지역 고등학교에 휴교령이 내려져야만 했던 또 한 가지 이유였다. 윤상원이 광주사태를 일으키는 첫 단계는 화염병 사용이었다. 그래서 사전에 화염병 제조법을 익혔으며, 녹두서점에서 화염병을 대량 생산했다. 전남대에서 박관현 학생회장을 비롯하여 거의 모든 운동권 학생들이 광주를 떠나 도망가고 없었으므로 대학생들 중에는 화염병 투척조가 몇 안 되었다. 이때 물불 가리지 않고 화염병을 파출소로 던진 자들은 윤상원이 평소 관리하던 운동권 고교생들이었다.

윤기권과 김효석 일행이 북한 특수부대 요원들과 함께 파출소를 습격

하여 최규하 대통령 사진 액자를 짓밟고, 기물을 부수고, 경찰을 인질로
납치하고, 페퍼포그차를 불태우고, 화염병으로 잇달아 파출소들을 불태
웠기 때문에 광주 경찰은 순식간에 괴멸상태가 되었다. 당시 경찰 중에는
나이 40대의 중년층이 많았는데, 그들은 동료 경찰관이 돌에 맞아 얼굴
을 크게 다친 채 중상을 입는 것을 보고는 겁이 나서 벌벌 떨며 집단 항
복을 했다. 이렇게 5월 18일 오후 4시 경에 광주 경찰이 괴멸된 상태였으
므로 계엄사가 안병하 도경국장의 군 병력 지원 요청을 받아들였던 것인
데, 그때가 오후 4시 반이었다.

그래서 5월 19일 오전에 11공수여단 병력이 광주시내 각 파출소로 분
산 배치되고 있었다. 도 교육청이 고등학교 휴교를 긴급 결정한 때는 5월
19일 오후였는데, 이미 김효석 일행은 등교를 안 하고 이번에는 트럭 적
재함에 얌전히 앉아 있는 군인들에게 화염병을 던졌다. 경찰은 방석모를
쓰고 보호장구를 갖추고서도 돌이 날아오면 벌벌 떨었는데, 아무런 보호
장구 없이 맨몸이었던 군인들에게 화염병을 투척한 것은 실로 잔인무도
한 공격이었다. 김효석이 자신과 친구들이 그런 과격한 행동을 한 이유는
녹두서점에 있는 윤상원에게 활동실적 보고를 하는 재미 때문이었음을
이렇게 증언한다:

그래서 병연이 하고 같이 공수부대가 어디가 많이 있드냐 했더니,
병연이가 사람들 말을 들어보니까 중앙국민학교 그쪽으로 차로 이동을
하고 있드라. 그럼 좋다, 글로(그리로) 가자, 글로 가서 투척을 해버리
자. 그래 가지고 중앙국민학교 정문 쪽으로 막상 가서 보니 트럭으로
계속 군인들이 이동을 하고 있는 거야. 교통순경들은 그 옆에 가만 서
있고, 회의하고 있고. 그래서 사람들도 막 나와서 인도에서 구경하고
있고, 그래서 인도에서 사람들 틈바구니에 숨어 가지고 병연이한테,
야, 니가 몸을 숨겨라, 내가 성냥불을 붙일 텡께(그때는 라이타가 없었은

께). 그래서 내가 성냥불을 붙여서 저 트럭에다가 던져 불란다. 그러니까 하지 말자고 하잖겠소. 새까만 교통순경이 거기를 지휘하고 있은께. 그러니까 니가 등을 받치고 있으면 군중들 때문에 내가 안 보일 거 아니냐. 군중들이 막 앞에 있으니까, 두 병을 꺼내서 하나 딱 띵겨 가지고 두 개를 불을 딱 붙였어. 딱 붙여 갖고 내가 나가 갔고 한 병을 딱 띵긴디 바퀴에 가 떨어지더라고. 그때 또 한 병을 잡아 가지고 딱 띵긴디, 군인들이 딱 위로 두 줄로 앉아 있잖소, 이렇게, 근디 퍽! 떨어진 거야.

그걸 확인하고 순간 딱 본께 병연이가 저만큼 도망가고 있어. 교통은 잡아라! 하고 있고, 워메, 정신이 하나도 없어 가지고, 정신이 나가갔고, 사정없이 지금 원각사 쪽, 그쪽 큰 길, 중앙로 큰 길이제, 막 튀고 있는데, 뒤에서는 잡아라! 하고 있고, 앞에 튀고 있던 병인이가 어디로 쏙 들어가 버리랑께. 다이빙을 해 가지고, 어디 건물 철창 샷타 있는 디로. 근께 나도 무의식중에 저 사람이 선배니까 저 사람이 도망간 데로 나도 다이빙 해 갖고 들어가분 거야. 근디 그것이 이름이 천사의상실이었어. 천사의상실에 들어갔는디. 도망갈랑게 천사의상실이 방이 딱 막혀 있어. 가게가 있고 방이 있는디, 그러니까 바로 의상실 주인이 너무 좋아서 팍 셔터를 내려 불드만. 근게 바로 내가 방이 막힌 걸 보고 바로 가위를 집어들었지. 오면 무조건 쑤셔 불자, 병연이는 송곳 들어라. 병연이 겁 많데. 의상실 가위가 겁나 날카롭드만, 날카로우니까 바로 찔러 불고 봐 부러야 되지 않겠느냐 라고 했는디. 다행히도 휘파람 소리가 막 나긴 났는디 거길 안 두드린 거야. 그래서 조용해진 것 같으니까 탁 창문 열고 또 보고를 하러 가야될 거 아니요, 보고의 의무가 있으니까. 녹두서점 갔더니 투척조가 한 명도 못 띵겼다는 것이여. 그래서 내가 상원이형한테 내가 두 병 땡겨부렀습니다, 했더니, 야, 너

참 잘했다, 용감한 놈이구나.(김효석 1998)

김효석이 증언하는 대로 〈임을 위한 행진곡〉의 남주인공 윤상원은 고
등학생들로 화염병 투척조를 조직하여 부리고 있었다. 그리고 화염병 투
척 작전의 목적은 군경과 시위대간의 유혈충돌 상황을 만드는 것이었다.
그의 목표는 도시 게릴라전, 즉 유격전이었으며, 유격전의 명분을 위해
화염병 투척이 기폭제가 된 유혈충동 상황을 야기하는 것이었다. 시위대
편에 사상자가 생겨야 선동 효과가 생겨 도시 게릴라 방법에 의한 광주
코뮌 건설 작전이 순조롭게 착착 진행될 수 있다.

김효석은 5월 20일에는 윤상원이 심지어 고등학생인 자기에게 살인
교사까지 한 사실을 이렇게 증언한다:

그때 김상집이, 김병연이, 글고(그리고) 이름이 기억이 안 나는데,
(…) 다 안 던졌다는 거여. 그럼 형님은 어디 있었소? 그랬더니, 나는
체크하러 다니느라고 못했다.

근디(그런데) 고마운 것이, 내가 19일 날 집에 못 들어갔어요, 녹두서
점에서. 딱 잘 태세를 하고 있는디, 상원이 형이 걱정을 하드라고. 야,
이렇게 해서는 우리가 싸움을 이길 수가 없다. 화염병 말고 저놈들의
무기를 뺏어 가지고 재공격을 해야지, 그렇지 않으면 우리 희생만 커
진다, 그래서 무기 빼앗는 연습을 하자, 바로 그러더란께. 그러니까 그
때 상원이형은 나를 이쁘게 본 거 같애. 어제 화염병을 두 개나 던지고
살아서 와 버렸으니까. 그때는 죽음의 생사가 왔다 갔다 했을 때니까,
나는 그걸 전혀 모를 때니까, 내가 죽음이 왔다 갔다 하는 걸 어떻게
알 것이여, 선배들이 시키니까 띵겨 불고 와 불고, 그랬제. 근께(그러니
까) 그럼 좋소, 어떻게 할까요? 그랬더니, 니가 전대 의대 로터리 쪽을
자전거를 타고 한 번 갔다 와 볼래? 그러더라고. 공수부대 보초들이 어

떻게 서 있는가 보고 오라고, 자전거를 쓰래, 20일 날. 자전거를 타고 방을 보는데, 그들이 단검을 어디 쪽 방향에 차고 있는지 보라는 것이여, 그래서 날 시킨 이유가 고등학생처럼 보이고 작고 그러니까 의심을 않고 가까이 근접해도 그리라는 것을 전혀 경계를 안 하니까, 긴장을 하지 않으니까, 나를 시킨 거라고 생각했어요.

내가 용용하게 자전거를 타고 쉬익 가 가지고 어, 아따, 단검 멋있소, 내가 그 짓거리를 하고 왔어, 그때 전대 의대 로타리에서. 내가, 오른쪽 방향에 차고 있습디다. 그거 빼 갖고 올래, 알았어요. 그래서 20일 날 상원이 형이, 경계를 서고 있는데 그 단검을 뽑아 불고, 총을 뺏아 갖고, 찔러 불고, 뺏아 가지고 와 불자, 그걸 제안을 하더라니까. 그래서 나는 그때 당시에도 어떻게 생각했냐면은, 상원이형이 어떻게 불확실한 이야기를 하겠느냐? 근디 가능성도 있겠다, 여러 사람이 가서 어영부영할 때 빼 갖고 찔러 불자는 이야기여. 그런데 그 당시에 주위의 몇몇 사람들이 반대를 하더라고. 여러 사람들이 말도 안 되는 소리 같소, 너무 막연하고 사람을 찔러 불면 되것소? 근디 나가 망보고 온 사람으로서 가능성이 있겠더라고. 보초 서는 디 가서 어영부영하다가 뽑아 가지고 푹 찔러불고 뺐어 가지고 와 불면. 그래서 나도 동의를 했는데, 차마 용기가 없드라고. 근데 다들, 그때 당시 사람들이 다들 그걸 거부를 했어요. 그 말도 안 되는 소리다, 위험하다.(…) (김효석 1998)

김효석은 이렇게 말했다. "내가 죽음이 왔다 갔다 하는 걸 어떻게 알 것이여, 선배들이 시키니까 띵겨 불고 와 불고 그랬제." 이렇듯 청소년들은 사리분별 능력이 없어서 자기가 선배 혹은 두목이라고 여기는 사람이 시키는 대로 한다. 그래서 청소년들은 보호대상인 것인데, 윤상원은 오히려 그 점을 이용하여 나이어린 청소년들을 폭력시위 행동대로 이용하였다.

수천 명을 헤아리는 5 · 18광주민주화운동 유공자들 가운데서 대동고 등학교 시민군은 그 위상이 대단히 높다. 북한이 광주시민군 대표로서 데 리고 간 윤기권도 대동고 시민군이었고, 훗날 민주당 수석 최고의원을 거쳐 인천시장이 된 송영길도 윤기권과 김효석의 고등학교 친구였다. 윤 상원은 5 · 18의 상징적 존재인데도 일개 대동고 학생 김효석과는 서로 호형호제하는 사이였다.

그런데 그가 증언하는 아래의 대화 내용은 윤상원이 과연 〈임을 위한 행진곡〉에서 '임'이라고 불릴 정도로 인간으로서 최소한의 측은지심(惻隱 之心)이라도 갖고 있었는지 의심스럽다:

근디 20일 날인가 상원이 형이 내가 녹두서점에 점심인가를 먹을라 고 와 가지고 쉬고 있었던가 그랬는디, 상원이 형이 용용하게 옵디다. 뭐하고 오냐, 철모하고 단검을 하나 들고 오드라고, 단검을. 내가 어떤 일이요? 내가 한 놈 죽여불고 왔다. 어떻게 어떻게 했소? 그 광주천에 서, 시민회관 그쪽에서, 공수부대하고 계속 왔다 갔다 했다는 거여, 현 대극장 하고 시민회관 그쪽 천변로에서 계속 왔다 갔다 하면서 돌멩이 띵기고 왔다 갔다 했다는데, 상원이 형 이야기가, 그때 자기가 봤을 때 어떤 놈이 우리가 도망가면 계속 다들 일정 정도 쫓아오다가 가드라 이기여. 근디 서너 명이 계속 끄트머리까지 쫓아오더라 이거여. 그래서 상원이 형이 생각하기에, 아, 저놈을 봐버려야겠구나. 근디 상원이 형 의 이야기가 어쨋냐면, 상당히 술 먹은 것 같더라, 상당히 흥분돼 있더 라. 그래서 도망가면서도 돌아서서 시민들한테 저놈 봐불자, 저 놈 봐 불자, 그랬다는 거여,

근디 한 번은 쫙 몰고 갔다가 치고 도망가니까 계속 쫓아오고, 한 놈 은 끝까지 쫓아오더라 이거여, 다른 놈들은 다 후퇴하고 있는디. 근디

그놈 보니까 비틀비틀하니 술 취한 놈처럼 그러더라 이거여. 그러자 상원이 형이 딱 돌아서서 군중들한테, 시민들한테, 저놈 죽여 불자, 했다는 것이여. 근디 도망가던 군중들도 돌아서서 보니까 혼자 쫓아오고 있거든. 와, 하니 쫓아갔다는 것이여. 그러니까 그놈이 놀래서 하천으로 뛰어 내려분 거여. 근데 시민들이 하천으로 뛰어 내려가 가지고 그놈을 밟아분 거여. 그때 상원이 형이 와서 거기서 큰 돌팍을 들어 가지고 대그빡을 찍어부렀다는 것이여, 상원이 형 말로는. 그래서 그 기념으로 철모를 가져오고 단검을 뺏어왔다는 것이여. 그리고 자기 말로는, (그 군인은) 깨구락지 됐다는 거여. 죽어버렸다는 거여. 그래서, 아따 형님 참 대단하요."(김효석 1998)

김효석이 "20일 날인가" 하는 사건 발생 날짜는 실은 5월 19일이었다. 그때까지는 아직 단 한 명의 사망자도 없었던 때였으므로 이 대화 내용대로라면 광주사태의 첫 희생자는 공수부대원이었다. 김효석이 "그때 상원이 형이 와서 거기서 큰 돌팍을 들어가지고 대그빡을 찍어부렀다는 것이여"라고 서술하는 이 장면은 영화 '화려한 휴가'에도 나온다. 영화에서는 윤상원이 강민우로 등장하며, 어느 막다른 골목에 신애와 같이 있던 민우가 큰 돌을 들어 길에 쓰러져 있는 공수부대원 머리를 찍는 장면이 나온다.

11공수여단 장병들은 밤 열차를 타고 청량리를 떠나 19일 아침에 광주에 도착했다. 그들이 광주 향토사단에 배속되자마자 정웅 사단장은 한 지역에 몇 명씩 분산 배치시켰으므로 금방 시위대에 포위당했다. 그 중에 한 명이 마침내 고립되어 광주천변에 떨어졌다가 윤상원이 내리치는 큰 돌에 머리를 맞고 큰 부상을 입은 채로 실신했던 것이다. 윤상원은 그 군인이 즉사했다고 판단했다.

이 대화 내용에 따르면, 윤상원이 광주사태 첫 가해자였다. 윤상원은 광주천 하천에 떨어진 채 쓰러져 있는 군인의 면상을 잔인무도하게 큰 돌로 내리쳤을 때엔 분명히 살인 의도를 품고 있었다. 그는 그와 호형호 제하는 사이였던 김효석의 증언으로 실명이 분명하게 확인된 가해자이다. 그런데 살인이 청소년 앞에서 자랑할 무용담인가?

윤상원의 무용담을 들은 김효석의 답변 또한 가관이다. "아따 형님 참 대단하요." 사람을 죽였다는데, 더구나 자기가 형이라고 부르며 따르고 돕는 선배가 사람을 죽였다는데, 그 답변이 "아따 형님 참 대단하요."였던 것이다!

이것은 이재의와 황석영이 다음과 같이 기록하는 5월 19일 오후의 시위상황이다:

> 갑자기 시위대가 거세게 공격해 나오자 상대적으로 적은 공수대원들은 기겁을 하면서 달아나기 시작했다. 이들 중 한 명이 무리에서 떨어져 광주천변을 따라 양림교 쪽으로 도주했는데, 분노에 치가 떨린 시민들이 그를 끝까지 쫓아갔다. 공수대원은 양림교를 막 지나서 다급한 김에 광주천으로 뛰어내렸다. 바짝 뒤쫓던 시민들이 던진 돌에 정통으로 뒷통수를 맞은 공수대원은 앞으로 푹 고꾸라졌고, 시민들이 던진 본노의 돌멩이가 무수하게 내리꽂혔다."(황석영 1985, 65-66)

이 기록대로라면 광주천 아래로 뛰어내린 그 공수대원은 시위대가 던진 돌에 정통으로 뒤통수를 맞고 앞으로 푹 고꾸라져 있었다. 이미 그는 빨리 병원으로 후송되지 않으면 생명이 위험한 상태였다. 윤상원은 죽어 가고 있는 사람을 향해 전혀 동정심을 보이지 않고 큰 돌을 들어 머리를 내리쳤다.

쓰러져 있는 사람의 머리를 큰 돌로 내리치는 것은 살인행위다. 윤상원은 자기가 그 군인을 죽였다는 증거물로 그 군인이 쓰고 있던 철모를 벗겨 가지고 왔다. 이후 그 철모는 시민군이 쓰는 시민군 철모로 사용되었다.

〈남민전〉의 전사 윤상원에게 국군은 한낱 적군일 뿐이었다. 그래서 〈남민전〉의 논리에서는 국군을 살인 대상으로 삼는 것은 정당화되었다. 왜냐하면 〈남민전〉의 국가는 조선인민공화국이기 때문이다.

그러면 김효석이 증언하는 바처럼 국군은 적이라는 반국가적 논리로 큰 돌로 인정사정없이 군인의 머리를 내리친 윤상원의 행동에 대한 5·18측의 입장은 무엇인가? 만약 사진이나 동영상으로 기록되었더라면 무척이나 충격적이었을 그런 그의 폭력행위에 대해 국민이 납득할 만한 평가가 제시된 적이 있는가? 윤상원을 본받아 따르자는 내용의 〈임을 위한 행진곡〉을 국가 기념곡으로 지정하자는 주장의 귀결은 국군에 대한 그의 야만적이고 폭력적인 공격을 본받자는 것이 된다.

광주해방구는 윤상원이 최고 통치자였던 '광주공화국'을 일컫는다. 그러나 윤상원의 봉기 지도부는 처음에는 큰 조직이 아니었다. 함평에 숨어 있던 광주운동권 정상용과 이양현이 5월 23일 녹두서점으로 와서 합류하기 전까지는 봉기 지도부는 김효석 등 청소년들로 채워져 있었다. 윤상원은 계속 성명서를 쓰고 유인물을 제작해야 했기 때문에 청소년 조직으로써 44개 무기고에서 동시다발적으로 무기를 탈취하는 것은 불가능했다. 5월 21일의 무기탈취는 시민군으로 가장한 북한 특수부대 요원들이 주동하고 일부 광주시민들이 그들을 지원한 것이다.

광주사태에는 여전히 적어도 몇 가지 이상의 수수께끼가 남아 있다. 사실 원래의 광주사태 지도자는 윤상원이 아니라 윤한봉이었다. 윤한봉은 거사 날짜를 5월 19일로 정했는데 예정보다 하루 먼저 사태가 터지니까 무슨 영문인지 몰라서 숨어서 사태를 관망하다가 21일에야 용기를 내서 동지들을 만나려고 했다. 그런데 무기 탈취 및 무장봉기를 주동하는 자들을 살펴보니 운동권도 아니고, 광주에서 본 적도 없는 사람들이었다. 운동권 중에서 자기를 모르는 사람은 아무도 없는데, 시민군 중에서 자기를 알아보는 사람이 아무도 없었다. 여기에 놀란 윤한봉이 겁을 먹고 나주로, 나주에서 다시 목포로, 목포에서 다시 서울로 도망갔다.

5월 21일 오전에 갑자기 출현한 무장세력의 정체에 대해서는 아직 베일에 감춰진 사실들도 있지만, 지금 이 시점에서 우리가 객관적으로 말할 수 있는 것은, 시민군 중에서 청소년들을 제외한 대다수는 북한 특수부대 요원들이었다는 사실이다. 매우 아이러니하지만, 수개월간 무장봉기를 철저히 준비한 윤한봉조차도 5월 21일의 돌발 상황을 전혀 예측하지 못했다. 앞에서 이어지는 아래의 김효석의 증언을 보면, 심지어 윤상원도 21일에 수천 정의 총기를 시민들에게 분배할 수 있게 되는 상황이 오리라곤 19일까지도 전혀 예측하지 못하고 있었다:

그래 가지고 녹두서점에 철모하고 단검을 들고 왔어. 봐라, 가능성이 있지 않느냐, 그러니까 숨었다가 시민들이 몰고 오면 우리는 옆구리에서 그놈들을 공격해 가지고, 맥을 끊어 가지고, 거기서 몇 명을 뽑아 가지고 단검하고 총을 뺐자. 몽둥이 뺐어 불고 찔러 불자, 그래 가지고 그놈들을 죽여 버려야지만 그놈들이 우리 무서운 줄 알고 도망간다. 자꾸 우리가 당하니까 이것이 뷔기는 것이다. 그놈들도 칼로 맞아야지만 요것은 쫓아갔다가는 죽는 것이구나, 하는 것을 알게 된다, 그걸 그때 이야기를 하더라니까. 그래 가지고 무기를 개발하자, 그래 가지고 나한테 뭐라고 하냐면, 그때 우리가 보도블록을 깨 가지고 돌팍을 던지는 것은 위력적이지 않다, 뭘을 했으면 좋겠냐? 하고. 상원이 형이, 야,

이 근처에 철공소가 많지, 쇳토막 하고 나사를 수거해 가지고 던져 불자. 그것도 저녁에 던져 불면 돌팍인 줄 알고 맞았다가 아주 가버리지 않겠느냐, 그러면 절대 그놈들은 못 쫓아온다. 그래서 형님, 너무 좋은 생각입니다. 철근 토막하고 나사를 구하러 다닙시다. 그래 가지고 21일 날 아침부터, 새벽 일찍부터 계림동, 대인동 그쪽에 전부 나사 하고 철근토막을 구하러 댕긴 거지. 새벽 일찍부터. 그놈으로 땡겨 불자, 그럼 엄청나게 피해가 커불죠. 그럼 앞에까지는 방탄을 안 했을 거 아니요. 그래서 상당히 모았어요. 그래 가지고 녹두서점으로 가져왔어.

　그런디 전투가 격렬해져 버린 거야. 써먹을 틈도 없이.… 그런데 21일부터 어디선지 모르게 총이 나오기 시작한 거야. 그때 내 기억으로는 21일 해름참이었어, 수창국민학교 앞에서부터 총이 나오기 시작하드만. 해가 질 무렵에. 총이 나오기 시작해. 그래서 그것 보고는 녹두서점에 가서, 거 형님, 쇳토막 필요 없습니다, 총이 있응게, 그러니까 촌말로 다 틀려 부렀지."(김효석 1998)

　그런데 이 대화록에서 윤상원이 꼭 살인마처럼 말하지 않는가? 방금 군인을 죽이고 왔다면서 더 많은 군인을 더 잔혹하게 죽이는 방법을 청소년에게 말해준 것이다.

　영화 〈화려한 휴가〉의 첫 번째 역사 왜곡은 시위대가 화염병을 투척하는 장면을 보여주지 않는다는 것이다. 그러나 광주사태를 있던 그대로 이해하려면 이것은 시위대가 화염병으로 공격하는 상황이었음을 보아야 한다. 화염병을 사람에게 던지면 그 사람이 피해도 땅에 떨어지면서 수류탄처럼 폭발한다. 화염병에 직통으로 맞는 날에는 산 채로 온 몸이 불에 탄다.

　그래서 5월 18일 윤상원이 보낸 고등학생들이 파출소로 화염병을 투척하였을 때 경찰이 화염병 투척을 저지하거나 불을 끈 것이 아니라 모두 도망갔다. 1950년대에 정예의 빨치산들에게도 쉽지 않았던 파출서 파괴를 윤상원이 고등학생 화염병 투척조를 보내어 단번에 해냈다.

19일에 11공수여단이 투입되었으나 실제로 폭동 진압에 동원된 병력은 폭력 군중의 수에 비해 극히 적었다. 그래서 시위군중이 화염병을 던지면 여기저기서 군경 저지선이 무너지고 공수부대원들도 몸에 부상을 입은 채로 도망가야 했다. 그 중의 한 명이 광주천까지 도망갔다가 이번에는 돌에 맞아 쓰러지고 윤상원이 내리치는 큰 돌에 머리를 맞고 완전히 의식을 잃었다.

자기가 그 군인을 죽였다고 말한 윤상원이 군인 몇 명을 더 칼로 죽이자며 철근 토막과 나사를 날아다니는 칼로 이용하자고 하였다. 공수대원들은 돌을 피하지 않는다는 점에 착안하여 윤상원이 이 아이디어를 내놓은 것이다.

"저녁에 던져 불면 돌팍인 줄 알고 맞았다가 아주 가버리지 않겠느냐."

들불야학의 교장 선생님격인 윤상원이 사람을 고통스럽게 죽이는 방법으로 이런 아이디어를 내놓자마자 이 청소년은 눈 하나 깜짝 안 하고 "형님, 너무 좋은 생각입니다"라고 얼른 대답한다.

청소년기에 형성되어 굳어진 세계관은 평생 지속된다. 김효석이 이 증언을 할 때는 이미 중년에 접어든 나이였음에도 불구하고 여전히 윤상원과의 그런 대화, 그런 활동을 무용담처럼 자랑한다. 그러나 5월 21일 제3의 무장세력이 무기를 탈취해 와서 분배해 주기 이전에 이미 철근토막과 나사로 군인들을 죽이는 새로운 방법을 고안했다는 것이 무용담일 수 있는가? 그는 윤상원이 청소년인 자기를 끌어들여 군인 살인에 이용하려고 했다는 것은 보지 못하고 무용담으로 자랑한 것이다.

제 3 장 두 청소년 복면시민군과 5 · 18

지난 2015년 5월 14일자 오마이뉴스는 "5 · 18복면시민군, 북한군으로 매도한 세력 고소하기로"라는 제목의 기사에서 〈연합뉴스〉 장아름 기자의 기사를 인용하여 다음과 같이 보도했다:

광주시가 일부 세력이 "광주에서 폭동을 주도한 것은 복면을 한 북한군"이라고 왜곡했던 5 · 18관련 사진 속 주인공 일부를 찾았다.

광주시와 5 · 18역사왜곡대책위원회는 14일 "5 · 18당시 복면을 쓰고 활동한 사진 속 시민군 2명을 찾았다"며 "이들을 북한군으로 매도했던 왜곡 세력에 대해 민 · 형사상 대응을 본격적으로 할 것"이라고 밝혔다.

경찰 방석모에 얼굴을 수건으로 가린 채 지프에 올라타 있는 사진 속 인물은 임성택(52 · 사진 오른쪽) 씨와 구 모(51) 씨로 확인됐다.(오마이뉴스 2015년 5월 14일자)

사실 이 사진은 5 · 18역사연구를 위해 사료적 가치가 매우 높은 사진기록이다. 매우 중요한 사건의 한 장면을 담은 이 사진은 모든 5 · 18의 굵직굵직한 사건들과 연결되어 있다. 특히 소준열 전교사령관의 5월 27일 새벽의 시민군 무기 강제회수 작전의 묘(妙)를 이해하는 데 열쇠가 된다.

지난 5월 중순 기자 인터뷰에서 "오른쪽에 흰 마스크를 쓴 마른 사람"
이 자신이라고 밝힌 임성택씨는 당시 만으로는 16세였고, 구 모씨는 그
때 만 15세 소년이었다. 만약 이 사진을 찍은 외신기자가 이 두 복면시민
군이 실은 16세의 홍안의 소년들이었다는 사실을 알았더라면 크게 놀랐
을 것이다.

35년 후의 우리뿐만 아니라 35년 전의 사진 속의 농성동 주민들도 이
두 복면시민군의 복장에 매우 궁금해 하는 표정이 역력하다. 군복 위에
경찰 우의를 걸치고 방석모를 썼다. 겉보기에는 경찰복장인데 군인처럼
총을 파지하고 있고 복면을 하고 있다.

소년들이 경찰제복을 착용하고 군인의 총을 파지하고 있었다는 것도
놀라운데 사진이 찍힌 장소와 시점은 더욱 흥미롭다. 사진은 5월 26일 오
전 7시경 농성동 공단입구, 즉 한국전력공사 인근의 서부경찰서 앞에서
임성택이 공중을 향해 1발, 그리고 구성회가 2발 발사한 직후에 찍혔다.
그래서 이른 아침이지만 총소리에 놀란 주민들이 무슨 일인지 궁금하여
이 두 복면시민군이 타고 있는 지프차로 몰려든 것이다.

그날 아침 전라도 사람 소준열 장군과 전라도 사람 박남선 사이에 치
열한 전략 싸움이 있었다. 소준열 장군은 전교사령관이었고, 박남선씨는
영화 '화려한 휴가'의 시민군 대장의 실제 인물이다. 그날 아침 도청에서
2대의 군용지프가 농성동으로 출동했는데, 앞 지프차에는 박남선 상황실
장이 타고 뒷차에는 임성택 일행이 타고 있었다.

소준열 전교사령관의 시민군 무기 강제회수 D-day는 5월 27일 새벽
이었고, 그 양동작전을 위해 26일 이른 아침에 계엄군이 농성동을 거쳐
재진입한다는 정보를 시민군 측에 흘렸다. 박남선은 그가 『신동아』1988
년 5월호에 기고한 5·18 수기에서, 그가 그 양동작전에 걸려들게 든 경
위를 이렇게 기록한다:

새벽 상황실을 따갑게 울려대는 전화벨 소리에 뒤척이면서도 애써 무시하려고 했으나 갑자기 무전기가 "쐐—액"거리기 시작했다. 같이 졸고 있던 부실장 양시영(29)이 등을 흔들었다. 나는 웬일이냐는 듯이 고개를 돌려 그를 쳐다보았다.

"계엄군이 진입하기 시작했답니다."

그는 당황하면서 말했다.

"예, 확실합니다. 시민의 전화 제보와 무전 보고로는 현재 탱크를 앞세우고 공단 입구를 통과하고 있답니다."

"뭐야?"

나는 자리에서 벌떡 일어나 비상을 걸고 전 병력을 출동준비 시키라고 한 뒤, 계엄사령부 상무대 분소에 전화를 걸어 부사령관인 소준열을 바꿔달라고 했다. 전화를 받은 사람은 소준열 사령관이 부재중이라고 말한 후 자신은 그분의 참모이니 자신에게 말하라고 했다.

그래서 만일 진입해 오고 있는 계엄군 병력을 원위치로 후퇴시키지 않으면 회수된 무기를 전 시민들에게 나눠주고 재무장시킨 뒤 죽을 때까지 싸울 것이고, 그래도 불응하면 보관중인 다이너마이트와 TNT를 전부 폭파시켜 자폭하겠으니 빨리 나의 뜻을 부사령관에게 전하라고 했다.

그는 알았다고 하면서 전화를 끊었다. 그러고 나서 나는 병력출동준비가 끝난 시민군을 이끌고 차를 몰아 농성동 공단입구 쪽으로 부리나케 달려갔다. 내 차에는 이영생 장로와 수습위원 한 사람이 같이 탑승하고 있었다.(박남선 1988, 364-365)

박남선의 위의 증언에서 병력 출동 준비가 끝난 시민군이란 이재춘과 그의 운전기사 양기남 및 위의 두 복면시민군을 지칭한다. 계엄군 장갑차 1대와 시민군 군용지프 2대가 농성동 한국전력 앞에서 1백여 미터 거리를 두고 서로 대치하고 있었다. 그때는 시민군의 무력행사와 협상으로 계엄군의 진입을 저지한 듯하여 의기양양해 했으나, 나중에 그것이 계엄군의 양동작전이었음을 깨달았다고 박남선은 이어서 이렇게 증언한다:

계엄군의 탱크는 시민군의 바리케이드를 깔아뭉개고 한국전력 앞에 서 있었다. 계엄군은 한전 앞에서 더 이상 들어오지 않았고 우리는 서부경찰서 앞에서 정차했다. 수습대책위원과 나는 계엄군 장교에게 다가갔다.

계엄군 장교는 우리에게 "어떻게든 불순분자나 선동자들을 제거하고 총기를 전부 회수하여 반납하라! 그렇지 않으면 우리는 무력으로 진압할 수밖에 없다."고 강경하게 위협조로 말했다.

그래서 우리들은 "지금 이 자리에서 원 위치로 돌아가시오. 지금 당신들이 이런 일을 저지르면 저지를수록 우리는 더욱 더 강해지고 당신들과는 피 보는 일만 있을 것이요."라고 대답해 주었다.

나는 계엄군이 서울과 연결되는 외곽도로를 확보하여 병력과 보급품 수송로를 확보하고 시민군이 차량과 기름을 얻고 있는 아세아자동차공장을 차단, 시민군의 기동력을 약화시키기 위한 것이라고 판단하였다. 그래서 우리도 양보할 수 없는 생명선이었기에 강경하게 물러가라고 재차 요구하고 돌아왔다.

결국 그들은 물러갔다. 그리고 그들은 시민들의 반응을 측정해 보고 시민군 병력을 확인해 보려는 이중적인 작전이었음을 뒤늦게 깨달았다. (박남선 1988, 365)

위의 증언에서 계엄군 장교란 역시 전라도 사람인 김기석 전교사 부사령관을 일컫는다. 두 복면시민군 중 임성택은 광주 백운국민학교를 졸업한 후 재봉공으로, 그리고 구성회는 방림국민학교를 졸업한 후 제화공으로 종사하고 있었다. 그러면 왜 이 두 소년은 복면을 하였는가? 한겨레신문 정대하 기자는 5월 17일자 "35년 만에 얼굴 드러낸 '복면 시민군' … '5 · 18 왜곡 맞서 싸울 것'"이라는 제목의 기사에서 이 두 소년이 복면한 이유에 대하여 "당시 임씨 등 시민군은 계엄군의 보복이 두려워서 일시적으로 얼굴을 가렸다"고 보도했다.

그러나 계엄군은 5월 21일 광주에서 모두 철수했기 때문에 복면을 해야 할 이유가 전혀 없었다. 더구나 이 두 소년의 복면용 수건은 각자 자기 집에서 가져온 게 아니라 조직적으로 단체 지급된 것이었다.

임성택과 구성회는 이학동 등 3명과 더불어 5월 26일 아침 6시까지 양림동 5거리에서 경계근무를 서고 있던 중 갑자기 새벽 3시 30분경 또 다른 3명이 검정색 자가용을 타고 와서 군복과 카빈총과 경찰 우의를 지급해 주었다. 그래서 임성택과 구성회는 지프차를 타고 농성동으로 출동하기 전에 처음으로 착용해 보게 된 것이다. 이때 실탄 6클립(18발)도 함께 지급되어, 지급받는 즉시 총에 장진되었다.

임성택 일행이 누군지 기억하지 못하는 3명이 양림동 5거리로 군복과 총과 실탄을 실어온 검정색 승용차는 시민군 차량 일련번호 21번이 매겨진 차였다. 일행 중 한 명은 난생 처음으로 총을 만져보는 순간 호기심에서 공중으로 총을 발사하여 이른 새벽에 양림동 주민들을 놀라게 했다.

광주사태 때 총을 들고 있는 사람들은 중고등학생 연령대의 청소년들이거나 깡패처럼 보이는 사람들이었다. 중학생처럼 보이는 소년들이 여기저기 함부로 총을 쏘며 돌아다니는 것이 아주 위험해 보여서 여러 광주시민들이 시민군 무기를 반납시키기 위해 무척 애를 썼다. 5월 25일 광주를 방문한 최규하 대통령도 중학생들이 총을 들고 다니는 모습에 충격을 받아 무기 자진반납을 간곡히 호소하는 연설을 하였다.

1975년 4월 30일 미국이 월남에서 철수한 이유는 미국이 군사력에서 월맹군에 밀렸기 때문이 아니다. 한 번의 공습으로 월맹군을 초토화시킬 수 있었다. 문제는 시민군의 무기를 회수할 방법이 없었고, 시민군을 상대로 전투를 벌일 수도 없으므로 월남 방어 약속을 포기하고 철수하였던 것이다.

1990년대 이래 지난 20년간 소말리아의 빈곤 문제는 시민군 무기를 회수할 방법이 없기 때문이다. 미국의 부시 대통령과 클린턴 대통령 모두 소말리아에 경제 원조를 하고 경제 건설을 도와주려는 호의를 가지고 있었으나, 시민군이 등장한 이후로는 미국의 국력으로도 무기회수가 가능하지 않아 경제 지원을 포기하고 방관할 수밖에 없게 되었던 것이다.

2015년 현재 리비아는 미국에게 버림받은 상태이다. 2011년 가을 리비아 혁명이 성공한 후 리비아 과도정부와 국민들은 미국 등 국제사회가 리비아 시민군의 무기를 회수해 줄 것을 기대했으나, 미국은 시민군의 무기 회수는 리비아인들 스스로 하라고 했다. 그러나 리비아는 어느새 시민군의 무기 회수가 영영 불가능한 나라가 되었으며, 리비아인들 스스로 시민군의 무기를 회수하지 못했을 때 미국의 오바마 정부는 리비아에서 손을 뗐다. 이미 군경의 힘으로는 시민군의 무기회수가 불가능한 상태가 되었을 때엔 군사 강대국인 미국이나 나토도 시민군의 무기회수를 도울 방도가 없기 때문이다. 이것이 오늘날 리비아의 최악의 혼란 상태이다.

최근 임성택씨는 사진 속의 복면시민군들이 16세 소년들이었다는 사실을 밝혔지만, 16세 소년들이 군 부대를 습격하였는가? 그들은 그 지프차 탈취범들의 정체에 대해 증언해 줄 수 있는가?

임성택과 구성회가 탄 지프차에는 모두 4명이 타고 있었다. 운전석에는 양기남이 앉아 있었고, 그 옆에 방위병 탈영병 이재춘이 타고 있었다. 이날 오전까지는 그들은 기동순찰대원이라고 불렸다.

문제의 복면시민군 사진 설명을 위해 우리는 '시민군'이란 용어의 개념을 분명히 할 필요가 있다. '시민군'이란 명칭은 '시민군으로 가장한 북한군'(혹은 정체불명의 무장병력)을 포함하는 명칭이다. 게릴라전의 역할은 북한군이, 치안대의 역할은 광주시민군이 하도록 역할이 분담되어 있었다. 동시다발적인 44개 무기고 습격 등은 북한군의 지원 없이는 가능하지 않았고, 광주교도소 습격 등은 북한군이 주도한 사건이었다.

광주시민들로 구성된 시민군에는 두 개의 치안대 명칭, 즉 기동순찰대와 기동타격대가 있었다. 광주시민들로 구성된 시민군은 본래 전투부대가 아니라 치안대였으며, 5월 22일부터 5월 26일 오후 2시까지는 기동순찰대라고 불렸고, 5월 26일 오후 2시부로 새로 조직된 명칭이 기동타격대였다.

5월 21일의 시민군 명칭은 기동순찰대나 기동타격대가 아니라 특공대였다. 아무런 조직 없이 우발적으로 무기고 습격이 시작되었던 것이 아니라, 무기고 습격은 특공대의 특공대 작전이었으며, 오후 3시경의 도청 공격에도 청소년들은 들러리로만 동원되었다. 청소년들에게 총과 무전기를 지급하고 특공대라고 부르며 임무를 맡기는 세력이 있었으며, 쉽게 선동되어 응하는 청소년들이 있었다. 그 정체불명의 세력은 무전으로 작전 지시를 하고 도청 가까이 접근하여 도청을 사수하는 군인들을 향하여 총을 쏘게 하였다.

5월 21일 오후에 금날로 일대와 도청 광장에서 20여 명의 총기 사망 사건이 발생했는데, 그 중 절반은 '시민군'으로 가장한 가톨릭센터 옥상 위의 '북한군 저격수'가 의도적으로 시민들을 향하여 총을 쏘았기 때문이며, 나머지 절반은 특공대 작전의 희생자들이었다.

북한군이 탈취한 군용차량으로 공짜 차를 태워준 후에 북한군 공조 세력, 즉 왕년의 빨치산 조직이 조직적으로 징발한 김밥을 공짜로 푸짐하게 먹여주고 총 주고 특공대원으로 임명하면 뭐든지 시키는 대로 하는 청소년들이 있었다.

당시 무진중학교 3학년 학생으로서 특공대 대원이었던 최동북 군의 증언은 청소년들은 특공대라고 불러주면 얼마나 쉽게 선동되어 국군을

향해 총을 쏘는 인민군의 부역을 하였는지를 단적으로 보여주는 한 예
이다:

사격하는 정도에 따라 특공대를 선발한다고 했다. 사격 연습은 약 1
시간 동안 했다. 그러고 나서 특공대를 선발하는 작업에 들어갔다. 뽑
히는 자격은 처자식이 있는 사람과 독자(獨子), 장남인 사람은 제외하
고 사격술이 뛰어난 남자였다.

나는 15세 먹은 독자였지만 독자라는 것을 숨겼다. 32명이 뽑힌 특
공대에 나도 합격했다. 두려움이 없었다. 며칠 사이 나는 어린 중학생
이 아니라 정의와 분노에 가득 찬 시민군이 되어 있었다. 장교 출신으
로 예편한 듯한 지휘관이 선발된 특공대에게 살아 돌아갈 생각은 말라
고 엄한 훈시를 했다. 태극기 한 장과 카빈총 한 자루, 수류탄 2개씩을
분배해 주었다. 그리고 지프차 1대에 무전기 하나를 주면서 본부에 알
릴 수 있는 신호 작동법을 가르쳐주었다. 또한 공수부대의 상황을 언제
고 타진할 수 있는 무전기 작동법도 알려주었다.

선발된 특공대는 금남로로 갔다. 시민들은 금남로 길목마다 숨어 공
수부대와 시민군이 대치하여 있는 광경을 주시하고 있었다. 특공대는
도청과 전일빌딩, 관광호텔에 있는 공수부대원의 군 저지선을 돌파하
기로 했다. 17명이 탄 지프차는 도청으로 바로 나가지 않고 동명여중을
지나 서석국민학교로 먼저 갔다. 우리가 탄 지프차 앞에서 30명의 시민
이 탄 트럭이 무장을 하지 않고 어디론가 가고 있었다. 내가 타고 있는
지프차에서 앞차에게 경적을 울리며 어디로 가느냐고 물었다.

"화순으로 가서 화순광업소 무기를 뺏어와야겠다."

그들은 우리에게 잘 싸우라고 손을 흔들며 갔다. 우리는 어떻게 싸울
것인가에 관해서 뚜렷한 대책을 세우지 못하고 있었지만, 일단 어떻게
해서든지 군 저지선을 돌파하자는 데 모두 한뜻이었다.

우리 차가 서석국민학교에서 나와 장동으로 나왔는데, 우리와 같은
특공대의 다른 조가 갑자기 도청으로 돌격해 나가는 것이었다. 내가 탄
트럭에서 미리 약속된 암호의 사격을 보내 그곳으로 가는 것을 저지했
다. 지금은 그럴 때가 아니라고 했다. 그렇지만 그들은 이를 무시하고
도청 쪽으로 나가더니 공수부대의 총격을 받고 운전수가 죽었다. 학생
2명이 뛰쳐나와 도청을 향해 최루탄을 던지고 나서 장동주유소로 도망
가다가 그들도 총을 맞았다. 지프차를 타고 있던 나는 그들을 구하려고
공수부대원을 향해 총을 쏘려고 했으나 실탄이 떨어져 쏘지 못했다. 무
전기로 본부에 연락을 했다. 수류탄을 보내달라고 했다.(최동북 1988)

2003년 KBS가 '푸른 눈의 목격자'라는 제목으로 상영한 영상물의 한
장면에서 (여러 개의 방탄용 타이어들을 보닛에도 올려놓고 옆에도 주렁주렁 매
달아 놓고) 도청을 향해 돌격하는 특공대 지프차들의 모습이 보인다. 최동
북의 증언에 따르면, 중학생 특공대였던 그도 그런 군용지프를 타고 도
청을 향해 돌격했다.

5월 21일 오후 3시 반에서 5시 사이 특공대의 게릴라전 방식에 의한
도청 공격이 시작되었는데, 그 전개 상황을 최동북이 이어서 증언한다:

특공대 도청 공격 때 실탄을 지급받았다. 하늘에서 헬기가 떠들어댔
다. "시민 여러분, 모두 자제하여 주시기 바랍니다. 몇 명의 폭도들로
인해 국가가 위기에 처해 있습니다. 모두 집에 돌아가 주시기 바랍니
다."

화가 치민 우리는 헬기를 향해 총을 쏘기 시작했다. 이때부터 자신감
이 생긴 나는 머뭇거리지 않고 총을 쏘았다. 농장다리에서 지하상가로
갔더니 소방차가 불타고 있었다. 아마도 석유통에 구멍을 내서 누군가
가 불을 지른 듯했다.

금남로 3가에서 젊은 청년이 도청으로 갈 사람은 21명만 트럭에 타라고 했다. 목숨을 던져 싸울 사람만 나오라고 했다. 50여 명이 달려 나와 서로 차를 타겠다고 아우성이었다. 청년이 총을 쏘면서 20명만 타고 했다. 곧이어 20명이 탄 트럭이 도청을 향해 갔다. 또다시 총소리가 진동했다. 트럭에 탄 사람들이 총에 맞아 쓰러졌다. 그대로 당하고만 있을 수는 없었다.

지프차에 탄 우리 일행 5명은 군 저지선을 돌파하기 위해 분수대를 향해 총을 겨누고 진격했다. 분수대로 돌진해 가는데 갑자기 차의 기름통이 고장 났다. 그곳에 머뭇거리면서 본부에 연락을 했다. 본부에서는 아무런 응답이 없었다.

다시 차를 몰고 나가고 있을 때 운전사가 공수부대원의 총에 맞고 죽었다. 그러자 옆에 있는 사람이 대신 운전하고 가다가 분수대에 처박

히고 말았다. 지프차는 뒤집어져 분수대에 빠졌다. 차에서 빠져나오려다 3명이 죽었다. 나는 분수대에 처박힌 차에서 빠져 나오느라 안간힘을 썼다. 어떻게 어렵게 간신히 빠져나와 분수대 아래로 기어 나왔다. (최동북 1988)

특공대의 바로 이 공격이 5월 21일 오후 5시에 공수부대로 하여금 더 이상의 도청 사수를 포기하고 광주 외곽으로 철수하도록 만든 공격이다.

전술한 바와 같이, 5월 22일부터는 시민군의 명칭이 기동순찰대였다. 기동순찰대는 윤상원의 심복으로 5월 22일 도청에 들어간 이재의가 상황실을 설치하고 상황실 심부름을 하는 병력으로 조직되었는데, 그들의 주 임무는 순찰 및 연락 등 치안대 역할이었다. 기동순찰대는 그 대원들이 모두 광주시민들이었다는 것이 입증되지 않았고, 1980년의 김대중 내란음모사건 재판 때도 수사와 재판에서 제외되었다.

5월 21일 저녁에 정체불명의 외지인 시민군들이 도청을 점령한 후 궐기대회 조직 및 인민위원회 구성 등 뒷일은 광주시민으로 구성된 그들의 공조세력에게 맡기고 광주외곽 경비를 위해 광주외곽으로 이동했다. 북한군이 광주에 해방구를 설치한 후 도청에 설치된 상황실 운영을 윤상원의 조직에 일임하고 그들은 외곽경비만을 전담했던 이유 중의 하나는 북한군 개입 사실이 들통 나지 않도록 하기 위해서였다.

5월 22일부터는 시민군을 기동순찰대원이라고 불렀는데, 신분 확인 후 기동순찰대를 조직한 것이 아니라 누구든 총을 들고 군용지프를 타고 다니면 기동순찰대원으로 간주되었다. 즉, 기동순찰대는 광주공원을 본부로 삼고 독자적인 작전을 수행하고 있었던 북한군처럼 짜인 군사조직이 아니라 엉성하고 느슨한 치안대였다.

　이런 배경 설명이 임성택씨가 지난 5월 중순 언론에 공개한 복면시민
군 사진을 이해하는 데 도움이 될 것이다. 그가 기동타격대원으로 편성된
것은 26일 오후 2시경의 일이었고, 사진은 기동타격대원이 되기 일곱 시
간 전이었던 오전 7시경에 찍혔다. 그때는 누구든 총을 들고 군용지프를
타고 다니면 기동순찰대원이 되었던 것이다.

　26일 오후에 편성된 기동타격대원들은 총 40명이 채 안 되었으며 대
부분 중고등학교에 진학하지 못한 청소년들이었다. 그 중의 여러 명은 경
찰복과 카빈총을 지급받고 저녁식사를 한 후 곧 도망갔다.

　다시 문제의 복면시민군의 사진 설명을 계속하면, 임성택 앞의 운전
석에는 양기남이, 그리고 그 옆에는 이재춘이 타고 있었다. 이재춘은 방

림국민학교 졸업 후 공장 공원으로 전전하다가 방위 소집되어 송정리 공
군 3252부대 방위병으로 근무 중에 탈영하여 시민군 활동을 하고 있었다.
그가 5월 23일 기동순찰대로 편입된 후 위 사진에서 보이는 지프차를 지
급받았으며, 운전수가 한 명 그에게 딸리었다. 그의 운전사였던 양기남은
1979년 5월부터 광성샷슈공업사 공원이었다.

이재춘은 상황실 대기조 조원이었다. 이재의가 5월 22일 도청에 상황
실을 설치하고, 상황실 대기조를 기동순찰대라고 불렀다.

이재의는 "도청 상황실에서"라는 제목의 그의 증언록에서, 군부대 및
군납업체에서 탈취한 모든 군용차량들에 대한 전권을 자신이 행사하였
음을 이런 말로 나타낸다:

> 나는 원갑이에게 "우리가 차량 통제를 아주 완벽하게 해버리자"고
> 하여 도청 사무실 앞에서 모든 차량은 등록을 하도록 지시했다. 차량기
> 사는 반드시 믿을 수 있는 '증'을 발급해줄 테니 '증'을 소지한 자만 차
> 를 탈 수 있다고 공고했다. 차량번호를 매기고 등록을 하지 않는 차는
> 모두 수거했다. 모든 것이 거의 자발적으로 이루어졌고, 좋은 차는 아
> 주 단단히 무장되어 있었다.(이재의 1988)

이처럼 기동순찰대는 광주해방구에서의 치안유지를 위한 치안대였
다. 그런데 이재춘의 지프차는 5월 25일 치안유지와는 정반대인 약탈에
이용되었으며, 임성택과 구성회는 그 다음날 아침 바로 그 지프차에 탑
승하고 농성동으로 갔던 것임이 『1980년대 민주화운동』 제7권 446~447
쪽에 수록된 그 지프차 운전자 양기남의 공소사실에 이렇게 밝혀져 있
다:

> 1. 동월 25. 14:00경 광주시 서구 농성동 소재 청기와주유소에서 성
>   명 불상자 부실장과 함께 총을 든 채 군용 지프차를 타고 가서 20세가

량의 종업원에게 "기름을 넣어 달라"고 말하여 만일 이를 거절하면 동인의 생명, 신체에 어떤 위해를 가할 듯한 태도를 보여서 이에 외포된 동인으로부터 휘발유 10갈론 시가 2만 5천원 상당을 제공받아 이를 갈취하고,

2. 동일 21:00경 광주시 서구 방림4동 예비군 중대본부 사무실에서 상 피고인 이재춘, 동 오정호, 공소 외 구성주 등과 공동하여 카빈소총 등을 휴대한 채 예비군 중대장 배순복에게 "도청 내에 버너가 고장나서 밥을 하지 못하니 밥을 해서 제공하라"고 요구하면서 만일 이를 거절하면 동인의 생명, 신체에 어떠한 위해를 가할 듯한 태도를 보여 이에 외포된 동인으로부터 동일 23:30경 동소에서 밥 1백인 분 5바케스 분량을 교부받아 이를 갈취한 후 도청 폭도들에게 제공하고,

3. 동월 26. 06:00 경 광주시 농성동에 계엄군이 진입해 들어온다는 첩보에 따라 상 피고인 임성택, 동 구성회 및 상황 부실장 성명 불상자 등과 함께 무장한 채 군용 지프차를 타고 농성동까지 순찰을 돌고….
(한국기독교교회협의회 1987, 446-447)

위의 공소사실 중 제2항을 살펴보면 임성택과 구성회가 그 군용 지프차에 타기 전날 밤 참으로 희한한 일이 있었다. 이재춘은 방림2동 거주 방위병이었는데 두 복면 청소년을 지프차에 태우기 몇 시간 전에구성주와 오정호 등과 공동하여 방림4동 예비군 중대장 배순복을 찾아가 "도청 내에 버너가 고장 나서 밥을 하지 못하니 밥을 해서 제공하라"고 요구하면서 협박했다. 이 사건은 배순복 중대장의 말에 따르면 구성주가 "총으로 사람들의 배를 위협하고 쌀 내놓라며 갖은 협박을 했다"는 것이다. 비록 구성주의 본뜻은 시민군의 그날 저녁 식사 문제 해결이었다고 하더라도, 방위병과 20대 초의 신참 예비군이 동네 예비군 중대장을 총으로 위

협하여 그 부인이 한밤중에 급히 1백인 분의 밥을 지어 그들에게 갖다 바쳐야 하는 꼴이 되었던 것이다.

그날 5월 26일 오전 11시경의 동아주유소 휘발유 약탈 직후 기동타격대 모집 소식을 들은 이재춘은 운전자 양기남 및 사진 속의 두 청소년 복면시민군 임성택과 구성회를 이끌고 제일 먼저 지원하여 기동타격대 제1조에 편성되고 조장으로 임명되어 군용 지프차 1대 및 개인무기로서 카빈소총 1정과 실탄 15발을 배정받았다.

윤상원에게 시민군은 사회주의 혁명을 위한 혁명군이었다. 그러면 임성택과 구성회 등 16세의 청소년들도 기동타격대는 혁명군이라는 사실을 인식하고 있었는가? 아니다.

2011년 2월 17일 리비아의 동부 벵가지에서 무장반란이 일어났을 때 주동자들의 프로파간다에 속고 낚인 외신기자들은 독재자와 싸우기 위해 시민군이 등장한 줄로 생각했다. 그렇다면 그해 가을 카다피 국가원수가 암살된 후 시민군 수가 기하급수적으로 급증한 이유는 무엇이었는가? 그 동기는 독재자와 싸우기 위한 것이 아니었다. 세상이 바뀌고 시민군 권력이 최고의 권력인 시대가 되니까 시민군은 청년들이 가장 선호하는 직업으로 되었다. 시민군이 되면 쉽게 큰돈을 벌 수 있다는 유혹에 빠져 많은 리비아의 청소년들이 스스로 고등학교를 중퇴하고 시민군에 입대했다.

1980년 5월 26일 대한민국의 운명이 결정되는 날이 다가오고 있었다. 주동자 윤상원의 시각에서는 혁명 성공의 때가 왔으며, 그는 결코 혁명을 포기하지 않을 것이며, 죽기 살기로 투쟁하는 데 목숨을 걸었다. 그는 배수진(背水陣)을 쳤다. 그의 배수진은 다이너마이트 자폭이었다. 그러나 일부 청소년 복면시민군들에게는 그런 것이 전혀 보이지 않았다. 그들에게는 그날이 시민군 생활이 한창 꿀맛 같던 때였다.

그들은 세상이 뒤집혀 시민군이 세상을 지배하는 시대가 도래한 것으로만 인식하고 있었다. 군용지프를 타고 총을 들고 다니면 여기저기서 식사를 제공해 주고, 주유소 등 상점에서는 뭐든 달라는 대로 공짜로 주니까 그들에게는 참으로 멋있고 행복한 날이었다. 16세 청소년들은 혁명에 목숨을 걸기 위해 시민군이 되지 않았다. 그들에게 경찰 제복과 총과 지프차가 지급되었을 때, 그들은 이미 시민군 권력이 최고의 권력이 된 줄로 인식하고 있었다.

기동타격대가 편성되자마자 대장 윤석루와 제1조 조장 이재춘과 오정호는 두 청소년을 태우고 다니며 또 약탈한 사실이 양기남의 공소사실 제7항에 이렇게 기록되어 있다:

> 동일 15:40경 위 윤석루, 위 이재춘, 위 오정호 등과 공동하여 광주시 서구 사동 소재 성하팬션에 무장한 채 기동타격대 군용 지프차를 타고 출동하여 성명불상 등 주민에게 "도청에서 나온 사람인데 협조하지 않으면 아파트에 주차해 놓은 승용차를 불질러 버리겠다"고 말하면서 금품을 제공할 것을 요구하면서, 만일 이를 거절하면 동인의 생명, 신체에 어떠한 위해를 가할 듯한 태도를 보여 동인을 외포시키고, 이에 외포된 동인들로부터 동소에서 마스크 50개, 양말 50개, 식빵 50개를 교부받아 이를 갈취한 후 도청 폭도들에게 제공하고…(한국기독교교회협의회 1987, 447)

이 와중에도 역사에 길이 남을 명 작전으로서의 계엄군의 양동작전은 시민군이 전혀 눈치 채지 못하게 치밀하게 준비되고 있었다. 광주사태는

같은 전라도 사람 소준열 장군과 윤상원간의 전략 줄다리기가 있는 게임
이었다. 무기 반납을 반대하는 윤상원의 전략은 되도록 시민군 희생자가
많아지게 해야 '광주학살'이란 말을 만들 수 있고, 그리하여 국제여론을
업고 미국을 이용하여 혁명에 성공하겠다는 것이었다. 반면, 소준열 장군
은 민간인 희생을 최소로 줄이는 무기회수 작전에 고심하고 있었다.

여기서 5월 26일 아침부터 하루 동안 진행된 양동작전의 배경에 대
해 간략하게 설명하면 이렇다. 22일 전교사 사령관으로 부임한 소준열
장군은 불과 나흘 만에 시민군 무기 강제회수 작전 수립을 완성했다. 소
준열 소장은 불과 하루 만에 모든 상황을 파악하고, 정웅 31사(일명 광주
향토사단) 사단장의 진압작전이 무엇이 잘못되었는지 분석해 냈다.

정웅 31사 사단장은 5월 18일 오후에 7공수여단 33대대와 35대대에,
그리고 19일 아침에는 11공수여단에 주동자들을 상무대로 연행하라는
명령을 내렸다. 주동자들이 누구인지 전혀 모르는 상황에서 주동자들을
연행하라고 하면 화염병과 돌을 던지는 자들이 연행 대상이 된다. 공수
부대원들이 그 명령을 수행하려면 시위군중이 많이 모인 곳에서 시위군
중 속으로 들어가야만 한다.

소준열 장군은 5월 18일의 정웅 장군보다 훨씬 어려운 상황, 즉 시위
대의 무기가 돌이 아니라 총과 수류탄과 장갑차와 기관총 등인 상황에서
진압 방법을 찾아야 했다. 그러나 그는 정웅과는 정반대의 개념으로 작
전을 짰다. 그의 작전은 시위군중이 가장 많이 모여 있는 시간에 진압을
하는 것이 아니라 주동자들과 시민들이 격리된 시간대인 새벽 두세 시경
에 진압을 하는 것이었다.

정웅 장군은 돌을 던지는 시위대만 연행하고 진짜 주동자들은 전혀
체포하지 못했다. 소준열 장군의 진압 전략과 판단은 시민군 지도부를

체포하면 광주사태 상황은 바로 끝날 것이라는 것이었다. 그래서 시민과 주동자들이 분리되는 시간을 광주 재진입 시간으로 정했을 뿐만 아니라, 시민군 병력을 분산시키고, 되도록 많은 무장시민군이 도청으로부터 떨어져 있도록 하기 위해 양동작전을 썼던 것이다.

양동작전의 시작은 5월 26일 이른 아침 계엄군이 광주에 재진입한다는 정보를 흘리고, 농성동으로 전차 4대를 보내서 시민군의 반응을 떠보는 것이었다. 이렇듯 최근 화제가 되고 있는 농성동 복면시민군 사진은 시민군이 계엄군의 양동작전에 말려든 순간의 장면을 보여주는 불후의 사진기록이다.

5월 26일 아침 4대의 전차 인솔자는 김기석 부사령관이었으며, 그의 임무는 전투가 아니라 시민군 동태 정찰이고 심리전이었다. 만약 그날 밤까지 시민군이 도청의 무기 반납을 안 할 경우 27일 새벽에 강제 회수한다는 작전은 이미 정해져 있었다. 김기석 부사령관이 현장에서 직접 시민군의 동태를 떠보는 이날 아침의 작전은 계엄군이 재진입할 때 농성동 도로를 통해 진입할 것이라는 인식을 시민군 측에 줌으로써 그들의 수비 작전에 혼란이 생기게 하는 것이었다.

5월 26일의 외신기자 회견에서 윤상원은 마치 국군이 광주에서 학생들과 시민들을 마구 학살하고 있는 것처럼 말했으며, 영어 통역을 통해 윤상원의 말을 들은 외신기자들은 그의 위험한 거짓말에 낚였다. 마치 2011년의 리비아 사태 때 아라비아어를 모르는 외신기자들이 쉽사리 리비아 반군이 지어낸 '민간인 학살 유언비어'에 낚였던 것처럼, 그들은 광주사태 주동자들의 악성 유언비어에 낚이고 있었다.

사실 5월 26일 오후 내내 도청에서는 큰 혼란이 있었다. 그날 대부분의 수습위원들이 무기 반납에 의견을 모으고 소수의 강경파에게 무기 반납을 설득하고 있었다. 그날 밤에 대세가 무기반납으로 완전히 기우는 순간 박남선 상황실장과 윤석루 기동타격대 대장이 권총을 빼들고 총부림을 하며 김창길 등 수습위원들을 모두 도청 바깥으로 내쫓음으로써 간신히 무기반납을 막았다. 수습위원들 중 오직 이종기 변호사만이 최후까지 무기반납을 설득하기 위해 도청에 남아 있었다.

박남선은 그날 아침 김기석 전교사 부사령관이 자기에게 한 말을, 그날 자정까지 시민군이 무기반납을 하지 않으면 자정에 계엄군이 재진입한다는 뜻으로 받아들이고 기동타격대 대원들로 하여금 밤 11시 30분까지 시내 순찰을 계속하도록 했다. 자정까지는 전혀 계엄군 재진입 기색이 보이지 않으므로 잠시 긴장을 푸는 것도 잠깐, 새벽 두 시경 계엄군 이동의 조짐이 있다는 보고가 상황실로 접수되었다.

5월 27일 새벽 약 200명가량의 도청시민군들 중 군복무 경력이 있는 시민군 수는 다섯 명 정도에 불과했으며, 군복무 경력이 있는 시민군들은 모두 자기가 시민군 대장인 줄로 여겼다. 예를 들어, 병장 제대한 위성삼은 5월 26일 밤에야 시민군이 되어 도청에 처음 들어왔지만 대학생인 자기야말로 도청 경비 총책임자라고 여기고 자기와 같은 날 시민군이 된 50명(대부분 고등학생들)을 새벽 4시경에 도청 정문 쪽에 배치했다.

광주운동권 이양현은 인민위원회 기획위원인 자기야말로 시민군 대장이라고 여기고 새벽 4시에 갑자기 도청의 모든 전등을 소등했다. 실제로는 장교 13명과 사병 66명으로 구성된 계엄군 특공조 등 단 한 명도 도청 정문 쪽으로 오지 않고, 79명 모두 도청 뒷담 쪽으로 접근하고 있었으나, 전날 아침 농성동에서 계엄군의 양동작전에 걸린 박남선은 계엄군이 도청 정문 쪽에서 공격할 것이라는 상상만 하고 있다가, 정문 쪽에 배치된 시민군들을 계엄군으로 오인하고 맹사격 했으며, 2층 복도에 배치된 기동타격 대원들에게도 사격 명령을 내렸다.

5월 27일 새벽의 시민군 무기 강제회수 작전 때 사망한 시민군이 17명인 것으로 알려져 있으나 실제로는 16명이었다. 당시 만 14세였던 김명숙 양은 그날 아침 광주사태 상황이 종료되고 군인들이 모두 광주에서 철수한 후, 그날 밤 9시 35분에 전남대 정문 앞 천변에서 사고를 당한 것이므로 엄밀히 말해 광주사태 희생자는 아니었고 계엄군의 진압작전과도 전혀 무관했다. (오늘날 전남대 정문과 담을 끼고 북구청 앞으로 돌아가는 도로가 광주사태 당시의 넓은 도랑을 복개한 것이다. 이 넓은 도랑 옆을 그 당시에는 전대 앞 천변이라고 불렀는데, 이곳이 김명숙 양이 5월 27일 밤 9시 반경에 불의의 사고를 당한 장소다.)

자기 수류탄으로 자폭한 윤상원을 제외한 나머지 15명 중 11명은 명백히 시민군 총에 맞아 사망했다. 새벽 4시경 도청 2층 난간의 시민군 저격수들이 도청 전등을 모두 소등한 칠흑 같은 어둠 속에서 도청 정문 쪽을 향해 집중사격을 했을 때 정문과 분수대 주변에 배치되어 있었던 시민군들이 그 총에 맞은 것이 가장 큰 사망 요인이었다. 그날 새벽 사람을 사살할 목적으로 총을 발사한 유일한 무장세력은 시민군이었다. 그러므로 총상 종류만으로 애매한 국군에 학살 누명을 씌우는 것은 불합리하고 누가, 언제, 어디서, 어느 방향으로 사격하였는지를 살펴보아야 하는 것이다.

박남선은 5월 26일 밤에 도청시민군 중 상당수가 국군 군복차림에 M16소총으로 무장하고 있었다는 사실을 이렇게 기록한다:

26일도 이제 저물고 있었다. 금남로를 한눈으로 굽어보고 있던 도청 건물에 하나 둘 전등불이 켜지기 시작했다. 정문과 현관 앞에는 M16

소총으로 무장한 병사들이 보초를 서 있었고, 앞뜰 곳곳에서 어딘지 모르게 엉성해 보이긴 했지만 무장을 한 많은 시민군들이 모여 있었다. 정문 보초의 제복이 바뀐 지도 벌써 5일이 지나고 있었다.

그때 헤드라이트를 켠 채 바쁘게 노동청 모퉁이를 돌아 도청 정문 쪽으로 달려오고 있는 차가 3층 복도에 서 있는 나의 눈에 띄었다. 차는 정문에서 멈추려는 듯 속도를 줄이더니 멈추지 않고 그대로 현관 앞까지 굴러와 멈추어 섰다. 차가 완전히 멈추기도 전에 군복차림에 M16과 수류탄으로 무장한 두 사람이 뛰어내렸다. 나는 그들이 현관 보초로부터 수하를 받는 것을 보고 급히 상황실로 뛰어 내려갔다.

급히 뛰어 들어온 두 사람은 상황실장에게 보고할 것이 있다면서 상황병을 시켜서 나를 찾았다.

"저희는 백운동 로터리에 척후로 나가 있는 병력입니다."

두 사람은 바짝 긴장한 얼굴로 서로를 쳐다보면서 보고하기 시작했다.

"놈들의 동태가 심상치 않습니다. 놈들이 출동 준비를 하고 있습니다. 무력진압을 시작하려는 게 아닐까요?"(박남선 1988, 369)

시민군은 수십 정(최소 34정)의 M16을 보유하고 있었던바, 시민군의 M16 보유 사실은 아래 사진 등 여러 시민군 사진에서도 확인된다. 사진에서 캐리버50 기관총 옆에 놓여있는 총들은 전부 M16이다.

시민군들 중 다수는 북한군이었다는 의혹은 영화 '화려한 휴가'의 시민군 대장의 실제 인물인 박남선의 증언에서도 그 정체가 수상한 시민군들이 자주 등장한다. 그는 광주 시내에는 자기 "통제 밖에 있는 무장 병력이 다수 있었다"고 했다.(박남선 1988, 373)

위 증언에서도 정문 앞에서 정차하지 않고 도청 현관 앞까지 굴러온

차가 있었다. 차가 완전히 멈추기도 전에 군복차림에 M16과 수류탄으로
무장한 두 사람이 뛰어 내렸다. 그런데 그들은 박남선의 부하가 아니었으
며 박남선이 누군지도 모르는 자들이었다.

누가 그들을 백운동 로터리에 척후로 보냈는가? 그것은 도청 본부에
서는 모르고 있는 일이었다. 더구나 기동타격대원들이 상황실로 상황보
고를 할 때는 무전기로 했는데, 아무 예고도 없이 불쑥 찾아왔다. 그들도
시민군 대장 통제 밖에 있는 무장병력이었던 것이다.

더구나 그들이 "놈들의 동태가 심상치 않습니다. 놈들이 출동준비를
하고 있습니다"라고 말했다는데, 이것은 북한 말투였다. 대한민국 국민
이라면 국군을 "놈들"이라고 호칭하지 않는다.

항쟁지휘부가 도청 안으로 들어오려는 출입자들의 신원을 일일이 확인한 다음 들여보내고 있다.

그들이 바짝 긴장하고 있었다는 점도 이상하다. 사실 기동타격대원들
은 소풍 다니는 기분으로 시내를 순찰하였으며, 계엄군의 그림자도 보지

못했다. 그런데 시민군 본부 통제 밖에서 독자적으로 작전을 수행하던 무장병력이 와서 바짝 긴장한 얼굴로 보고를 한 것이다.

이어 박남선은 대화를 마친 후 경호병이 그 두 사람을 호위하였음을 이렇게 기록한다:

> 나는 윤상원과 함께 상황실 밖으로 나왔다. 우리가 나오자 M16으로 무장한 두 사람을 경호병이 호위했다. 밖은 날이 무척 어두워 있었으나 보름이 멀지 않아서인지 눈길이 닿는 곳은 그리 어둡지는 않았다. 도청을 둘러치고 있는 철책 담장 사이로는 경비 병력들이 뜬눈으로 밤을 새우며 경계하는 모습이 보였다.(박남선 1988, 370)

시민군 보초들의 검문검색이 철저하여 일반 광주시민들은 접근조차 어려웠던 시민군 본부를 무장한 두 사람은 차를 탄 채로 무단출입할 수 있었는데, 그들에게 경호원이 붙어 있었다는 대목은 광주에서 북한군 조장을 호위하고 있었던 탈북군인 김명국의 증언 중 아래 대목과 오버랩된다:

> 오후 4시까지 2~3명씩 조를 무어 시내를 한 번 돌았는데, 지금 기억나는 것은 큰 건물 주변에 모래주머니로 쌓아놓은 바리케이드가 있었어. 바리케이드 위에는 총들이 보였고, 기관총이 있더라. 아직도 기억에 생생한 것은 바리케이드 주변에 일반시민들도 있고, 특히 얼룩얼룩한 개구리 복장을 한 사람들이 많이 있던 것이 기억에 잊혀 지지 않는다.
>
> 그때 나는 '이 건물이 봉기군 지휘부가 있는 건물이 아니겠는가?'하는 생각이 들더라. 우리 대장이 그 건물에 거의 도착하니까 안에서 3명의 머리를 장발로 기른 시민 복장 차림의 사람들이 뛰어 나와 대장을 맞이하여 안으로 함께 들어가더라. 마중 나온 사람들은 이미 대장을 알

고 있더라. (이주성 2012)

얼룩얼룩한 개구리 복장을 한 사람들이 기관총으로 무장하고 있었다
는 김명국의 증언이 사실과 부합한다는 것은 위의 사진에서도 확인된다.
그런데 당시 공수복과 비슷했던 얼룩얼룩한 개구리 복장을 한 사람들은
예비군들이 아니라 북한군이었을 것이다. 예비군이 기관총으로 무장하
고 기관총을 쏘는 것은 무장반란인데, 광주시민들 중에 그럴 시민이 있
었겠는가? 만약 그들이 광주시민들이었다는 것이 입증되려면 본인들의
증언이 있거나 재판기록이 있어야 하는데, 그런 증언도 재판기록도 존재
하지 않는다.

박남선이 순찰대 병력이라고 부르는 병력은 실은 북한군이었을 것으
로 의심되는 이유들이 있다. 아래 사진에서 보듯이, 최근 북한군 전용 군
용트럭이었던 것으로 드러나고 있는 10호차가 있다. 이 육중한 군용트럭
(60트럭) 위에 50구경, 즉 12.7mm M2 기관포가 거치되어 있다. 비전문
가가 보기에는 LMG기관총과 흡사하지만 웬만한 건물에 연사하면 벽이
다 뚫리고 주택 한 채쯤은 다 무너뜨려 버릴 정도로, 기관총과는 비교도
안 되는 위력을 가진 포이다. 그런데도 이 트럭에 탄 병력은 박남선 시민
군 대장이 누군지 전혀 모르는 병력이었다.

윤상원은 사회주의 혁명을 위해서 도청을 사수하려고 했고, 박남선은
시민군 대장 노릇을 하는 감투를 썼기 때문에 도청을 사수하려고 했다.
그러나 군용트럭에 기관총을 설치하고 설친 자들은 도대체 그 동기가 무
엇이었는가?

도청 민원실의 1층은 다이너마이트 창고로 사용되었고, 2층은 식당
겸 침실로 사용되고 있었다. 윤상원은 2층 민원실에 있었는데, 박남선의

증언록에는 전남대학교 부속병원 옥상과 전일빌딩 옥상은 물론 민원실 옥상에도 LMG와 캐러반50으로 기관총 발사대를 구축한 것으로 기록되어 있다:

> 마지막으로 전대(全大) 병원 옥상과 전일빌딩 옥상 그리고 도청내의 민원실 옥상에 LMG와 캐러반 50으로 기관총 발사대를 구축한 것을 끝으로 병력 배치도를 메웠으나 도면의 곳곳에는 추수가 끝난 가을 녘의 들판처럼 횅하게 빈 곳이 많았다. 그러나 얼마 되지 않는 시민군으로서는 어쩔 수 없는 일이었다. (박남선 1988, 376)

이재의와 황석영은 11시까지 완료된 광주시내 시민군 배치 현황에서 시민군 본부가 파견한 병력과 정체불명의 무장병력을 구분짓는다. 시민군 본부에서 파견한 병력은 계림국민학교에 30여 명, 유동삼거리에 10여

명, 덕림산에 20여 명 등 총 60명이었다.

방위병 출신 시민군 대장 박남선은 이 병력 배치를 하기 직전에 광주 YMCA 바깥에서 예비역 대위를 자처하는 북한군으로부터 작전 코치를 받았다. 광주 YMCA는 도청 앞 광장 건너편 금남로 입구 도로변 왼쪽에 있었다. 이 책에서 간첩 혹은 북한군 게릴라전 전문가로 추정되는 인물을 박남선이 그곳에서 5월 26일 밤 접선하게 된 경위는 이렇다. 그날 오후에 기동타격대가 편성되었으나 40명이 채 안 되었고 대부분 초등학교 졸업 학력의 청소년들이었으므로 오후의 궐기대회 때 윤상원이 사회자에게 대학생들의 시민군 지원을 호소하는 광고를 하도록 했다.

그보다 몇 시간 전 상황실로 직접 박남선을 찾아왔던 두 명의 무장병력, 즉 북한군이 돌아갈 즈음 윤상원이 박남선에게 궐기대회 광고로 YMCA에 시민 100명이 모였으니 가보자고 했다. 박남선이 YMCA관람석 계단으로 올라가서 모여 있는 사람들에게 인사를 한 뒤에 보니 고등학생들과 여학생들이 다수 있었다. 여학생들에게 총기 지급은 할 수 없어서 나이어린 학생들과 여학생들은 집으로 돌아가 달라고 했다. 그 말을 듣고 일부가 대열을 빠져나가 수가 확 줄었을 때 생면부지의 사람, 즉 북한군 군관에게 상황보고를 하게 된 경위를 박남선은 이렇게 증언한다:

> 나의 말이 끝나자 예비군복 차림의 한 사람이 앞으로 나와 나에게
>
> "실장님! 고생이 많습니다. 저는 예비군대위 황두일이라고 합니다."
>
> 라고 인사를 한 뒤 "오늘 밤 놈들이 쳐들어 올 가능성이 높다고 하여 저희 동네 예비군 몇 사람과 같이 왔습니다. 저희들이 어떻게 도울까요?"라고 물었다. 그 사람의 키는 작달막했지만 약간 검은 얼굴이 다부지게 보였으며 나보다 서너 살 위처럼 보였다.
>
> "와 주셔서 감사합니다. 잠깐 기다려 주십시요!" 그들을 잠시 기다리

게 한 후 모여 있는 사람들에게 조금 후 도청으로 인솔하겠으니 기다
리라고 하고 황 대위를 데리고 강당을 나와 주위 사람이 없음을 확인
한 후 현재의 상황 설명과 함께 구체적인 이야기를 나누었다.

"현재 도청에는 기동력을 갖춘 타격대 8개 조와 순찰대 병력 약 1백
여 명이 있고 경비병력 50여 명이 있습니다. 그리고 무장하지 않은 대
학생과 민원부서의 사람들이 70~80명 정도 있으며, 공원에 1개 중대
정도의 무장병력이 있습니다. 지원동과 방림동 쪽에도 예비군들이 자
체 방어에 들어가 있어 우리와 협조는 합니다만 확실히 믿을 수가 없
습니다."(박남선 1988, 371-372)

박남선 상황실장의 이런 상황보고와 더불어 황두일의 시민군 병력 배
치에 대한 코치가 있었다. 박남선은 그에게 YMCA 시민군 사격훈련을
시켜 달라는 말과 더불어 지휘관 직책을 줌으로써 이 대화를 매듭지었음
을 이렇게 기록한다:

상황설명을 들은 황 대위는 병력을 인솔하고 최전방으로 나가겠다고
선선히 대답했다. "아, 그리고 혹시 무기 조작에 서툰 사람이 있을지
모르니 우선 사격술과 무기 조작법을 훈련시켜서 11시까지는 도청으
로 들어오십시오."(박남선 1988, 372)

그래서 탈북군인들이 북한군이 광주시민들에게 사격훈련을 시켜주었
다고 증언하는 것이다. 시민군 대장은 예비역 대위를 자처하는 인물의 기
본적인 신원조차 확인해 보지 않고 그에게 상황보고를 하고 YMCA 시민
군 지휘권을 주었다. YMCA 시민군은 5월 26일 밤 10시에 지원자들이
YMCA 강당에 모임으로써 출발하여 단 8시간만 존재했던 시민군 부대
였다. 그러나 간단한 사격훈련 후에 도청 사회과 사무실에서 새벽 3시까

지 취침한 후 기상하여 무기 지급을 받았다.

YMCA 시민군으로 자칭 예비역대위 황두일의 지휘를 받아 계림초등학교에 배치된 시민군 중에는 1979년 경희대 한의학과 3학년을 중퇴한 운동권 이충영이 있었다. 신암국교를 졸업한 공원 김동환은 황두일한테 총기 사용법과 사격술을 터득한 후 27일 새벽 3시부터 도청 정문 왼쪽에서 경계근무를 섰다.(한국기독교교회협의회 1987, 578-584) 그러나 그는 27일 새벽의 전투 후엔 황두일의 행방을 몰랐다.

이재의와 황석영도 LMG기관총을 설치한 무장병력은 시민군 본부 병력이 아니라 정체불명의 병력이었음을 인정한다. 광주시민들은 물론이고 도청 시민군 본부에서조차 그 정체를 파악할 수 없었던 병력 배치 현황은 다음과 같았다:

　　　　전일빌딩 …… 40여 명 (LMG기관총 설치)
　　　　전대병원 옥상 …… 수 미상 (LMG 설치)
　　　　서방시장 …… 수 미상
　　　　학동, 지원동, 학운동 …… 30여 명.(황석영 1985, 232)

5월 21일 전남대학 부속병원 12층 옥상 위에 LMG를 설치한 인원이 12명이었다. 이 숫자를 모두 합하면 적어도 100명 이상이요, 탈북군인 김명국의 증언을 적용하면 50명을 한 조로 2개 조에 해당하는 병력이다. 시민군 본부의 통제를 벗어나 독자적으로 활동하던 이 100여 명의 무장단체 중 단 한 명도 그 신원이 광주 시민이었던 것으로 확인되지 않는다.

학동, 지원동, 학운동의 무장병력들 중에는 문장우, 김춘국, 김복수, 유홍렬 등 단 4명만 광주시민으로 확인되었는데, 그 4명 모두 전과자들이었다. 그나마 이 4명 모두 21일부터 하루이틀간만 시민군 활동을 하고 23일에는 깨끗이 접었으므로 5월 26일 심야에 학동, 지원동, 학운동에 배치된 30여 명 중에는 포함되지 않는다.

정상용은 광주운동권으로서 5월 25일부터 27일까지 시민군 지도부 고위간부였고, 27일 새벽까지 도청에 있었기에, 시민군 주요 간부경력 하나만으로 1988년에 국회의원이 된 인물이다. 목숨 걸고 전투를 한 시민군 대장은 박남선이었음에도 불구하고 광주단체들이 시민군 대표 간판으로 국회로 보낸 인물은 정상용이었던 것이다. 그런데 정상용조차 이 정체불명의 100여 명의 무장병력이 누구인지, 그들의 이름도 얼굴도 전혀 몰랐다.

최근 "35년 만에 얼굴 드러낸 복면 시민군"이란 제목의 기사로 유명해진 두 복면시민군 인솔자로 시민군 중간 간부였던 이재춘은 그 당시 이북 방송이 시민군의 활동을 매번 즉각 정확하게 보도하는 것으로 보아 광주에 간첩이 있다고 생각하였음을 이렇게 증언한다:

> 한편 지원동 부근에서 우리를 향해 사진을 찍고 있는 사람이 있어 우리는 그 사람의 카메라를 빼앗아 땅바닥에 내동댕이쳐 버렸다. 지금 생각하면 사진을 많이 남겨두는 것이 중요했는데, 그때는 조금이라도 이상한 행동을 하면 군인들의 첩자로 생각했다.

> 우리는 전반적인 광주의 상황을 알 수 없었기 때문에 자주 이북방송을 청취했다. 그런데 이상하게도 그곳의 방송은 정확히 들어맞았다. 그래서 나는 분명히 광주에 간첩이 있다고 생각하게 되었다. 그렇지 않고서야 이곳에서 일어난 일을 그곳에서 그렇게 빨리 알 수가 없기 때문이다.(이재춘 1989)

제 4 장 5 · 18열사들을 향해 쏜
시민군 저격수

　윤상원과 동갑이었던 정상용은 윤한봉이 5월 25일 밤에 새로 구성한 시민군 지도부의 외무담당 부위원장이었다. 새로 구성된 시민군 지도부는 임시혁명 정부의 성격을 띠고 있었으므로 외무담당 부위원장은 외무부장관에 상응하는 직위였으며, 그는 또 위원장, 즉 임시혁명정부 수반으로 내정되어 있었다. 그래서 1987년의 13대 총선 때 광주의 단체들은 정상용을 평민당의 재야입당 케이스로 출마시켜 국회의원으로 당선시켰던 것이다.

　그가 광주사태 이후 '광주의거 구속자회', '전남민주주의 청년연합' 등을 결성하다가 5 · 18광주민중항쟁 동지회 회장직을 맡고 있던 당시 녹음증언을 하였는바, 그 녹음증언을 1988년에 월간『엔터프라이즈』가 입수하여 6월호에 실었다. 따라서 5월 27일 이른 아침 도청에서 무슨 일이 있었는지에 대한 그의 증언은 그 비중이 매우 크다고 할 것이다. 그런데 그는 도청 본관 건물 내에서는 계엄군 총격에 의한 사망자가 없었다는 사실을 이렇게 증언한다:

　　그날 밤 0시쯤 기해 계엄군의 진압 작전이 시작됐다. 거기에 대항하여 우리는 무기를 지급하고 인력배치 및 작전계획을 수립했다. 주로 도

청을 중심으로 그 주변에 있는 몇 개 빌딩과 외곽을 경계했으나, 특수
훈련된 공수부대와 일반시민들과의 싸움이란 처음부터 승패가 불을 보
듯 뻔한 일이었다. 도청이 완전히 점거된 것은 새벽 5시경이었고, 그
외 광주공원이나 여러 빌딩에서 총격전은 더 지속되었다.

그날, 총기를 지급받은 나는 도청 본관 건물 복도에서 도청 앞 광장
에 있는 분수대를 향해 총구를 겨누고 있었다. 그러나 계엄군은 우리의
경계 배치가 취약했던 뒤쪽으로 진입해서 새벽 3[5]시경 1층을 장악해
버렸다. 2층에 있던 우리들은 복도가 점거되자 도청 기획실, 국장실로
밀려들어가 새벽 4시부터[4시 30분부터] 5시, 체포될 때까지 1시간 동
안 농성을 했다.

죽음을 준비하던 그 1시간, '감정의 혼란이 오고 두렵지 않을까'라
고 평소 생각했던 것과는 달리, 대단히 침착해지고 오히려 정신이 맑
아졌다.

결국 나는 1시간의 농성 끝에 투항 요구를 받고는 투항했던 사람들
중의 하나이다. 주로 간부진들은 도청 본관 건물에 있었기 때문에 거의
살았지만 외곽에 배치됐던 사람들은 대부분 전사했다. (정상용 1988,
66-67)

만약에 도청 본관 건물에서 전투가 벌어졌다면 당연히 시민군 간부들
이 가장 많이 희생되었을 것이다. 그러나 수류탄으로 자폭한 윤상원을 제
외한 단 한 명의 간부도 사망은커녕 손가락 하나 다치지 않았다. 정상용
이 증언하듯이, 그를 포함한 시민군 저격수들은 분수대를 향해 총구를
겨누고 있었으며, 분수대 쪽에 배치되어 있던 시민군들 중에서만 10명이
사망했는데 그들 대부분은 고등학생들이었다.

정상용이, 시민군 간부들은 2층 복도에 있다가 도청 기획실과 국장실

로 들어가 농성을 했다고 하였다. 만약 계엄군과 시민군이 피차간에 단한 방이라도 총을 쏘았으면 그것은 농성이 아니라 전투다. 만약 그 안에단 한 명의 계엄군이라도 있었으면 그것은 농성이 아니다. 만약 계엄군이 시민군 농성장 안으로 총을 쏘았더라면 모두 몰살당했을 것이다. 그러나 단 1발의 총탄도 날아온 적이 없었으며, 손가락 하나 다친 시민군도 없었다. 바로 그런 상황이 정상용이 '농성'이란 단어로 표현하는 상황이었다.

도청 본관에서는 계엄군과 시민군 사이에 전투가 전혀 없었다. 도청본관 시민군은 분수대 쪽 자기 편 시민군을 향해 한참 사격한 후에 도청기획실과 국장실 등으로 들어가 자기들끼리 모여 있다가 항복 권유 방송을 듣고는 모두들 순순히 집단 항복했을 뿐이다.

도청 뒷담을 넘어 새벽 4시 반부터 5시 사이에 도청 본관에 도착한계엄군은 분수대 쪽에도 시민군이 있다는 사실을 전혀 모른 채 5시 30분에 상황종료 방송을 했다. 따라서 도청 본관에서 시민군 무기를 강제 회수한 계엄군은 분수대 쪽으로 간 적이 전혀 없었다. 그러면 왜 정문 바깥쪽, 즉 분수대 쪽에 배치되어 있던 시민군 10명이 사망하는 사고가 일어났을까? 그쪽에 배치되어 있다가 시민군 총기 난사를 목격한 시민군 및그 쪽으로 총기 난사를 한 시민군의 증언을 들어보자.

최근 화제가 된 2명의 복면시민군 사진은 5월 27일 새벽의 마지막 전투를 이해하는 데도 참고가 된다.

5월 26일 아침 6시 30분에서 7시 사이에 계엄군 전차가 농성동 한국전력 앞까지 왔을 때 두 복면시민군이 군용 지프에 탄 채 3발의 공포를쏘자 계엄군 전차가 멈추었고, 복면시민군 인솔자 박남선 상황실장과 계엄군 인솔자 김기석 전교사 부사령관이 몇 마디 대화를 나눈 후 계엄군은 순순히 퇴각했다.

시민군 측에서는 기고만장했으나 계엄군은 그날에는 광주에 재진입할 작전계획이 애초에 없었고, 시민군의 대응능력을 슬쩍 떠보려는 양동작전이었다. 이것은 또한 계엄군이 재진입할 때는 농성동 도로를 이용할 것이란 인상을 심어주어 시민군이 그쪽 방향으로만 배치되고 도청 뒷담 쪽에는 배치되지 않게 하기 위한 양동작전이었다.

그 다음날 5월 27일 새벽 3시경이 되자 1백 명이 넘는 시민군이 도청 정문 바깥으로 나와서 어디론가 떠나가고 있었음을 일본인 사진기자 카자마코이치(風間公一)는 이렇게 보도한다:

새벽 2시인데도 누군가가 방문을 노크하고 다니면서 "불을 끈 채 옷을 챙겨 입으라"고 일러주었다. 또 학생 한 사람이 찾아와서는 어떤 카메라맨에게 일러주기를 "4시에 군이 진격해 올 것이며, 우리는 그들과 맞붙어 싸울 것이다"라고 전했다고 한다.

우리는 그 진부를 확인하기 위해 도청으로 뛰어갔다. 새벽 3시경이었다. 학생들의 대답은 "사실이 그렇다"고 했다. 깜깜한 암흑 속에서도 약 2백 명쯤 되는 사람들이 대열을 지어 구보해 와서는 총기들을 받아 들고는 다시 지프나 트럭에 분승하여 어디론가 어두운 거리를 향해 떠나가고 있었다.(風間公一 1985, 269)

일본인 사진기자 카자마코이치가 본 200명 가까운 시민군들은 계엄군이 농성동 방면에서 진입할 것이라는 판단 하에 유동삼거리와 계림국민학교 인근과 덕림산 등에 매복하기 위해 배치되는 병력이었다. 만약 카자마코이치가 말한 200명이라는 숫자가 정확한 것이라면 그 200명 중에는 광주시민이 아닌 자들, 즉 북한군들도 섞여 있었을 가능성이 충분히 있다.

5월 26일의 시민군의 무기 보유 현황을 박남선 상황실장은 이렇게 기록한다:

> 우리가 도청을 점령한 후 도청의 구내식당이던 민원실의 지하실을 반으로 나누고 한 쪽은 탄약고로 그리고 다른 한 쪽은 무기고로 사용하고 있었다. 탄약고와 무기고에는 실탄 약 20만 발과 TNT 2천여 상자 그리고 LMG와 캐리버50 기관총과 몇 점의 M16 소총, 약 4천여 점의 카빈 소총이 있었다.(박남선 1988, 376~377)

박남선이 "몇 점의 M16 소총"이라고 한 것은 34정 중의 일부이다. 앞에서 살폈듯이, 이미 여러 명의 북한군이 M16 소총으로 무장하고 있었으며, 도청 경비 시민군도 M16 소총으로 무장하고 있었다.

위의 인용문에서 박남선이 나열한 시민군의 무기 현황은 일부일 뿐이다. 이 외에도 시민군은 별도의 실탄 10만 발을 보유하고 있었으며, 아래 사진에서 보듯이, 시민군 전 병력에 몇 개씩 지급하고도 남을 만한 다량의 수류탄을 보유하고 있었다. 사진 아래쪽의 백색 상자에는 시민군이 기관총 실탄으로 사용하던 M1소총 실탄이 보관되어 있다. LMG와 캐리버50 기관총 외에도 M1919기관총이 있었으며, 기관총보다 훨씬 파괴력이 강한 12.7mm M2 기관포까지 보유하고 있었다. 상황실장과 기동타격대 대장 등 몇몇 주요 간부들에게는 권총도 지급되어 있었다.

시민군은 도청 본관 1층 외에도 전일빌딩 지하실과 사직공원 내 체육관을 별도의 무기 저장소로 이용하고 있었다. 전일빌딩 지하실에도 기관총과 수백 정의 카빈 소총이 보관되어 있었으며, 도청 시민군 본부의 지휘 바깥에 있었던 광주공원 시민군 아지트에도 일명 따발총이라고 불리던 총 혹은 6·25전쟁 때 국군과 미군이 사용했던 자동소총들이 널려 있었다.

이재의와 황석영은 계엄군의 광주 재진입이 거의 확실해진 5월 27일 새벽 3시경의 도청 방어병력 현황을 다음과 같이 기록한다:

도청 방어병력은 도청의 담벽 주위로 전면과 측면 쪽에 2, 3명이 1개 조가 되어 2미터 간격으로 밀집 배치되었다. 도청의 뒤로는 약 40여명 정도만 부속건물에 배치했다. 그리고 나머지 전원은 도청 전면 건물 1층부터 3층까지 복도의 유리창을 전부 깨고 도청 앞 광장을 향해 배치됐다. 당시 지하실은 무기고로, 1층은 부엌, 2층은 식당으로 사용하던 원래의 민원봉사실 건물에는 무기고의 다이너마이트를 의식하고 50여 명을 2층에다 특별히 배치했다.(황석영 1985, 233)

이때 기동타격대원들은 심리적으로 육체적으로 어떤 상태였는가? 그들은 전날 난생 처음으로 총을 만져 보았으나 아직 총 쏘는 법은 몰랐다. 그저 전날 오후 기동타격대원으로 편성되자마자 밤 12시까지 시내를 순찰하다가 밤 12시에 저녁식사를 했을 뿐이다. 그들 대부분은 청소년들이었고, 도청에서의 첫날밤인지라 더러는 끼리끼리 장난을 치느라 잠을 자지 못했다. 잠이 막 들려고 할 때인 새벽 2시 30분에 도청 전체에 비상이 걸렸다.

그냥 잠만 깬 것이 아니었다. 기동타격대장 윤석루는 새벽 2시 30분에 주로 10대 청소년들이었던 기동타격대원들을 깨워서 "최후의 1인까지, 최후의 순간까지 도청을 사수하라고 명령을 내렸다."(제145회 국회 청문회 1989, 105)

이 명령은 대부분의 기동타격대원들에게는 황당한 명령이었다. 그들은 죽음을 무릅쓰고 싸우기 위해 기동타격대에 지원했던 것이 아니었다. 이미 시민군 권력이 지배하는 세상이 된 줄로만 알고 벼슬을 얻은 기분으로 기동타격대원이 되었던 것인데, 한 번도 사격 훈련을 받아본 적이 없는 청소년들더러 국군과 전투를 벌이라니, 졸지에 황당하고 심적 공황 상태가 되었다.

박남선 상황실장이 동신중학교 2학년을 중퇴한 19세의 청소년 윤석루를 5월 25일 밤에 기동타격대 대장으로 임명했고, 윤석루가 26일 낮 12시에 기동타격대 대원 모집 광고를 했을 때, 지원자들의 평균연령은 대장보다 나이가 많은 어른들이 아니라 대장보다 평균 두 살 정도 어린 17세 청소년들이었다.

그러면 그들에게 도청을 사수할 비장한 각오가 되어 있었는가? 5월 26일 오후에 기동타격대로 편성된 후 경찰 장갑차를 타고 광주 시내를 순찰하는 기동타격대원들의 모습이 담긴 아래 사진이 그들의 마음 상태를 잘 대변한다.

그들이 기동타격대원으로 임명되자마자 전용차가 지급되었고, 경찰복과 군복 비슷한 제복 차림으로 그 차를 타고 으스대며 순찰하는 것은 광주해방구가 그들의 세상임을 느끼려는 행차였던 것이다.

광주사태 기간 중에 광주 무등여관 인근 극장에서는 이소룡의 무협영화 '사망탑'을 상영하고 있었다. 당시 16세 혹은 17세 소년이었기에 자신의 체구에 비해 길어 보이는 카빈소총을 어깨에 멘 한 대원이 극장 앞에서 순찰을 하고 있다기보다 경찰장갑차 위에 우뚝 서서 이소룡 영화 간판을 배경으로 이소룡 흉내를 내는 쇼를 하고 있다. 이것이 그날 밤의 전투 몇 시간 전의 대원들의 분위기였다.

기동타격대 제2조는 조장 박승열 외 대원 박명국, 김상규, 박영수, 안성옥, 김두천 등 총 6명으로 구성되어 있었다. 그날 오후의 순찰을 마치고 도청에 들어간 제2조 대원들은 도청에서 양담배를 한 갑씩 피웠다.

만약 시민군이 밤 12시까지 무기 반납을 안 하면 계엄군이 광주에 재진입할 것이라는 말이 있어서 윤석루 기동타격대장은 제2조에게 시외버스 공용터미널 순찰을 요청했다. 만약 이들에게 도청을 사수하려는 의지가 있었더라면 도청으로 돌아가 대장에게 순찰 결과를 보고하였을 것이다. 그러나 기동타격대원으로 임명받은 첫날, 그것도 도청을 사수해야 하는 바로 그날, 제2조 전원이 사실상의 집단 탈영인 무단 외박을 하였다. 대원들이 그날 무술영화 배우 이소룡 흉내를 낸 곳도 극장 옆이었는데, 그들의 외박 숙소도 극장 옆 여인숙이었음을 안성옥은 이렇게 증언한다:

기동타격대 사무실에 들어가니 몇몇 대원들이 생과자를 먹고 있었다. 누가 갖다 준 모양이었다. 그것을 먹고 있는데 도청 안의 캐비닛에 들어 있던 양담배를 한 갑씩 나눠주었다.

자정 경에 기동타격대 대장이 시외버스 공용터미널 순찰을 요청하여 1조와 2조가 출동했다. 그곳으로 가는 도중 우리 차가 운전미숙으로 넘어져버렸다. 조장인 박승연씨가 다치고 총 한 자루가 부러졌다. 우리는 조장을 싣고 기독병원으로 갔다. 기독병원에는 워낙 중상환자가 많아 조장 정도의 외상은 환자 취급도 하지 않았다. 그래서 대충 응급치료만 받고 다시 시외버스 공용터미널 쪽으로 순찰을 나갔다. 이때 조장이 도청으로 들어가지 말고 피곤하니까 이곳에서 잠을 자고 다음날 아침 일찍 들어가자고 했다. 우리는 모두 동의하여 대한극장 옆에 있는 구일구 여인숙으로 갔다. 지프차는 여인숙 대문 앞에 세워두었다. (안성옥 1989)

기동타격대 제2조는 차와 총을 지급받고도 그날 밤 여인숙에서 외박을 한 후 다시는 도청으로 돌아오지 않았다. 제2조와 달리 제6조 대원들은 도망가지 않았다. 그러나 가구공으로서 기동타격대 제6조 대원이었던 나일성은 "기동타격대는 광주의 보루"라는 제목의 그의 증언록에서, 그의 소대는 27일 새벽 더 많은 무기와 실탄을 지급받은 직후 깡소주를 마시고 담배를 피웠음을 이렇게 증언한다:

곧바로 사이렌 소리가 울렸다. 비상이 걸리고 도청에서 총기를 지급했다. 순식간에 도청에 긴장감이 돌았다. 나도 카빈과 실탄 2클립을 지급받았다. 즉석에서 총 쏘는 법을 배웠다.

우리 소대는 도청을 사수하라는 명령을 받았다. 배치 지역으로 가려는데 소대원 한 명이 우리를 잡아당겼다. 그는 우리를 지프차 안으로 데려갔다. 그가 소주 1병을 지프차에 감춰 놓았다며 모두 나눠 마시자

고 했다. 더 털어보니 담배도 2개피 있었다. 우리는 마치 '죽음의 의식'
이라도 치르는 것처럼 아주 근엄한 표정으로 깡소주를 마시고 담배를
돌려 피웠다. 죽음이 두렵다는 생각은 들지 않았으나 막상 광주로 침입
하는 계엄군을 직면하게 되자 '그들은 분명 나의 적이다'라는 생각이
머리에 꽉 찼다. 정전된 상태여서 온 시가지가 캄캄했다.(나일성. 1989)

사진에서 철모를 쓴 시민군 오른쪽에 술병처럼 보이는 병이 보인다.

새벽 3시경 무기 분배를 시작하기 직전에 두 가지 충격적인 일이 있
었다. 첫째는 YWCA시민군 인솔자인 전용호가 보이지 않는다는 것이었
다. 윤상원에게는 박관현과 이재의와 전용호 삼총사 참모들이 있었다. 그
런데 전남대 총학생회장 박관현은 5월 18일 여수 돌산으로 도망갔고, 상
황실장이던 이재의는 5월 24일 아침 서울로 도망갔고, 이제 YWCA시민
군 인솔자 전용호마저 슬그머니 도망가 버린 것이다.

한쪽에서는 중고등학교에 진학하지 못한 청소년들이 깡소주를 마시

고 있을 때 다른 한쪽에서는 윤상원이 고교생 시민군 지원자들을 모아놓고 얼차려를 실시한 사실을 황석영은 이렇게 기록한다:

> 3시경, YMCA에 남아 있던 고등학생과 군 미필자가 대부분인 청년들은 무기를 지급받기 위해 도청 무기고 앞으로 줄을 지어 구보로 들어갔다. 윤상원이 무기고 앞에서 대기하고 있었다. 그는 무기를 받으러 온 청년들을 똑바로 정렬키시고, 짐짓 그들을 긴장시키기 위하여 '앉아, 일어서'를 수십 회쯤 반복 실시했다. 숨소리조차 들리지 않았다. 30분 동안 어둠 속에서 실탄과 카빈 소총이 지급되었다. (황석영 1985, 237)

예비역 대위로 가장하고 황두일이란 가명을 쓴 북한군이 박남선에게 작전 코치를 해 주었지만 사공이 너무 많았다. 5월 27일 새벽의 도청 시민군들 중 군대를 갔다 온 사람은 겨우 6명뿐이었고, 방위병 출신 박남선과 두 명의 방위병 탈영병 이재춘과 신만식을 제외하면 모두가 중고등학교에 진학하지 못한 청소년들이거나 고등학생들이었으며, 심지어 중학생 시민군들도 있었다. 그러면 19세의 윤석루 기동타격대 대장에게 총지휘권이 있었는가? 전 날 오전 9시에 윤석루를 기동타격대 대장으로 임명한 박남선은 자신을 무장시민군 대장으로 생각했다.

그러나 3년 군 복무를 마치고 조선대학교 전자공학과 4학년에 재학 중이던 위성삼에게는 학력으로 보나 군복무 경력으로 보나 자기가 박남선의 졸병이라는 것은 광주시민으로서의 그의 자존심이 허락할 수 없었다. 그는 병장으로 제대했고, 박남선은 방위병 출신이었다. 중학교 2학년을 중퇴한 박남선에 비해 그는 대학교 4학년에 재학 중인 고학력자였다. 위성삼이 보는 시각에서는 자기야말로 도청방어 총책임자로서의 자격을 갖춘 자였다.

그러나 광주운동권으로서의 윤상원의 가장 친한 친구였던 이양현의 시각에서는 위성삼이 대장 역할을 수행했다는 견해는 코미디다. 광주사태 주동자들은 윤상원과 이양현 등 광주운동권이었으며, 오랫동안 치밀한 사전 준비가 있었다. 그런데 5월 25일 저녁에야 비로소 도청으로 굴러 들어와 시민군이 된 위성삼에게 시민군 총지휘권이 있었다는 것은 말이 안 된다. 이양현의 시각에선 인민위원회가 시민군 지도부였으며, 그 기획위원이었던 자신이 도청 사수 작전을 주도하고 있었다.

이렇듯 시민군 대장 노릇을 하는 사공들이 윤석루, 윤상원, 박남선, 위성삼, 이양현 등 여럿이요, 저마다 고함을 지르고 명령을 내리니 시민군 대열이 우왕좌왕, 갈팡질팡하는 대혼란 상태가 야기되었다. 수백 명의 청소년들에게 무기를 지급하면 큰 사고가 일어날 수 있는 위험이 있는데다가 사격 명령에 대한 책임을 확실하게 질 시민군 지휘관이 누구인지 종잡을 수 없게 혼란스러웠던 것이다.

숫자로 따지면 5월 27일 새벽의 도청 전투 때 시민군 무기가 계엄군 무기보다 훨씬 많았다. 도청시민군 무기 강제회수 작전에 투입된 계엄군 특공대는 총 79명으로 구성되어 있었기에 시민군 병력 수가 최소 3배나 더 많았다. 계엄군의 M16은 66정이요, 시민군이 보유한 M16은 최소 34정이었다. 여기에 시민군은 3,600여 정의 카빈 소총을 비롯한 각종 총기류 수천 정을 보유하고 있었으며, 무엇보다도 도청 옥상 위에 LMG와 캐리버50 등 두 정의 기관총을 설치해 놓고 있었다.(박남선 1988, 377) 시민군은 도청 옥상에 설치한 기관총 두 정만으로도 계엄군보다 화력이 훨씬 월등했다.

이날 새벽 시내 요소요소에 배치된 시민군의 병력 수는 200명 가까이 되었던 것으로 추산된다.(風聞公一 1985, 269) 이때 도청광장에서 서편으로 금남로 일대는 물론 금남로 한참 저편으로 유동 삼거리와 계림국민학교까지는 삼엄하게 시민군 병력으로 채워져 있었다. 황석영은 시민군의 계림국민학교 매복작전 목표를 이렇게 기록한다:

> 도청 상황실로부터 계엄군이 진입할 것이 확실하다는 통보를 받고 YMCA에서 대기 중이던 외곽 배치 병력은 신속하게 그들의 방어지역으로 이동했다. 계림국민학교 부근에는 30여 명의 병력이 육교를 중심으로 좌우의 건물과 학교의 담을 엄폐물로 삼아 서방과 오치 방면에서 들어오는 계엄군을 차단할 계획이었다. (황석영 1985, 237)

시민군측은 계림국민학교 주변의 지형지물을 이용하여 이처럼 치밀한 매복 작전을 세워두고 있었으나, 사실은 이 매복작전 자체가 계엄군의 양동작전에 말려든 작전이었다. 시민군 지도부는 만약 계엄군이 광주에 다시 진입한다면 어제처럼 농성동 도로를 통과할 것으로 예상하고, 시민군 주력 부대를 계림국민학교 등 계엄군 통과 예상 지점에 매복시켜 놓고 있었다.

5월 21일 시민군이 도청을 함락시키기 위해 공격할 때 도청 광장 쪽에서 정문을 향해 공격하였으므로, 시민군 지도부는 계엄군이 도청 재탈환을 시도할 때에도 당연히 같은 방향에서 공격할 것으로 예상하고 도청 전면을 향하여 시민군 저격수들을 배치해 놓고 있었다.

시민군 지도부는 계엄군이 도청 정문 쪽이 아닌 뒷담을 넘어 들어올 것으로는 전혀 예상하지 못했다. 마치 6 · 25전쟁 때 인천 앞바다의 수심 때문에 인천상륙 작전은 불가능할 것으로 판단하였듯이, 철책을 두른 도청 담장이 높아서 계엄군이 소리 없이 뒷담을 넘어오리라고는 전혀 예상하지 못했던 것이다.(*27일 새벽 시민군 배치에 관해서는 부록1 도청부근 지도 참조할 것.)

박남선은 자신의 지휘 하에 민원실 옥상, 즉 도청 건물 옥상과 상무관 옆의 전일빌딩 옥상에 기관총을 설치하고, 도청 본관 건물 앞과 양 옆으로 시민군을 배치한 사실을 이렇게 기록한다:

> 상황병이 카빈 1자루와 실탄 3클립을 가져왔다. 묵직한 소총과 탄창을 받아 쥐고 부실장과 통제관을 불렀다.
>
> "도청에 남아 있는 병력이 얼마나 되지?"
>
> "글쎄요. 정확한 숫자는 파악이 안 되고 병력과 민원부서 사람들 그리고 YWCA에서 들어온 학생과 시민 전부 해서 경비 인원만 1백여명 정도 되는 것 같습니다."
>
> "그래? 그럼, 그 사람들을 본관 건물 앞과 측면에 밀집 배치하지!"
>
> "예! 알겠습니다."
>
> "전일빌딩 옥상과 민원실 옥상의 기관총 설치는 끝났나?"
>
> "예, 캐리버50과 LMG를 배치하고 실탄도 충분히 지급했습니다."
>
> "자! 그럼 이곳의 방어병력 배치를 끝내시오."(박남선 1988, 379)

새벽 4시 직전에 위성삼이 약 50명의 시민군 병력을 도청 정문 앞쪽으로 10명씩 배치했다. 1989년 3월 13일 5 · 18광주민주화운동 진상조사 특별위원회 현장 검증 소위원회가 광주 현장에서 있었다. 이날 위성삼 증인은 27일 새벽 4시경에 무장시민군이 서쪽 금남로를 향해 도청 담장 앞에 10명씩 배치되어 있었다는 사실을 이렇게 증언한다:

> 그때 당시 저희 자체 내에서 비상이 걸려서 모든 사람들이 정비가 됩니다. 그때 제가 경비를 담당했는데, 그때 총 한 자루와 실탄 20발을 나누어 주었습니다. 그러기 전에는 실탄을 소지한 사람은 일부였지 전체가 아니었습니다. 그래서 제가 이 앞으로 배치했는데, 배치하기 전에

시민군의 안전을 위해 교육을 시켰습니다. 그리고 정문을 앞으로 보고 10명씩 배치시켰습니다. (제145회 국회 1989. 4. 2)

바로 이즈음 박남선 상황실장이 가두방송 요원으로 파견한 여성시민 군은 송원공업전문대 보육과 2학년에 재학 중이던 박영순이었다. 황석 영의 책에는 박영순이 "사랑하는 우리 형제, 우리 자매들이 계엄군의 총 칼에 숨져 가고 있습니다"라고 청승맞은 울음소리로 가두방송하며 시민 들에게 시민군과 함께 싸울 것을 호소한 것으로 기록되어 있다. (황석영 1985, 236)

그러나 그 가두방송은 효과가 전혀 없었고, 단 한 명의 시민도 도청 앞에 보이지 않았기에 윤상원의 왼팔이었던 자신도 겁이 나서 시민군 본 영을 탈영한 사실을 전용호는 이렇게 증언한다:

27일 새벽 3시쯤 여자(박영순) 목소리가 들렸다.

"시민 여러분! 시민 여러분! 계엄군이 쳐들어옵니다."

잠이 완전히 달아났다. 먼저 여자들을 뒷문으로 해서 산수동 쪽으로 대피시키고 남자 20여 명이 남았다. 나와 김상집 선배는 도청에 가 보 기로 하고 도청으로 향했다. 가면서 우리는 도청 앞에 사람들이 많이 모여 있을 줄 알았는데 사람들은 한 명도 보이지 않았다. 너무나 겁이 나서 나도 녹두서점으로 들어가 버렸다.

조금 있으니까 총소리도 나고 헬기 소리도 들렸다. 방안에서 꼼짝도 못 하고 있다가 아침 8시쯤 일어나 세수를 했다. 9시쯤 되자 한두 명씩 사람들이 지나가는 것이 보였다. 나도 궐기대회 때 낭독했던 궐기문을 가지고 녹두서점에서 나왔다.(전용호 1988)

전용호는 궐기대회 때 낭독할 시민군 성명서들을 제작하는 등 시민군 홍보반 반장이었지만, 그날 새벽 무기를 지급받는 것에는 무장반란의 의미가 있다는 것을 알았기에 윤상원을 배신하고 도망가는 어려운 선택을 했던 것이다. 전용호가 윤상원에게 무기 지급을 받으러 도청 정문까지 왔다가 발걸음을 딴 데로 돌려 녹두서점으로 도망간 후 조금 있다가 총소리가 났다.

다음의 여러 시민군들의 증언은 시민군의 최초 총기난사 시점 및 총기난사 경위와 동기 등을 파악하는 데 크게 도움이 된다.

5·18유공자로 보상금 2억원을 받아 월북한 광주의 대표적 5·18시민군 윤기권은 실은 5월 27일 도청을 사수한 게 아니라 도망갔다. 그는 도청을 지키러 가겠다는 당초의 약속을 깨고 도망가기 직전 자신이 목격한 사실과 심정을 이렇게 증언한다:

　　　새벽 3시경 누군가가 "계엄군들이 밀고 들어온다"고 외쳤다. 그 말을 듣고 모두 일어나 밖으로 나갔다. 나는 부상 때문에 YMCA 밖으로 나가지 않고 헬스클럽으로 들어가 엎드려 있었다. 고막이 찢어질 듯 총소리가 요란하게 들렸다. 가까이서 들리니까 무서웠다. 잠깐 밖을 내다보니 바로 문 앞에서 총 쏘는 법을 가르쳐주었던 그 청년이 총을 쏘고 있었다. 내가 생각하기에 그는 아마도 죽었을 것이다. 나는 헬스클럽에 엎드려 있다가 위험할 것 같아 그 안에 있는 샤워장으로 들어갔다. 문이 녹슬어 있어서 사용하지 않는 곳인 듯했지만 문을 밀어보니 열렸다. 안으로 들어가 문을 잠가버린 다음 숨을 죽이고 있었다. 얼마나 시간이 지났는지 모르지만 헬리콥터가 저공비행을 하는지 날개 소리가 굉장히 시끄럽게 들리면서 숨어 있는 폭도들은 자수하라고 계속해서 방송을 했다. 나는 숨이 막혀버릴 것 같은 긴장과 공포 속에서 자수할까도 생각해 보았다. (윤기권 1989)

　실제로는 계엄군이 도청 뒷담에 도착한 시간은 그로부터 한 시간 지나서였고 YMCA로는 나중에라도 계엄군이 온 적이 없었으나, 박영순의 가두방송은 이미 계엄군이 밀고 들어왔다는 느낌을 주었다. 그때 도청에 가서 무기 지급을 받은 YMCA 시민군들이 막 도착해 있었다. 원래 YMCA 시민군들은 예비역 대위를 자칭하는 북한군 황두일의 인솔 하에 계림국민학교로 출동하도록 되어 있었다. 윤기권은 그가 죽었다고 생각했지만 죽은 것이 아니라 금남로에서 총성을 울리고 차에 올라 타 계림국민학교 옆 매복작전 장소로 출동했다.

　원래 YMCA에서 취침하던 인원은 비상이 걸리면 도청으로 가서 무기 지급을 받도록 되어 있었다. 그러나 윤기권은 그 약속을 어기고 헬스클럽으로 들어가 엎드려 있었다. 그가 들은 총소리는 황두일이 도청을 향해 쏘는 총소리였다. 그런데 황두일은 왜 아군인 시민군 쪽을 향해 총을 쏘았던 것일까? YMCA에서의 황두일의 사격 목표물은 무엇이었을까? YMCA 맞은편 전일빌딩에도 우측 도청에도 온통 시민군뿐이었는데 그는 어디다 총구를 겨누고 총을 쏘았던 것일까?

　여하튼 마치 북한군 황두일의 총성이 신호탄인 듯 그때부터 도청 시민군의 발포가 시작되었다.

　위성삼은 정문을 앞으로 해서 시민군을 10명씩 배치하자마자 동쪽의 도청 건물에서 서쪽의 도청 경비 시민군 쪽으로, 즉 박남선이 지휘하는 시민군 쪽에서 자기가 지휘하는 시민군 쪽으로 총탄이 날아온 사실을 이렇게 증언한다:

　　○ 장석화 위원 : 그 때가 몇시 경입니까?

　　○ 증인 위성삼 : 새벽 3시경입니다. 그런데 그때 옥상에서 M16으로 우리들을 향해서 총을 쏘았습니다. 그래서 제가 "아! 무엇 때문에 쏘느냐, 우리 편 아니냐?" 총을 쏘지 말라고…. (제145회 국

회 1989. 4. 2)

박남선은 바로 그 시각에 시민군들이 있는 쪽을 향해, 즉 도청본부 자신의 위치에서 서쪽 방향인 분수대 쪽과 정문 쪽을 향해 맹사격을 한 무장 시민군은 바로 자신이었음을 이렇게 증언한다:

나는 분수대 건너편 어둠의 도시에다 총을 그어대기 시작했다. 그것은 살고자 하는 몸부림이었고, 분노에 대한 절규였으며, 이 학살극에 뛰어든 나의 역할이었다.

나는 총알을 다 쏜 다음 탄창을 갈아 끼우고 2층으로 올라갔다. 많은 동지들이 나를 따랐다. 2층으로 올라서자 복도의 유리창을 모두 깨라고 고함을 질렀다.

"챙그랑—탁!"

유리창은 파열음을 쏟으면서 조각들을 사방으로 튕겨냈다.

나는 총구를 유리가 없어져 텅 빈 창 턱에 올려놓고 금남로를 내려다보았다. 분수대 근처와 정문 앞 곳곳에 시체가 널려 있었다. 몇 걸음 안 되는 곳이었지만 그들은 이미 내가 접근할 수 없는 아득한 죽음의 땅에 쓰러져 있었다. 거리에는 노란 섬광이 반딧불처럼 반짝이면서 날아다니고 비명소리, 총소리가 범벅이 되어 떠다니고 있었다. 나는 계속 긁어대기 시작했다. 총의 약실에서는 탄피가 낙엽 떨어지듯 우수수 떨어졌다.(박남선 1988, 380)

조금 전 박남선은 박영순을 시켜서 시민들이 도청으로 무기 지급받으러 오도록 호소하는 가두방송을 하도록 했다. 만약 그 방송에 호응하여 무기를 지급받기 위해 도청 광장과 정문으로 모여든 시민들이 있었더라면 모두 시민군 대장의 총에 맞아 전멸할 뻔했다.

바로 이때 도청을 방어하는 시민군의 등을 겨누고 시민군 저격수들이 도청 전면 건물 1층부터 3층까지 복도의 유리창을 전부 깨고 창틀에 총을 거치하고 배치되어 있던 상황을 황석영은 이렇게 기록한다:

> 도청 방어 병력은 도청의 담 벽 주위로 전면과 측면 쪽에 2, 3명이 1개조가 되어 2미터 간격으로 밀집 배치되었다. 도청의 뒤로는 약 40여 명 정도만 부속건물에 배치했다. 그리고 나머지 전원은 도청 전면 건물 1층부터 3층까지 복도의 유리창을 전부 깨고 도청 앞 광장을 향해 배치되었다.(황석영 1995, 233)

청소년 저격수들은 사격 훈련을 받은 적이 없는데다 방금 깡소주를 마셨기에 취해 있었다. 그들은 피곤했고, 생전 처음 가까이서 들리는 총소리에 당황했고, 도청 전등이 모두 소등되어 있어서 자기 옆에 누가 있는지조차 보이지 않아 얼떨떨했다. 그들 눈에 보이는 빛은 도청 정문 저편 금남로의 불빛뿐이었으며, 모든 총들의 총구가 그쪽을 향해 배치되어 있었다.

박남선 상황실장이 사격을 개시하자 2층의 윤석루 기동타격대 대장이 사격명령을 내렸다. 사격명령이 떨어졌을 때 사격 목표물이 무엇이었던가? 도청에 있던 시민군 전체가 도청 정문 및 분수대 방향으로 총구를 겨누고 있을 때 그 사격 명령은 모두 전방을 향해 사격하라는 명령으로 받아들여졌다. 시민군들 중 그 누구도 그쪽은 시민군 50명이 배치되어 있는 곳인데 왜 그쪽으로 쏘아야 하느냐고 묻는 자가 없이 모두 그쪽을 향해 집중사격을 했다.

시민군이 오전 4시경에 사격을 개시하기 전에는 20만 발의 실탄을 보유하고 있었는데, 두 시간 후에 상황이 종료된 후 계엄군이 시민군 실탄을 회수했을 때에는 8만 발밖에 남아있지 않았다. 도청 옥상 위에서 시민군이 발사한 기관총 총탄까지 합하면 시민군은 엄청난 양의 실탄을 이날 새벽에 사용했던 것인데, 그 대부분이 자기 편, 즉 정문과 분수대 주변의 시민군을 향해 사격하는 데 사용되었다.

도청 주변에 배치된 시민군들 중에는 국군 철모를 쓴 시민군들도 여럿 있었다. 국군 철모를 쓴 시민군들은 도청 본관에 배치된 시민군들이 자기를 계엄군으로 오인하리라고는 꿈에도 생각하지 않았겠지만, 도청에 있던 시민군 쪽에서는 이미 계엄군이 도청 광장까지 당도했다는 착각에 사로잡혀 심리적 공황상태가 되어 그쪽을 향해 결사적으로 방아쇠를 잡아당겼던 것이다.

시민군은 공간이 아주 넓은 도청 본관 2층 민원실을 회의실 겸 식당으로 사용하며 잠도 거기서 같이 잤다. 그럼에도 불구하고 5월 25일 밤에 인민위원회, 즉 임시혁명정부 성격의 기구로 개편된 시민군 지도부의 외무담당 부위원장 정상용과 기획위원 이양현은 새벽 3시 경에 "약 2백 명쯤 되는 사람들이 도청에서 무기 지급을 받은 후 지프나 트럭에 분승하여 어디론가 어두운 거리를 향해 떠났다"는 사실을 까맣게 모르고 있었다. 1988년과 89년의 광주청문회 때도 정상용과 이양현은 이런 중요한 사실도 전혀 모른 체 위증을 했다.

광주운동권으로서 윤상원의 최측근 동지들이었던 정상용과 이양현은 새벽 4시경에 위성삼이 50명의 시민군 병력을 도청 정문 주변에 배치한 사실조차 까맣게 모르고 있었다.

윤상원과 모든 정보를 공유하였던 시민군 지도부의 핵심이 이런 중대한 사실조차 모르고 있었다는 것은 실로 이상한 일이다. 전남대 후배 위성삼이 멀리 있었던 것이 아니라 도청에 같이 있었고, 또 모름지기 시민군 지도부라면 5월 27일 새벽에는 도청 정문에 한 번 와 보기라도 했어야 할 텐데 도대체 무엇을 하는 지도부였을까?

시민군 지도부의 이런 엉성한 리더십은 결국 시민군 저격수들이 정문 쪽에 배치된 시민군 병력을 향해 집중 사격하는 참사를 빚어내고 말았다. 기동타격대 제1조 조장 이재춘은 박남선과 이양현과 신만식과 김태찬과 양승희와 손남승을 비롯한 여러 시민군 저격수들이 일제히 도청 정문과 분수대 및 상무관 방향으로 사격할 때 자기 옆 시민군들이 고개를 들고 있다가 총에 맞고 고꾸라진 사실을 이렇게 증언한다:

> 캄캄해서 정확한 수는 모르지만 꽤 많은 수가 도청이나 계림동 쪽으로 출동한 것 같았다. 그들은 총을 쏠 줄도 모르는 모양이었다. 그 중에 몇 명이 나에게 총을 어떻게 쏘느냐고 물어왔다. 그들은 총기교육을 받았는데도 총기 사용법을 잘 모르겠다고 말했다. 사태는 아주 심각하게 진행되었다. 도청으로 들어온 지원병들은 대부분 고등학생 정도의 어린 나이였다.
>
> 나는 도청 분수대 앞쪽의 화단 뒤에 숨어 있었다. 어디선가 총소리가 계속적으로 들려왔다. 나와 같이 다른 화단의 뒷부분에서 지키고 있던 도청으로 지원 나온 두 명의 시민군이 푹 고꾸라졌다. 내가 그들에게 고개를 숙이라고 했는데도 고개를 들고 있다가 총에 맞았다.(이재춘 1989)

윤석루 기동타격대 대장이 도청 2층 난간의 시민군들에게 도청 정문 방향으로 사격 명령을 내렸다. 윤석루는 새벽 1시부터 기동타격대 제3조 대원들로 하여금 정문 밖에서 경비를 서도록 했다. 전날 오후부터 새벽 1시까지 시내 순찰을 모범적으로 한 제3조 대원들이 쉬지도 못하고 두 시간이 넘도록 경비를 섰는데도 보초 교대를 시켜주기는커녕 3조 대원들이 있는 방향으로 집중사격 명령을 내린 것이다.

19세의 윤석루 기동타격대 대장보다 4살이나 위였던 제3조 대원 염동유의 직업은 다방 주방장이었고, 자기 조는 물론 기동타격대 전체에서 오정호와 더불어 가장 연장자였다. 나이로는 윤석루보다 형뻘인 자기가 도청 정문 바깥에서 두 시간이 넘도록 경비를 서고 있는데 교대시켜 주기는커녕 자기 조를 향해 총질을 하는 데 너무 화가 난 그는 도청 정문을 넘어 안으로 들어가서 "어디 대고 총질이냐? 모두 다 죽인다!"고 악을 썼다고 증언한다:

> 도청 정문 앞에 차를 세워두고 정문 앞에서 경비를 섰다. 그때는 시멘트로 만든 화분대가 있었기 때문에 그것을 방패막이로 삼았다. 나와 정광호 씨는 함께 있었고, 다른 대원 3명은 옆에서 경비를 섰다. 정문 밖에 경비를 선 대원들은 우리뿐이었다.
>
> 새벽 3시쯤 되었을 때 갑자기 총소리가 들렸다. 드디어 계엄군이 쳐들어온 것이었다. 그러나 계엄군들이 도청 정문으로 들어오지 않고 뒤쪽으로 들어왔다. 도청 쪽에서 총알이 날아와 방패막이로 삼고 있던 화분에 맞았다. 화분이 시멘트라 돌가루가 내 얼굴로 튀어 얼굴에서 피가 났다. 나는 순간 흥분하여 도청 정문을 넘어 안으로 들어가 악을 썼다.
>
> "어디 대고 총질이냐? 모두 다 죽인다!"
>
> 그렇게 악을 쓰고 다시 제자리로 돌아와 담배를 3분의 2쯤 피우는데 본격적으로 총을 쏘아대기 시작했다.(염동유 1989)

그러면 도대체 박남선과 윤석루가 도청 시민군으로 하여금 분수대 방향으로 총질을 하도록 한 이유가 무엇이었는가? 염동유는 분수대 주변에서 도청 경비를 하던 기동타격대원들은 분수대쪽에서는 계엄군 그림자도 보지 못했음을 이렇게 증언한다:

> 나는 조금 전의 기세는 사라져버리고 다만 M16의 연발로 나가는 총

소리에 기가 질려 있었다. 나와 정광호 씨는 군복 상의를 벗어 길바닥에 던지고 가지고 있던 카빈 총 역시 길바닥에 던졌다. 군복 하의와 경찰 혁대, 수갑, 기동타격대증은 미처 버리지 못했다. 총소리가 뜸했다가 다시 연발로 들리곤 했다. 총소리가 뜸해지자 우리는 손을 들고 도청 안으로 들어갔다. 그때까지 도청 안과 분수대쪽에서는 계엄군이 한 명도 보이지 않았다.(염동유 1989)

황석영은 시민군의 집단 발포로 정문의 양 옆 담벽을 따라 배치된 시민군들이 사망한 것에 대한 누명을 공수대원에게 뒤집어씌우기 위해 이런 픽션소설을 추가한다:

> 같은 시각, 도청 본관에서는 뒷담을 타고 넘어 들어와 시민군의 전열을 교란시킨 공수대원 두 사람이 2층으로 올라왔다. 그들은 복도에 늘어서서 밖을 향해 사격하던 시민군들 틈에 슬그머니 끼어들어 정문의 양 옆 담벽 아래 배치되어 있던 시민군들을 쏘았다. 아래쪽에서는 동료 시민군이 자기들을 쏘는 줄 알고 쏘지 말라고 외치면서 쓰러졌다.(황석영 1985, 243)

그러나 시민군 저격수들 중에 공수대원 두 사람이 끼어있었다는 황석영의 이런 거짓말은 시민군 50명이 배치되어 있었던 도청 정문의 양 옆 담벽 아래에는 단 한 명의 계엄군도 없었음을 확증해 줄 뿐이다.

김준봉은 인민위원회 조사반에는 광주 동신고등학교 3학년에 재학중이던 양승희 외에도 중앙여고생 경아 등 여고생 및 여중생 시민군도 2명이 포함되어 있었음을 이렇게 증언한다:

> 그 후 나는 다시 도청으로 들어갔다. 계엄군은 오지 않았다. 한전 앞까지 오다가 철수했다는 보고만 들어왔다. 우리 조사반은 구관이 명관

이라고 해서 내가 조사부장이 되고 양승희, 위성삼, 손용준, 신만식, 중앙여고생 경아와 검정고시 준비를 하는 경아 친구 등으로 새롭게 인원이 구성되었다. 방송실 옆으로 사무실을 옮겨 상황실과 함께 썼다. 그리고 잡혀와 있는 정향규에게 나는 수갑을 채워버렸다. (김준봉 1989)

2층 복도 난간에서뿐만 아니라 1층 상황실에서도 시민군들이 도청 정문 쪽을 향해 총을 쏘고 있었다. 김준봉의 조사반은 5월 25일부터 상황실 내에 칸막이를 쳐놓고 한 사무실을 상황실 요원들과 같이 쓰고 있었다. 총을 쏠 줄 모르는 동신고교생 양승희는 창문에 총구를 올려놓고 도청 정문 쪽을 향해 연발사격을 하였다.

위성삼은 도청 뜰 앞에 방어선을 치고 시민군 병력을 배치하는 순간 2층 난간의 시민군이 도청 뜰 앞 쪽으로 M16을 난사했으며, 1층에서도 상황실 쪽에서, 즉 조사실에서, 동신고교생 양승희가 쏜 총에 맞은 시민군 한 명이 상황실에 쓰러져 있었음을 이렇게 증언한다:

27일 새벽 살포시 잠이 들었는데 새벽 4시경 계엄군이 들어오고 있다는 비상벨이 요란하게 울렸다. 우리들은 재빨리 움직여 탄약을 배급받고 도청 뜰 앞, 옆, 뒤에 방어선을 쳤다. 엄폐물을 중심으로 각 2인 1조씩 배치시키고 있을 무렵 갑자기 2층 복도에서 M16이 난사되었다. 너무 어두웠기 때문에 상대를 분간하기 힘들었다. 무조건 "우리 편이니 쏘지 마라!"고 외쳤다. 그랬더니 이내 총구는 다른 곳을 향했다. 번뜩 상황실에 남아 있던 여고생과 박영순씨를 떠올리고 얼른 대피시켜야겠다고 생각했다. 1층 상황실로 뛰어 오르는 순간 상황실 쪽에서 총소리가 났다. 낮은 포복으로 상황실에 접근한 나는 상황실로 뛰어 들어갔다. 머리 속에 떠오르는 불길한 생각을 애써 지우려고 하면서….

들어가 보니 총기 오발사고로 시민군 한 명이 쓰러져 있었다. 평소 부상을 대비해 배에 붕대를 칭칭 동여매고 다니던 나는 배에서 붕대를 풀어 그 사람을 치료하였다.(위성삼 1988a: 24-25)

동신고교생 양승희가 도청 정문의 시민군 쪽을 향해 총을 쏘는 오발사고 때 상황실 가까이 있다가 시민군 오발탄에 맞아 쓰러진 시민군의 이름은 동국대 1학년 박병규였다. 광주 출신으로 서울에서 학교를 다니다가 5월 19일 광주로 내려온 박병규는 그날부터 바로 시민군 활동을 하기 시작했다.

박병규는 군인들의 총에 맞은 것이 아니라 그의 시민군 동료였던 고등학생이 총을 쏘고 있을 때 발생한 시민군 총기오발 사고 희생자였다. 5월 27일 새벽 전투로 민간인 16명과 군인 3명의 사망했는데, 민간인 중에서 가장 먼저 신원이 확인된 인물이 박병규였다. 점심시간 무렵 조광흠 조선일보 광주주재 기자와 조성호 한국일보 기자 등 한국기자들이 상황실에서 꽃을 깔고 반듯이 누워 있는 그를 보았다. 그는 군복 상의를 입고 있었는데, 조광흠 기자는 그가 동국대학교 전자계산학과 1학년 박병규라는 사실을 금방 확인했다.

그는 도청 건물 내에서 수류탄으로 자폭한 윤상원 외에 유일한 시민군 사망자였다. 당시 1층에서의 시민군 사망자는 한 명뿐이었고, 사망 장소가 상황실이었으므로, 위성삼이 증언하듯이, 상황실에서 발생한 시민군 총기오발사고 희생자임이 간단히 확인된다. 박병규의 사인은 흉부 관통상(좌흉부 맹관 총창)이었는데, 자기 등 뒤에서 날아오는 시민군의 오발탄에 맞아 생긴 총상이었다.

사고 발생 경위는 이렇다.

5월 22일 이재의는 도청 1층 서무과 사무실을 시민군 작전상황실로 정하였으며, 이때부터 박병규는 도청에서 숙식을 하며 상황실 출입을 자주하였다. 조사부장은 김준봉이었는데, 양승희는 고등학생이고 위성삼은 군대도 갔다 온 전남대 4학년이었지만, 양승희가 먼저 시민군이 되었기 때문에 부반장 감투를 썼고, 위성삼은 양승희 밑에서 조사원으로 일하게 되었다. 조사부 조사실은 5월 25일부터는 상황실에 칸막이를 하고 상황실의 한 공간을 쓰게 되었다.

양승희는 고등학생이었지만 조사반 부반장으로서 시민군 간부였기 때문에 새벽 3시경에 자동소총을 지급받았다. 총을 쏠 줄 모르는 양승희가 상황실 창문에 총구를 올려놓고 방아쇠를 당기니 한 클립 14발이 모두 발사되었다. 박병규는 상황실을 자주 들락거려야 했는데, 양승희의 총이 연발 발사되고 있을 때 등에 관통상을 입었다.

쓰러진 박병규는 송원공업전문대 여학생 박영순과 동신여고생의 간호를 받았지만 다시 일어나지 못했다. 계엄군이 도착하기 2시간 전에 "사랑하는 우리 형제, 우리 자매들이 계엄군의 총칼에 숨져 가고 있습니다"라고 거짓말로 가두방송 하던 박영순이 전혀 시민들의 호응을 얻지 못한 채 도청 상황실로 돌아오자마자 본 것은 시민군 총기 오발사고로 동국대생 박병규가 쓰러지는 것이었다.

청소년들이 폭력시위에 가담하면 어른들과 달리 무척 과격해진다. 고등학생이었던 양승희는 5월 20일 오후 6시 30분에는 공영터미널 앞 로터리에서 경남 소속 8톤 트럭을 발견하자마자 화염병을 투척하여 불태워버렸다. 화물 트럭을 불태우면 그 안에 탄 사람은 어떻게 되는가? 그는 그 다음날 새벽에는 KBS 방송국 방화 및 파괴에 가세하였다. 그날 밤 시민군이 도청을 점령하고 광주에 해방구가 설치되자 그는 그 다음 날 온종일 정문에서 총을 들고 경계근무를 서고, 다음날 23일 아침부터 25일 밤까지 도청 복도에서 경계근무를 섰으며, 26일 오후 1시에는 인민위원회 조사과 조사부반장이 되었다.

조사과 조사부에서 하는 일은 시민 선동 내용의 벽보를 찢는 자 혹은 머리가 짧고 단정하여 경찰로 의심되는 자들을 체포하여 조사하는 일을 하였는데, 즉결 처형의 막강한 권한을 행사하였기에 조사부로 끌려온 시민들은 벌벌 떨며 살려달라고 빌어야 했다. 지도를 받아야 할 청소년이 포로 취조는 물론 인민재판의 막강한 권력을 휘두르는 조사부반장 감투를 쓴 지 15시간 만에 총기 오발사고를 내고 말았다.

양승희는 총을 쏠 줄 모르는 고등학생으로서 오발 사격을 하였지만, 총을 쏠 줄 알면서 시민군이 있는 방향으로 M16소총을 쏜 시민군은 양승희의 조사과 동료 신만식이었다. 화순에서 중학교 1학년을 중퇴하고 가출한 그는 방위병이 되기 전에 서울에서 조폭 두목(자칭 건달 대장)으로 활동하다가 광주로 와서 잠시 아세아자동차에서 근무하면서 조폭 조직을 키워 두목으로 활동하다가, 1979년부터 화순에서 방위병으로 근무하고 있었다. 깡패들이 활개치고 영웅으로 떠오를 수 있는 광주사태가 일어나자 그는 신이 나서 당장 탈영하여 화순광업소 다이너마이트를 탈취할 때 주동자로 활약한 후 그 공을 인정받아 5월 22일부터 시민군 조사과에서 일했다. 조사부에서 일하는 시민군들은 M16으로 무장하고 있었다.

신만식은 상무관 쪽, 즉 도청 정문 바깥에 시민군들이 배치되어 있는 쪽으로 M16 사격을 한 사실을 이렇게 증언한다: "나는 본관 2층 복도에 서서 상무관 쪽을 향해 M16 총을 있는 힘껏 드르륵 드르륵 긁어댔다."(신만식 1989)

신만식은 상당히 많은 M16 실탄을 가지고 있었다. 1층과 2층 사이를 올라갔다 내려갔다 하던 그는 한 번만 M16을 연발사격을 한 것이 아니라 또다시 연발사격을 하였음을 이렇게 증언한다: "아픈 몸을 질질 끌고 본관 2층으로 올라온 나는 끝까지 싸우고 죽으리라는 결심을 하며 상무관 쪽으로 다시 한 번 있는 힘껏 총을 긁어댔다."(신만식 1989) 신만식이 이렇게 시민군 쪽으로 M16을 쏘았기에 그 쪽에 있던 시민군들이 M16총탄에 맞아 쓰러지고 M16 총상으로 사망한 것이다.

위성삼은 도청 1층에서는 그의 조사반 동료 양승희가, 본관 2층 복도에서도 그의 동료 신만식이 M16총을 드르륵 드르륵 긁어댄 것을 어둠 속에서도 인지할 수 있었기에 박병규가 시민군 총기 오발 사고로 인한 총상을 입는 것도 인지할 수 있었다.

3공수여단 11대대 특공조는 도청 뒷담 쪽에서 접근하고 있었으며, 상무관 쪽에는 시민군 병력만 있었다. 인민위원회 기획위원 이양현이 예고 없이 갑자기 도청의 모든 전등을 소등하여 아무것도 안 보이게 되자 신만식은 상무관 쪽의 자기편을 적으로 착각하게 되었다.

이 와중에 위성삼은 가두 방송원이던 송원공업전문대 여학생 박영순이 상황실에 있는 줄 알고 상황실 안으로 들어가 보았던 것인데, 그 안에서도 시민군 총기 오발사고로 인해 시민군 한 명이 쓰러져 있었다. 위성삼은 증언록에서 도청 2층의 시민군이 도청 정문 쪽의 시민군을 향해 사격한 사실을, 그리고 시민군 총에 얼굴을 맞은 시민군이 상황실로 들어온 사실을 이렇게 증언한다:

> 27일 새벽녘에 얼핏 잠이 들었는데 비상이 걸렸다. 계엄군이 쳐들어온다는 것이었다. 무기고에서 탄약을 배급하고 시민군을 배치하면서 계엄군이 쏘기 전에는 절대 먼저 쏘지 말 것을 당부했다. 그런 뒤에 정문 쪽으로 점검을 하러 갔는데 갑자기 2층에서 총소리가 났다. 나는 우

리 편이 잘못 보고 쏘는 줄 알고 쏘지 말라고 소리치면서 상황실로 들어갔다. 상황실에는 불이 켜져 있었다.

그때 한 시민군이 얼굴에 총을 맞고 피를 흘리면서 들어왔다. 방송하는 여자들과 함께 그 사람을 치료하고 있는데 밖에서 총소리가 났다. (위성삼 1988b)

기동타격대 제7조 조장이었던 당시 19세의 김태찬은 위성삼이 1층에서 총소리를 들었을 무렵의 2층 상황을 다음과 같이 증언한다:

밤 12시가 되어서 2층 민원실에서 저녁밥을 먹었는데, 그날 따라 벌건 돼지고기가 나왔다. 그 전에는 계속 닭고기만 나왔었다. 밥을 먹고 나니까 거기에서 일하던 고등학생이 "형! 나 갈래요"하고 말하기에 보내주고, 또 어떤 애들은 총을 달라고 해서 "너희들은 살아야 된다"고 하면서 뺨을 때려 주기도 했다. 그렇게 대기하고 있는데 느닷없이 "따다당!"소리가 났다. "아, 드디어 올 것이 왔구나!"하는 생각이 들었다. 그때 나는 2층 복도에 있었는데 모두가 총을 벽에 세워 놓고 앉아 있는 상태였고, 총탄은 나의 경우 3클립을 가지고 있었다. 총소리가 나기 전까지 모두 앉아서 장난을 치고 있었는데 나도 솔직히 죽는다는 것이 실감이 안 났다.

공격 개시와 함께 총을 쏘는데 너무 긴장을 해서 손이 떨리고 총탄이 안 나갔다. 옆의 애에게 말했다.

"야! 총탄이 안 나가야."

"그럼 이리 줘봐라."

그 애는 내 총을 점검했다.

"야, 임마! 총탄이 두 알 박혔잖아."

그러고는 내게 총을 넘겨주었다. 총을 쏘는데 그 녀석이 옆에서 '픽'

하고 쓰러졌다. 처음에는 장난인 줄 알았다.

"야, 임마! 얼른 일어나야."

몸을 만지니까 따뜻한 피가 흘러내렸다. 방금 전까지 나하고 장난치던 애가 죽으니까 정말 그때서야 죽음이라는 게 실감이 났다. 옆에서 죽지 말고 살아야 되겠다는 생각도 났고, 아니면 이성을 잃었다고나 할까, 그때부턴 무조건 갈기기 시작했다. 그러다가 이종기씨가 총을 회수하러 왔다. '살아야 된다'고 생각하면서 2층 상황실로 올라가는데, 그때 계엄군이 도청 건물 안으로 치고 들어왔다.(김태찬 1988)

김태찬의 증언으로도 재삼 확인되듯이, 2층 복도의 시민군 저격수들이 도청 정문 쪽의 시민군들을 표적으로 무조건 총을 갈긴 것이 먼저였고, 그 사이 소리 없이 뒷담을 넘고 건물 벽을 옆으로 기어 계엄군이 한 명씩 도청 건물 안으로 들어올 수 있었던 때는 그로부터 약 30분쯤 후였다.

그러면 김태찬 옆에서 총을 쏘던 시민군은 왜 갑자기 쓰러졌던 것일까? 이양현이 갑자기 도청의 모든 전등을 소등하여 아무것도 안 보이는 어둠 속에서 총구 방향을 잘못 잡아 일어난 사고일 수도 있다. 만약 다른 시민군의 오발탄에 맞은 것이라면 구성회와 김영철의 오발탄 가능성을 생각해 볼 수 있다. 최근 이름을 밝힌 두 명의 복면시민군들 중 한 명인 구성회의 기동타격대 제1조는 아래층에 있었고, 그는 위쪽을 향해 총을 쏘았다고 했다. 시민군이 회의실로 사용하던 2층 민원실에서도 김영철의 두 발의 오발탄 사고가 있었다.

그때부터 김태찬이 무조건 총을 갈기기 시작했는데 그 방향은 정문 쪽이었다. 위성삼과 염동유가 정문 쪽에는 시민군이 있으니 그쪽으로 쏘지 말라고 그토록 외쳐도 2층에서는 못들은 척하고 여전히 자기편을 향해 총을 갈기고 있었던 것이다.

기동타격대 제1조 조장 이재춘은 방위병 군복을 입고 있었을 뿐만 아니라 공수부대 모자를 쓰고 있어서 시민군이 보기에도 공수대원처럼 보였다. 당연히 도청 분수대 화단 뒤에 배치된 기동타격대 제1조 조장 이재춘 일행은 시민군들이었음에도 불구하고 박남선과 신만식과 김태찬 등 시민군 지휘관들이 그쪽으로 M16소총 연발사격을 했을 때 이재춘 옆에 있던 두 명의 광주상고 1학년 학생 문재학과 안종필이 그 총에 맞았다. 시민군으로 지원한 지 몇 시간 만에 시민군 상관이 쏘는 총에 문재학은 목을, 안종필은 목 아래를 맞았는데 그때 둘 다 나이가 16세였다. 고등학교 1학년이었던 두 명의 단짝 친구가 동시에 시민군 상관의 총에 맞아 열사가 된 이 사건의 현장 목격자 이재춘은 그 사건을 이렇게 증언한다:

나는 도청 분수대 앞쪽의 화단 뒤에 숨어 있었다. 어디선가 총소리가 계속적으로 들려왔다. 나와 같이 다른 화단의 뒷부분에서 지키고 있던 도청으로 지원 나온 두 명의 시민군이 푹 고꾸라졌다. 내가 그들에게 고개를 숙이라고 했는데 고개를 들고 있다가 총을 맞았다. 그들은 상무관 쪽의 군인들에게 총을 맞은 것이다. 나는 그때 항쟁기간 중 처음으로 사람이 죽는 것을 목격했는데 어린 나이의 지원병들이 죽어가자 너무나 섬뜩했다. 나는 지원병들이 총을 맞기 전까지만 해도 상무관 쪽에 있는 사람들이 우리 편인 줄 알고 그들을 향해 군인들의 동태를 묻기까지 했다. 지원병 2명이 죽자 나는 무조건 상무관 쪽을 향해 총을 갈겨 대고 낮은 포복으로 도청 안으로 들어왔다. (이재춘 1989)

임수원 중령이 인솔한 78명의 3공수여단 특공조 11대대 1지역대는 올 때도 도청 뒷담을 넘어 들어왔고 2시간 후 아침 6시 30분경에 20사단 61연대에 전남도청을 인계하고 부대로 복귀할 때도 그 길로 복귀했으므로 문재학과 안종필 등 그 반대 방향인 분수대 주변의 시민군 사상자들을 전혀 발견하지 못했다. 날이 훤하게 밝은 후 도착한 20사단 61연대는 시민군과 전투를 벌이기 위해 온 것이 아니라 도청 안팎 및 광주 시내를 청소하기 위해 동원된 보병부대였다.

20사단 61연대가 분수대 주변 및 도청 정문 바깥을 청소하던 중에 문재학과 안종필과 박성용 등 시민군 시신 10구를 발견하여 도청 안뜰로 옮기고, 또 저 멀리 계림국민학교 부근과 광주YWCA 등 시민군이 매복해 있다가 타 부대와 전투를 벌였던 장소들에서도 4명의 시민군 사망자를 나중에 추가로 더 발견하여 도청 안뜰로 옮겼다.

그런데도 5·18측이나 대중 미디어매체가 도청 뜰에 나란히 눕힌 15구의 시신 사진과 영상만 자꾸 보여주고, 그 시신들이 언제 누구에 의해 그곳으로 옮겨졌는지에 대해서는 아무런 설명도 해주지 않았기 때문에 마치 그들이 도청에서 전투 중에 공수부대 총에 맞아 사망한 희생자들인 것처럼 잘못 알려지거나 잘못 인식되게 되었던 것이다.

자기 옆에 있던 두 명의 소년 시민군 문재학과 안종필은 도청에서 날아오는 총탄에 맞은 것이었지만, 도청 시민군이 자기편을 향해 쏠 리가 없다고 생각한 이재춘은 상무관 쪽에 배치된 시민군들이 군인들이라는 오판을 하고 그쪽으로 총을 갈겨 댔다. 이재춘도 기동타격대 대장으로서 시민군 지휘관이었기에 그가 지급받은 총도 카빈 소총이 아니라 M16이었다. 그가 상무대쪽으로 한참 요란하게 M16을 갈겨 댔을 때 도청 안에 있던 시민군들은 이미 계엄군이 도청 광장까지 와 있다는 착각을 더욱 굳히는 착각의 악순환이 되풀이되었다.

문재학의 집은 전남대에서 가까운 중흥동이었으며, 그는 문건양씨 아들이다. 청식당 아들 안종필뿐만 아니라 조대부고 3학년 박성용도 문재학의 친구였다.

이들 고등학생들은 시민군에 지원한 지 불과 5시간 만에 시민군 상관들이 쏘는 총에 맞아 열사가 되었다. 시민군의 작전계획은 새벽 4시가 되면 분수대 방향으로 일제사격을 하는 것이었다. 그런데 그들은 시민군 상관들이 배치해 주는 대로 새벽 4시경에 분수대 주변에 배치되어 있었기 때문에 그때 시민군 상관들이 그쪽 방향으로 총을 쏘는 바람에 맞아 죽게 된 것이다.

이재춘은 상무관 쪽 무장병력이 시민군인 줄 알았더니 군인들이었다고 투덜거리지만, 시민군 식량 징발을 담당하고 있었던 천순남은 상무관 쪽 무장병력은 시민군이었으며, 자신의 일행이 갑작스럽게 상무대 앞에 배치되게 된 사연을 다음과 같이 증언한다:

우리 여섯 명은 도청으로 들어가 왼쪽 식당에서 밥을 먹고 버스에 대기하고 있었다. 27일 새벽 4시경 기동타격대 3조인가 4조에서 계엄군이 밀고 들어온다는 소식을 무전기로 전해 주었다. 곧이어 상황실장의 방송이 들려왔다.

"시민 여러분, 도청으로 모여 주십시오. 계엄군이 광주시로 진입해 들어오는 중이니 시민들은 도청에 모여 죽더라도 같이 죽고 살더라도 같이 살아 끝까지 광주시를 지킵시다."

상황이 매우 급박하게 돌아가고 있었다. 도청 안에서는 고등학생이고 대학생이고 할 것 없이 총을 지급하여 YWCA, YMCA, 도청, 은행 건물 등 주요 건물에 배치하는 등 서둘렀다. 갑자기 계엄군이 들어온다는 소식을 들으니 이틀 동안 집에 들어가지 않고 연락을 못 한 것이 떠올랐다. 식량을 마련해 두지 않은 안사람이 괘씸하여 쌀을 구하러 시내까지 왔다가 이렇게 된 것인데.

갑자기 집에 다녀와야겠다는 생각이 들어 기사 임영록에게 집에까지 데려다 달라고 했다. 차를 타고 광주은행 본점 쪽으로 가는데 1, 2, 5 기동타격대가 내가 탄 차를 못 가게 막았다.

"상황실에서 지금부터 외부로 나가는 차량은 발포를 하라는 명령이 내렸다."

"누가 그랬느냐?"

"상황실장 박남선이가 그랬다."

하는 수 없이 집으로 가지 못하고 상무관에 버스를 댔다. 무전기에서는 계엄군이 들어온다고 소식을 알려오지, 방송을 하고 다니는 거리는 온통 공포 분위기에 휩싸여 있었다. 오히려 방송 때문에 사람들은 전혀 얼씬거리지도 않는 것 같았다.

우리도 총을 쏘기 시작하면 실탄이 더 필요할 것 같아 탄창 하나, 카빈 실탄 12발씩을 여섯이서 나누었다. 그때는 누가 총을 관리하여 나누어준 것도 아니고 무기가 있는 곳에서 가져가도 아무런 규제도 하지 않았다. 학생들에게도 총을 주면서 잘 쏘라고까지 하였다.

상무관 앞에서 계엄군이 들어올 것에 대비하고 있었는데, 아무리 기다려도 들어오지 않아 깜박 잠이 들고 말았다. (천순남 1988)

상무관은 계엄군이 도청 정문을 통해 진입할 경우 협공할 수 있는 매복 지점이었다. 그러나 도청에서의 상무충정 작전 상황이 종료되기 전에는, 즉 도청 시민군 전원이 항복하기 전까지는 단 한 명의 계엄군도 정문을 통해 도청으로 들어간 적이 없었다. 오랫동안 아무리 기다려도 계엄군이 보이지 않자 천순남은 깜박 잠이 들고 말았던 것이다.

고등학생 시민군들은 총만 쏠 줄 모른 것이 아니라, 총소리가 나면 얼른 고개를 숙여야 한다는 기본 수칙조차 전혀 교육을 받지 못했다가 변을 당했다. 이날 새벽 분수대 앞에 배치되어 총을 들고 서 있다가 도청 본관 시민군들이 쏘는 총에 맞아 숨진 광주상고 1학년 학생들은 고등학생 시민군 대장 최치수가 YMCA로부터 인솔해온 학생들이었다. 최치수는 자기가 몇 명의 고등학생 병력을 도청 주변으로 배치한 사실을 이렇게 증언한다:

> 도청 앞으로 나오니 3백 명 정도가 분수대 옆에 서 있었는데 도청을 사수하기 위해 남아 있다고 했다. 그곳을 통솔하던 선배가 나를 보더니 그 사람들을 인솔하여 YMCA로 가라고 했다. YMCA에 도착해 40대 남자 한 명이 총을 쏠 줄 아는 사람은 거수하라고 해서 총과 실탄을 지급했다.(최치수 1989)

YMCA에 모인 고등학생들을 위한 식사는 지난 밤 오후 10시에 제공되었다. 절반이 공짜 밥만 먹고 집으로 갔다. 1백여 명이 남았지만 새벽 2시 반경에 또 간식을 요구했다.

인민위원회 보급부장 구성주는 YMCA 안에 모인 고등학생들이 배치되기 전에 밥과 콜라와 환타를 요구했던 일화를 이렇게 증언한다:

> YMCA 안에는 2백여 명의 학생들이 있었다. "도청 안에서 죽을 각오로 싸울 사람은 도청으로 들어오라"고 누군가가 소리치자 1백여 명이 도청으로 들어왔다.
>
> 지원자 중 나이가 어리다고 생각되는 학생은 안전하다고 생각되는 가까운 집으로 돌려보내고 남은 학생이 1백명이 된 것이다.
>
> 당시 군대에서 장교를 지냈다는 지원자 한 사람이 있었다. 그는 몇 사람과 함께 계림동 쪽으로 배치되었다. 그 사람들이 밥을 먹지 않았다고 하여 비상식량과 빵과 음료수를 갖다 주었다. 몇몇 고등학생이 "나는 콜라 주세요." "나는 환타 주세요." 하고 손을 벌렸다. 너무 어이가

없었다. 죽기를 각오해야 할 전쟁터에서 그런 사치스러운 말을 하다니 용납할 수 없는 자세를 보고 무섭게 나무랐다.

　보급부는 나를 포함하여 한일은행 앞으로 무장하고 갔다. YMCA, 전일빌딩 옥상에는 LMG 기관단총을 설치했다. (구성주 1988)

　위의 증언에서 "군대에서 장교를 지냈다는 지원자 한 사람"이란 황두일이란 이름으로 시민군 지휘부를 접선하던 북한군이었다.

　선량한 광주시민들이 YMCA 옥상과 전일빌딩 옥상에 LMG 기관단총을 설치했다고 보기는 어렵다. 생각해 보라. 시민군 중 광주시민으로 신원이 확인된 자들 대부분은 고등학생들이거나 중고등학교에 진학하지 못한 청소년들이었는데, 소총 조작법도 모르는 청소년들이 어떻게 기관단총들을 건물 옥상에 설치할 수 있겠는가?

　5월 27일 새벽의 도청시민군 저격수들 중에는 중학생들도 끼어 있었다. 광주사태 25주년에 광주일보 임주형 기자는 당시 전남중 3학년이었던 이동용의 증언에 자기 말과 해설을 덧붙여 이렇게 요약한다:

　갑자기 1층에서 "기동타격대 모두 모여"라는 소리가 들렸다. 시민군은 아군의 목소리라 여기고 모두 뛰어 내려가기 시작했다. 이씨도 내려가던 중 발을 헛디뎌 넘어졌다. 그 순간 끔찍한 장면이 펼쳐졌다. 앞서 내려가던 시민들이 계엄군의 사격을 받고 쓰러진 것이다. 집합 명령은 계엄군의 유인작전이었다. (이동용, 임주형 2005)

　임주형 기자가 또 계엄군에게 악의적 누명을 씌우려고 집합 명령은 계엄군의 유인작전이었다는 픽션소설을 썼지만 "기동타격대 모두 모여"라는 소리의 주인공은 박남선 상황실장이었다. 박남선은 1층 상황실에서 계속 시민군들에게 그런 말투로 명령을 내리고 있었다.

박남선의 상황실과 신만식의 조사과는 5월 25일부터 한 사무실을 칸막이만 해놓고 같이 사용하고 있었다. 그런데 27일 새벽 4시경에 이양현 기획위원이 도청 전등을 갑자기 소등한 직후부터 박남선과 신만식은 서로 칸막이 저편의 시민군 동료를 계엄군으로 착각하고 있었던 것이다. 자신을 무장시민군 대장으로 여겼던 박남선은 2층으로 올라갔다 다시 1층 상황실로 내려오기를 반복하며 시민군을 지휘하고 있었고, 박남선이 다시 상황실로 들이닥쳤을 때 그를 계엄군으로 착각한 신만식이 M16 총을 들고 유리창을 깨고 상황실 뒤편으로 뛰어내렸던 것이다.

이렇게 시민군들끼리 서로를 향해, 도청 본관 시민군은 도청 정문 쪽 시민군들을 향해, 그리고 도청 정문 쪽 시민군들은 도청 본관 쪽 시민군들을 향해 서로 총을 쏘고 있는 동안에 계엄군은 단 한 방의 총도 쏜 적이 없었다. 계엄군은 먼저 도청 뒷담 쪽으로 몰래 접근해야 했는데, 이때 총을 쏘다가 도청 옥상 위의 시민군 기관총 사수에게 위치가 노출되면 전멸을 당할 텐데 총을 쏘았을 리가 있겠는가?

5월 19일에 시위대는 곡괭이로 도청 뒷담을 허물어 보려다가 실패한 적이 있었는데, 27일 새벽 시민군 지도부는 계엄군이 도청 뒷담을 넘어 진입할 가능성을 전혀 고려하지 않았다. 그러나 임수원 중령이 인솔하는 3공수여단 특공조 11대대 65명은 도청 뒷담 꼭대기의 철책으로 로프를 던져서 건 후 한 명씩 로프를 타고 도청 뒷담을 넘어 도청 뒤쪽으로 들어왔다. 도청 뒷담을 넘으면 거기 큰 나무 한그루가 있어서 그 나무를 타고 기어 올라가면 도청건물 뒤편의 2층 벽에 찰싹 붙어 숨소리조차 죽이고 옆으로 기어 이동할 수 있다.

임수원 대대장을 포함한 계엄군 특공조 66명이 로프를 타고 도청 뒷

담을 넘는 데 20분이 걸렸으며, 도청 뒷담을 넘은 후 나무에 올라 2층 벽
에 찰싹 붙어 이동하는 데 다시 10분 이상 소요되었다. 그때가 새벽 4시
30분이 조금 넘은 때였으며, 그때 시민군은 이미 각자 지급받은 수십 발
의 실탄을 시민군들끼리 서로 자기편을 향해 사격하는 데 전부 탕진한
뒤였다.

아무것도 보이지 않는 상태에서 시민군이 서쪽 방향, 즉 도청 앞쪽으
로 한 시간 가까이 총을 쏘고 있는 사이 계엄군이 동편에서 도청 뒷담을
넘어온 것을 시민군이 뒤늦게야 깨달은 상황을 전남대 운동권으로 광주
사태 주동자였던 김윤기는 이렇게 증언한다:

> 나는 총구를 도청 앞으로 향한 채 긴장해 있었는데 느닷없이 도청
> 뒤편에서 M16 긁는 소리가 났다. 순간 나는 힘이 쑥 빠지면서 겁이 나
> 기 시작했다. 차라리 눈에 적들이 보이면 좋겠는데 아무것도 보이지 않
> 는 상태에서 앞뒤에서 드르륵 총 긁는 소리는 나를 공포분위기로 몰아
> 넣었다. 그래도 계속 그곳에서 버텼다.
>
> 조금 있자 총소리가 점점 가까워지면서 바로 옆에서 들리는 것 같았
> 다. 옆에 있는 사람도 나와 같이 겁이 났던지 무조건 총을 쏘았다. 나도
> 총이라도 쏘는 것이 더 나을 것 같아서 총을 잡아당겼으나 총알이 나
> 가지 않았다. 분명히 총을 쏘았는데도 총알이 나가지 않자 겁이 덜컥
> 났다. 총은 위급한 상황에서 자신을 방어할 수 있는 것임에도 불구하고
> 나에게는 아무 쓸모가 없게 된 것이다. 나는 카빈을 소지하고 있었는데
> 나중에 생각해 보니 탄창에 이상이 있었던 것 같다.
>
> 이러지도 저러지도 못하고 있는데 뒤쪽에서 "뒤쪽으로 다 들어온
> 다."고 하면서 뒤쪽으로 오라고 소리를 질렀다.(김윤기 1989)

서쪽 방향, 즉 정문 쪽과 분수대 쪽의 자기편을 향해 쏘라고 사격명령
을 내렸던 박남선 시민군 대장이 정반대 방향인 동쪽에서 계엄군 3명이
거미처럼 2층 벽에 착 달라붙은 채 본관을 향해 오는 것을 본 것은 그때
였다:

> 나는 뒤편의 상황을 보기 위해 부지사실로 뛰어올라갔다. 몇 명의 시
> 민군이 창가에 총을 걸치고 계엄군을 기다리고 있었다. 창가로 다가서
> 자 계엄군 3명이 거미처럼 벽에 착 달라붙은 채 본관을 행해 오는 것이
> 보였다. 나는 어깨에다 총을 밀착시키고 조준했다. 그러나 의식과는 다
> 르게 손가락의 힘이 쭉 빠지는 것을 느꼈다. 계엄군은 계속 접근해 오
> 고 있었지만 그곳에 있는 어느 누구도 방아쇠를 당기지 못했다. 조금
> 전까지만 해도 그들의 신체가 직접 보이지 않을 때에는 총구가 갈라지
> 도록 총을 쏘아댔으나 막상 눈앞에 나타나자 계엄군을 쏘아 죽일 수가
> 없었다. 나는 총을 내려 창가에 기대어놓고 밖으로 뛰어나갔다.
> "사격 중지!"
> "사격 중지!"
> 라고 외치면서…. (박남선 1988, 95)

도청 안에서도 시민군 총기 오발사고로 2명이 쓰러지고, 정문 쪽에서
도 본관 시민군이 쏘는 총에 시민군 10명이 맞아 사망한 후에야 비로소
사격 중지 명령이 내려졌다. 사실은 각자 지급받은 실탄들을 시민군 쪽을
향해 쏘는 데 모두 소진하여 이제는 계엄군에게 쏠 수 있는 실탄도 몇 발
남아 있지 않았던 때이다.

그러면 그때까지 단 한 발이라도 계엄군 측에서 총을 쏜 적이 있었는
가? 설사 도청 건물 뒷벽에 거미처럼 찰싹 달라붙어 있던 군인들이 총을
쏠 수 있었다고 하더라도 도청 건물 구조상, 그리고 사무실 구조상 그 총

탄이 시민군에게 맞는 것은 불가능하였음이 시민군 조사부장 김준봉의
아래 증언에 나타나 있다:

나는 옆에 있던 동료 3명과 함께 2층 사무실로 들어갔다. 같은 부서
에 있지 않아 그들이 누구인지 잘 모를 뿐더러 어둠속이라 구별이 되
지도 않았다. 시간이 얼마나 되었는지 종잡을 수 없는 어둠 속에서 극
도로 긴장된 상태가 계속되었다.

정적을 깨고 느닷없이 쨍그랑! 하고 유리창 깨지는 소리가 들려왔다.

"김 하사, 이 하사 저쪽으로…"

잠궈 놓은 현관문의 유리를 깨고 들어온 공수들이 지휘관의 지시에
따라 배치되고 있는 성싶었다.

잠시 후 바로 귓전에서 총소리가 났다.

"드르륵!"

"항복하고 나와라! 항복하면 살려주겠다!"

복도 창문으로는 총탄이 불꽃을 튀기고 포물선을 그리면서 날아가는
것이 보였다. 밖에서 공수들이 다니는 것과 총을 쏘는 것이 보였지만
총소리에 질려 방아쇠를 당길 수가 없었다. 동료들도 마찬가지였다. 총
을 쏘면 우리가 있는 곳이 들통 나는 게 두려워 총을 쏘지 않았다고도
할 수 있다. 또한 우리가 가지고 있는 총은 카빈이고 공수들이 가지고
있는 것은 M16이어서 처음부터 상대가 되지 않는 싸움이라고 판단한
때문이기도 했다.

공수들은 계속 총을 쏘면서 항복하고 나오라고 했다. 그러나 다행히
사무실 구조가 복도를 들어와서 문을 열게 되어 있어서 총알이 안으로
날아오지는 않았다. 우리는 책상 밑에 숨어 있다가 급박해지자 총을 한
방 쏘며 외쳤다.

"나가요."

그러면서 한 발의 총을 쏘았다. (김준봉 1989)

　김준봉이 자기 옆에 있던 동료 3명과 함께 2층 사무실로 들어가서도 어둠 속이라 그들이 누구인지 구별이 되지도 않았는데 하물며 사무실 바깥에 누가 있었는지를 어떻게 알 수 있겠는가? 그저 상상할 수 있을 뿐이었다. 그런데 그의 상상과 달리 유리창 깨지는 소리를 낸 인물은 공수들이 아니라 조폭 두목(본인 말로 건달 대장) 출신 신만식이었다.

　김준봉은 자기가 조사부장이고 신만식은 자기 부하였다고 말하고, 신만식은 자기가 조사부장이고 김준봉은 자기 부하였다고 말한다. 그들이 조사부 동료였다는 것만은 분명하다. 김준봉의 귓전에서 들린 총소리도 공수들이 쏜 것이 아니라 신만식이 2층 복도에서 쏜 것이었음을 신만식은 이렇게 증언한다:

　　나는 본관 2층 복도에 서서 상무관 쪽을 향해 M16 총을 있는 힘껏 드르륵 드르륵 긁어댔다. 그랬더니 상무관 쪽에서 대번에 내가 있는 곳으로 총알이 날아들었다.(신만식 1989)

　신만식이 상무관 쪽을 향해 M16 총을 힘껏 긁어대자 상무관 쪽에서 그의 시민군 동료 손남승이 응사했다. 손남승을 계엄군으로 착각한 신만식은 바깥으로 나가 숨었다가 다시 2층으로 올라와서 "끝까지 싸우고 죽으리라는 결심을 하며 상무관 쪽으로 다시 한 번 있는 힘껏 총을 긁어댔다."(신만식 1989) 김준봉 일행이 들은 총소리는 신만식이 연발 사격한 M16 총소리였다.

　만약 계엄군이 김준봉 일행이 있는 사무실을 향해 총을 쏘았다면 그 총 자국이 있어야 하는데, 상황 종료 직후 달려온 기자들은 손남승이 도청 본관을 향해 쏜 총탄 자국 외에는 그런 총탄 자국을 전혀 보지 못했다.

신만식이 도청 2층 복도에서 오랫동안 힘껏 M16 총을 드르륵 긁어댔지만 군인이라곤 그림자도 보지 못했다. 그는 단지 저 멀리서 들리는 항복 권유 방송 소리만 듣고 "혼자 도청 담을 넘어 노동청 가는 길목의 하수구 뚜껑을 열고 들어갔다."(신만식 1989)

설사 공수들이 총을 쏜다고 해도 김준봉이 증언하듯이 "사무실 구조가 복도를 들어와 문을 열게 되어 있어서 총알이 안으로 날아올 수는 없었다."시민군 중 단 한 명도 계엄군이 쏘는 총에 시민군이 맞아 쓰러지거나, 계엄군이 사람이 있는 쪽으로 총을 쏘는 것을 본 사람이 없었다. 도청 2층의 윤상원과 1층의 박병규도, 그리고 광주상고 1학년 학생들이었던 문재학과 안종필 등 도청 돌담 바깥쪽에서 죽은 10명의 시민군도 모두 3공수여단 특공조 11대대 1지역대가 도청 본관에 도착하기 전에 사망했다. 도청 뒷담을 넘은 특공조가 본관에 도착하자 그때까지 도망가지 않은 시민군들은 모두 순순히 무기를 버리거나 반납하고 아래층으로 내려가 항복했으며, 시민군이 항복하는 과정에서는 단 한 명의 시민군도 총에 맞는 사고가 발생하지 않았다.

5월 27일 새벽의 시민군 사망자가 17명이라는 기록은 잘못된 것이다. 예를 들어, 1995년의 검찰보고서 139쪽에는 당시 14세의 서광여중 3년생인 김명숙 양도 17명의 시민군 사망자 명단에 포함되어 있는데, 이것은 기록상의 오류이다.

광주시 동구 보건소장 명의로 작성된 1980년 5월 30일자 사망진단서에서 김명숙 양의 사망 시간은 5월 27일 새벽이 아닌 오후 9시 35분이었으며, 그 장소도 전남대 정문 앞 천변이었다. 광주사태 당시에는 전남대 정문 앞에 넓은 도랑이 있었다. 그날 아침 계엄군이 도청과 전일빌딩과 광주공원 등에서의 시민군의 무기들은 회수했으나, 시내에서 굴러다니거나 시민군이 가정집에 은닉한 무기들은 아직 회수되지 않아 시민군 총기 사고의 위험은 여전히 도사리고 있었다.

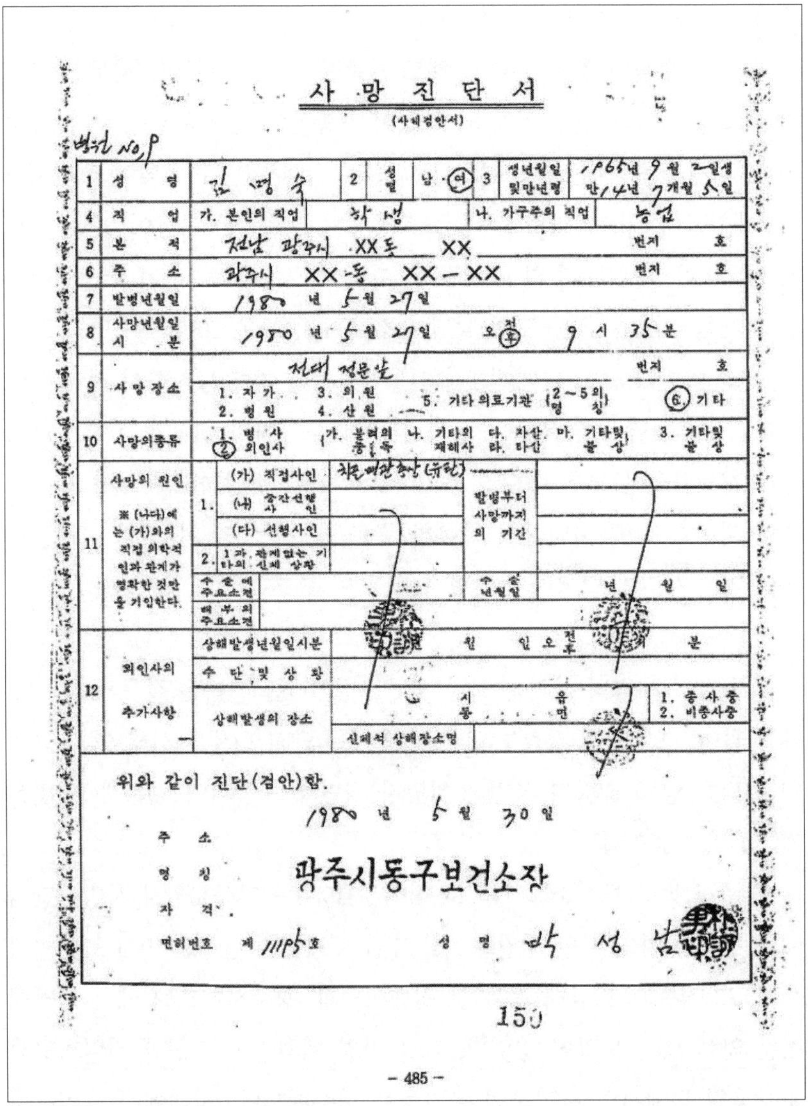

사 망 진 단 서

(사체검안서)

병원 NO. 9

1	성 명	김 명 숙	2 성별	남 · (여)	3 생년월일 및 만 년령: 1965년 9월 2일생 만 14년 7개월 5일
4	직 업	가. 본인의 직업 학생		나. 가구주의 직업	농업
5	본 적	전남 광주시 XX동 XX 번지 호			
6	주 소	광주시 XX동 XX－XX 번지 호			
7	발병년월일	1980 년 5 월 27 일			
8	사망년월일 시 분	1950 년 5 월 27 일 오(전)(후) 9 시 35 분			
9	사 망 장 소	전대 정문앞 번지 호 1. 자 가 3. 의 원 5. 기타 의료기관 (2~5의 명칭) (6.) 기타 2. 병 원 4. 산 원			
10	사망의종류	1. 병 사 (2) 외인사 (가. 불려의 중독 나. 기타의 재해사 다. 자살 라. 타살 마. 기타및 불상) 3. 기타및 불상			
11	사망의 원인 ※ (나다)에는 (가)와의 직접 의학적 인과 관계가 명확한 것만을 기입한다.	1. (가) 직접사인: 치존 대관총상 (유탄) (나) 중간선행 사인 (다) 선행사인 2. 1과 관계없는 기타의 신체 상황	발병부터 사망까지의 기간		
		수술에 주요소견	수술 년월일	년 월 일	
		해부의 주요소견			
12	외인사의 추가사항	상해발생년월일시분: 년 월 일 오(전)(후) 시 분			
		수단 및 상황			
		상해발생의 장소: 시 동 읍 면	1. 종사중 2. 비종사중		
		신체적 상해장소명			

위와 같이 진단(검안)함.

1980 년 5 월 30 일

주 소

명 칭 광주시동구보건소장

자 격

면허번호 제 11195 호 성 명 박 성 남

150

시민군 무기가 아직 완전히 회수되지 않아 당분간 총기사고 위험이 있던 때에 김명숙 양은 왜 그 늦은 밤에 혼자 외출했으며, 왜 총상을 입게 된 것인지 우리는 알 길이 없다. 한 가지 분명한 것은, 그녀는 도청 시민군 사망자는 결코 아니라는 사실이다. 따라서 5월 27일 새벽의 시민군 사망자 숫자는 17명이 아닌 16명으로 정정되어야 한다.

5월 27일 새벽에 전남도청에서는 전투가 없었다. 단지 시민군 저격수들의 총에 시민군들이 맞아 11명이 열사가 되고, 윤상원이 자기 수류탄으로 자폭하여 총 12명의 시민군이 열사가 된 사건이 있었을 뿐이다. 16명 중 그 12라는 숫자를 뺀 나머지 4명은 계엄군의 총에 맞았을 개연성이 충분히 있지만, 그 장소는 도청이 아닌 다른 곳이었다. 그날 새벽과 아침에 계림국민학교 부근과 야산과 광주 YWCA 등 여러 곳에서 맹렬한 전투가 벌어졌으며, 시민군이 먼저 공격한 그 교전 중에 국군 3명과 시민군 4명이 총상으로 사망했다.

아래 사진에서 보듯이, 공수부대 철모를 쓴 시민군 본부는 광주공원에도 있었으며, 광주공원 시민군 무기회수 작전은 7공수여단 33대대 특공조 181명이 맡았다. 7공수여단 특공조는 광주공원의 시민군 본부를 점령한 후 단 한 명도 도청 쪽으로 이동하지 않았다.

이양현의 다음의 증언을 살펴보면, 시민군은 사람을 죽일 의도를 품고 국군을 향해 조준사격을 했던 반면, 군인들은 시민군이 자신을 향해 조준하고 있는 상황에서도 총이 시민군에게 맞지 않도록 배려하며 항복을 유도하는 위협사격만 했다:

"그때 밖은 이미 동이 터서 사람들이 움직이는 모습이 보였다. 수협 공판장 앞에도 8~9명의 계엄군이 움직이는 게 보였다. 몇몇은 우리가 LMG를 설치해 놓은 전일빌딩으로 달려갔다.

계엄군이 도청 수위실을 점거하는 것도 보였다. 나는 그들을 향해 카빈총으로 탄환 한 클립을 다 쐈는데도, 그리고 내가 특등 사수였는데도, 이상하게도 한 방도 맞지 않았다. 그때 등 뒤가 시원한 것 같아 돌아보니 김영철씨가 없었다. 옆방으로 가니까 그가 유리창 밑에 웅크리고 있었다. 그는 그러다가 창 너머로 총을 한 차례씩 갈겼다.

김영철씨는 카빈으로 이미 창밖 베란다에 바짝 접근해 있는 계엄군을 향해 총을 한 방 탕 쏘고는 주저앉고, 또 한 방 탕 쏘고는 주저앉곤 했다. 그러자 계엄군도 M16을 드르륵 갈기곤 숨고, 또 드르륵 갈기곤 숨곤 했다. 나는 그 방에 들어가 그걸 보는 순간 다른 생각이 싹없어지며 '이제 죽는구나!' 하는 생각이 떠올랐다.

그때 내 눈에는 계엄군이 보였는데, 총이 쏴지질 않았다. 그 계엄군도 나를 봤는데 총을 못 쏘는 것 같았다. 그저 보지 않고 방에 대고 드르륵 드르륵 갈기는 것 같았다. 나는 순간 총을 들어 그를 쏘려고 했다. 그 순간 '항복'이란 단어가 떠올랐다. 그래서 나는 밖에다 대고 소리쳤다. '항복! 항복!'"(月刊朝鮮특별취재반 1988, 447-448)

이양현은 위의 증언에서 창밖 베란다에 계엄군이 있었다고 했는데, 그 좁은 곳에 계엄군이 숨어 있을 곳이 어디 있었겠는가? 창밖 베란다에 계엄군이 있었다는 것은 그의 상상이고 그가 직접 본 것은 아니었다. 이양현이 처음 들은 M16의 드르륵! 소리는 신만식과 박남선 등 시민군들이 2층 복도에서 쏜 총 소리였다.

5월 27일 새벽의 도청 구간 및 주변의 12명의 시민군 사망자들 중 건물 안에서 사망한 윤상원과 박병규를 제외한 나머지 10명은 도청 정문 주변에 배치되었다가 시민군 총에 맞아 열사가 되었다. 그런데 그 중에서 당시 호남신학교 4학년 재학 중이던 문용동 전도사는 도청을 지키기 위해 그곳에 있었던 것이 아니다. 당시 26세의 청년이었던 문용동 전도사가 바로 계엄군과 내통하여 TNT 창고의 폭약 뇌관을 모두 분리시켜 달라고 요청한 장본인이었다.

김기석 전교사 부사령관은 문용동의 요청에 쾌히 동의하였고, 계엄군 탄약 전문가 배승일씨를 보내서 이틀간의 작업으로 26일 오후까지 도청에 설치된 폭발물을 모두 제거했다고 들었지만, 그래도 행여 TNT가 폭발하면 광주시 전체가 불바다가 될까봐 마음이 놓이지 않았던 문용동 전도사는 시민군이 밤새 TNT를 유출하거나 창고에 담뱃불을 던지는 것을 감시하는 파수군의 역할을 하기 위해 그날 밤 도청에 남아 있었던 것이다.

새벽 3시경 시민군 무기 분배가 시작되고 있었을 때 여러 명의 청소년 시민군들이 깡소주를 마시고 담배를 피우고 있었으며, 그런 산만한 분위기에서는 시민군 총기 사고로 여러 명의 사상자가 날 수밖에 없게 되어 있었다.

김동수, 김종연, 이강수, 박성용, 유동운, 안종필, 문재학, 민병대, 문용동, 홍순권 등 10명이 모두 도청 앞, 즉 도청 정문과 분수대 주변에서 사망했다. 도청 정문 앞쪽에 배치되어 있다가 시민군 총에 맞아 열사가 된 이들 10명 중에서 민병대는 부화장의 종업원이었고, 2명의 광주상고 1학년 학생 문재학과 안종필 및 조대부고 3학년 박성용 외에도 이강수가 금호고 2학년에 재학 중이던 고등학생이었고, 김종연은 재수생이었으며, 홍순권은 무직 청소년이었다. 이처럼 5월 27일 새벽의 시민군 저격수 총기난사로 인한 참사 희생자들 대부분은 고등학생들이거나 고등학생 연령대의 청소년들이었다.

임수원 3공수 11대대장이 지휘하던 공수부대는 오전 6시 30분에 20사단에 업무를 인계하고 부대로 복귀하기까지는 도청 정문 밖으로 나간 적이 없었으며, 임수원 대대장이 보고받은 작전 결과에서는 도청 내의 시민군 사망자 수가 4명이었다.(제144회 국회 청문회 1989, 26:54)

계엄군의 각 부대 간에는 역할 분담이 있었다. 3공수 11대대의 임무는 시민군의 무기를 회수하는 것이었고, 아침 6시 30분에 도청을 인계받은 20사단 61연대의 임무는 공무원들이 그날부터 출근할 수 있도록 도청 주변을 청소하는 것이었다. 1995년 검찰 보고서의 아래 기록이 그날의 역할 분담을 이해하는 데 참고가 된다.

    ○ 5.26. 23:00경 3공수여단 특공조 11대대 1지역대 장교 13명, 사병 66명은 광주비행장을 출발하여 주답에 도착한 후 다시 조선대 뒷산으

로 이동하여 조선대 종합운동장, 조대부종, 조대여고, 전남 기계공고,
조대 앞, 노동청을 거쳐 5.27. 04:00경 전남도청 후문에 도착, 도청 후
문을 넘어 3중대, 2중대, 1중대, 특공중대, 4중대, 11중대 순으로 진입
하여 05:21 전남도청 점령을 완료하고, 07:30경 20사단 61연대에 전남
도청을 인계한 후 08:00경 부대로 복귀하였음. (서울지방검찰청·국방부
검찰부 1995, 137−138)

　　아래의 사진에서 20사단 61연대 장병들이 아침 6시 30분경 3공수 11
대대로부터 도청을 인계받은 후 도청 앞 분수대 주변을 청소하고 있다.
이것은 전투도, 학살도, 사살도 아니었다. 그들의 역할은 단지 청소였기
에 그들은 아예 총을 소지하지 않고 삽으로만 작업을 하고 있다. 이 청소
작업 중에 20사단 장병들이 광주상고 1학년 문재학과 안종필 등 8명의
시민군 시신을 분수대 주변 및 도청 정문과 담벼락 주변에서 발견하고
수습했던 것이다.

　아침 6시경에 청소년 시민군 윤석루가 자신과 아무런 원한 관계가 없는 임수원 대령을 권총으로 사살하려고 한 사건이 있었는데, 아래 사진은 이 사건 재구성에 참고가 된다.

　아래 사진은 총을 내던지고 항복한 시민군들을 콘크리트 바닥 위에 엎드려 있게 한 장면을 보여주고 있는데, 이 사진은 계엄군의 잔혹성의 증거로서 이용되어 왔다. 그러나 그것이 시민군의 생명을 가장 잘 보호할 수 있는 방법이었다. 1980년 5월 27일 아침에도 시민군의 수류탄 자폭과 총기 난사 사건이 일어날 가능성이 있었기 때문에 총기사고 예방을 위해서는 이런 조치가 필요했다.

시민군 지도부는 만약 계엄군이 광주에 재진입하면 다이너마이트와 수류탄으로 집단 자폭하겠다고 공언해 왔었다. 전날 계엄군 폭약 전문가가 TNT 창고에 잠입하여 TNT와 수류탄 뇌관을 모두 분리하였지만, 그 전부터 수류탄을 차고 다니던 시민군의 수류탄 뇌관까지 분리할 수는 없었다. 시민군이 총을 내던지고 항복했을 때에도 수류탄은 여전히 몸에 지니고 있었다. 위 사진 속의 차 아래에 숨어 있던 시민군도 수류탄으로 자폭하려다가 권총 난사를 한 사건이 있었다.

1989년 2월의 광주청문회에서 임수원 대령은 윤석루 기동타격대 대장이 자기를 사살하려고 했던 일화를 다음과 같이 증언한다:

○ 김홍길 위원: 도청 진압 당시 살려달라고 애걸하는 사람도 처참하게 사살했다는 그러한 주장이 있습니다. 증인께서는 여기에 대해 책임 여부를 분명히 밝혀 주시기 바랍니다.

○ 증인 임수원: 여기 앉아 계시는 위원님들도 마찬가지겠습니다만, 저희 군인도 여러 위원님들과 형제자매 또 국민들의 자제로 이루어진 군인들입니다

제가 예를 하나 든다면, 도청에 들어가서 막 무전기를 들고, 야! 빨리 작전을 종료할 수 있도록 해라! 하고 독려를 하는 중에 바로 발밑에서 총성이 2발 났습니다. 그래서 긴장해 가지고 어떻게 된 것인가 하고 확인해 보니까, 차 바로 밑에서, 도청 안에는 아주 많은 장비들이 즐비하게 늘어 있었고 차량도 많이 있었는데, 차 밑에서 바로 저를 보고 총을 쏜 것입니다. 그래서 확인을 해 보니까 그 밑에 한 시민군이 철모에 기동타격대장이라는 그런 직책을 표시해 가지고 M1 총을 들고 있었는데, 그래서 붙잡았습니다.

보시다시피 제가 키가 좀 작지 않습니까? 그래서 쳐다봤습니다. 그 순간 옆에 있던 우리 병사가 노리쇠를 후퇴 전진시키기에 제가 딱 잡

앉습니다. '너 이놈, 왜 이래! 다른 임무 수행해!'하면서 극구 만류하고
는, 제가 화가 나서 그 자의 뺨을 한 대 때렸습니다. 아마 지금도 광주
에 계시는가 어디 계시는가 모르겠지만, 이 TV를 보고 계신다면 저를
기억하실지 모르겠습니다. 그래서 '당신 나하고 무슨 원수가 져서 서로
죽이려고 총을 쏘고 그러느냐?'고 했습니다. 그리고는 제가 우리 병사
를 보고 이 특공대장은 특별히 표시해 가지고 후송하라고 해서 후송을
시켰습니다.

그런데 어떻게 하물며 살려달라고 하는 사람을 죽이겠습니까? (제
144회 국회 1989:26:43)

동신중학교 2년을 중퇴하고 19세에 기동타격대 대장이 된 윤석루는
정문 바깥쪽에 시민군 병력이 배치되어 있다는 것을 깜박 잊고 있었고,
그 수가 50여명이라는 사실을 전혀 모르고 있었던 듯하다. 윤석루가 2층
복도의 기동타격대 대원들에게 내린 사격명령으로 인해 도청 정문 주변
에 10명의 시민군 희생자가 생기게 된 데 대한 누명을 임수원 중령이 뒤
집어쓰게 되어 있었다. 그런데도 그날 이른 아침 윤석루와 임수원이 운명
의 첫 대면을 했을 때는 두 사람 모두 도청 정문 바깥쪽에 10명의 시민군
희생자들이 있다는 사실을 전혀 모르고 있었다.

(광주사태 당시 중령으로서 계엄군 특공조 인솔장교였던) 임수원 대령에게
는 자기를 쏘려고 한 시민군에게 응사할 정당방위 권한이 있었다. 더구나
그날 아침의 시민군 무기회수 작전을 위해서는 최규하 대통령으로부터
군 자위권 허가도 내려져 있었던 때였다. 그런데도 임 대령은 자위권을
행사하지 않았고, 자기를 죽이려고 한 시민군에 대한 그 어떤 보복조치
도 하지 않았다.

박남선 상황실장이 전날 26일 오전 9시에 기동타격대 대장으로 임명

한 윤석루는 폭력전과가 있는 19세 청소년이었다. 사실 박남선 본인에게
도 절도 전과가 있었는데, 시민군 간부들의 이러한 이력은 최근 광주시
와 5·18왜곡대책위가 두 복면시민군 사진을 언론에 공개함과 더불어 그
인솔자들의 시민군 활동 배경도 함께 노출되면서 드러나게 되었다. 박남
선은 윤석루를 기동타격대 대장으로 임명한 즉시 '리벌버' 권총을 지급해
주었다.

1989년 2월 23일의 제29차 광주청문회에서 윤재기 위원은 윤석루 증
인에게 "지난번 청문회에서 임수원 증인이라고 당시 3공수 11대대장이
도청 앞 진압부대였는데 증언을 통해서 윤석루 증인이 임수원 대령을 향
해서 두세 발의 총을 발사했다고 증언했는데, 이것은 사실입니까"라고
심문하였다.

이 심문에 대한 답변으로 윤석루는 1980년 5월 27일 새벽 날이 밝아
오는 때 기동타격대 부대장 이재호와 제1조 조장 이재춘과 함께 큰 차 밑
에 숨어 있었는데, 이재호와 이재춘이 수류탄으로 자폭 제의를 하자 그
러느니 총을 쏘고 죽겠다며 자신이 소지하고 있던 '리벌버' 권총으로 임
수원 대령에게 총을 두세 발 쏜 사실을 이렇게 증언했다:

> 그래서 도저히 빠져나갈 수가 없는 상황에서 제 동지들이 수류탄으
> 로 자폭도 제의를 했지만 나는 그것은 의미가 없다고 보고 어차피 나
> 가서 잡혀 죽으나 여기에서 총을 쏴서 죽으나 마찬가지라고 생각했기
> 때문에 제가 소지하고 있던 '리벌버' 권총으로 공수부대 제1 지휘자급
> 으로 보이는 임수원 대령에게 총을 두세 발 쐈습니다. (제145회 국회 청
> 문회 1989, 29:106)

바로 2시간 반 전 윤석루가 시민군에게 사격명령을 내린 이래 시민군
은 수만 발의 실탄을 발사했다. 시민군 발포 명령자로서 그가 예상했던

법적 책임은 아주 무거운 것이었다. 체포되면 살아날 가능성이 없다고 예상한 윤석루는 이와 같이 죽을 바에야 공수부대 최고 지휘관을 죽이겠다며 두세 발을 쐈던 것이다. 만약 그에게 권총 사격 경험이 있었더라면 바로 눈앞의 표적을 명중시켰을 것이다.

임수원 대령은 자기를 죽이려고 한 윤석루를 현장에서 정당방위 권한으로 응사하지 않는 대신 법적 책임을 물어 보복할 수도 있었을 것이다. 그러나 임 대령은 이 젊은 청년의 장래를 생각하여 그 일을 9년 후의 광주청문회 때까지는 비밀에 붙여 주었으며, 수사관들에게 알리지 않았다. 폭력 전과로 그때 집행유예 기간 중에 있었던 윤석루는 임수원 대령을 겨냥하였던 살인미수 건으로는 어떤 조사나 재판도 받지 않았다.

윤상원이 시킨 대로 수류탄 자폭 제의를 한 시민군은 기동타격대 부대장 이재호였다. 그때 차 밑에서 그 옆에 있었던 기동타격대 제1조 조장 이재춘은 자기가 전날 오후 2시에 기동타격대에 가입시킨 자기 부하들인 임성택 일행을 어느새 내팽개치고 기동타격대 최고 간부들인 윤석루 대장 및 이재호 부대장과 함께 숨어 있었던 것이다.

차 밑에 숨어 있던 시민군 간부들은 그때까지도 총을 소지하고 있었다. 윤석루는 '기동타격대장' 계급 표시가 되어 있는 철모를 쓴 채 M1소총을 소지하고 있었고, 이재춘은 공수부대 모자를 쓴 채 M16을 소지하고 있었다.

이재춘은 비록 윤석루 기동타격대장의 살인미수 사건에 대해서는 언급하지 않았지만 그 사건 때 윤석루와 함께 차 밑에 숨어 있을 때 여전히 M16을 소지하고 있었던 사실을 이렇게 증언한다:

"나는 도청 2층으로 올라갔다. 사람들이 별로 없었다. 그래서 도청 입구 쪽으로 다시 내려왔다. 내려오면서 보니 군인들이 계속 도청 안으로 들어오고 있었다. 그래서 나는 수위실 부근의 차 밑으로 들어가 잡히기

전까지 숨어 있었다. 차 밑에서 숨을 죽이고 내다보니 군인들이 왔다갔
다 하는 모습이 보였다. 도저히 다른 곳으로 도망갈 엄두가 나지 않았다.
그곳에는 기동타격대 대장인 윤석루 씨와 전남대생 1명과 조선대생 1명
이렇게 모두 4명이 숨어 있었다. 우리는 모두 차와 한 몸이 되어 숨어 있
었다. 날이 훤히 밝자 군인들이 차 밑으로 총을 한 방 쏘더니 나오라고
했다. 우리는 곧바로 나갔다. 이때가 새벽 6시 30분 정도 되었을 것이다.

  끌려 나간 우리를 군인들은 앞을 못 보게 하고 고개를 숙이라고 했
다. 그러고는 우리 등 뒤에 뭐라고 글씨를 썼다. 나는 그때 도청에 몇
정 안 되는 M16을 가지고 있어서 내 등 뒤에다 M16 소지라고 씌어졌
다. 다른 사람들은 대부분이 카빈을 가지고 있었는데, 나는 기동타격대
로 편입된 후 카빈의 성능이 좋지 않음을 알고 M16을 소지한 것이다.”
(이재춘 1989)

이재춘 본인이 증언하듯이, 그리고 위의 사진에서 보이듯이, 시민군
들은 이미 5월 21일부터 M16으로 무장하고 있었다. 군용지프 뒤 칸에는
입에 담배를 꼬나물고 긴 각목을 들고 있는 청색 추리닝 차림의 시민군
이 보인다.

3공수여단 11대대의 마지막 임무는 오전 6시 30분에 항복한 시민군을
상무대로 호송하는 것이었다. 그런데도 공수부대 장병들은 전우들의 복
수는커녕 상무대로 시민군들을 호송하기에 앞서 시민군들에게 불리한
증거물들을 인멸하라고 귀띔하여 준 사실을 위성삼은 이렇게 증언한다:

  그런데 그때 하나 고마운 것이, 경상도 말씨의 군인인데, 저희들이
  그때 탄약을 소지하고 있었는데 탄약을 빼라고 했습니다. 이것을 빼지
  않으면 쟤네들한테 맞는다, 그런 사람들도 있었습니다. (제145회 국회
  1989:4-2)

　비록 시민군들이 황급하게 총을 버리고 항복했지만 미처 수류탄과 실탄을 버리지는 못했다. 그런 탄약들을 소지한 채로 상무대로 연행되면 그런 무기 소지 사실이 법정 기록으로 남게 되며, A급 주동자로 분류되어 수사 대상에 오르며, 형벌을 면하기 어렵게 된다. 공수부대원들은 아주 급히 시민군들을 상무대로 호송하고 도청을 빨리 20사단 61연대에 인계해 줘야 하는 상황에서도 시민군들을 위해 그런 배려를 하고, 무기소지 사실의 증거를 인멸할 기회를 주었던 것이다.

제 5 장 〈임을 위한 행진곡〉 주인공들의 사인(死因) 비화

〈임을 위한 행진곡〉의 두 주인공 박기순과 윤상원이 합장된 묘가 5·18국립묘지에 있기 때문에 참배자들은 그들이 계엄군의 총탄에 희생된 열사들인 줄 잘못 알고 있다. 그러나 〈남민전〉 여성 전사 박기순은 1978년 12월 26일 새벽에 연탄가스 중독으로 사망했고, 〈남민전〉 남성 전사 윤상원은 1980년 5월 27일 자신이 소지하고 있던 수류탄으로 자폭했다.

〈임을 위한 행진곡〉의 핵심 가사 "산 자여 따르라"는 도대체 누구를, 그리고 무엇을 따르라는 뜻인가? 대부분의 사람들은 그 가사의 의미를 생각하지 않거나 모른 채 그 노래를 제창하지만, 만약 이 노래 주인공들의 사망 원인과 관련해서만 생각한다면, 그 의미는 "산 자여 박기순의 연탄가스 중독을 따르라! 산 자여 윤상원의 수류탄 자폭을 따르라!"라는 뜻으로 이해될 수도 있는 가사이다.

여하간 〈임을 위한 행진곡〉을 제창하는 가장 중요한 이유는 그 노래의 남녀 주인공들의 사망 원인이므로, 그 정확한 사실을 알아보자.

1. 박기순의 연탄가스 중독

5 · 18측에서 1978년 12월 26일 연탄가스 중독으로 사망한 박기순을 5 · 18열사라고 부르고 광주사태 유공자라고 주장하는 이유는 무엇인가? 1978년 12월 어느 날 그녀의 가족의 실수로 발생한 이 사건이 1980년 5월 18일 일어난 광주사태와 무슨 관련이 있기에 5 · 18유공자라는 것인지, 그 사연을 알아보지 않을 수 없다.

광천동 천주교회가 장소를 제공하여 1978년 7월에 문을 연 들불야학은 1981년 4월에 4기 졸업을 끝으로 문을 닫았다. 즉, 3년제 야학이 아니라 6개월 혹은 1년의 단기과정이었던 것이다. 들불야학 설립자는 전남대 국사교육과 3학년을 중퇴한 박기순이었는데, 그녀는 낮에는 광천동 공단 위장취업자로 활동하고, 밤에는 야학을 운영했다.

1978년 광주에서 야학은 베트콩의 한국판이었던 〈남민전〉의 인민혁명 전략을 위해 처음 시작되었다. 이 목적을 위해 〈남민전〉이 그때부터 위장취업자들을 공단에 파견하기 시작했으며, 위장취업자 제1호였던 박기순과 그녀의 동지들이 들불야학을 시작했다.

1978년 초에 전남대에는 여러 위장 명칭으로 6개월 심화학습 과정의 〈남민전〉 서클들이 등장했다. 6개월간의 심화학습을 통해 〈남민전〉의 반미 종북 사상으로 무장된 운동권 학생들은 바로 그해 7월에 광천동 공단의 청소년들을 같은 사상으로 의식화시킬 목적으로 들불야학을 시작했다. 그래서 광주매일 「正史 5 · 18」은 노동자들을 의식화하기 위해 전남대 운동권 학생들이 중심이 되어 들불야학이 창설된 사실을 이렇게 기록한다:

　현장을 중심으로 한 노동자, 노동운동가들의 활동 외에도 노동자들을 의식화하기 위한 청년학생들의 야학 활동과 노동현장으로의 투신도 이 때부터 시작된다.

　1978년 7월 박기순(여 · 국사교육과 · 1978년 작고), 신영일(국사교육과 · 1988년 사망), 임낙평(인문대 · 현 광주 · 전남환경운동연합 사무국장), 나상진 (현 토지개발공사 근무), 이경옥(교육학과 · 현교사) 등 전남대 운동권 학생들 이 중심이 되어 들불야학이 창설된다.

　광천천주교회 교리실 한 칸을 빌려 시작된 들불야학은 곧 윤상원(5 · 18 당시 사망), 전영호(현 광주출판사 경영), 박관현(전남대 총학생회장 · 1982년 사 망), 김영철(5 · 18관련자) 등이 동참하면서 김상윤의 녹두서점, 윤한봉(5 · 18 최후수배자)의 현대문화연구소 등과 함께 학생운동권 및 민주화운동 세 력의 주 활동무대이자 연결고리 역할을 한다. (광주매일 「正史 5 · 18」1995, 218)

　1978년 7월 들불야학 설립 당시 박기순은 〈남민전〉의 여성 전사로서 이미 직업적 운동권이었다. 그래서 여대생이었던 그녀가 학업을 중단하 고 곧바로 〈남민전〉 위장 취업자로서 여공의 길을 선택했으며, 저녁에는 야학 경영에 전념했다.

　박기순은 들불야학을 설립한 지 반 년도 채 못 된 1978년 12월 26일 가족의 실수로 연탄가스 중독으로 사망했기에 광주사태와 그 어떤 관련 도 있을 수 없다. 다만 원래 들불야학 설립 목적이 월남의 인혁당과 베트 콩의 인민혁명 방법을 한국에 적용하는 것이었기 때문에 광주사태 때 들 불야학이 시민군 골간 조직으로서 동원되었다.

　5 · 18기념재단 설립자 윤한봉은 자신에게도, 그리고 박기순의 오빠 박형선에게도 책임이 없지 않아 있었던 연탄가스 중독사고 발생의 자초

지종을 이렇게 증언한다:

　　78년 12월 25일 박기순이가 죽는데 (…) 그 기순이는 완전히 내 대신 죽었다는 것 때문에 기순이 이놈에게 빚이 많은데, 내가 78년에 이렇게 뛰어다닐 때, 여전히 똥가방 매고 다니면서 동가식서가숙(東家食西家宿) 하고 다니는데, 자꾸 주변에서 나이 먹어 갖고 그러고 다닌다고 방 얻으라고 돈을 준 거예요. 그런데 그때마다 활동비로 써버린 거지. 그러니깐 세 번째 똑같이 방을 얻으라고 돈을 준 사람이 있더라고요. 미안해 블더라고. 첫 번째 준 놈 써 불고, 두 번째 준 놈 써 블고, 세 번째는 할 수 없이 내가 방을 얻었어요. 전남대학교 의대 앞인데, 골목길에서 들어가 가지고. 또 방을 얻어놓고 있으면서 들어가서 잘 안 자고 그랬는데, 겨울이 서서히 다가오고, 그런데도 내가 연탄을 안 때고 있으니까 연탄 때는 데 쓰라고, 이 사람 저 사람 돈을 주는데, 또 계속 활동비로 써버리니까, 어느 날 어디 갔다 와보니 송백회(松柏會) 여자분들 중에서 한 사람이 아예 연탄을 사와서 쟁여놨더라고, 부엌에다. 그랬더니 후배들이 (…) 혹시 가스 샐지 모른다고, 오래 안 쓰던 방이라고, 방을 전부 손을 봤다고요.

　　연탄 때라고 나보고 그러는데, 다음날인가 내가 연구소에 앉아 있는데, 시청에 주택과엔가에 관계된 친구가 있어서, 연탄가스 걱정을 하는 이야기를 나누고 있으니까, 그 친구가 그래요. 자기들이 국민주택단지인가를 지었는데, 서민들을 위해서 염가로 팔고 뭐 어쩌고 저쩌고 하는데, 연탄가스 새는가 안 새는가를 확인하는 데 기가 막힌 것이 있다는 거예요. 그게 뭐냐, 그랬더니 요만한 조그마한, 노랗게 생겼어요. 구멍 뽕뽕뽕 뚫어지고 얇은데, 요놈을 타오르는 연탄불 위에다 놓고 뚜껑을 딱 덮으면 방에 연탄가스 샐 만한 구멍이 있으면 요 노란 연기 같은 것이 다 나온다는 거야. 거기만 막으면 된다는 거야. 연탄가스는

눈에 안 보이는데, 요건 색깔이 노란 연기가 올라오는 거여. 그럼 여지
없이 찾아낸다. 이걸 가지고 써보라고 날 주더라고, 두 개를. 그래서 집
에 와서 연탄불을 집주인한테서 빌려 가지고 불을 붙였어. 그때가 열한
시가 좀 넘었는데, 이미 후배들이 손 봐 놔서 안심하고 자려고 하다가,
가만 있자, 그 친구가 준 거 한 번 실험을 해보자, 그래 갖고는 나가서
그걸 얹어본 거예요. 그래 갖고 뚜껑 덮어 놓고 인자 누워 있는데, 웬
걸 여기저기서 노랗게 나와 브러. (강현아 2006; 윤한봉 2006, 구술녹취문
2차 3-6)

윤한봉이 사건 발생 28년만인 2006년에 이 사건의 비화를 증언할 때
는 날짜를 하루 혼동하여 1978년 12월 25일날이라고 하였으나, 박기순이
연탄가스 중독으로 사망한 날은 크리스마스가 아니라 크리스마스 다음
날인 12월 26일 새벽이었다. 12월 25일 밤은 윤한봉이 처음으로 자기 방
에 연탄불을 붙인 날이었다.

그때만 해도 연탄가스 중독 사고가 간혹 있었던 시절인지라 윤한봉은
연탄가스가 새는 것을 방지하는 방법으로 연탄가스 탐지기를 연탄불 위
에 올려놓았다. 그것을 얹어놓으면 연탄가스가 새면 노란 연기가 나오게
되어 있었다. 이때 노란연기가 나오는 구멍만 막으면 되는데, 겁에 질린
윤한봉은 한밤중에 남의 집에 가서 자려고 뛰쳐나왔다.

1977년에는 다이너마이트와 수류탄으로 박정희 대통령을 암살할 음
모를 진행시키고 있었고, 1980년 연초부터 광주에서 무장봉기를 일으킬
준비에 박차를 가했던 윤한봉이 1978년에는 연탄가스 공포증을 갖고 있
었다. 그래서 운동권 여성들이 부엌에 연탄을 쟁여놓고, 친구가 가스중독
방지 안전장치를 구해다 주었으나 노란 연기를 보는 순간 공포에 질려
12시 통행금지가 가까운 심야에 자기를 재워 줄 집을 찾아 나섰다. 공교

롭게도 처음 찾아간 집이 훗날 박기순을 위해 〈임을 위한 행진곡〉을 작
사한 황석영의 집이었음을 윤한봉은 증언한다:

그러고는 바로 그 길로 나와 가지고 열두시, 그때는 통금이 있을 때
라, 황석영씨 집으로 갔어요. 기독병원 뒤에 있었는데, 양림동에. 그 골
목을 이렇게 돌아가면 여기가 철길, 논, 그땐 아무 것도 없었어. 지금
봉선동 자리, 거기를 갔는데, 거기 갔더니 부부싸움 하는 소리가 동네
방네 시끄럽게 나버려요. 저놈의 빌어먹을 여편네, 아이고, 그래 갖고
안 되겠어요. 또 다시 얼른 골목길을 빠져 나와 갖고는 통금이 다 되어
가니까 택시 타고 주월동에 내 여동생하고 결혼을 했기 때문에 형선이
가, 그 부부가 시에서 지은 국민주택 같은 데서 살고 있었는데, 조그마
한 단층인데, 글쎄 거길 갔더니, 내 여동생 하는 말이, 마침 잘 왔다고,
기순이 아가씨가 그 들불야학 일이 바빠서 크리스마스 앞두고 성당으
로 가서 이틀째 안 들어온다는 거예요. 그러니까 연탄 따뜻하게 때 놨
으니까 노골노골 하니 여기서 푹 쉬고 가라는 거예요. 그러니까 문칸방
이, 방이 두 개인데….(강현아 2006; 윤한봉 2006, 구술녹취문 2차 3-6)

자정이 가까운 시간에 윤한봉이 황석영 집 앞으로 찾아갔더니 "저놈
의 빌어먹을 여편네" 하고 고함을 지르며 부부싸움 하는 소리가 동네방
네 들렸다. 이미 통행금지 시간이 되어서 오도 가도 못하게 되었지만 그
래도 차마 부부싸움 하는 소리가 들리는 집의 초인종을 누를 수는 없었
다. 그래서 하는 수 없이 황석영의 집 앞에서 택시를 타고 주월동으로 찾
아간 곳이 시집간 여동생 집이었다.
　윤한봉의 여동생 윤경자는 박형선의 아내이자 박형선의 여동생 박기
순의 올케였다. 1978년 여름 박기순이 전남대에서 제적을 당할 무렵에 박
형선이 장가를 갔으니 아직 신혼살림이었고, 박기순은 오빠 부부와 한

집에서 같이 살고 있었기에 그 집에는 방이 둘 있었다.

박기순의 들불야학은 광천동 천주교회 교리실 한 칸을 빌려 사용하고 있었기에 들불야학도 교회 크리스마스 행사에 동참했다. 그래서 24일 크리스마스 이브 때 밤새도록 교회에서 보내고, 25일의 성탄 미사에도 참여한 후, 박기순이 25일 막차 버스를 타고 귀가한 때는 자정을 막 지나 26일 새벽으로 접어들고 있을 때였다.

윤한봉이 여동생 부부와 같이 잘 수는 없어서 원래는 그날 밤에 박기순의 방에서 자기로 되어 있었다. 그런데 크리스마스 시즌이라 박기순이 광천동 천주교회에서 하룻밤 더 지내는 줄 알고 윤경자가 자기 오빠를 박기순 아가씨 방에서 재우려고 했던 것인데, 박기순이 갑자기 귀가하는 바람에 윤한봉이 큰 방으로 옮겨가서 자야 했다.

윤한봉에게 그날은 평생 잊으려야 잊을 수가 없는 운명적인 날이었다. 전남대 앞 자기 방에 처음으로 연탄불을 붙이던 날 밤에 가스가 새는 것을 알리는 노란색 연기가 모락모락 나는 것을 보고 연탄가스 중독을 피해 찾아오게 된 곳이 시집 간 여동생 집이었다. 그런데 그날 원래 그가 자기로 되어 있었던 박기순의 방이야말로 훨씬 더 독한 연탄가스가 방바닥 쪽에 짙게 깔려 있는 방이었다. 자기가 그 방에서 잤더라면 영락없이 죽을 뻔했는데, 이틀째 잠이 밀려 있었던 박기순이 자기 방에 눕자마자 잠에 골아 떨어져 가스를 마시고 즉사했는데, 그 일화를 그는 이렇게 증언한다:

> 근데 내가 바로 그 방에 들어간 게 아니라 오래간만에 봤으니까 형선이랑 여동생이랑 앉아서 (…) 이런 저런 이야기를 나누고 있는데, 12시 좀 지났을 때 기순이가 온 거야. 기순이가 애들 하고 같이 들불야학에서 쓰는 난로에 쓸 솔방울을 주워오고, 어쩌고 하느라, 늦게야 버스 타고 외곽도로에 왔는데, 버스가 두 댄가 자기가 손을 들어도 지나쳐

불드라는 거여. 그래서 들어갈까 말까 하다가 에이 한 번만 더 기다려 보자, 또 지나가버리면 들불야학 거기 가서 잘란다. 근데 마지막 세 번째 온 차는 태워줘서 그래서 타고 왔다. 그래서 피곤하고 어쩌고 저쩌고 하면서. 그러면 아가씨 얼른 씻고 자세요. 그러니까 나는 내 잘 방이 없어져 부렀지.

나는 이제 큰방에 형선이 옆에서 자고, 기순이는 씻고, 그때 씻는다는 것이 발 닦고 손 씻는다는 것이지 뭐 샤워하고 그런 것은 그때는 그런 것은 없었으니까.

아침에 여동생이 불러요. 아무리 봐도 기순이 아가씨가 이상하다고, 아무리 문을 흔들어도 안 일어난다고. 예감이 이상해서 후다닥 일어나서 문을 뚜드리는데 안 열려. 발로 차보고, 영화에서처럼 하고 들어갔더니 누워 있는 자리에서 일어나서 문 쪽을 향해서, 아마 소변보려고 나오려고 한 모양이었는지, 엎어져 있는데, 가서 뒤집어 보니까 입에서 거품이 나와요. 막 들쳐 업고 뛰어 병원으로 갔는데, 병원에서 사람들은 수속을 밟아라, 어째라, 염병하고. 화가 나 가지고 원무과 그 사람들 뺨 때리고 난리가 났지. 의사들이 이미 두 시, 두세 시 경에 가버렸다는 거야. (죽었다는 거야). 근게 피곤해 가지고 탁 떨어져 자는데, 이미 가스는, 무겁잖아요, 이틀 동안 쌓여 있었던 거예요. 그대로 눕고 가버린 거예요.

그날 기순이가 안 왔으면 내가 그 방에 들어가서 좋다고 노골노골하다고 눕는 순간에 가버린 거지. 기순이가 들어와서 내가 큰방에서 잤기 때문에 산 거지. 사람 운명이라는 것이 이렇게 순간에 갈리는 구나. 근게 나는 묘하게 연탄가스를 피해서 나와 갖고 연탄가스에서 죽을 뻔한 것을 기순이가 대신 딱 죽어버린 거야. 그러니 운명이란 것이, 내가 배 타고 비행기 타고 가면서도 느꼈는데, 야~ 내 팔자가 이상하다. 그래서 박기순이처럼, 아까운 사람인데, 아주 순수한 사람인데, 그런 일이 있었어요. 최초의 위장 취업자인데, 광주에서, 그렇게 갔어요. (강현아 2006; 윤한봉 2006, 구술녹취문 2차 3-6)

박기순은 자기 방에 들어가서 방문을 안에서 잠그고 누워 막 잠이 들려는 순간 질식할 것 같아서 연탄가스 마신 것을 직감하고 방밖으로 뛰쳐나가려고 문 쪽으로 향했으나 엎어졌다. 곧 죽을 것만 같은 순간 "사람 살려!"를 외쳤겠지만 그 소리는 마루 건너 옆방의 아무에게도 들리지 않았다. 그녀는 의식을 잃은 채 죽어가고 있었다. 21세의 묘령의 나이에 처녀로서 그렇게 죽어갔던 것이다.

장례식은 전남대 부속병원 영안실에서 치러졌다. 사실 들불야학의 존재는 설립한 지 불과 5개월째로, 아직 학생 수가 몇 명 안 되었던 1978년 즈음에는 사람들에게 전혀 알려져 있지 않았다. 그런데도 광천동에서의 그녀의 활동은 〈남민전〉 여성전사로서의 활동이었기 때문에 그녀의 장례식에 〈남민전〉 계열의 운동권들이 대거 참석했다. 황석영도 문병란과 함께 박기순의 장례식에 참석하여 조사를 헌사했는데, 이것이 그가 2년 후에 그녀를 위해 〈임을 위한 행진곡〉을 작사하게 된 동기였다. 물론 남주인공 윤상원도 그 노래 주인공에 포함되지만, 이 노래는 일차적으로 박기순에게 바쳐진 노래이다.

광주에서 들불야학과 더불어 〈남민전〉 방계의 또 하나의 야학은 백제야학이었다. 류락진 등 광주교도소에 수감되어 있던 비전향 빨치산 및 김남주 등 〈남민전〉 전사들의 옥바라지를 하기 위한 여성운동권 모임이었던 송백회(松柏會)가 주요 후원단체였던 백제야학 강학들 중에 당시 전남대 상대 1학년 학생이었던 김종률도 있었다.

운동권 음악인 김민기가 조곡(弔曲)을 헌사하기 위해 박기순의 장례식에 참석했을 때 학생 가수이자 아마추어 작곡가였던 김종률도 함께 참석했던 것이 그가 1982년 2월에 황석영과 더불어 박기순과 윤상원의 영혼결혼식 때 사용할 넋풀이 테이프를 제작하는 계기가 되었다.

전남의대 부속병원 영안실을 떠난 박기순의 유해는 화장터에서 화장되었다. 박기순을 화장하고 돌아온 날 윤상원이 일기장에 "영원한 노동자의 벗 기순이가 죽던 날"이라는 제목으로 쓴 시는 단 하나뿐인 위장취업 동지를 잃고 서럽게 우는 절규였다. 이 사건이 〈남민전〉 전사로서의 윤상원의 활동에 또 하나의 전환점이 되었다. 이때부터 박기순 대신 들불야학 경영을 윤상원이 도맡았다.

1978년 12월 26일 새벽에 발생한 박기순의 연탄가스 중독사고와 관련하여 우리가 품는 한 가지 의문은 어째서 5 · 18측이 그녀를 5 · 18열사라고 부르고, 광주사태 유공자라고 말하는가 하는 것이다.

박기순이 계엄군 총탄에 맞아 사망했는가? 아니다. 그녀가 광주사태 기간 중에 사망했는가? 아니다. 그녀는 광주사태가 일어나기 1년 반 전에 사망했다. 그렇다면 도대체 그녀와 광주사태는 무슨 관계가 있기에 그녀의 묘가 5 · 18묘지에 있으며, 그녀가 유공자 상위 랭크에 있는 것인가?

사건 전개 순서상 1978년에 연탄가스 중독으로 사망한 여성이 1980년에 발생한 5 · 18사건의 열사가 되는 것은 불가능하다. 그런데도 5 · 18측이 그녀를 열사라고 부른다면 그 근거가 무엇인가? 5 · 18측은 2년 전으로 소급해 올라가 1978년의 그녀의 활동을 시민군 활동으로 인정하는바, 필시 여기에는 그 어떤 곡절이 있을 것이다.

5 · 18측은 박기순의 1978년 10월부터의 두 달간의 위장취업 활동을 시민군 활동으로 간주하고 있는데, 이제 그 내막을 살펴보자.

박기순이 1978년 7월부터 들불야학을 시작하여 이미 바쁜 중에 10월

에 〈남민전〉이 그녀를 광천동 군납업체 아세아자동차공장 가까이에 있
는 동신강건사에 여공으로 위장 취업하라는 지령을 내린다. 당시 대학까
지 다닌 여성에게 여공으로 취업하라는 조직 상부의 지시에 그녀는 기꺼
이 응했으며, 그녀의 오빠 박형선도 반대하지 않았다.

전남대학교를 졸업하고 서울에서 은행에 취직하여 6개월간 은행원
생활을 하던 윤상원이 광주로 내려가 아세아자동차공장 근처 한남플라
스틱 공장에 위장취업 하라는 갑작스러운 지령을 〈남민전〉으로부터 받
은 때도 이 무렵이다. 광주매일『正史 5 · 18』은 그런 사실을 이렇게 기록
한다:

> 청년학생들의 노동현장 투신도 이어진다. 1978년 6 · 29 전남대 민주
> 교육지표 사건으로 강제 휴학당한 박기순이 그해 10월 광주 광천공단
> 동신강건사에 들어가고 비슷한 시기 윤상원도 한남플라스틱 공장에 일
> 용노동자로 입사하게 된다. 이들의 현장 투신은 비록 별다른 성과 없이
> 한시적인 활동으로 끝나지만, 80년대 중반부터 열풍처럼 불어닥친 대
> 학생들의 소위 '위장취업'의 효시가 된다.(광주매일『正史 5 · 18』 1995,
> 61-62)

사실 박기순의 연탄가스 중독사고로 인해 박기순과 윤상원의 위장취
업 활동은 두 달 만에 중단되었다. 그런데도 5 · 18측이 이에 아주 큰 의
미를 부여하고 그녀를 열사로서 호칭하는 이유는, 그녀가 군납업체 가까
이에서 위장 취업했던 것은 광주에서 무장봉기를 일으키기 위한 〈남민
전〉의 사전포석에 따른 것이었기 때문이다.

북한 특수부대 요원들 등 600명이 1980년 5월 21일 오전 9시에 아세
아자동차공장에 침입하여 순식간에 장갑차와 군용트럭 등 수백 대의 차
량을 탈취할 수 있었던 것은 그들이 그 공장에서 생산하는 차종 등에 대

한 상세 정보를 사전에 확보하고 있었기 때문이다. 또 시민군 중 과반수 이상이 실은 광천동 노동자들이었다는 사실을 광주매일 「正史 5 · 18」은 이렇게 확인한다:

> 그 중 윤상원 등이 주축이 된 들불야학 출신(윤상원은 5 · 18 이후 박기순과 가족들에 의해 영혼결혼식을 갖는다) 운동가들은 광주항쟁기간 중 「투사회보」 제작, 도청 사수 등 막중한 책무를 수행하게 되며, 택시 기사들의 차량행사를 비롯하여 여성 노동자들의 항쟁 참여 등은 두드러진다. 이는 전남사회 운동협의회가 집계한 항쟁 당시 구속자 · 부상자 · 사망자 중 직업이 확인된 801명의 52%에 이르는 420명이 저임금 노동자 · 운전기사 등으로 밝혀진 점에서 여실히 증명된다.(광주매일 「正史 5 · 18」1995, 62)

앞에서 말한 1982년 2월의 윤상원과 박기순의 영혼결혼식은 박기순의 오빠 박형선 등 그녀 가족의 제안으로 거행되었고, 윤상원의 선후배들도 참석했다.

들불야학 출신들을 보면 들불야학이 어떤 성격의 야학이었는지 짐작할 수 있다. 들불야학 출신 중에서 시민군 활동을 한 여성으로 가두방송을 한 차명숙이 있는데, 그녀의 학력은 초등학교 2학년 중퇴이다. 그녀의 직업은 가정부였으면서 자신이 전남대 영문과 3학년에 재학 중인 여대생이라고 신분을 속인 채 가두방송을 했다. 그녀는 자신의 학력과 직업을 속이는 거짓말을 하면서 유언비어 유포로 사람들을 선동한 활동을 인정받아 5 · 18광주민주화운동 유공자가 되었다.

그때 전남대 3학년생으로서 함께 가두시위 선동 및 홍보를 했던 이재의는 광천동 거주자로서 윤상원을 돕고 있었다. 그는 윤상원의 들불야학 출신들에 대해 그 누구보다 잘 알고 있으면서도 차명숙이 전남대생 행세를 하면서 시민군으로 활동하는 것을 허용했다.

자신의 학력과 직업을 속임으로써 5·18광주민주화운동 유공자가 된 또 한 명의 여성은 본명이 전춘심인 전옥주였다. 차명숙처럼 전옥주도 광주사태가 일어나자마자 갑자기 가명을 사용했는데, 대학을 다닌 적이 없었던 그녀는 자신을 원광대에서 무용학을 전공한 마산의 무용학원 원장이라고 속이고 북한 여자 아나운서 같은 억양으로 사람들의 심금을 울리는 가두방송으로 광주시민들을 홀렸다. 자신의 신분을 속이고 전옥주를 포섭하여 시민군 가두방송 요원으로 활동하게 한 여성이 바로 들불야학 출신 차명숙이다. 이것이 5·18측이 들불야학 출신들의 시민군 활동에 아주 큰 의의를 두는 또 하나의 이유이다.

차명숙이 시작하고, 그녀가 전옥주를 포섭하여 판을 크게 벌린 가두방송은 광주사태의 일대 사건이라 할 만큼 가두방송을 통한 이 두 여성의 선동의 위력은 막강했다. 그러나 시민군 가두방송을 지원하였던 이재의는 차명숙이 자기 모교 이름을 팔며 전남대 영문과 3학년 여대생으로 행세하고 있었던 것에 대해 무감각했다.

그리고 이재의는 5월 24일 이른 아침 시민군 본영을 탈영하여 서울로 도주한 시민군이었는데, 어째서 그가 5·18광주민주화운동 유공자 리스트 중에서도 상위에 있는 것인가? 그것은 그가 1980년 초봄부터 〈임을 위한 행진곡〉의 남주인공 윤상원과 더불어 광주사태를 일으킬 준비를 진행했기 때문이다.

광주사태를 일으킬 준비를 위해 윤상원의 지시에 따라 그가 작성하고 제작하여 배포한 유인물을 그는 지하신문이라고 불렀다. 광주사태 이후 수사관들은 이재의의 존재를 전혀 모르고 있었기 때문에 그는 단 한 번도 광주사태 기간 중의 시민군 활동과 관련하여 연행되거나 구금되거나 재판 혹은 판결을 받은 적이 없었다.

이재의 본인이 스스로 말하듯이, 그는 5월 21일 오전 기진맥진하여 도청광장에 주저앉아 있는 전경과 공수부대원들을 구타한 일만 있었고, 단 한 번도 그가 맞거나 부상을 당한 적은 없었다. 그런데 어째서 그가 대표적 5·18광주민주화운동 유공자로서 인정받았는가? 그것은 그가 윤상원과 더불어 김대중의 내란음모 광주지역 행동부대 역할을 한 사실을 5·18측 관계자들이 알고 있었기 때문이다.

1985년에 황석영의 이름으로 출간된 5·18도서 「죽음을 넘어 시대의 어둠을 넘어」의 실제 저자는 이재의였다. 이 책이 1999년에 그의 이름을 저자명으로 하여 영어로 번역되어 「*Kwangju Diary: Beyond Death, Beyond the Darkness of the Age*」이란 책명으로 출간되어 김대중 대통령의 노벨평화상 수상에 큰 기여를 했다.

김대중은 광주사태 덕분에 노벨평화상을 수상했다. 그런데 김대중의 노벨평화상 수상에 아주 유리한 내러티브를 제시한 책이 바로 이 책이다. 이 책은 애매한 계엄군에게 학살 누명을 씌우는 거짓 내러티브로 가득 찬 책이지만, 광주사태 관련 영문판 도서가 희귀했기 때문에 외국인들에게는 그가 만든 이 거짓 내러티브로 5·18 사건이 알려졌다.

이듬해인 2000년에 이재의가 헨리 스콧-스토크스(Henry Scott-Stokes)와 더불어 공동 편저자로서 출간한 영문판 도서 「*The Kwangju uprising: Eyewitness Press Accounts of Korea's Tiananmen*」(광주폭동: 한국의 천안문 사태 현장 목격 기자들의 기사)는 노골적으로 김대중 대통령의 노벨평화상 수상 공작을 위해 편집된 책이다. '한국의 천안문 사태'란 것도 없었으며, 더구나 광주사태 당시 이재의는 기자가 아니라 유언비어 유인물 제작 및 배포를 담당한 운동권 학생이었는데도 책 제목부터 해외독자들에게 그런 거짓 인식을 심어주었던 것이다.

황석영의 이름으로 출간된 책과 더불어 그의 이름으로 출간된 두 권의 영문판 도서 덕분에 이재의는 5·18연구 분야에서 그 이름이 해외에 알려진 유명 저자이다. 그러나 그가 진실을 기록하였는지 아니면 허위 내러티브를 지어냈는지가 광주사태 35주년을 기점으로, 그리고 『죽음을 넘어 시대의 어둠을 넘어』 출간 30주년을 기점으로, 금년(2015년)부터 차츰 드러날 것이다.

광주사태는 악성 유언비어 쓰나미가 일었던 사건이다. 따라서 유언비어와 거짓 내러티브가 누구에 의해 시작되었는지를 알아내어 기록하는 것이 5·18사건 기록을 위해 필수적이다.

이재의는 과학자도 산업의 역군도 아니었다. 광주사태 당시 전남대 상대 3학년에 재학 중이었던 그는 박정희 대통령의 산업화 정책을 막아야 한다는 왕년의 빨치산 박현채의 이론에 심취해 있었으며, 그래서 광주사태를 선동할 목적으로 그가 1980년 4월 초부터 제작하여 배포한 유인물들은 산업화를 반대하는 운동권 논리 일색이었다. 그런 광주사태 선동 유인물 발행 경력이 밑거름이 되어 졸업 후 그는 광주매일 기자가 되었다.

광주매일 기자 시절 그는 5·18분야의 유명 저자로 떠올랐으나, 첫 번째 책은 그가 자기 이름으로 출간하지 못하고 황석영의 이름으로 출간했을 정도로 표절이 많았다. 1999년의 영문판 도서 번역은 설갑수가 해주었다. 2000년에 그가 공동 편저자로서 출간한 책도 그 실제 편집자는 당시 뉴욕타임즈지 서울지부장이었던 헨리 스콧-스토크스(Henry Scott-Stokes) 기자였다. 이재의는 5·18에 대한 학구적 연구보다는 거짓 내러티브 구성으로 5·18도서에 기여한 인물이다.

그가 만들어 낸 거짓 내러티브가 3권의 책으로 출간되고, 특히 2권은 김대중 정부 출범 직후 영문판으로 출간되어 김대중의 노벨평화상 수상에 크게 기여했다. 광주사태 당시 김대중과 그의 추종자들의 시위 선동 논리는 박정희 대통령의 산업화는 곧 전라도 농민들 착취라는 것이었다.

그러나 김대중 정부 시절에는 그 논리가 바뀌어 2002년에 전라남도 생물산업진흥재단이 설립되고, 그 재단을 대표하는 연구원이 2006년에 설립된 나노바이오연구원인데, 그 원장에 이재의가 취임했다.

이재의가 나노바이오연구원 원장에 취임한 것은 광주사태 주동자들 혹은 5 · 18유공자들이 보훈처가 정한 보상 외에 공직을 프리미엄으로 제공받은 사실의 한 예이다.

이재의는 첨단산업 나노바이오 분야의 평범한 비전문가 혹은 문외한이 아니었다. 그는 전남대 상대 시절 박정희 대통령의 산업화 정책을 맹공격한 운동권이었다. 과학연구 실적은커녕 그 분야의 연구경력이나 학력도 전혀 없었던 이재의가 전라남도 생물산업진흥재단의 핵심인 나노바이오연구원 원장에 취임하는 특혜를 누렸다. 그가 운동권 정부 시절에 첨단산업 육성을 위한 연구기관 기관장으로 취임한 것은 실로 아이러니가 아닐 수 없다.

지난 2014년까지 나노바이오연구원 원장으로 재직하는 동안 이재의의 또 하나의 활동은 「죽음을 넘어 시대의 어둠을 넘어」의 증보판 간행위원으로서의 활동이다. 이재의를 비롯한 5 · 18측이 같은 책을 30년 만에 증보하여 다시 발간하려는 이유는 1985년에 이재의가 저자 이름을 황석영으로 속인 사실이 세간에 알려졌기 때문이다.

노무현도 변호사 시절 그 책의 저자가 황석영인 줄 굳게 믿고 애독하며 주변에 일독을 권했다. 이렇듯 과거에 황석영의 책인 줄 알고 이 책을 사서 읽은 독자들은 모두 사기를 당한 것이다. 황석영은 〈임을 위한 행진곡〉의 작사자고, 이재의는 그 노래의 남주인공 윤상원의 오른팔이었기에, 이 문제는 5 · 18측으로서는 몹시 곤혹스러운 것이다.

그래서 이재의가 1985년에 그 책의 저자 이름을 황석영으로 한 사실을 독자들에게 해명하려는 취지로 출간 30주년 기념 증보판을 발간하려는 것이다.

그러나 인터넷신문 뉴시스 2015년 4월 29일자 기사는 나노바이오연구원 이재의 전 원장 등 관련자 20명이 연구원 예산을 횡령하고 과학기자재 독점 납품 대가로 돈을 받아 챙긴 사실이 경찰에 적발됐음을 다음과 같이 보도한다.

　"연구비를 돌려 명절 선물용 참기름을 만들라"는 이 전 원장의 지시를 받은 김 팀장 등 연구원 10여 명은 참기름 재료를 구입한 뒤 마치 에탄올 등 연구원의 과학기자재를 산 것처럼 가짜 계약서를 작성해 연구원 예산을 유용했다.

　매년 설과 추석 명절 때마다 이 전 원장 명의로 150~200여 명에게 4년간 이 같은 방법으로 참기름과 들기름 선물세트를 돌린 것으로 확인됐다.

　이 전 원장은 참기름 재료를 구입하기 위한 가짜 납품 계약서인 줄 알면서도 승인 결재를 한 것으로 조사됐다.

　이 과정에서 물품이 실제 납품됐는지를 검사해야 할 장성군 소속 파견 공무원은 이를 묵인하고 방조했다.

　경찰은 "연구원의 25억원 대 장비를 사용해 참기름과 들기름을 직접 만들어 직원들이 포장해 원장 명의로 선물을 보냈으며, 연구원 홍보가 아닌 개인적인 용도로 사용한 것으로 판단했다"며 "공금을 유용하는데 원장부터 직원, 관리 감독 공무원까지 가담하고 묵인했다"고 설명했다.(뉴시스 2015년 4월 29일자)

이재의는 1980년 4월 초부터 광주사태를 선동하는 성명서들을 유인물로 발표할 때 늘 위장명의를 사용했는데, 그때는 그것을 지하신문이라는 논리로 정당화했다. 1985년 위장명의로 「죽음을 넘어 시대의 어둠을 넘어」를 출간한 것에 대해서는 20대 청년이 저자라고 하면 누가 그 내용을 신뢰하고 읽겠느냐는 논리로 해명했다.

그러나 나노바이오연구원 원장 시절의 이재의는 이번에는 정반대 방향으로 명칭을 사용했다. 이재의 원장은 첨단산업의 발전을 위해 구입한 25억원 대 장비로 참기름과 들기름을 직접 만들어 명절 선물용 세트를 만들었다. 그런데 선물을 보낼 때 연구원 명의로 보낸 것이 아니라 이재의 개인 명의로 보냈는데, 이것은 공금횡령이다. 그래서 2015년 4월 30일자 광주MBC 뉴스의 '뉴스투데이'도 "이재의 전 비서실장 뇌물수수 등 입건"이란 제목의 뉴스 방송을 했던 것이다. 같은 날 조선닷컴에서도 "25억원 연구 장비로 참기름 짜낸 연구원들"이란 제하의 기사를 실었다.

나노바이오연구원의 수십억 원이나 하는 고가 장비와 예산이 원장 개인의 선물용 참기름과 들기름을 짜기 위해 사용된다면 그런 연구원이 무엇을 연구하겠는가? 참고로, 이재의는 윤장현 광주시장의 보은인사로 2015년 1월 말에 광주시 비서실장으로 취임했는데, 성완종 리스트에 이재의 비서실장 이름도 나온다.

혁명 동지로서의 윤상원과 이재의의 관계는 카스트로와 체 게바라의 관계에 비유될 수 있다. 체 게바라의 역할 없는 카스트로의 쿠바 공산주의 혁명은 불가능했다. 윤상원의 광주사태 조직과 주동도 이재의의 유인물 팀이 있었기에 가능했다. 이재의는 1980년 초부터 광주사태 기간까지 윤상원의 유인물 팀 팀장이었지만 사실상 그의 비서실장과 같은 존재였다.

그런데 5월 17일 자정을 기하여 비상계엄이 전국으로 확대되고 주동
자들 예비 검속이 시작되었으므로 주동자들은 포기하고 도주할 것이냐
아니면 예정대로 밀고 나갈 것인가를 결정해야 했다. 많은 주동자들은 도
주하고 있는 가운데 서울의 〈민청협〉 간부 장기표와 광주 녹두서점의 윤
상원이 예정대로 민중봉기 음모를 결행하기로 합의한 때가 5월 18일 아
침이었다. 상황 변화에 따른 장기표의 긴급 요청대로 윤상원은 예정보다
하루 앞당겨 5월 18일 대규모 가두시위를 조직하게 되었다.

김상윤은 예비검속으로 전날 밤 연행되었고, 총지휘자 윤한봉도, 박
관현 전남대 총학생회장과 임원들도 모두 도주한 때에 윤상원이 시위를
조직하려면 기초 조직이 필요했다. 그래서 들불야학 출신들을 긴급 소집
했던 것이다.

그때 윤상원의 들불야학 학생이었던 차명숙은 나주에서 가정부 일도
하면서 나주천주교회에서 숙식을 하고 있다가 윤상원의 들불야학 출신
긴급 소집 연락을 받고 바로 광주로 달려왔다. 그녀는 비록 초등학교 2학
년 중퇴의 학력이었지만 눈치가 아주 빨랐다. 신속히 효과적으로 시위 홍
보를 하기 위해서는 목소리가 낭랑한 차명숙의 역할이 필요했고, 그녀는
가두방송 주역으로 활약하기 위해서는 여대생 행세를 하는 것이 모양새
가 있다는 판단을 했을 것이다.

차명숙 혼자 계속 가두방송을 할 수 없었으므로 교대가 필요했다. 목
소리가 우렁찬 전옥주를 차명숙이 포섭했다. 그때까지 두 여성은 전혀 안
면이 없는 사이였으며, 차명숙이 자신을 전남대 영문학과 3학년에 재학
중인 여대생이라고 소개하자 전옥주는 자기는 원광대 무용학과 출신의
마산무용학원 원장이라고 소개했다. 그때 두 여성은 서로에게 속았던 것
이다.

위장 명의 및 거짓말을 옹호하고 뒤로 뭔가를 감추기 등등 바로 그러한 것들이 이재의의 5·18논리를 지배하는 비법이었다. 그가 실제 저자인 「죽음을 넘어 시대의 어둠을 넘어」는 5·18측의 경전처럼 여겨지는 책이다. 그가 1985년에 불과 몇 달 만에 빠르게 이 책 집필을 할 수 있었던 비결은 거짓말과 유언비어 옹호였다. 광주사태의 특징이 악성 유언비어인데, 그는 거짓말과 유언비어를 옹호하는 시각에서 책을 구성했다. 그리고 유명작가인 황석영의 권위를 이용하여 그 책을 출간했기 때문에 독자들은 그 유언비어들을 사실로 받아들이게 되었다.

그래서 지금껏 광주사태가 이재의가 만든 내러티브로 세상에 알려지게 되었으며, 더구나 그 책이 1999년에 영어로 번역되었기 때문에 외국의 학자들도 속아 넘어가서 유언비어 내러티브로 광주사태를 이해하게 된 것이다.

1980년 5월 18일에 서울의 장기표 및 그의 〈민청련〉 조직도 광주의 윤상원과 더불어 시위를 조직하려고 했으나 그에게는 차명숙과 전옥주가 없었다. 휴교령이 내려진 상태에서는 시민들을 대상으로 시위 조직을 하는 방법밖에 없는데, 서울에서는 거리에서 시민들에게 유인물을 주어도 시민들이 받아 읽지도 않고 반응이 냉랭하여 장기표의 서울에서의 시위 조직은 불발탄이 되었다.

차명숙을 배출한 들불야학은 저학력자들로 구성된 소규모 야학이었지만 서울의 그 어떤 운동권 조직보다 효과적으로 시위를 조직하였다. 1978년 12월 26일 연탄가스 중독으로 사망한 박기순을 5·18측에서 유공자로 인정하는 이유도 들불야학이 광주사태 기간 동안 발휘한 시위 조직 능력 및 두드러진 활약 때문이다.

들불야학이 1978년 7월 처음 문을 열었을 때는 광천동의 불우 청소년들을 위한 교육기관으로 성장하려는 포부도 있었을 것이다. 그러나 1980

년에는 윤상원의 사조직화 되어 있었으며, 데모를 조직하는 조직으로 변질되어 있었다.

윤상원은 1979년부터 들불야학 운영 책임을 맡았고, 1980년 4월부터는 김대중의 외곽단체 사무국장을 겸임하였다. 이때 이미 김대중의 내란음모 일정이 잡히자 윤상원은 들불야학을 김대중의 내란음모 지원활동에 동원했다. 4월 초부터 전남대 교정에는 김대중의 민중봉기에 의한 집권전략을 지원하는 유인물들이 살포되기 시작했는데, 바로 그 유인물 제작 및 배포를 들불야학 학생들이 하였다. 야학은 중고등학교에 진학하지 못한 청소년들을 위한 단기과정이었음에도 불구하고 들불야학이 전남대 운동권을 원격 조종하고 있었던 것이다.

광주사태가 일어나기 직전 윤상원은 들불야학 학생들을 시켜서 '전두환은 박정희의 양자다'라고 쓴 유인물을 전남대 교정 및 광주시내에 배포하게 했다. 광주사태가 시작되자 폭력시위를 선동하는 유인물들도 대부분 들불야학에서 제작되었고 들불야학 학생들이 광주시내에 배포했다.

그러나 시민군 본부가 어디에 있었느냐고 하는 질문은 5·18 연구가들에게 매우 대답하기 어려운 질문이다. 만약 우리가 윤상원이 있던 곳이 시민군 사령탑이라고 말해야 한다면, 그가 도청에 들어간 때는 5월 24일이며, 25일 밤이 되어서야 비로소 김창길 일행을 제압하고 도청을 장악할 수 있었다. 그 이전까지 그는 들불야학에 있거나 들불야학 학생들과 같이 있었다. 그런 관점에서 볼 때는, 들불야학 청소년들이 시민군 사령탑을 구성하고 있었다.

윤상원은 광주의 혁명가라고 불린다. 그가 김대중의 외곽단체 사무국장이 되었을 때 그는 이미 김대중의 거리정치 핵심이었다. 김대중의 거리정치 행동대장이 들불야학 운영자였고 선생이었다.

들불야학 선생이자 교장과 같은 위치에 있었던 윤상원이 5월 23일 미국이 광주시민군을 지원하기 위해 한국 근해에 항공모함 2척을 입항시켰다는 거짓말을 유인물로 작성하여 배포하도록 했다.

윤상원이 이런 거짓말을 해도 들불야학 청소년들은 맹목적으로 그 말을 수용하며 그를 추종하였다. 5월 27일 새벽의 도청시민군 중에도 들불야학 강학과 청소년들이 있었으며, 대표적 5 · 18유공자들 중에는 들불야학 시민군들이 많이 있다. 들불야학 출신들이 5 · 18단체에 많이 포진되어 있었으며, 그래서 그들은 5 · 18기념행사에서 〈임을 위한 행진곡〉을 제창하려는 강한 정서를 가지고 있는 것이다.

광천동 들불야학은 1980년 봄에는 김대중의 거리정치 행동대로 전락해 있었고 5 · 18의 역사에서는 아주 큰 역할을 하였다. 그러나 그 후 거리정치 행동대로 전락한 들불야학에서 배움의 꿈을 이루려는 청소년은 없었으며, 학생 수가 날로 줄어들어 개교한 지 3년도 안 되어 1981년 4기 졸업을 끝으로 간판을 내렸다.

들불야학 설립자와 운영자로서 두 주역이었던 박기순과 윤상원의 영혼결혼식은 들불야학이 간판을 내린 직후 거행되었다.

1982년 2월 어느 날 박기순과 윤상원의 영혼결혼식에서 처음 〈임을 위한 행진곡〉을 공개적으로 합창한 이후 오늘날 〈임을 위한 행진곡〉 제창에는 거리정치 행동대로서의 들불야학 정신을 이어받으라는 의미가 있다. 그래서 오늘날 배타적으로 김대중 세력과 거리정치꾼들이 〈임을 위한 행진곡〉을 5 · 18기념곡으로 지정하라고 요구하며 각종 운동권 행사에서 애국가 대신 이 노래를 제창하고 있는 것이다.

2. 윤상원의 수류탄 자폭

광주사태의 악성 유언비어는 이제 국제적으로 한국학 연구를 위해서
도 몹시 중요한 문제가 되어 있다. 윤상원의 사망 원인에 대한 지식정보
가 왜곡되어 한국군이 화염방사기로 윤상원을 태워 죽인 것으로 잘못 알
고 있는 해외 학자들이 있어서 그들의 한국 근현대사 강의에서 한국군의
잔인함의 사례로 언급되고 있다. 그래서 이제 윤상원의 사인에 대한 정확
한 지식은 국제적으로도 한국학 연구를 위한 중요 과제가 되었다.

가. 사전 조직된 윤상원의 홍보팀

광주사태 당시 외신기자들은 주로 금남로2가 관광호텔 주변에 투숙
해 있었고, 그곳에서 이재의의 유인물팀은 외신기자들이 눈에 띌 때마다
그들에게 다가가서 "군인들이 학생들을 죽이고 있다"는 유언비어를 집중
적으로 퍼뜨렸다. 외신기자들은 시민들과 학생들이 무작위로 사실을 제
보해 주는 것으로 착각하고 있었으나, 이것은 그들을 상대로 한 시민군
홍보반의 조직적인 유언비어 홍보였다.

외신기자들을 상대로 이재의의 유인물팀의 이런 집중적인 유언비어
유포는 외신기자들의 광주사태 인식에 수십 년 동안 지속되는 영향을 미
쳤다. 그러면 그들은 외신기자들을 무엇에 이용하기 위해 유언비어 홍보
를 하였는가? 이 질문에 대한 하나의 단서로서 이재의가 광주사태에 어
떤 이해관계를 가지고 있었는지를 살펴볼 필요가 있다.

광천동에는 2명의 전남대 학생이 있었는데, 둘 다 운동권이었고 윤상원의 심복이었다. 윤상원은 박관현을 공개적 운동권으로 키웠고, 이재의를 비공개적 운동권으로 키웠다. 윤상원이 광주의 운동권 조직과 자원을 총가동하여 박관현을 전남대 총학생회장에 당선시킨 후 가두시위 조직을 맡겼다. 그러나 윤상원은 박관현을 유명 인물로 띄우는 작전을 폄과 동시에 이재의를 별도의 비밀조직 팀장으로 키웠다.

2011년 2월 17일 리비아의 이슬람 테러단체들이 혁명을 일으켰을 때 외신기자들을 상대로 하는 얼굴마담으로 운동권 학생들을 이용하고 혁명에 성공한 후 그들을 모두 차례로 암살했다. 2011년 당시 외신기자들은 그런 깊은 내막을 알지 못했기 때문에 무조건 운동권에 매우 동정적인 기사를 썼다. 그래서 실제로는 이슬람 테러단체들의 무장반란이 리비아 대학생들의 민주화 평화시위인 것으로 잘못 보도되었다.

알카에다 테러단체들은 반미투쟁 세력이지만 리비아 혁명을 위해 미국을 이용했다. 테러단체들은 도저히 카다피 정부군의 적수가 되지 못하지만 미국의 힘을 이용하여 쉽게 승리할 수 있었는데, 그 방법이 운동권 학생들을 잠시 얼굴 마담으로 이용하는 것이었다.

그런데 반미투쟁을 위해 미국을 이용하는 아이디어는 광주사태 당시 윤상원이 이미 구상한 아이디어였다.

윤상원이 도청 점거를 함으로써 가장 크게 노린 것은 국제사회의 이목과 관심을 끌어 외신기자 회견을 하는 것이었다. 광주운동권은 외신기자들을 아주 단순한 사람들로 보았다. 그래서 수단과 방법을 가리지 않고 광주시민들을 선동하여 군경과 극한 유혈투쟁을 하도록 함으로써 시민, 특히 학생 희생자가 생기는 상황을 만들고, 도청을 점거한 후 외신기자들을 끌어들여 '광주 학살' 내러티브를 팔면 단번에 국제여론을 자신들 편으로 만들 수 있다는 계산을 했다.

판이 아주 커져서 외신기자들이 윤상원과 직접 인터뷰할 때까지 외신기자들을 상대로 학생 사망 유언비어를 퍼뜨리는 것은 이재의의 홍보팀의 역할이었다. 광주사태 당시 광주에서 죽은 전남대 학생은 아무도 없었다. 단지 외신기자들을 혁명에 이용하기 위해 그런 유언비어가 필요했을 뿐이다.

이재의의 유인물팀이 외신기자들만 상대했던 것은 아니다. 이미 3월부터 광주시민을 상대로 광주사태를 조직하고 선동하는 홍보작업을 해왔다. 광주사태 때 북한세력과 유인물 팀이 동시에 "경상도 군인들이 전라도 사람 씨를 말리러 왔다"는 유언비어를 퍼뜨렸다. 이것은 아주 황당한 유언비어였지만 그 당시에는 그럴듯하게 들리면서 극도의 지역감정을 부추겼다. 그 악성 유언비어의 효과로 폭동의 기운이 한창 일기 시작하던 5월 20일 오후, 이재의의 유인물 팀 후배가 "우리 모두 이 자리에서 먼저 가신 님들과 같이 죽읍시다"라고 외쳤다.

사실 5월 20일까지는 시민 편에서는 시위 또는 시민군 활동을 하다가 죽은 이가 전혀 없었다. 그런데도 폭력시위 혹은 시민군 자폭정신을 담은 그런 외침은 마치 시위 도중에 죽은 사람이 있다는 착각을 군중에 불러일으켰다.

이재의는 그의 후배가 그런 자폭 구호를 외친 것은 확성기를 통한 가두방송으로써 폭력시위, 즉 시위대의 투석을 선동하기 위한 것이었음을 이렇게 증언한다:

　　20일 아침 어머님이 걱정하실 것 같아 집에 들어가봐야겠다고 생각하고 집으로 돌아가다가 광천다리 입구에서 31사 소속 군인들에게 검문을 한 차례 받았다. 어디 가느냐고 묻기에, 친구 집에서 자고 집에 들어간다고, 하자 다행히 아무 말 않고 보내주었다.

　　오전 내내 잠을 푹 자고 있었는데, 친구가 오토바이를 타고 집으로

왔다. 함께 밖으로 나가자고 하여 오토바이를 타고 머리에는 헬멧을 쓰고 양동시장 쪽으로 가보았다. 별다른 일은 없었다.

오전에는 비가 보슬보슬 내리더니 오후가 되자 비가 갰다. 오후 3시쯤 광주역으로 갔다. 택시기사들이 모여들기 시작했다. 택시기사 한 사람과 사복형사가 실랑이를 하고 있었다. 시간이 지나도 그곳에서는 별다른 움직임이 없었다. 나는 광주역에서 금남로로 내려와 화니백화점 쪽으로 갔다. 시민들이 엄청나게 많았다. 아마도 몇 만 명은 될 듯했다.

동구청 쪽에서는 공수들이 진을 치고 있었고, 퇴근시간이 되자 사람들은 더욱 거리를 메우고 불어나기만 했다. 그리고 이제는 더 이상 물러나려고 하지 않았다. 학생 한 명이 지하상가 공사장 한국은행 쪽 입구의 난간으로 올라서더니 구호를 외쳤다. 시민들도 따라서 외쳤다. 시민들이 너무 많아서 목소리가 잘 들리지 않았다. 그러자 어떤 시민이 일어나 스피커를 준비할 수 있도록 모금운동을 벌이자고 제의했다. 후배 하나가 성금을 거두어 마이크를 하나 사 왔다. 자동차용 배터리에다 소형 앰프를 달아 한 사람이 들고 후배가 몇 사람의 무등을 타고 시위대 가운데로 들어가 확성기를 통해 선동하기 시작했다.

"우리 모두 이 자리에서 먼저 가신 님들과 같이 죽읍시다."

시위대는 사기가 한꺼번에 고양되어 투석이 치열해졌다. 시민들은 계속 불어나고 할머니에서부터 손주에 이르기까지 '살인마 전두환은 물러가라'는 구호를 외쳤고, '우리의 소원은 통일', '아리랑' 등의 노래를 불렀다. "공수들을 뚫자"고 하는 소리와 함께 자연스럽게 대열이 편성되었다. 각목과 쇠파이프 하나씩을 든 건장한 청년들이 선두에 서고 공수부대의 저지선을 향하여 한 걸음 한 걸음씩 나아갔다. (이재의 1988)

만약 광주사태 때 억울한 희생자들이 있었다면 그 이유는 이렇게 '가미가재 특공대'정신으로 죽자고 선동한 사람들이 있었기 때문이다. 이것은 아주 위험한 일이 터지라고 부채질하는 선동이었다. 그러나 이런 선동을 한 사람 중에서는 단 한 명도 죽지 않았다. 5월 22일 시민군 도청본부 상황실장이 된 이재의는 먼저 가신 님들과 같이 죽지 않고 24일 아침 일찍 서울로 도주했다.

그런데, 광천동에서 윤상원과는 이웃사촌 관계이기도 했던 이재의가 5월 24일 아침 갑자기 서울로 도망간 가장 큰 이유는 미국이 광주시민군을 지원해 주기 위해 항공모함 2척을 보내주었다는 윤상원의 거짓말을 홍보할 수 없었기 때문이다. 3월부터 윤상원이 시키는 대로 무엇이든 홍보했지만, 윤상원이 지독한 반미주의자임을 잘 알고 있었던 그였기에 그 돌발적인 친미 유언비어는 도저히 납득이 안 되었다.

이재의는 5월 23일 밤 윤상원에게 미국이 광주시민군을 지원하기 위해 항공모함 2척을 보냈다고 궐기대회 때 발표한 취지를 물으면서, 정말로 미국이 광주사태 주동자들 편이 되어줄 것으로 생각하는지 물었다. 그때 윤상원은, 아직은 아니지만 시간이 지나면 그렇게 될 수밖에 없으므로 미리 그렇게 말할 수 있다고, 그리고 광주시민 대중은 친미주의자들이므로 지금은 주동자들과 미국은 같은 편이라는 인식을 주어야만 시민들의 협조를 얻을 수 있다고, 대답했다.(Lee Jai Eui 2000, 36–37)

그때 이재의가 윤상원의 그런 설명에 감히 말대꾸를 할 수는 없었으나, 그는 그날 밤이 지나자마자 24일 이른 아침 윤상원 몰래 광주를 빠져나가 서울로 도망갔다. 그 후 그때 윤상원을 따르지 못했던 것을 미안하게 느끼고『죽음을 넘어 시대의 어둠을 넘어』를 집필하여 1985년 황석영의 이름으로 출간했던 것이다.

광주사태 도중에 도망갔던 또 한 명의 윤상원의 후배는 전남대 상대

학생으로 이재의의 후배인 김종률이 있다. 광주사태가 끝난 후인 1981년 5월에 그가 윤상원을 위해 〈임을 위한 행진곡〉을 작곡한 계기 역시 이재의처럼 윤상원에게 미안함을 느꼈기 때문이다. 즉, 5월 20일의 자폭정신 구호 "먼저 가신 님들과 같이 죽읍시다"의 정신을 실천하지 않고 도망갔던 후배가 "산 자여 따르라"라는 가사가 담긴 〈임을 위한 행진곡〉을 작곡한 것이다.

5월 20일 오후에 폭력시위가 폭동으로 격상된 데에는 불순세력의 침투 등 다른 요인들도 작용했지만, 그러나 분명한 것은 과격하고 선동적인 구호 "우리 모두 이 자리에서 먼저 가신 님들과 같이 죽읍시다"란 선동도 크게 작용했다. 그리고 나중에 이 구호에 담긴 자폭정신이 〈임을 위한 행진곡〉의 가사로 발전했다. 그러나 그 구호를 외친 이재의의 유인물 팀 중에서 그 자폭정신을 실천한 사람은 아무도 없었고 모두들 광주사태 도중에 도망을 갔다.

나. 윤상원 조직이 사전 계획한 무장반란 음모

미국 메릴랜드 주 볼티모어(Baltimore) 시에 〈더 볼티모어선(The Baltimore Sun)〉지의 본사가 있고, 그 신문사의 서울 주재 기자가 브래들리 마틴(Bradley Martin)이었다.

5월 26일 윤상원과의 외신기자 인터뷰 후 다른 외신기자들은 다음날 계엄군이 광주에 재진입할 것이라는 소문이 있는데다 합동장례식이 29일로 예정되어 있어 그것을 취재하기 위해 광주에 머물러 있었으나, 마틴 기자는 바로 서울로 돌아갔다. 그가 이튿날 아침 서울에서 일어나 광주의 다른 외신기자들로부터 윤상원이 불에 타 사망했다는 말을 듣고 분노에 치를 떨며 전두환을 저주했다.(실제로는 전두환 당시 보안사령관은 시민군 무기 강제회수 작전에 전혀 관여하지 않았다.)

브래들리 마틴 기자는 즉시 장문의 기사를 써서 본사로 송고하였으며, 본사 편집부에서는 마틴 기자가 웅변조로 쓴 이 기사가 독자들에게 큰 감동을 줄 것으로 판단하여 5월 27일자 헤드라인 기사로 실었다. 그 기사가 그날 메릴랜드 주에서 발행되자마자 처음 그 기사를 읽은 사람들 중에 광주 출신 재미 운동권 서유진(Eugene Soh)이 있었다.

1970년에 미국 메릴랜드 주로 이민을 간 서유진은 윤상원을 잘 알고 있었으며, 그의 후배들과는 친구 사이였다. 서유진은 즉시 그 기사를 대량 복사하여 한국의 광주 등 여러 곳에 보냈다. 그 후 그는 몇 년간 그 기사를 계속 5·18단체들 및 여러 나라 각계 각처에 보냄으로써 윤상원을 미화하고 5·18을 옹호하는 여론을 형성해 나갔다.

김영삼 정부 시절 서유진은 마틴 기자가 광주에서 윤상원의 동지들을 만나볼 수 있도록 주선했다.(Martin 2000, 92) 광주에서 전용호와 이태복 등 윤상원의 여러 동지들을 만나 긴 대화를 나누었는데, 이 대화에서 5·18의 불편한 진실, 즉 윤상원의 목적은 민주화운동이 아니라 사회주의 혁명이었으며, 반란 음모는 사전 계획된 것이었으며, 윤상원이 무장반란 주동자였다는 사실 등이 드러난 것이다.

마틴이 이태복에게서 들은 바로는, 1981년의 학림사건(學林事件)도 광주사태와 하나로 연결된 사건이었다. 학림사건의 주동세력은 〈전민학련〉과 〈전민노련〉이었다. 윤상원의 무장봉기 동지는 〈전민노련〉을 결성한 이태복이었고, 〈전민노련〉의 광주지역 결성 책임자가 바로 윤상원이었다. 이태복과 윤상원의 동맹은 1979년의 부마사태로 거슬러 올라간다.

광주사태 당시 5월 20일, 차명숙은 전옥주에게 자기가 부마사태에 깊이 개입했다고 말한다. 초등학교 2학년 중퇴 학력의 차명숙은 1979년 광

주에서 윤상원의 들불야학 학생이었는데 어떻게 그녀가 부마사태에 개
입할 수 있었는가? 이 모든 의문은 김대중 정부 시절 복지부장관이었던
이태복이 1993년에 마틴 기자에게 한 증언에서 풀린다.

부마사태는 〈남조선 민족해방전선〉의 방계조직들이 YH여공들 중 광
주에서 온 여공 김경숙 양의 자살을 부추긴 다음 〈남민전〉의 전위조직들
이 조직적으로 가두시위를 조직하여 일으킨 사건이었다. 차명숙이 전옥
주에게 해 준 말은 YH노조 파업에 자신도 연루되어 있었다는 힌트이다.
그런데 이태복은 "YH노조 파업은 학림이 조직하였다"는 사실을 마틴 기
자에게 말해 준 것이다.(Martin 2000, 97)

이태복은 윤상원의 〈민학련〉과 자신의 〈전민노련〉이 학림사건 주동자
였다는 말을 하던 중에 이 말을 하였으며, 〈민학련〉과 〈전민노련〉의 동맹
관계를 지칭하는 용어로서 '학림'이란 단어를 사용했다. 여기서 광주운동
권이 부산 YH노조 파업의 배후였다는 놀라운 비밀을 밝힌 것이다. 즉, 노
무현 정부 시절 광주운동권이 부산에서 부산저축은행 대형 금융비리를 저
지르기 훨씬 이전인 1979년 여름에 이미 광주운동권은 부산 YH노조 파
업을 조직하고, 광주 출신 여공 김경숙의 투신자살을 부추기고, 부마사
태를 조직했던 것이다.

첨언하면, 김경숙 양의 자살은 〈남민전〉의 방계조직, 즉 용공성이 있
었던 크리스천아카데미 사건과도 관계가 있다. 이때 이미 〈남민전〉은 크
리스천아카데미를 장악하고 있었고, 한명숙은 여성들을 대상으로 파업
선동을 하던 조직의 중간 간부였다.

YH노조 위원장 김경숙의 배후는 윤상원의 조직이었다. 김경숙 양이
김영삼 총재의 신민당 당사에서 투신자살하자, 〈남민전〉의 전위조직인
〈민학련〉이 그녀의 죽음을 최대로 이용하여 부마사태라는 민란을 크게
일으켰고, 김재규 중앙정보부장은 박정희 대통령을 시해했다.

부마사태뿐만 아니라 광주사태 배후세력 역시 〈민학련〉이었다. 〈민학련〉은 명칭만 보면 전국적 조직 같지만 실제로는 대부분 광주지역 학생들이었다. 1970년대 후반 〈남민전〉의 학생 조직이 광주에서는 〈민학련〉이었고 서울에서는 〈민투〉였다.

1981년의 학림사건 주동자인 이태복이 광주민주화운동 유공자 예우를 받고 있다는 사실은 5·18측 및 운동권 논리에서 광주사태와 학림사건은 전혀 별개의 사건이 아니라 불가분의 관계에 있음을 시사한다. 광주의 〈민학련〉이 1981년 서울에서 〈전민학련〉이란 새 명칭으로 재집결한 것이 이른바 '학림사건'이었다.

간첩단 혹은 공산당 세력은 필요에 따라서 계속 옛 명칭을 버리고 새 명칭으로 바꾼다. 그러나 그 본질에 있어서는 남로당, 빨치산, 통일혁명당, 인민혁명당 및 〈남민전〉은 동일한 세력이다.

〈민학련〉은 베트콩(남베트남 민족해방전선)의 한국판 공산당 세력인 〈남민전〉의 전위조직 '민주구국학생연맹'의 약칭이다. 〈민학련〉의 정체성은 주체사상파였다. 자기들끼리는 '주사파'라 부르고 대외적 명칭으로는 〈민학련〉을 사용하였다. 주체사상파는 김일성과 김정일을 수령으로 받드는 조직이다. 주체사상파는 본질상 남로당과 같은 공산당 세력이다. 국가보안법이 존재하는 한 정당으로서의 공산당은 존재할 수 없기 때문에 주사파라는 명칭으로 존재했던 것이다.

1978년 초에 〈남민전〉과 북한의 공조로 남한에서 무장봉기를 일으키기로 공식적으로 결정된 후, 윤상원은 서울의 은행원 생활을 그만 두고 광주로 와서 〈남민전〉 전위조직인 〈민학련〉을 조직했다. '학림'은 1981년에 처음 조직된 것이 아니라 윤상원이 이미 1978년에 〈민학련〉을 조직했고, 1979년에는 이태복이 윤상원을 동지로 삼아 〈전민노련〉을 결성한 것이 5·18의 역사 논리에서 매우 중요하기 때문에, 이태백은 그런 사실을 마틴 기자에게 소상히 알려주었다. 마틴 기자는 이태복이 말해준 이 사실을 이렇게 기록한다:

"1979년 중반에 윤상원은 〈전민노련〉 광주지부 조직책이 되었으며, 1978년에는 〈전민노련〉 방계 조직인 〈전민학련〉 조직책이 되었다. 윤상원이 1979년에 〈전민노련〉에 가입할 때 윤상원의 자격을 확정하기 위해 이태복 본인이 그와 면담했다. 윤상원과 이태복은 이 두 조직에서 동지가 되었다. [훗날 1981년의 학림사건 때] 경찰은 〈전민학련〉과 〈전민노련〉의 총칭으로서 '학림'(學林: 학생 무림)이라고 불렀다."(Martin 2000, 97).

(In mid−1979 Yun became an organizer in the Kwangju area for the National Democratic Workers' League, Chonminnoryon, and its affiliated organization, the National Democratic Students' League, Chonminhakryon, in 1978. When Yun joined in 1979, it was Lee who handled the interview to determine his qualifications. Yun and Lee became close comrades in the two organizations, which the police referred to collectively as "Haklim. (Student Forest)." (Martin 2000, 97).

마틴 기자가 1980년 5월 27일 흥분해서 〈더 볼티모어선〉 지 본사로 기사를 송고할 때에는 윤상원이 누구인지, 어떤 인물인지 잘 알고 있는 한국 정부가 그의 시체조차 남기지 않으려고 불에 태워 죽였다는 가설을 품고 기사를 썼다. 이런 가설이 입증되려면 한국 정부가 광주사태 이전에 윤상원이란 인물을 알고 있었다는 사실이 입증되어야 한다.

그런데 1981년의 학림사건 때 이태복의 심문을 담당한 수사관은 이근안 경감이었다. 공안 정보에 대해서는 그 누구보다도 해박하고 정통했던 이근안 경감조차 윤상원이 누구인지 전혀 몰랐을 뿐만 아니라, 이태복이 이 경감에게 윤상원이 바로 〈전민노련〉 광주 조직책이었다고 말해 주었으나 전혀 아무런 관심도 기울이지 않았던 사실을 그는 마틴 기자에게 이렇게 밝혔다:

"심지어 한국 정부조차 광주에서의 윤상원의 광범위한 역할을 전혀 알아차리지 못했음이 분명하다. 학림의 그의 동지 400명이 1981년 6월에 체포되었으며, 이태복이 "매우 진지한 석 달 간의 심문"이라고 서술하는 심문을 받았다. 이 심문 동안 수사 당국은 광주사태 마지막 날 사망한 광주 해방구의 대변인 윤상원이 〈전민노련〉 광주 지역책이라는 말을 들었다. 그러나 심문자들은 그 문제를 추적하지 않았다고 피심문자들 중 한 명이었던 이태복은 말했다. '정부는 광주에서의 윤상원의 역할이나 그의 정치적 조직 배경에 대해서는 모르고 있었다'고 그는 덧붙였다."(Martin 2000, 103).

(Even the government apparently was not aware of the extent of Yun's role at Kwangju. Four hundred of his colleagues in Haklim were arrested in June 1981, then subjected to what Lee described as "very serious three-month interrogations." The authorities were told during these interrogations that the Kwangju spokesman, killed at the end, had been the Kwangju organizer for the National Democratic Workers' League. But the interrogators did not pursue the matter, said Lee, who was one of those interrogated. "The government was not that much aware of Mr. Yun's role there or his political organizing background," he added.) (Martin 2000, 103).

위 문장이 '심지어(Even)로 시작하는 이유는, 1980년대 중반까지도 광주시민들은 윤상원의 활약에 대해 알기는커녕 그의 이름조차 전혀 들어본 적이 없었다고 말하다가 말을 이었기 때문이다. 광주시민들이 윤상원이란 이름을 처음 듣기 시작한 것은 1988년의 광주청문회가 끝나고 한참 지나서였다. 사실은 5월 26일 윤상원을 인터뷰한 외신기자들조차 그의 얼굴은 알고 있었으나 이름은 전혀 모르고 있었다.

부마사태의 여파였던 10·26사태로 박정희 대통령이 서거하자 〈민청협〉 등 〈남민전〉 방계 단체들이 김대중과 손을 잡고 11월 24일을 거사일로 내란음모를 시도했는데, 그 음모는 '명동YWCA 위장결혼식 사건'이라는 명칭만 남기고 불발탄이 되었다.

박정희 대통령 서거 직후 국장(國葬) 기간에 김대중과 손을 잡고 전국적 민란을 조직했던 세력이 철저한 준비 후 이듬해 봄에도 김대중과 손을 잡고 이번에는 무장봉기를 준비하고 조직했는데, 그 세력 중에 윤상원과 이태복이 있었다. 이때 단번에 무장봉기를 일으키려고 했던 것이 아니라, 먼저 폭력 가두시위를 벌여 경찰의 진압을 유도한 뒤, 진압을 트집잡으며 무장봉기를 일으킬 음모를 꾸며놓고 있었다.

광주사태를 점화한 시위는 광주사태가 일어나기 사흘 전에 서울에서 있었던 대규모 시위였다. 5만 명이(운동권 기록으로는 10만 명 이상이) 동원되었던 이 대규모 가두시위는 이태복이 '서울역 회군'이라고 부르는 가두시위였다.

5월 15일의 가두시위의 목적은 최규하 대통령의 중동순방 기간을 틈타 청와대와 중앙청 등 정부청사를 점령하려는 것이었다. 광주에서 5월 21일 시민군이 전남도청을 점거하기 이전에 이미 5월 15일 서울에서 〈민청협〉이 청와대를 점령하려는 음모가 있었다. 이태복에 따르면, 그 음모의 주동세력은 자신의 〈전민노련〉이었다. 〈전민노련〉이 서울의 각 방송국을 점령하려고 했다. 그때가 혁명에 성공할 절호의 기회였는데, 당시 서울대 총학생회장 심재철이 갑자기 시위대 해산 선언을 하는 바람에 그 음모가 무산되었다. 그래서 이태복은 그 시위를 '서울역 회군'이라고 부른 것이다.

이태복이 브래들리 마틴 기자에게 한 증언을 주의 깊게 살펴보면, 윤상원의 원래 계획은 5월 18일보다도 사흘 빠른 5월 15일에 광주사태를 일으킬 준비를 해놓고 대기하고 있었다. 5월 15일 서울 거리에 어둠이 깔릴 무렵 윤상원의 동지 이태복의 조직인 〈전민노련〉이 광화문 사거리 일대의 중앙청과 방송국과 청와대를 점거할 계획이었는데, 심재철이 내일 오후 6시에 이화여대 대강당에서 주요 대학 학생회장단 연석회의가 소집될 때 의논하기로 하고 오늘은 이만 해산하자며 시위대 해산 선언을 하는 바람에 그 계획이 무산되었다. 이태복이 방송국과 중앙청 등 점거 계획이 무산되었음을 윤상원에게 전화로 알려주자 그는 왜 그 절호의 기회를 놓쳤느냐며 몹시 분개했다.

브래들리 마틴 기자가 1993년에 이태복으로부터 이 중요한 증언을 듣고 메모해 두었다가 7년 후에 "동지들의 눈에 비친 윤상원(Yun Sang Won: The Knowledge in Those Eyes)"이란 제목의 기고문에서 이 일화를 기록할 때에는 영어로 간단하게 썼지만, 그 줄거리의 핵심은 다음과 같이 분명하다:

시위대는 다음에 무엇을 할 것인가에 대하여 각기 생각이 달랐다. 이태복의 집단은 방송국 등 서울 중심부의 주요 지점들을 점거하기를 원했다. 그러나 대다수는 5월 16일 시위를 취소하고 정부의 반응을 보기로 했다. "윤상원씨는 이 말을 들었을 때 서울에서의 패배를 격렬하게 비판하였다"고 이태복은 나에게 말해 주었다. 이렇듯 이태복과 윤상원의 조직들은 광주사태로 치닫는 주요 사건들에 깊이 개입되어 있었다.

(The demonstrators differed on what to do next. Lee Tae Bok's group wanted to occupy key points in the central area such as broadcasting offices. The majority, however, decided to call off the demonstrations on May 16 and wait to see the government's response. "Mr. Yun, when he heard of this, vehemently criticized the defeat in Seoul," Lee Tak Bok told me.

Lee and Yun's organization thus was deeply involved in key events leading up to the Kwangju incident itself (Martin 2000, 98).

여기서 '이태복의 집단'은 〈전민노련〉을 지칭하고, 대다수는 대학생들을 지칭한다. 윤상원과 이태복이 '서울에서의 패배'라고 언급한 것으로 기록된 사건은 '서울역 회군'을 말한다. 그들의 목표는 대중봉기에 의한 사회주의 혁명이었고, 5월 15일 서울역 광장에서 시위대가 해산한 것은 혁명을 위한 절호의 기회가 물 건너간 것이라는 의미에서 패배라는 용어를 썼다.

그날 "시위대는 다음에 무엇을 할 것인가에 대하여 각기 생각이 달랐다"는 말은 운동권 용어로는 매파와 비들기파가 있었다는 말이다. 운동권의 내러티브에서 그날 밤 그 기세로 중앙청을 접수하려던 매파와 일단 해산하고 정세를 관망하자는 비들기파가 있었으며, 서울대에서 유시민이 매파를 대표하고, 심재철이 비들기파를 대표했는데, 그 날 운동권을 배신한 심재철의 비들기파 논리가 우세하여 매파가 중앙청을 점령할 기회를 영영 놓치게 되었다는 것이다.

실제에 있어서는 심재철이 시위대 해산 결단을 내리기 직전까지는 유시민과 심재철 둘 다 〈민청협〉의 꼭두각시 노릇을 하고 있었으므로 그

두 사람 사이를 매파와 비들기파로 구분하는 것은 무의미하다. 〈민청협〉
은 이해찬을 시켜서 서울대 학생회장단 심재철과 유시민을 원격 조종하
고 있었다. 그런데 그날 오후 6시 8분경에 남대문 앞에서 시위 도중에 괴
청년 몇 명이 시민버스를 탈취하여 돌진시켜 한 명의 경찰을 즉사시키
고, 여러 명에게 중상을 입힌 사건이 발생했다. 익일의 경향신문은 이 사
건을 이렇게 보도한다:

　　　15일 오후 6시 8분 남대문 시위대열 속의 청년 한 명이 시내버스를
　　탈취, 저지선을 펴고 있는 기동경찰 등 뒤로 돌진해 한병일 이경(21)
　　등 전경대원 6명이 중상을 입고 경찰병원에 옮겨졌으나 이성재 일경
　　(23)이 16일 새벽 0시 반 숨졌다.

　이 청년은 남대문과 서울역 시위행렬 사이에 끼여 있던 48번 상진운
수 시내버스를 탈취, 학생들의 함성을 받으며 남대문 우측에서 저지 중
인 경찰을 뚫고 남대문을 한 바퀴 돌아 남대문시장 입구에서 남산 쪽을
바라보며 대치중인 경찰을 뒤쪽에서 덮쳐 미처 피하지 못한 전경대원 5
명을 치어 쓰러뜨리고 남산 쪽으로 올라갔다.

　　　버스에 치여 쓰러진 전경대원들은 동료들에게 들려 병원으로 옮겨졌
　　다. 차를 뺏긴 상진운수 시내버스 운전사 박용화 씨(42)는 "20대 청년
　　3명이 올라와 승객들을 내리게 한 뒤 멱살을 잡아 끌어내리고 차를 몰
　　고 갔다"고 말했다. (경향신문 1980년 5월 16일자)

　시위대가 탈취하여 전경들을 깔아뭉갠 버스에 대학생 출신 전경이 깔
려 죽었는데도 그날 저녁 시민버스를 탈취하여 경찰저지선을 향해 돌진
하는 공격이 여러 차례 이어졌다. 만약 그 폭력시위 주동자가 심재철과
유시민이었다면 사람이 죽었을 때 폭력시위를 멈추었을 것이다. 그런데

도 그런 폭력이 계속 이어졌다는 것은 진짜 시위 주동자들은 따로 있었음을 시사한다.

마틴 기자가 이태복의 말을 인용하듯이, "이태복과 윤상원의 조직들은 광주사태로 치닫는 주요 사건들에 깊이 개입되어 있었다."(Martin 2000, 98) 그렇다면 버스를 탈취하여 전경들을 향해 돌진하는 폭력의 주역들은 윤상원과 이태복의 〈전민노련〉이었거나 남파 간첩들이었거나 둘 중의 하나이다.

그 범인들의 정체에 대해 이제는 문재인이 한 법조인의 양심을 가지고 말해야 할 책임이 있다. 당시 대낮에 대한민국 수도 한복판이 무법천지가 되었던 이 사건의 경위를 가장 가까이에서 파악하고 있었을 인물은 〈민청협〉 회원으로서 범인들 곁에서 시위대를 이끌던 문재인이었음을 중앙일보는 "80년 봄 주역들 이젠 정치판의 核"이라는 제목의 2003년 2월 14일자 기사에서 이렇게 기록한다:

> 경희대 복학생이었던 문재인 씨는 이날 청량리 경찰서로 연행된다. 경찰 저지선을 뚫으려 돌진한 버스에 치어 전투경찰 한 명이 숨졌고, 버스를 몰았던 사람을 놓친 경찰은 현장에서 시위대를 이끌던 文씨를 연행한 것이다. 그리고 며칠 만에 文씨는 유치장에서 사법고시 2차 합격소식을 들었다. 경찰서장은 소주 파티를 열어줬고 경희대 재단이사장의 신원보증으로 文씨는 석방됐다. (중앙일보 2003년 2월 14일자)

5월 15일의 시위도 5월 18일의 시위도 그 배후에 윤상원과 이태복의 〈전민노련〉이 있었다. 그리고 윤상원이 그 주동자였던 5월 광주의 폭력 시위의 첫 희생자는 시위대 버스에 치어 숨진 경찰이었다.

이태복이 1996년 월간 『사회평론』 김진아 기자와 한 인터뷰에서 증언한 바에 따르면, 심재철이 해산을 결정했을 때 이태복은 격렬히 반대

했다: "우리는 서울역 철군을 반대하다가 간첩으로 몰리기까지 했어요. 만약 회군하지 않고 중앙청이라도 점거를 했더라면 군사정권으로 가기는 간단치 않았을 거예요."(김진아 1996, 80)

그날의 폭력시위 주역들이 굳이 이 폭력시위를 '서울역 회군'이라고 부르는 이유는 무엇인가? '서울역 회군'이란 한국 역사에서 이성계의 '위화도 회군'을 연상시키는 용어이다. 회군(回軍)은 이성계의 쿠데타군의 군사작전 용어였다. 즉, 이성계의 난과 동급의 민란으로 쿠데타를 일으키려고 했다는 의미를 살리기 위해 '서울역 회군'이란 용어를 쓰고 있는 것이다.

'서울역 회군'이란 용어는 운동권이 반란의 기회를 놓쳤음을 시사한다. 그러나 윤상원은 그렇게 생각하지 않았다. 광주에서 윤상원의 반란 음모는 5월 15일 밤에도 여전히 현재 진행형이었으며 윤상원과 이태복은 그 음모를 위해 굳게 뭉쳐 있었다. (Martin 2000, 98).

5월 15일 서울의 중앙청 점령 음모가 광주의 윤상원에게 왜 그토록 중요했는가? 중앙청 점령이 본래 〈남민전〉의 목표였다. 〈남민전〉은 중앙청을 점령하는 날 게양할 대형 남민전기(南民戰旗)까지 만들어 놓고 있다가 이근안 경감에게 발각되어 그 상부조직은 1979년 10월에 와해되었다. 그러나 남민전 전사 윤상원이 이듬해 5월 15일에 그 조직의 오랜 숙원을 성취하려고 한 것이다.(*p.35 남민전기 사진 참조.)

5월 15일 이후 〈민청협〉과 윤상원을 포함한 광주운동권은 매우 부산하게 김대중의 내란음모에 박차를 가했다. 대중봉기에 의한 사회주의 혁명의 절호의 기회는 중동 순방중인 최규하 대통령이 귀국하기 전이므로 며칠밖에 남아 있지 않았다. 광주운동권과 가톨릭농민회는 5월 19일을 무장봉기 거사일로 정해 놓고 있었다. 그러나 17일 오후에 그 음모는 수사기관에 노출되었으며, 최규하 대통령이 운동권의 예상을 깨고 갑자기 귀국하여 심야 비상국무회의가 소집되고, 그날 자정을 기하여 비상계엄 전국 확대가 선포되었다.

5·18사기꾼들은 전두환 쿠데타 내러티브를 만들어내기 위해 외신기 자들에게 삼중(三重)의 거짓말을 했다. 최규하 대통령이 비상계엄 전국 확대를 선포한 것을 가지고 전두환이 선포했다고 한 것이 첫 번째 거짓 말이고, 이미 박정희 대통령 시해사건 직후 선포된 계엄령에다 제주 지 역을 포함시켰을 뿐인데도 계엄령이 갑자기 선포된 것처럼 말한 것이 두 번째 거짓말이며, 비상계엄 전국 확대를 군부 쿠데타와 동일시한 것이 세 번째 거짓말이다.

5월 중순 최규하 대통령의 중동순방 중에 〈민청협〉이 대규모 가두시 위를 조직했고, 15일에는 그 대규모 가두시위를 기회로 이태복과 윤상원 의 〈전민노련〉이 청와대와 중앙청과 방송국을 점거하려고 했다. 시위대 가 대통령궁을 점거하는 순간 월남이 패망한 때가 바로 5년 전이었다. 베 트콩의 그런 인민혁명을 모방한 한국판 베트콩들이 청와대와 중앙청을 점거하려고 했을 때는 나라의 운명이 실로 풍전등화였다.

5월 15일의 국가 전복의 위기를 간신히 모면한 김종환 내무부장관은 신현확 총리를 찾아가서 군 병력을 동원시켜 달라고 간청했고, 신 총리 는 최규하 대통령에게 긴급 보고하고, 그 보고를 받은 최 대통령은 중동 순방 일정을 모두 취소하고 귀국하여 소집한 5·17비상국무회의에서 비 상계엄을, 계엄지구에 제주도를 포함시키는 전국계엄으로 전환함으로써 경찰이 위급할 때에 계엄사에 군병력 지원을 요청할 법적 근거를 마련해 준 것이다. 그런데 어째서 이것이 군부쿠데타인가?

이태복이 브래들리 마틴 기자에게 증언한 바에 따르면, 그의 혁명동 지 윤상원은 광주사태 전개과정을 첫날부터 전화로 그와 상의했다. 첫날부터 들불야학을 광주사태를 선동하는 유인물 제작 및 배포팀으로 가동한 윤상원은 화염병까지 준비했다.(Martin 2000, 98)

5월 21일 오전 9시의 군납업체 아세아자동차공장 습격은 북한군이 주도하였음을 단적으로 입증하는 사진이 아래 두 장의 사진이다. 영화 '화려한 휴가'에서 시민군 대장이 전남의대 부속병원 12층 옥상에 기관총을 설치해 놓고 도청 쪽을 향해 맹사격하는 장면이 나온다. 그런데 실제로는 시민군 대장이 아닌 시민군 기관총 사수가 기관총을 쏘았다. 그의 기관총 사격이 계엄군 퇴각의 결정적인 변수였으며, 계엄군이 퇴각하자마자 그는 육중한 시민군 10호차 트럭에 그 기관총을 설치했다. 5월 23일 도청광장에서 10호차 기관총 사수가 잠깐 뒤를 돌아보는 모습이 동아일보 황종건 사진기자의 카메라에 포착되었다.

23일 도청 광장에 몰려들고 있는 시민들과 시민군의 모습

그러면 그 시민군 기관총 사수는 광주시민이었는가? 아니다. 광주사태 30주년인 지난 2010년 5월 18일에 연합뉴스는 북한에서 광주인민봉기 30돌 기념 평양시 보고회에서 양복을 입고 참석한 10호차 시민군 3명의 사진을 보도했다. 그 3명 중 중앙의 인물이 바로 동아일보 황종건 기자 등 여러 기자들의 카메라에 포착되었던 바로 그 기관총 사수였다. 이처럼 아래 2장의 사진만으로도 충분히 확인이 되듯이, 시민군 10호차 기관총 사수는 광주시민이 아니라 북한 특수군이었다.

광주사태 때 시위 현장에 온 적이 있었던 수많은 광주시민들은 이 시민군 기관총 사수를 보았을 것이다. 그런데도 광주 시민들과 5천여 명의 광주민주화운동 유공자들 중에 이 유명한 시민군 기관총 사수가 누구인지 아는 사람은 하나도 없다. 그가 누구인지 아는 사람이 없다는 것은 그가 광주시민이 아니라 북한에서 파견되었다가 북한으로 돌아간 사람이기 때문이다.

위의 2장의 사진은 광주사태 때 북한특수군이 광주에서 군용차량을 타고 다닌 사실을 입증하는 무수한 광주사태 사진들 중의 한 예에 불과하다. 따라서 어떻게 광주사태 때 북한군 게릴라들이 군납업체 아세아자동차 공장에서 탈취한 군용차량들을 타고 다니는 것이 가능했는지에 대한 설명이 필요하다. 이것은 광천동에 내부협력자가 없이는 가능한 일이 아니었다.

시민군 기관총 사수 등 북한군 게릴라들에게 기동성을 위해 군용차량이 몹시 필요했던 때에 게릴라들이 장갑차와 군용트럭과 군용지프 등을 확보할 수 있도록 앞장서서 도와준 광천동 인물이 있었다. 그 내부협력자가 바로 다름 아닌 윤상원이었다는 사실이 윤상원의 후배이자 동지였던 전용호 기자가 마틴 기자에게 한 증언 속에 폭로되어 있다. 마틴은 전용호의 증언을 이렇게 인용한다:

"윤상원 본인이 무기고 습격을 이끌었으며 장갑차 및 기타 차량들을 징발하기 위한 아세아자동차 공장 습격에 개입하였다고 전용호는 말했다."(Martin 2000, 99)

(Yun himself led an attack on an arms depot and was involved in the offensive at the Asia Motors factory to commandeer armored personnel carriers and other vehicles, Chun said.) (Martin 2000, 99).

이 짧은 증언에서 전용호는 마틴에게 아주 엄청난 사실을 밝힌 것이다.

현 민족문제연구소 소장 임헌영이 1978년 가을에 작성하여 김일성에게 보낸 〈남민전〉 충성맹세 및 남한에서의 무장반란을 위한 지원 요청에 대한 답변으로 북한이 1979년 초에 〈남민전〉에 청량리 등 서울시내 어디어디서 유인물을 살포함으로써 충성을 행동으로 입증하라는 지령을 내리고, 북한방송으로 북한 측이 〈남민전〉의 충성을 확인하였음을 공개적으로 알려줌으로써, 그때부터 남한에서 무장봉기를 일으키기 위한 준비가 〈남민전〉과 북한의 공조로 진행되기 시작했다.

이렇듯 1978년 봄에 월남식 적화통일을 위한 〈남민전〉과 북한의 공조 관계가 공식적으로 맺어지자마자 〈남민전〉 전사들의 공단 위장취업이 시작되었으며, 그해 초여름 윤상원도 서울에서의 은행원 생활을 갑자기 그만두고 광주로 내려와 광천동 군납업체 아세아자동차 공장 인근 한남플라스틱 공장에 일용노동자로 위장 취업했다.

학력과 경력을 모두 속이고 한남플라스틱 공장에 위장 취업한 윤상원이 그때부터 군납업체 아세아자동차의 노조 간부 김영업의 배후로서 노조설립 및 노사분규에 깊이 개입하였다. 윤상원이 이런 방법으로 아세아자동차 회사 내에 형성한 김영업 파(派)는 윤상원을 중심으로 똘똘 뭉친 윤상원의 조직이 되어 있었다. 윤상원은 이 조직을 이용한 투쟁 음모를 꾸미고 있었으며, 5월 17일 밤에도 밤늦도록 이 조직과 함께 어떤 거리정치 음모를 꾸미고 있었는데, 이양현 등 광주의 여러 운동권이 함께 참석하였다.

당시 윤상원의 동지이자 전남방직 잡역부로서 일부 아세아자동차 노조원들의 거리정치 음모 모임에 참석하고 있었던 김상집은 5월 17일 토요일의 심야 음모 모임은 5월 18일 통행금지가 넘도록 계속되었으며, 그날 5월 18일 오후 3시에 다시 만나기로 약속이 되어 있었던 사실을 이렇게 증언한다:

> 우리는 5월 17일 밤에도 모임을 갖고 계엄 확대에 대한 걱정을 하며 어떤 상황이 닥치더라도 끝까지 민주 투쟁을 할 것을 결의하였다. 우리는 5월 18일 오후 3시에 다시 만나기로 하고 통행금지가 넘어서야 집에 돌아왔다.(김상집 1988, 54-55)

윤상원이 〈남민전〉 전사, 즉 광주운동권 자격으로 아세아자동차 노조 내에 만들어 놓은 그의 이 사조직이 바로 그가 5월 21일 아세아자동차 공장을 습격할 때 내부협력자로 동원한 노동자들이었다.

윤상원은 5월 25일 밤에 〈민주구국투쟁위원회〉를 구성했는데, 이것이 당시 광주의 최고 권력기구로서 일종의 혁명정부였으며, 그 수뇌부는 4명의 광주운동권 윤상원, 이양현, 김영철, 정상용이었다.

실제로는 윤상원이 5월 25일 밤에 구성된 임시혁명정부 기구 〈민주구국투쟁위원회〉의 최고지도자였지만, 조선대 무역학과 3학년 학생 김종배를 위원장으로 세우고 자신은 일부러 대변인 역할을 맡아 26일 외신기자들과 인터뷰를 했다. 실제로는 정상용이 위원장으로 내정되어 있었지만 며칠간 임시로 김종배에게 위원장 감투를 준 것은 외신기자들이 시민군 지도부를 학생들로 착각하게 만들려는 눈속임이었다.

5월 26일 밤까지도 윤상원은 시민군의 승리를 장담하고 있었다. 그의 논리에서는 서울에 있는 그의 조직이 서울에서도 무장봉기를 일으켜서 곧 최규하 정부는 전복되고, 혁명은 성공하게 되어 있었다. 설사 서울에 있는 조직의 봉기 조직이 지연되더라도 외신기자들이 송고한 기사가 국제여론의 회오리를 몰고 올 때까지만 버티면 승리한다는 국제정치의 수 읽기를 하고 있었다. 계엄군의 광주 재진입이 예상되던 5월 27일 새벽까지 윤상원과 함께 도청에 있던 동지들은 그가 확신 있게 승리를 장담하니까 안심하고 그를 따랐던 것이다.

1975년 봄 시민군으로 위장한 월맹공산군이 월남 중부지방에서 무장 반란을 일으켰을 때 베트콩(남베트남 민족해방전선)이 국제여론을 장악하여 티우 대통령의 퇴진을 요구하자 미국이 그 요구를 받아들여 티우 대통령의 사임을 권고했다. 티우 대통령의 퇴진 후 좌익의 무력에 의한 인민혁명은 일사천리로 진행되어 성공했다. 이렇듯 1975년 〈남베트남 민족해방전선〉이 국제여론을 거머쥐었을 때 가능했던 인민혁명이 1980년 5월 한국에서도 재연될 것이라는 것이 윤상원의 수읽기였다.

더욱이 한국 명문 선교사 가문 출신의 인요한이 윤상원의 통역을 담당했기에 모든 것이 윤상원에게 일방적으로 유리했다. 전라남도 순천에서 태어난 인요한(John Alderman Linton)이 지금은 세브란스병원 국제진료센터 소장으로 있지만 그때는 고등학교 졸업 후 아직 대학에 진학하지 않은 청년이었으며, 어려서부터 광주의 운동권 학생들과 친구 사이였다.

그 즈음 윤상원은 광주시민들을 대상으로 미국이 광주시민군을 지원해 주기 위해 항공모함 2척을 보내주었다는 거짓소문을 궐기대회 광고와 투사회보와 대자보 등을 통해 대대적으로 퍼뜨렸다. 그러나 그는 마틴 기자에게는 정반대의 말을 했다. 투철한 반미주의자인 그가 잠시 반미주의의 발톱을 감추고 미국이 어째서 광주시민군을 지원해 주지 않고 있느냐고 이렇게 따졌다:

우리는 미국이 동맹국으로서 한국 정부에 영향력을 행사할 수 있다고 생각하고 있소. 그런데 미국이 그렇게 안 하고 있기에 우리는 미국이 전두환 장군을 지지하는 것은 아닌지 의심하고 있다오. (Martin 2000, 90)

(We think the United States as an ally can exercise its influence on the Korean government. Since it hasn't done so, we suspect the U.S. might be supporting General Chun Doo Hwan.) (Martin 2000, 90)

이 말은 미국이 시민군의 편이 되어 주지 않으면 한국 국민이 반미주의로 돌아설 것이라는 엄포 논리를 깔고 있었다.

다. 자유민주와 대적하던 민족민주혁명

브래들리 마틴 등 외신기자들 앞에서 친미 가면을 쓰고 있었던 윤상원의 본성은 철두철미 반미주의자였다. 2011년 미국이 리비아 시민군을 지원하여 주었음에도 불과 4년 만에 오히려 이슬람 테러단체 출신 시민군들은 훨씬 지독한 반미주의 세력인 ISIS 집단을 형성했다. 이처럼 설사 광주사태 때 미국이 윤상원의 민족민주 혁명을 지원해 주었다고 해도 이것이 그의 반미주의를 바꿀 수는 없었다. 자유민주 타도를 목표로 삼는 민족민주는 그 본질이 반미 이념이므로 그 본질은 결코 바뀌지 않는다.

윤상원은 '민주'라는 단어를 언제나 '자유민주'를 반대한다는 뜻의 '민족민주'라는 의미로만 사용했다. 그는 자유민주주의에 입각한 대한민국의 헌법을 부정하는 사회주의 혁명을 일으킬 목적으로 민란을 조직했다. 5 · 18의 표어는 자유민주주의를 부정하는 '민족민주'였다. 그래서 광주사태가 일어나기 직전 사흘간 계속된 가두시위의 명칭이 '민족민주화성회'였다. 아래 사진에서 5월 15일 도청광장에서 거행된 가두시위 사진에서 '민족민주화 성회' 현수막이 보인다. '민족민주화 성회'라는 명칭은 왕년의 빨치산 박현채가 정해준 명칭이었는데, 그 의미는 '북한식 인민민주화 성회'였다.

'민족민주화'라는 5 · 18표어를 만든 세력이 그 후 한국민족민주전선을 결성했을 때 서울고등법원의 판결(1991. 9. 27. 선고 91노2954)은 한국민족민주전선은 "북한의 주체사상을 그 이념으로 한 북한 공산집단의 대남적화통일 전위조직"이요 "반국가단체"라고 판단했다.

　왕년의 빨치산들이 원격조종한 '민족민주화 성회'가 민족민주 혁명노
선의 시작이다. 1991년 11월 22일의 대법원(선고 91도2341) 판결은 〈한국
민족민주전선〉의 민족민주 혁명노선을 다음과 같이 판단한다:

　　　원심이 적법히 채택한 증거들에 의하면, 원심 판시의 소위 "자주, 민
　　　주, 통일" 그룹(이하 〈자민통〉이라 한다)은 북한의 주체사상을 그 이념
　　　으로 하여 북한 공산집단의 대남 적화통일의 전위조직인 〈한국민족민
　　　주전선〉의 강령과 지도노선에 따라 결정적 시기에 민중봉기를 유발하
　　　여 헌법이 상정하고 있지 아니한 방법으로 현 정권을 타도하고, 외세
　　　를 축출한 후 민중이 국가권력을 장악하여…(대법원 선고 91도2341).

　〈한국민족민주전선〉은 광주사태 주동세력이었던 〈남민전〉 전위조직
들이 광주사태를 거친 후 간판을 바꾸어 재집결한 조직이다. 그들이 "결
정적 시기에 민중봉기를 유발하여 헌법이 상정하고 있지 아니한 방법으
로 현 정권을 타도하고, 외세를 축출한 후 민중이 국가권력을" 장악하려
고 했다는 말은 제2의 광주사태를 일으키려고 했다는 말이다.

윤상원이 이석기의 민족민주혁명론의 원조이다. 윤상원과 이태복의 〈전민노련〉이 〈남한사회주의 노동자동맹〉(약칭, 〈사노맹〉)의 전신이다. 그런데 1991년 9월 2일자의 서울고등법원(선고 91노2212) 판결문은 〈사노맹〉이 반국가단체임을 다음과 같이 판단한다:

> 1단계로 노동자계급을 중심으로 통일전선을 구축하여 무장봉기를 유발함으로써 국가권력을 타도, 전복시키는 민족민주혁명을 통하여 민중공화국을 수립한 뒤, 2단계로 민중이 권력을 장악하여 반동관료 등을 숙청하고 토지 및 생산수단을 국유화하는 소위 사회주의 혁명을 통하여 반혁명적 요소를 제거함으로써 궁극적으로 완전한 프롤레타리아 사회주의 국가를 건설한다는 목표 아래 노동자 계급의 전위정당으로서 전국적인 비밀조직으로 결성된 단체임이 인정되므로 '사노맹'은 국가변란 목적을 가진 반국가 단체임이 명백하고…(서울고등법원 선고 91노2212).

김영삼 정부 시절이었던 1993년 2월 20일의 서울고등법원(선고 92노4461) 판결문도 (윤상원의 혁명동지들로 구성된)〈사노맹〉은 봉기를 일으켜 대한민국 체제를 타도한 후 노동자계급이 국가권력을 장악하게 하려고 했던 반국가단체임을 다음과 같이 판단한다:

> 노동자계급 중심의 봉기를 일으켜 대한민국 체제를 타도한 후 노동자계급이 국가권력을 장악함으로써 민족민주혁명을 이루어 민중공화국을 수립하고, 제2단계로 반동관료, 독점재벌 등을 숙청하고 토지 기타 생산수단을 몰수, 국유화하는 사회주의 혁명을 이루어 완전한 프롤레타리아 사회주의 국가를 건설할 것을 목적으로 하는 노동자계급의 전위정당임을 표방하고… 사노맹은 헌법과 법률이 정한 방식에 의하지 아니하고 현 사회민주적 기본질서를 파괴하려는, 국가변란을 목적

으로 하는 국가보안법 제2조 소정의 반국가단체에 해당된다 할 것이
고… (서울고등법원 선고 92노4461)

윤상원이 일으키려고 했던 혁명은 민족민주혁명이었지만 그 반미주
의 발톱을 잠깐 감추고 외신기자들을 속이는 것은 그에게는 식은 죽먹기
였다. 시위대가 서울의 중앙청과 광주의 전남도청 등 주요 정부 청사들을
점거하면 외신기자들이 몰려오게 되어 있다. 외신기자들이 몰려오면 외
신기자 인터뷰를 개최하고 '반독재 투쟁'이란 내러티브를 던져주면 그때
부터 중앙청과 도청을 점거한 시위대가 국제사회의 보호를 받게 되고,
그러면 미국 정부를 상대로 직접 협상하여 혁명에 성공할 수 있다는 것
이 윤상원의 정치외교 전략이었다.

이것이 허황되고 무모한 혁명전략이었는가? 그러나 광주사태 주동자
들의 반미논리에서는 이런 전략이 매우 타당한 전략이었다. 북한이 보내
준 책으로 사상이 무장되어 있던 그들의 반미논리에서는 한국은 독립국
가가 아니라 미제국주의의 괴뢰국이었다. 그리고 그들은 미국정부는 여
론이 움직인다고 보았다. 따라서 시위를 아주 과격하게 하고 '독재와의
투쟁'내러티브를 내세우면 미국은 민주주의 종주국이라는 체면을 위해
시민군 편으로 편 바꾸기를 할 수밖에 없다는 것이 윤상원의 전략적 수
읽기였다.

외국에서 반미 운동권의 이런 혁명전략이 적중한 사례들이 있다.
1975년 봄 월맹군이 월남 시민군으로 위장하고 침투하여 무장반란을 일
으키자 월남 베트콩은 미국 정부를 상대로 협상하여 티우 대통령이 퇴임
하면 시위를 중지하겠다는 요구조건을 달았다. 그리고 미국 정부의 사임
권고 한 마디에 베트콩은 대통령을 자기들이 지명하는 인물로 교체하고
인민혁명에 성공할 수 있었다. 리비아는 오랫동안 미국의 대(對)테러전을

위한 우방이었는데, 2011년 '독재와의 투쟁'내러티브에 미국이 낚여 리비아 무장반란의 배후세력에 대한 정체도 알아보지 않고 경솔하게 편 바꾸기를 한 사례가 있다.

라. 시민군 지도부의 TNT 자폭 협박

윤상원의 화상의 원인이 그가 지니고 있던 수류탄 폭발에 의한 것이었을 가능성을 가장 먼저 시사한 인물은 노먼 소프 기자였으며, 13년 후 그 사실을 명확하게 확증한 사람은 브래들리 마틴 기자였다. 다시 7년 후인 2000년에 마틴은 윤상원이 '상징적 자살(symbolic suicide)'을 했을 것이라는 이론을 발표했다.(Martin 2000, 103)

외신기자들 중에서 그 누구보다도 윤상원의 사망 원인을 많이 연구한 마틴이 윤상원은 타살이 아닌 '상징적 자살'을 했다는 기고문을 발표했을 때는, 이것은 그의 사망 원인에 대한 기존의 시각을 거의 180도 뒤집는 연구결과 발표였다. 1980년 5월 27일 아침 서울에 있었던 마틴은 윤상원이 도청 2층에서 화상으로 사망했다는 동료 외신기자의 전화를 받자마자 한국군이 그를 태워 죽였다는 결론부터 내리고 기사를 송고했었다. 그러나 20년 만에 그는 20년 전의 그의 보도에 심각한 오보가 있었음을 인정한 것이다. 그래서 윤상원이 자기 수류탄 폭발에 의한 화상으로 사망한 것임을 명백하게 입증한 것은 진실에의 상당한 접근이자 대단한 기여였다. 그러나 그의 자폭 동기가 '상징적 자살'이었다는 설명은 미흡하다.

윤상원의 사망 원인을 캐기 위해 1993년 광주에서 윤상원의 동지들과 후배들을 모두 만났던 마틴 기자는 윤상원이 자기 수류탄으로 자폭한 사실을 발견하고 허탈감을 느꼈다. 만약 윤상원이 바보가 아니었다면 5월 27일 새벽 항복보다는 차라리 "저항 고립 지대(pockets of resistance)"를 선택했을 것이라는 게 마틴의 추측이었다.

광주사태 당시 이재의와 더불어 윤상원의 수족이었던 전용호 기자는 윤상원의 의도를 잘 알 수 있는 인물이었으므로 마틴이 그에게 윤상원의 그런 무모한 시도를 알아채고 있었는지 물어 보았다고 했다:

나는 전용호에게 그러면 전용호 본인은 윤상원이 "저항 고립 지대 (pockets of resistance)" 전략을 구사하고 있다는 것을 그때 이해하고 있었는지 물어 보았다.

"윤상원씨의 관점을 이해한 사람이 단 한 명이라도 있었는지는 모르겠어요"라고 그는 대답했다. 전용호와 그의 동지들은 나중에 그 정책을 이해하고 고마움을 느꼈다. 그러나 아주 오랜 세월이 흐른 후에야 비로소 일반인들은 윤상원의 역할을 인지하게 되었다. (Martin 2000, 100)

(I pressed further, asking if Chun had understood Yun's "pockets of resistance" strategy at the time.

"I'm not sure anybody understood Mr. Yun's view," he replied. He and others later came to understand and appreciate the policy, but public recognition of Yun's role has been slow to come.) (Martin 2000, 100).

윤상원이 바보였기 때문에 계엄군과의 무모한 전투를 선택했던 것이 아니라, 전략적으로 "저항 고립 지대" 상황을 만들었을 것이라는 추측에 근거하여 마틴은 그가 '상징적 자살'을 하였을 것이라는 주장을 하였다.

그런데 마틴은 모르고 있었겠지만 시민군 지도부가 TNT 자폭 협박을 여러 번 했었다. 윤상원의 자폭 배경의 큰 그림을 보려면 시민군이 8톤 트럭 여러 대 분량의 TNT 폭발장치를 도청 1층에 설치해 놓은 사실을 고려해야 하는데, 외신기자들은 그런 사실에 대해서는 까맣게 모르고 있었다.

시민군 지도부가 TNT 자폭 협박을 할 때 관광호텔에 투숙하고 있던 외신기자들은 이미 그 협박의 인질이었다. 도청에서 관광호텔까지는 불과 150m도 안 되는 짧은 거리였다. 따라서 시민군이 도청 TNT 창고에 불을 붙이면 관광호텔도 일순간에 날아가 버릴 위기가 도사리고 있었다. 다행히 5월 26일 계엄군 폭약전문가 배승일씨가 시민군의 TNT 창고에 잠입하여 그 안의 모든 TNT 뇌관들을 분리해 놓았기 때문에 외신기자들이 안전할 수 있었던 것인데, 외신기자들은 계엄군의 그런 활동에 대해서는 전혀 모르고 있었다.

5월 27일 새벽 2시에도 김종배 위원장이 총리실로 전화를 걸어 만약에 계엄군이 재진입하면 다이너마이트로 전남도청을 폭파하겠다고 협박했다. 황석영에 따르면, 김종배가 26일 밤 11시 50분에 전화로 중앙청 상황실을 불러내서 "만약 계엄군이 들어오면 우리는 다이너마이트로 자폭한다"고 말했다.(황석영 1985, 236) 그때 정말로 시민군 지도부는 도청 시민군과 더불어 다이너마이트로 집단 자폭할 심산이었음을 김종배 위원장은 이렇게 증언한다:

> 그날 낮에 정시채 부지사가 허규정과 나를 불러 "계엄군이 곧 진주할 텐데 내가 미리 귀띔해 줄 테니까 학생들은 모두 빠져나가라"고 했다. 우리는 "만약 계엄군이 진주하면 도청 지하실에 있는 폭약을 폭파시키겠다"고 말했다. 그러나 나중에 알고 보니 도청 지하실의 폭약은 계엄군 프락치에 의해 이미 뇌관이 제거된 상태였다. (김종배 1989)

윤상원은 사건 발생 몇 시간 전에 가졌던 기자단과의 인터뷰에서 혁명에 실패할 경우 자폭하겠다는 결의를 천명했다. 윤상원의 자폭 결의를

직접 들은 김영택 기자는 그런 사실을 이렇게 기록한다:

> 이들은 계엄군이 진주할 경우 보유하고 있는 수류탄 1천 발과 시내
> 의 절반 이상을 쑥대밭으로 만들 수 있는 TNT로 자폭하겠다는 결의를
> 다졌다. 필사적인 항쟁의 다짐이었다. (김영택 1996, 216)

윤상원이 마지막으로 남긴 말은 집단 자폭하겠다는 것이었다. 윤상원
은 한국 정부를 상대로 여러 채널을 통해 집단 자폭 의지를 천명했다. 만
약 단지 한 명이 상징적 자살을 할 생각이었다면 왜 그 많은 TNT 폭발장
치가 필요했으며, 집단 자폭 의지를 누이이 공언할 이유가 무엇인가?

윤상원은 고등학생들을 대상으로 '앉아, 일어서!'를 수십 회쯤 반복
실시하면서 실탄과 카빈 소총과 수류탄을 지급했는데, 이때 김종배 위원
장 자신도 윤상원과 더불어 전 시민군에게 수류탄과 실탄을 지급한 사실
을 그는 이렇게 증언한다:

> 27일 새벽 2시가 가까운 시간이었다. 도청 안에 비상을 걸고 박영순
> (여, 송원전문대)과 이경희(여, 목포전문대) 두 여학생을 데모진압용 가
> 스차에 태워 시민들에게 방송하도록 시켰다. 계엄군 진입을 알리는 두
> 여학생의 가두방송이 나가자마자 총성이 울리기 시작했다. 이때가 2시
> 15분이었다고 기억된다. 우리는 수류탄과 실탄을 새로 지급하고 학생,
> 시민들을 도청 곳곳에 배치시켰다. (김종배 1989; Cf. 月刊朝鮮특별취재
> 반 1988)

윤상원이 고등학생들에게 총과 실탄과 수류탄을 분배하던 중 또 하
나의 몹시 충격적인 사실이 드러났다. 자폭무기였던 다이너마이트 폭약
뇌관이 모두 분리되어 있었던 것이다. 이양현은 윤상원은 5월 26일 계엄
군 폭약 전문가가 잠입하여 TNT 뇌관들을 모두 제거한 사실을 까맣게

모르고 있다가 27일 새벽 3시경 무기고에서 무기를 분배하던 중에야 비로소 창고의 모든 TNT가 무용지물이 되어 있는 사실을 알게 되었음을 이렇게 기록한다:

> 한편, 김종배 위원장은 서울의 중앙청 상황실 직통으로 연결된 전화를 들고 소리쳤다.
> "지금 계엄군이 오는데 광주시민을 몰살하겠는가?"
> "모르겠다."
> "정말 그러면 여기 있는 TNT로 자결하겠다."
> 후에 안 일이지만, 그 TNT는 계엄군의 공작에 의해 뇌관이 빠져 있어 폭발할 수 없는 것이었다. (월간조선 특별취재반 1988, 446)

TNT를 집단 자폭 무기로 사용하려던 계획이 무산되었을 때 윤상원은 거기서 자기 자폭 계획을 포기하지 않았다. 그는 TNT 뇌관이 제거된 사실을 알게 되자마자 모두 함께 수류탄으로 자폭하자고 했다.

황석영의 이름으로 『광주5월 민중항쟁의 기록』이 1985년에 출간되었을 때는 시민군 지도부에 자폭하자는 의견이 있었음이 아주 간략한 문장으로 "도청 상황실에서는 자폭하자는 의견도 있었으나"로 표현되어 있으나(황석영 1985, 241), 1999년에 설갑수가 이 책을 번역하고 원 저자 이재의의 이름으로 출간되었을 때에는 중요한 단어들이 생략되지 않고 정확하게 원저자의 원문 그대로 이렇게 번역되어 있다:

> 상황실에서는 시민군 지도부가 수류탄으로 자신들을 날려버리는 집단 자살을 하자는 토의가 있었다.(Lee Jai Eui 1999, 146)
>
> (In the ops, the leaders debated mass suicide, blowing themselves up with hand grenades.)(Lee Jai Eui 1999, 146)

영문에서도 지도자의 복수인 "the leaders"란 단어가 사용되었으나 이 것은 지도부의 의견이 아니라 윤상원 개인의 제안이었다. 시민군 지도부 중에서 윤상원을 제외하고는 수류탄 자폭을 원하는 간부는 단 한 명도 없었다.

윤상원이 도청 바깥쪽에 배치될 고등학생들에게 무기 지급을 한 직후 에 모두 수류탄으로 자폭하자는 말을 꺼냈을 때 "수류탄을 움켜쥐고 있 던 고등학생들은 흐느껴 울었다"고 황석영은 기록한다.(황석영 1985, 141)

그러나 고등학생들이 흐느껴 울었다기보다 윤상원의 동지들이 당황 하였다. 윤상원을 제외한 그 누구에게도 수류탄으로 자폭해야 할 이유는 없었다. 심지어 그의 오랜 광주운동권 동지들이었던 정상용과 이양현과 김영철도 윤상원이 조금만 더 버티면 혁명에 성공한다고 강하게 우겨서 그것을 반대하지 못하고 마지못해 끌려왔던 것이지 갓 서른의 나이에 수 류탄으로 자폭할 생각은 전혀 없었다.

그런데 윤상원은 수류탄 자폭 제안을 한 지 불과 한두 시간 후에 실제 로 그의 수류탄이 폭발하는 자폭사고가 발생했다. 윤상원 동지들조차 모 르는 비밀조직이 여러 개 있었던 윤상원에게는 많은 비밀이 있었다. 그는 5월 18일 아침 광주사태를 일으키기 직전 모든 비밀 서류들을 소각했다. 그의 수류탄 자폭과 더불어 한국 근현대사의 중요 비밀들이 함께 묻혀버 렸다.

마. 윤상원 사인의 미스터리를 푸는 열쇠

지난 2015년 5월 13일 서초구 내곡동 예비군훈련장에서 예비군 한명 이 실탄 10발을 난사하여 여러 명이 죽고 다쳤다. 철저한 안전수칙이 있 는 예비군훈련장에서조차 이렇게 돌발적으로 일어나는 사고는 막을 수가 없었다. 하물며 광주사태 당시 시민군이 보유하고 있었던 실탄 수는 30만 발이나 되었다.

한 도시에서 민간 무장단체가 수천 정의 총과 수십만 발의 실탄을 가지고 있을 때 그것을 방치하는 것은 무법천지가 되도록 내버려두는 것이며, 무법천지 상황에서는 민주주의 실현이 불가능하다. 지난 2011년 이래 시민군의 총이 지배하는 리비아가 민주주의 실현이 불가능한 나라로 전락한 이유는 그 사회가 시민군의 총에 의한 지배로 무법천지 상태가 되었기 때문이다. 그런 무법천지 상태로 치닫기 전에 시민군의 총과 실탄을 회수해야 하는 것은 정부와 군대의 당연한 임무인데, 그것을 '광주학살'이라 부르는 것이 적절한가?

5 · 18측이 윤상원을 열사라고 부를 때에는 그가 1980년 5월 27일 새벽의 전투 중에 계엄군의 총탄에 숨졌음을 전제하고 있다. 그러나 윤상원은 계엄군이 사고 현장에 도착하기 전에 사망했다.

5월 27일 새벽의 시민군의 도청 수비 작전은 서쪽 방향, 즉 정문쪽 방향 수비에 치중되어 있었다. 전일빌딩에 LMG 기관총을 설치해 놓고 시민군 저격수들을 전일빌딩과 YMCA와 YWCA 등에 배치해 놓고 있었으며, 도청 정문 바깥쪽에도 시민군 병력 50명을 배치해 두었다. 아래 사진은 사건 발생 약 10시간 전의 상황이지만, 5월 27일 새벽의 도청 정문 주변 지형 및 상황을 살피는 데 참고가 된다.

아래 사진 중앙의 건물이 도청 본관인데, 새벽 4시경 인민위원회 기획위원 이양현이 도청의 모든 전등을 소등함과 동시에 1백명이 넘는 시민군이 갑자기 2층 복도의 모든 유리창을 깨고 정문 쪽을 향해 총을 거치했다. 위성삼이 시민군이 된 지 겨우 5시간밖에 안 된 고등학생들 4~50명을 새벽 4시 경에 정문 바깥에 배치한 것도 바로 그때였다. 위 사진은 아직 날이 어두워지기 전에 찍혔으나 사진에서 시민군들이 경계근무를 하는 바로 그 자리에 새내기 시민군들이 배치되어 있었다.

그러나 도청 시민군 무기회수 임무를 띤 계엄군 특공조 79명은 새벽 4시 경에 도청 정문 쪽으로 접근하지 않고 로프를 이용하여 도청 뒷담을 넘은 후 본관 뒤편 건물 벽에 바짝 붙어 이동해 오고 있었다.

도청 본관 4층 옥상에는 시민군 기관총 2대가 설치되어 있었는데, 새벽 4시 5분경 계엄군 특공조가 막 뒷담을 넘기 시작할 무렵 도청 정문 쪽의 돌담 주변을 향해 맹사격을 하기 시작하자 천장에서 울리는 기관총 소리에 몹시 당황한 시민군들이 그것을 전투 시작으로 착각하고 함께 총을 난사하기 시작했다.

그러나 시민군의 총기난사 방향이 어디였는가? 본관 2층 복도의 시민군 저격수들은 도청 뒷담 쪽이 아닌 정문 쪽에 배치된 자기편을 향해 한참 동안 총을 난사했다. 도청 전등이 모두 소등된 칠흑 같은 어둠 속에서

시민군이 시민군을 향해 총기난사를 하는 이런 대혼란과 거의 동시에 발
생한 사건이 2층 복도에서 시민군 저격수들과 섞여 있던 윤상원이 갑자
기 쓰러진 것이다.

이양현과 이재호는 1989년 2월의 광주 청문회 때 수학적으로, 물리학
적으로 성립이 불가능한 거짓말을 했다. 2층 복도에 시민군 저격수 150명
이 모여 있는데 어디선가 한 발의 총탄이 날아와서 윤상원에게만 맞았다
는 것이다. 그러나 그는 관통상 부위가 어디인지조차 몰랐다. 관통상이
있었는지의 여부조차 확인해 보지 않고 어떻게 총상에 의한 사망이라고
주장할 수 있는가?

윤상원의 사인에 대해 이양현이 처음 시작한 거짓말이 한 다리 건너
그의 광주운동권 동지 정상용을 통해 전해졌을 때에는 화염방사기 괴담
으로 발전했다. 정상용은 1989년 1월 27일 오전 10시에 속회된 광주청문
회에서 윤상원에 대한 조흥규 의원의 심문에 이렇게 대답했다:

> (상략) 또한 마지막 죽었을 때는 총탄이, 흉탄이 배를 갈랐는데, 나중
> 에 사진을 보니까 윤상원씨가 죽었던 시신에는 완전히 시신이 검붉게
> 탔습니다. 그래서 저희들은 혹시 윤상원씨가 총에 맞아서 죽은 다음에
> 화염방사기 등으로 혹시 시신을 태운 것이 아니냐, 그런 것에맞은 것
> 이 아니냐, 이런 생각을 하게 될 수밖에 없었습니다. 시신이 많이 그을
> 렀습니다. (제144회 국회 1989, 26:25)

이렇듯 정상용이 광주청문회를 화염방사기 괴담 유포의 장으로 활용
할 때, 그는 시민군 간부 출신 대표의 자격으로 평민당 국회의원이었다.
정상용은 윤상원의 관통상 부위가 배라고 했다.

그러나 이양현 등 다른 시민군들의 증언에서는, 윤상원은 시민군들이
정문 쪽의 자기편을 향해 총구를 겨누고 있던 중 졸도했으며, 그때 윤상

원의 배는 창문 바깥쪽을 향하고 있었고, 그 쪽은 그의 부하들이 배치되어 있는 곳이었다. 시민군들이 창가에서 눈만 창틀 위로 올리고 앉아사격 자세를 취하고 있었을 때는 그 어느 방향에서 날아오는 총탄도 배에 명중하는 것은 불가능하다.

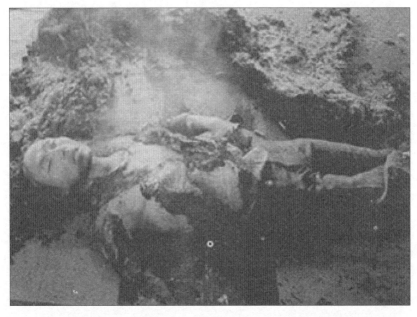

〈사진 설명: 5월 27일 새벽 도청 본관 2층 민원실에서 이불에 덮인 채 누워 있던 윤상원이 소지하고 있던 수류탄 폭발로 사망한 직후 노오먼 소프 기자가 달려와 찍은 사진.〉

정상용은 흉탄이 배를 갈랐는데, 나중에 사진을 보았다고 했다. 그러나 당시 〈아시안 월스트리트 저널(The Aisan Wall Street Journal)〉 서울 지부장이었던 노먼 소프(Norman Thorpe) 기자가 윤상원이 사망 직후 찍은 아래 사진에서 어디에 배가 갈라진 것이 보인다는 것인지 이 점에 대해서는 이제 정상용의 해명이 필요하다.

위 사진에서 보듯이, 윤상원의 신체 왼쪽 부위에는 아무런 상처도 없고, 전혀 화상을 입지 않았고, 오로지 오른쪽 귀 아래의 우측 하악골과 우측 흉복부에만 3도 화상을 입었다. 그런데 만약 몸에 불이 붙어 입은 화상이었다면 그 화상 부위가 얼굴 전체와 몸 전체로 번졌을 텐데 이상하게도 오른쪽 구레나룻만 마치 열흘간 전혀 면도를 하지 않은 것처럼 검게 그을려 있다.

민원실 바닥에는 타일이 깔려 있었고, 이양현과 김영철은 그 타일 위에 이불을 펴고 그를 눕혀 놓았었다. 그런데 그 후 40일이 지난 1980년 6월 말에 도청 현장검증을 위해 이양현이 도청 2층의 윤상원 사망 현장에 다시 온 적이 있었다. 그때 와서 보니 윤상원을 눕힌 이불이 있었던 바로 그 자리의 타일이 5~6평 정도 타 있었다.(제145회 국회 1989, 4:8)

소프 기자가 찍은 위 사진에서 윤상원이 누웠던 자리 왼편으로 그가 누워 있던 이불 잔해가 보이고, 그 이불 밑의 타일이 이양현이 40일 후 목격한 대로 타 있다. 그렇다면 윤상원은 이불이 타는 순간 몹시 뜨거움을 느끼고 불타는 이불에서 내려오기 위해 안간힘을 쓰며 오른쪽으로 자기 몸을 이동하고 있었다. 의식이 없는 윤상원을 이불 위에 안치했다는 이양현의 말과는 달리, 윤상원은 자기 몸 위에서 불타는 이불을 걷어차고, 몸 아래의 뜨거운 이불에서 얼른 내려올 만큼 의식이 있었던 것이다.

윤상원이 의식을 잃고 있었다는 이양현의 주장과 달리 기진맥진해 있었다는 견해가 있다. 윤상원의 전민노련 동지 박노해는 『윤상원 평전』에서 윤상원이 5월 18일 이후 전혀 잠을 자지 못했다고 설명한다. 전등이 소등되어 아무것도 안 보이는 순간 윤상원이 잠든 사람처럼 쓰러지자 이양현과 김영철이 그를 민원실의 소강당 한 가운데로 옮기고 이불 위에 눕힌 것도 그에게 수면과 휴식이 필요하다는 판단을 했기 때문이었을 것이다.

윤상원은 9일 동안 어마어마한 분량의 성명서와 대자보와 투사회보를 작성했다. 게다가 아세아자동차 습격 주도 등 여러 광주사태 현장을 동분서주하였다. 무엇보다도 학생수습위 위원장 김창길의 무기회수를 막는 것이 그를 더욱 기진맥진하게 했다. 만약 윤상원이 열흘째 전혀 자지도 쉬지도 못한 것이 사실이라면, 열흘 째 되는 날에는 체력의 한계가 올 수밖에 없는 것이 (그와 가장 가까운 동지들이 보기에도) 생리학적 사실이다.

5월 27일 아침 YWCA와 전일빌딩 등 도청에서 떨어진 시민군 매복 지역에서의 산발적인 전투도 모두 종료되자마자 전남도청 후정에서 윤상원(본명 윤개원)의 부검이 바로 실시되었고, 이 검시에는 광주지방검찰청 검사 김기준, 조선대학교 병리학교실 의사 박규호와 배학연, 경찰관 박경호 순경, 군검찰관 김이수 중위, 그리고 군의관 박동철 대위 등이 참여했다. 이때 작성된 검시 내용에는 사인이 "우측 하복부 자상 및 하악골 우 흉부 등 3도 화상"이었다.

새벽 5시 30분경 계엄군이 도청 상황 종료를 발표하자마자 외신기자들이 도청 건물 안으로 앞 다투어 밀려 들어왔으므로 시민군 회의실이자 식당이자 침실이었던 2층 민원실에는 군인과 경찰보다 한참 먼저 외신기자들이 몰려들어왔다. 윤상원의 사망 현장 최초 목격자는 노먼 소프(Norman Thorpe) 기자였다.

눈을 씻고 봐도 다른 시민군 희생자는 2층에서 발견되지 않았으나, 강당 중앙의 그 1구의 시신이 그에겐 몹시 충격적이었다. 앞머리 숱이 많아 서구인보다 다섯 살은 더 젊어보였던 윤상원의 앞 머리카락 일부가 불에 타 없어진 듯 보였다. 시신 주변에는 불에 타서 녹아내린 커튼이 재처럼 딱딱하게 굳어 있었는데, 재처럼 보이는 그 물체가 커튼인 줄 몰랐던 소프 기자는 이렇게 기록하였다:

"녹았으나 재처럼 보이는 어떤 이름 모를 물체 더미가 시신 주변에
쌓여 있었다"

(A pile of some unknown substance, melted but also like ashes was
heaped around the body.) (Thorpe 2000, 122-123)

이 광경은 (윤상원이 김대중의 외곽단체 유급 직원인 것을 모르고 대학생으
로 잘못 알고 있었던) 외신기자들에게는 몹시 충격적이었다. 한국군이 민주
화 운동을 하는 학생을 이토록 잔혹하게 불에 태워 죽이다니! 사람들은
자기가 모르는 네팔 지진 희생자 8천 명보다 자기가 아는 한 사람의 희생
자를 위해 더 큰 감정을 느낀다. 바로 어제, 아니 불과 12시간 전의 외신
기자 회견 때 웅변으로 인터뷰 대화를 나누던 바로 그 청년이 그을린 모
습으로 소강당 한가운데 쓰러져 있는 것을 발견했을 때 외신기자들의 반
응이 어떠했겠는가? 그들은 한국군이 윤상원을 잔인하게 불에 태워 죽인
것으로 오해하고 한국군을 저주했다.

AP 통신의 테리 앤더슨(Terry Anderson)이 그를 보았을 때는 그의 시
신이 불에 그슬려 있었다.(Martin 2000, 102-103; Anderson 2000, 51). 그때
윤상원의 눈은 여전히 살며시 뜬 상태였기에 노먼 소프 기자는 그의 눈
을 감겨주고 싶었으나 기자가 시신의 원형을 바꾸면 안 되므로 참았다.

전날 인터뷰 때 윤상원이 자기 이름 밝히기를 거부해 아직 그의 이름
을 모르고 있었지만, 죽은 그를 위해 외신기자들은 뭔가를 하고 싶어 했
고, 그래서 그를 위한 기사를 계속 쓰고 싶어 했다. 그러나 설명이 안 되
는 사실들이 있었다. 어째서 다른 시민군은 전혀 불에 타거나 그슬리지
않았는가? 강당 안에서 윤상원 단 한 명만 태운 화재의 발생 원인은 무엇
인가?

주변에 수류탄 파편 조각은 없었지만 소프는 수류탄 폭발에 의한 화

상일 가능성을 생각해 보았다. 그렇다면 진압군이 던진 수류탄 폭발이라고 해야 말이 되는데, 윤상원 주변에 수류탄이 떨어진 흔적이 전혀 없었다. 그래서 그는 윤상원이 가지고 있던 충격 수류탄이 저절로 폭발하였을 가능성도 열어 두어야 했다.(Thorpe 2000, 123)

그런데 그 당시에는 소프는 윤상원이 왜 거기에 그렇게 누워 있는지 영문을 몰랐고, 윤상원이 이불 위에 누워 있었다는 사실조차 그때는 알 수가 없었다. 1989년 3월 13일의 〈5·18광주민주화운동 진상조사특별위원회 현장검증 소위원회〉 때 이양현을 심문했던 김영진 위원이 증인 이양현에게 윤상원이 사망한 것을 두 눈으로 확인한 적이 있는지 물었을 때, 이양현은 자신이 김영철과 더불어 윤상원을 이불에 눕혔을 때 살아 있었음을 시인하며 얼버무렸다:

○ 소위원장 김영진: 검안서를 우리가 직접 보았는데 분명히 자상과 3도 화상이라는 것이 나오는데 그러면 증인께서는 M16에 의해서 윤상원씨가 맞아가지고 이제 윤상원씨는 죽는다 하는 생각을 하고 딴 데로 옮긴 것입니까? 아니면 윤상원씨가 완전히 숨이 끊어져서 시체가 된 모습을 확인한 것입니까?

○ 증인 이양현: 그때 "아이구" 하면서 총을 떨어뜨리고 쓰러졌습니다. 그래서 "윤상원씨!" 하니까 그때부터 대답이 없었습니다. 그래서 옆에 있는 김영철씨 하고 제가 같이 "윤상원씨!" 해도 아무런 반응이 없었습니다. 그래서 윤상원씨 시신을 네 사람이 도청 강당으로 보이는 널찍한 데에 이불을 펴고 시신을 안치시켰습니다. 그래서 그때 완전히 숨이 끊어지지 않았을망정 정신을 완전히 잃었습니다. (제145회 국회 1989, 4:7-8)

이양현은 M16 소리를 듣지 못하고 '아이구' 소리만 들었다고 했다.

그런데 '아이구' 소리만 듣고 어떻게 M16에 맞고 지르는 비명인 줄 알
았는가?

사실은 당시 정황은 윤상원의 입에서 '아이구'소리가 나오는 것이 정
상인 때였다. 시민군 대부분이 고등학생들이거나 중학교에 진학하지 못
한 청소년들이어서 군복무 경험이 있는 몇몇 시민군이 저마다 자기가 대
장인 줄 알고 있다 보니 사공이 많아 병력을 정문 쪽에 배치하는 대장이
따로 있었고, 2층 복도에 배치하고 정문 쪽으로 사격 명령을 내리는 대
장이 따로 있었다. 모두가 멍청하게 자기 편 쪽으로 총기 난사를 하고 있
을 때 만약 윤상원이 멍청하지 않았다면 시민군이 시민군 쪽을 향해 총
기난사를 하고 있었음을 깨닫고 '아이구' 소리를 지르는 것이 정상이었
을 것이다.

윤상원의 건강 이상 등으로 무장봉기 지도자로서의 활동을 더 이상
계속할 수 없을 경우 윤상원의 권한대행이 이양현이었다. 만약 이양현이
윤상원이 정말로 의식을 잃었다고 생각했다면 그 다음의 그의 행동이 납
득이 되지 않는다. 윤상원이 의식을 잃은 것이 확인되는 순간 이양현의
역할은 이제 더 이상 소총수의 역할이 아니라 장군의 역할이었다. 그럼에
도 그는 소총수의 역할을 위해 옆방으로 갔다고 했다.

이재호 기동타격대 부대장은 한 사람이라도 죽이려는 살기를 띠고 죽
일 대상을 찾아다니다가 시민군 회의실이었던 2층 민원실로 잠깐 들어온
적이 있었는데, 그때 김영철이 여전히 윤상원 옆에 있는 것을 보았다. 그
광경만 잠깐 본 후 복도 창가로 돌아와 자기편, 즉 시민군 병력이 배치되
어 있는 상무관 쪽으로 총을 겨눈 사실을 이재호는 '현장검증 소위원회'
에서 이렇게 증언했다:

　○ 증인 이재호: 그때 저는 안에 있었는데 어차피 죽을 바에는 나도
　한 사람이라도 죽여야겠다고 하면서 복도로 뛰어오는데 벌써 2층 복도

에 죽은 사람이 있어서 제가 그 시체에 걸려서 넘어진 적이 있습니다. 그래서 회의실에 오니까 그때는 벌써 윤상원씨가 죽어가고 있고 한 사람은 잡고 있었습니다.

○ 소위원장 김영진: 윤상원씨에 대한 부분을 증인께서 아시는 대로 상황을 설명해 주시기 바랍니다.

○ 증인 이재호: 그런데 다음에 알고 보니까 그 사람이 윤상원씨라는 것을 알았습니다. 그런데 그때 저는 계엄군을 마지막까지 저지해야 되겠다는 생각 때문에 그것을 자세히 볼 겨를이 없었고 무조건 창가에 가서 총을 밖으로 겨누고 있었는데 보니깐 한 사람은 누워 있고 또 한 사람은 이불로 쌓아 가지고 끌어안고 있는 것을 보았습니다. 그런데 내가 상무관 쪽으로 총을 겨누고 있었는데 거기까지 계엄군이 들어와서 "복도로 나와라" "투항하라"고 해서 제가 아래층으로 내려와서 잡혔습니다.(제145회 국회 1989, 4:5-6)

상무관 쪽, 즉 도청 앞쪽으로 총구를 겨누고 있었던 이재호가 그가 도청 건물 안에서 본 유일한 시민군 사망자는 한 사람뿐이었고, 나머지 시민군 사상자들은 본관 2층 시민군의 집중 총기 난사 방향이었던 도청 앞 일대에만 널려 있었다는 사실의 현장 목격자이다.(제145회 국회 1989, 4:6)

이재호가 1층으로 내려갈 즈음 이양현이 2층 출입문 있는 데에서 항복을 하고 1층으로 내려간 때가 새벽 5시경이었다. 이양현의 말로는 내려가기 전 윤상원 있는 쪽을 슬쩍 보았는데, 그때까지도 화상이나 방화의 흔적은 전혀 없었다.(제145회 국회 1989, 4:7-8)

1993년 광주에서 마틴은 윤상원의 동지들을 전부 만나 그에 대한 거의 모든 이야기를 들을 수 있었다. 그때 윤상원의 사망 원인에 대해서도 상세한 대화가 있었는데, 윤상원의 동지들은 한국인 사회에는 발표하지 않았던 진실을 마틴에게는 말해 주었다. 즉, 그것은 윤상원의 화상 원인은 그의 수류탄 폭발이었다는 것이다.

나중에 소프 기자가 마틴 기자로부터 이런 사실을 들었을 때 그가 10여 년 동안 품었던 의문의 수수께끼가 드디어 풀렸다. 마틴 기자가 윤상원의 동지들한테서 직접 들은 바에 의하면, 사고 당시 김영철은 윤상원과 같이 있었는데, 윤상원이 배에 총을 맞고 피를 흘리자 커튼으로 감싸는 순간 수류탄 한 개가 폭발하면서 커튼에 갑자기 불이 붙었다. 이것이 윤상원의 몸이 불에 검게 그슬린 이유였다.(Thorpe 2000, 123)

단, 윤상원이 배에 총을 맞고 피를 흘렸다는 말 등은 이양현의 픽션 혹은 허위 내러티브를 마틴과 소프가 그대로 인용한 오류이다. 윤상원의 사망 최초 목격자였던 소프도 윤상원의 배에서 관통상을 확인하지 못했다.

소프 기자가 찍은 사진에서 이불과 커튼 잿더미 중에 불에 연소되지 않은 고체 덩어리들이 있는 것으로 보아 이불과 담요와 커튼이 수류탄 파편들을 전부 흡수한 것이다. 그래서 소강당(민원실)에서 수류탄 파편 조각이 전혀 보이지 않았던 것이다. 이로써 윤상원 왼쪽에 플라스틱과 금속 조각이 서로 엉킨 고체처럼 보이던 물질에 대한 미스터리는 풀린 것이다.

광주시민들 중에 김영택은 기자 신분으로서 윤상원 사망 현장을 보았다. 그러나 총상을 발견할 수 없었기에 그는 "그의 검시서에는 자상과 화상, 그리고 탈장이라고 밝히고 있으며 그의 시신 또한 검게 그을려져 있었다"고 기록한다. (김영택 1996, 217). 윤상원이 도청 강당 중앙의 시멘트 바닥에서 사망한 직후 현장에 도착했던 외신기자들도, 그날 낮에 검시에 참여한 광주 각계각층의 인사들도, 김영택 등 국내기자들도 그의 몸에서, 배에서, 관통상을 보지 못했다.

5월 18일 정오 무렵 윤상원의 화염병 등장과 더불어 시작된 광주사태는 5월 27일 이른 아침 그의 수류탄 폭발과 더불어 끝났다. 한국의 체 게바라가 되는 꿈을 품고 불을 공격무기로 사용하는 도시 게릴라 방법을 연구했던 윤상원은 자신이 지니고 있던 폭발물이 그의 몸을 덮은 이불에 불을 붙여 일어난 불길에 사망했다.

시민군 지도부 간부들로서 그 이름이 알려진 이양현과 구성주와 정상용은 계엄군이 화염방사기로 윤상원을 죽였다는 거짓말과 M16으로 사살하였다는 거짓말을 지어냈는데, 이 두 가지 거짓말은 양립할 수 없는 거짓말이다. 윤상원이 처음 쓰러졌을 때 M16 관통상으로 쓰러진 것이 아니라는 사실의 단서는 윤상원의 자상과 화상 부위가 모두 오른쪽에만 있었다는 사실이다. 소프 기자가 찍은 사진에도 몇 시간 후 실시된 검시 내용에도 자상과 화상이 오른 쪽에만 있었다는 사실이 정확하게 일치한다.

시민군이 5월 21일 나주 예비군무기고에서 탈취할 수 있었던 수류탄은 모두 훈련용 수류탄들뿐이었다. 그 수류탄을 윤상원은 오른편에 차고 있었으며, 그 수류탄이 폭발하는 순간 그 파편에 의해 우측 하복부에 자상이 생겼던 것이며, 그 폭파열에 의해 우측 하악골과 우 흉복부에 3도 화상을 입고 사망했던 것이다. 소프 기자가 도착하기 직전까지 그는 여전히 살아 있었다. 그래서 그때는 아직 그의 눈을 감겨줄 기회가 있었으나, 기자에게는 역사적 중요 사실의 보존 책임이 우선적이었으므로 감겨주지 않았을 뿐이다.

제 6 장 남한의 〈임을 위한 행진곡〉과 북한의 〈님을 위한 교향시〉

남한에서 〈임을 위한 행진곡〉을 작사하고 북한에서 〈님을 위한 교향시〉 시나리오를 쓴 황석영은 누구인가?

김일성은『광주 5월 민중항쟁의 기록』의 공식 저자 황석영을 북한으로 불러서 북한판 5·18영화 〈님을 위한 교향시〉 시나리오를 쓰게 했다. 이 책이 1999년에 영어로 번역되어 김대중 대통령 노벨평화상 수상 공작용으로 사용되었고, 이명박 대통령도 자기 재임 기간 중 이 책의 저자를 노벨문학상 수상 후보로 밀고 싶다고 했다.

김일성은 1985년부터 1989년까지 황석영의 이름으로 출판되었던 이 책을 읽었기에 1989년 2월 광주청문회가 끝나자마자 그를 평양으로 불러들여 북한판 5·18영화 〈님을 위한 교향시〉 시나리오를 쓰게 했던 것이다. 황석영은 이 책의 내용을 바탕으로 영화 시나리오를 썼다. 그러나 이 책의 실제 저자는 황석영이 아니라 전남대 상대를 갓 졸업한 이재의였다.

5·18영화는 남한보다 북한에서 훨씬 먼저 제작되었다. 북한의 5·18 영화 〈님을 위한 교향시〉는 남한의 〈화려한 휴가〉보다 무려 16년이나 앞서 상영되었다. 〈님을 위한 교향시〉에서 황석영은 "미국에 의한 남한의 통치를 끝장내고 '북한식 인민민주주의의 통일'을 성공시켜야" 한다는

해설까지 삽입했다.

남한 노래 〈임을 위한 행진곡〉도, 북한 영화〈님을 위한 교향시〉도 광주운동권에 바쳐진 노래이다. 그런데 북한에서 영화 시나리오 주인공이 윤상원에서 박관현으로 바뀐 것은 김일성이 북한 특수군을 학생혁명군으로 위장하여 광주로 침투시킨 것과 관계가 있다. 영화 주인공이 학생혁명군이라는 상징성이 북한에서는 중요했다. 그러나 북한에서 '님'은 최고의 존칭이다. 북한에서 '님'은 김일성 부자를 위한 최고의 존칭이므로 저들은 남한 대통령에게도 '님'자를 붙이는 것이 허용되지 않고 늘 '놈'자를 붙여 호칭하였다.

그런데 국가가 제작하여 전 인민이 의무적으로 관람해야 했던 영화 제목 첫 자가 '님'이었을 때에는 거기에는 어떤 큰 상징적 의미가 있다. 이런 제목은 만약 김일성 부자가 광주인민봉기 배후가 아니었다면 북한 당국의 프로파간다 영화에 붙일 수 없는 제목이었음을 북한 주민들은 누구나 알고 있었다. 비록 영화의 주인공은 박관현이란 남한 학생이지만 영화는 김일성 부자를 위해 제작된 것이라는 사실은 북한에서는 상식에 속하는 문제이다.

광주사태 때의 가장 끔찍한 소문은 여대생의 젖가슴을 도려냈다는 것과 임산부의 배를 갈라 태아를 꺼내 던졌다는 것이다. 그럼에도 불구하고 남한 영화 〈화려한 휴가〉에서는 광주사태 때 시민들의 호기심을 가장 끌었던 이 두 소문의 사건을 전혀 다루지 않았는데, 그 이유는 그 소문이 사실무근으로 이미 확인되었기 때문이다. 사실 대다수의 한국 관객들은 그 양대 유언비어 사건의 장면이 영화에 나오지 않고 있음을 눈치조차 채지 못했다. 그러나 탈북자들이 이 영화를 관람할 때에는 북한이 제작한 5·18영화 〈님을 위한 교향시〉에서 보여주는 이 가혹한 장면들이 〈화려한 휴가〉에서는 **빠져** 있다는 것을 금방 알아차렸다. 북한에서 작가였던 한 탈북자는 그의 감상문에서 그런 차이점을 다음과 같이 예리하게 지적한다:

> 북한에는 광주사태를 형상한 〈님을 위한 교향시〉라는 영화가 있고, 남한에도 역시 광주문제를 다룬 영화 〈화려한 휴가〉라는 것이 있다. 남과 북이 5 · 18광주의 혼란이 가지고 있는 특이한 "민주화 이념"에 다 같이 한 목소리로 공감하고 있다는 증거일까? 광주시민을 가혹하게 학살하고 있는 계엄군의 행위를 보여주는 장면은 〈화려한 휴가〉에서보다 북한 영화에서 훨씬 더 진하고 강하게 묘사된다. 몸서리쳐지는 장면들이 지금도 머릿속에 생생하다. 쓰러진 시위자의 두개골을 개머리판으로 부수는 군인, 여러 시위자들의 다리를 거꾸로 들어 개처럼 질질 끌고 가는 장면, 여대생의 젖가슴을 도려내는 장면, 임산부의 배를 갈라 태아를 꺼내 내동댕이치는 장면, 참으로 상상하기조차 끔찍한 살인 현장이 영화 속의 광주에 그려져 있다. 〈화려한 휴가〉에서도 살인 장면은 연출되고 있지만 잔인성 면에서는 북한의 것과는 거리가 있어 보였다.(전 조선작가동맹 작가 2009, 333)

남한에선 젖가슴이 도려내진 여대생 희생자나 배가 갈라진 임산부 희생자는 전혀 존재하지 않았기에 그런 악성 유언비어가 영화의 소재로 될 수 없었다. 광주사태 때 그런 유언비어가 광주에서 진동한 것은 북한의 대남공작 작품이었는데, 그 후에도 북한은 계속 그런 유언비어를 **삐라**로 만들어 남한 여러 지역에 살포하며 북한에서 의도하는 대로 남한에서 5 · 18내러티브가 형성되게 하다가 1990년에 황석영을 평양으로 불러들여 〈님을 위한 교향시〉 시나리오를 쓰게 한 것이다.

1. 『찢어진 깃폭』과 황석영의 〈님을 위한 교향시〉

『찢어진 깃폭』의 작가로 밝혀진 김건남은 전남 무안 출신의 서울 거주자였다. 그런 그가 어째서 북한말 '깃폭'을 그의 수기 제목으로 붙였는지는 수수께끼다. 한국에서는 '깃폭'은 국어사전에도 없는 어휘이며, 더구나 깃발이란 뜻으로 쓰이지 않는다. '깃폭'은 북한에서는 '공산주의 혁명의 깃발'이란 뜻으로 사용된다.

북한이 2011년 12월 20일 금수산 기념궁전에 안치된 김정일 국방위원장의 시신을 공개했을 때 투명 유리관 속의 그의 시신 가슴 아래 부분은 붉은색 천으로 덮여 있었다. 조선중앙TV 리춘희 아나운서는 이 천을 혁명의 상징인 '붉은 깃폭'이라 소개하며 울먹이듯 말했다.

김정일의 시신에 혁명의 상징인 '붉은 깃폭'이 덮여 있었다. 『찢어진 깃폭』의 작가가 5월 21일 첫 시민군 희생자에게 '찢어진 채 펄럭이는 피로 물든 깃폭', 즉 붉은 깃폭이라는 뜻으로 '찢어진 깃폭'이라는 이름을 지어주었다:

"장갑차 위에서 태극기를 흔들며 구호를 외치던 중 3년 또래의 소년이 이마와 복부로 시뻘건 피를 토해내며 쓰러졌다. 태극기를 손에 쥔 채 저토록 처참하게 죽어간 저 무명소년의 이름은 역사에 어떻게 기록될까 …. 찬서리에 지고 만 저 어린 넋을 무엇이라고 이름 붙여 주어야 하는가 …. 찢어진 채 펄럭이는 피로 물든 깃폭."(정의구현전국사제단 1980, 8)

무장시위대 중 최초의 희생자였던 조사천씨는 중 3년 또래의 무명소년이 아니었다. 그는 나이 30대 중반의 모나미문구점의 주인 아저씨였다. 이른바 5 · 18비극의 상징으로 알려진 사진, 즉 천진난만한 다섯 살짜리 아이가 아버지 영정에 턱을 괴고 있는 사진 속의 주인공이 바로 조사천 씨다. 해치 바깥으로 상체를 내민 채 시민군 장갑차를 타고 있던 그는 자기 등 뒤에서 시민군이 쏜 카빈소총에 심장을 맞고 몸을 웅크리는 순간 그의 손에 들렸던 하얀 태극기가 피로 물들었다. 그런데, 시민군이 쏜 총에 의해 붉은 피로 물든 그 태극기를 김건남은 공산주의 혁명의 상징인 '피로 물든 깃폭'이라고 표현한 것이다.

조사천씨가 도청 광장에서 시민군 장갑차를 타고 다니다가 시민군 총에 맞아 사망한 사건은 남한에서도 북한에서도 광주사태를 대표하는 사건이다. 남한의 5 · 18측에서는 어린 자녀를 둔 가장이 희생된 이 사건은 광주사태의 비극을 상징하는 사건이지만 북한에서는 이것은 공산주의 혁명을 상징하는 사건이다. 『찢어진 깃폭』의 작가가 말하는 피로 물든 깃폭이 바로 북한에서 공산주의 혁명의 상징인 '붉은 깃폭'이다. 김건남은 '붉은 깃폭'이라는 뜻으로 그의 책 제목을 '찢어진 깃폭'이라고 붙였다.

섬뜩한 느낌을 주는 것은 '붉은 깃폭'이라는 의미의 책 제목뿐만이 아니다. 마치 오늘날 잔인성을 즐기기 위해 비디오 게임을 하는 사람들이 있듯이, 『찢어진 깃폭』의 저자는 가상의 살인을 즐기는 사람이었다. 아직 아무도 죽지 않은 5월 19일, 그는 괴담 소설을 썼으며, 그 괴담 소설에서 무수히 많은 사람을 죽였다. 그는 만화책에서나 있을 법한 괴기소설을 써내려갔으며, 그 소설 속에 아녀자와 노인들을 등장시켜서 죽게 했다. 작가가 소설 속에서 사람을 죽게 한 것이로되 공수대원을 가해자로 설정했다.

이런 괴기소설이 잘 팔려나가던 때가 있었다. 그러나 남한과 북한에서의 여러 5·18도서들의 원전인『찢어진 깃폭』은 지금은 서점에서도 도서관에서도 사라진 책이 되었다. 광주 5·18단체가 유네스코에 세계기록유산으로 등재한 것이 어떤 괴기소설인지를 살펴보기 위해 그 책자에 수록된 악성 유언비어 몇 개를 여기 인용해 보도록 한다.

시위대가 휘두르던 쇠파이프를 작가는 '철퇴'라고 부른다. 철퇴는 시위대만 가지고 있던 무기였고 공수대원에게는 그런 무기가 없었다. 공수부대가 철퇴를 휘둘렀다는 것은 북한에서 퍼뜨린 유언비어였으며, 유언비어 공작 작가는 그가 수기라고 부르는 단편소설에 70세 노인을 등장시켜 이런 유언비어를 만들어 낸다:

> "이때 나의 앵글엔 무서운 현장이 잡혔다. 미처 피하지 못한 70세 가량의 할아버지의 뒤통수에 공수병의 철퇴가 내려치자 노인의 입과 머리에선 분수 같은 선지가 쏟아져 내리며 비명도 없이 풀썩 꼬꾸라졌다."(정의구현전국사제단 1980, 2)

소준섭도 학생 시절『광주백서』를 아주 쉽게 썼다. 소준섭은 아무런 연구나 객관적 사실 확인 없이『찢어진 깃폭』을 그대로 베껴 이렇게 기록한다:

> "이를 목격한 곁의 노인들이 공수대를 만류하자, 공수대는 노인들의 머리를 곤봉으로 내려까 수 명이 실신했다."(소준섭 1981, 8)

황석영은『찢어진 깃폭』과『광주백서』를 베끼고 짜깁기하여 이렇게 기록한다:

> "이를 보고 있던 주위의 노인들이 공수대원의 폭력을 만류하자 그들은 노인들의 머리를 곤봉으로 후려쳤다. 노인들도 머리에서 피를 뿜으며 쓰러졌다."(황석영 1985, 65)

5월 19일에 노인 사망자는커녕 나이 30대 이상의 부상자도 전혀 없었음에도 불구하고 5·18작가들의 되풀이되는 유언비어 베끼기 과정을 통해 19일 노인들 사망 유언비어가 계속 버젓이 새 책으로 출판되고 전 세계로 퍼져나갔던 것이다.

김건남이 5월 30일 명동성당에서 처음 이 수기를 발표했을 때, 자신은 5월 19일 광주를 방문했는데 이것은 19일 발생한 사건이라고 말했다. 그런데 1989년 증보판에서는 이것이 5월 18일 4시 사건이라고 말을 바꾸었다. 그러나 그때는 아직 7공수가 시위 진압에 동원되지도 않았던 때이다.

북한의 5·18도서들이 『찢어진 깃폭』을 인용하지만 이 책자에 수록된 유언비어들은 실은 광주사태 당시 북한이 광주 일원에서 청취되는 방송으로 퍼뜨린 유언비어였다. 정의구현사제단이 일본 가톨릭 정의평화협의회 명의로 일본에서 아래의 유언비어들을 처음 발표한 날은 6월 6일인데, 공수대원이 임산부 배를 가르고 태아를 꺼냈다는 괴담은 이미 광주사태 기간에 평양방송이 계속 반복해서 방송한 것들이었다:

> 살인현장, 그것도 가장 무자비하고 잔악한 살인현장을 직접 목격하기는 처음이다. 그러나 살인자의 악랄함은 그것이 전부가 아니었다. 두 명의 공수병에 개처럼 끌려온 여인은 만삭에 가까운 임산부였다. "야, 이년아, 그 주머니에 들어 있는 게 뭐야?" 나는 무엇을 묻는지 몰라 그녀의 손을 살폈으나 손에는 아무것도 없었고 무엇을 담았을 만한 주머니도 눈에 띄지 않았다. "이 쌍년! 뭔지 모르가? 머스마가? 기집아가?" 옆엣놈이 다그치는 것을 보고야 나는 그게 무엇을 말하는지 알 수가 있었다. 여인의 기어드는 목소리는 들을 수 없으나 아마 자기도 알 수 없다고 말하는 눈치인 듯했다. "그럼 내가 알려주지." 순간 여자가 반항할 짬도 없이 옷을 낚아채자 그녀의 원피스가 쭉 찢어지며 속살이 드

러났다. 공수병은 대검으로 그녀의 배를 푹 찔렀다. 후비면서 찔렀는지 금방 창자가 튀어나왔다. 그들은 다시 그녀의 아랫배를 가르더니 태아를 끄집어내어 아직도 할딱이고 있는 여인에게 던졌다. 도저히 믿을 수 없고 있을 수도 없는 이 처절한 현장을 목격했던 사람들은 하나같이 고개를 돌리고 몸서리를 치면서 이를 갈았다.

나는 눈을 감고 혀를 깨물었다. 전신에 경련이 일었고 다시 눈을 떴을 땐 시체도 공수병도 한꺼번에 사라졌다. 옆에 섰던 아저씨 말에 따르면, 마치 오물을 쳐내듯 가마니에 쑤셔 넣어 쓰레기차에 던지고 갔다는 것이다.(정의구현전국사제단 1980, 3)

이렇듯 공수대원들이 임산부 배를 가르고 태아를 꺼냈다는 등의 유언비어는 북한의 대남공작기관이 지어내 퍼뜨렸던 것이고, 김건남은 그것을 자기가 목격한 사실인 것처럼 명동성당에서 수기로 발표했고, 정의구현사제단은 김건남을 통해 전달된 북한 대남공작기관의 유언비어를 문자화하여 책자로 만들어 전 세계에 배포했다.

김건남은 자신을 전남 무안 출신이라고 소개했지만, 그의 정체를 잘 아는 북한에서는 그를 대한민국 국민으로 보지 않고 북한측 해외동포, 즉 조총련 혹은 남파간첩으로 간주한다. 황석영이 시나리오를 쓴 북한판 5·18영화 〈님을 위한 교향시〉가 한창 제작되고 있을 무렵, 북한 월간지 「조선녀성」기자는 이런 말로 그가 광주인민봉기 기간 동안 광주를 방문한 해외동포였다고 그의 정체를 밝히며 소개한다: "여기에 한 해외동포가 친척집을 방문하기 위하여 광주에 갔다가 인간 백정들의 피비린 살육만행을 목격하고 쓴 수기의 일부가 있다."

김건남은 명동성당의 정의구현사제단에게 자신의 수기를 넘겨주었는데, 어떻게 북한의 기자들도 그의 수기를 입수할 수 있었는가? 아무튼

「조선녀성」 기자는 이 수기 작가가 북한 측 동포임을 밝히고 다음과 같이 인용한다:

"참으로 무섭고 끔직한 살인행위였다. 여자대학생으로 짐작되는 3명의 처녀들이 공수병에 의하여 옷이 벗겨지고 있었다. 속옷까지 모조리 찢어낸 다음 험악하게 생긴 공수병이 처녀들의 앞가슴을 걷어차면서 성난 늑대처럼 내몰았다. 처녀들은 하나와 같이 가슴을 감싸고 길바닥에 꺼꾸러졌다. 순간 처녀들의 등에는 대검이 똑같이 박아지면서 피가 분수처럼 뿜었다.

역전 광장 앞에서도 조선대학교의 6명의 대학생들과 3명의 녀공들을 창고에 가두고 발가벗겨 희롱하다가 나중에는 광장에 끌어내여 분수대에 매달고 유방을 도려내여 전선대에 묶어놓고 칼로 가슴과 배를 찌르면 나머지 사지를 찢어 죽이였다.

두 명의 공수병이 만삭이 가까운 임신부를 끌어다놓고 "야, 이년아, 이 주머니에 들어 있는 것이 뭐냐?" 하고 묻자, 임신부는 미처 대답을 하지 못하였다. 그러자 한 공수병이 "머슴애는 모조리 죽이라는 것이 전두환 중장의 분부다"라고 소리치면서 "새끼주머니에 든 것이 머슴앤가, 계집앤가"고 다그쳐 물었다. 이때 옆에 있던 다른 공수병이 뭐라고 하면서 녀인이 반항할 짬도 없이 옷을 낚아채자 원피스가 쭉 찢어지고 속살이 드러났다. 후비면서 찔렀는지 금방 창자가 튀여 나왔다. 그들은 다시 그 녀인의 아랫배를 가르더니 태아를 끄집어 내여 아직도 할딱거리며 마지막으로 숨겨가는 녀인에게 던졌다. 도저히 믿을 수 없고 있을 수도 없는 이 처절한 현실을 목격했던 사람들은 하나와 같이 고개를 돌리고 몸서리를 치며 이를 갈았다."(조선녀성 기자 1990, 39-40)

5 · 18재판 때 광주사태에 대해 잘 모르던 5 · 18법관들은 황석영의 책

을 판단 근거로 삼았다. 그러나 황석영도 소준섭처럼 아무런 연구도 사실 확인도 해보지 않고 『찢어진 깃폭』을 그대로 베껴서 아래 단락을 썼다:

> 여자라도 몇 명 붙들려오면 여럿이서 겉옷은 물론 속옷까지 북북 찢어발기고는 아랫배나 유방을 구둣발로 차고 짓뭉개고 또는 머리카락을 휘어잡아 머리를 담 벽에다 쿵쿵 소리가 나도록 짓찧었다. 손에 피가 묻으면 웃으면서 그 몸에다 쓱 닦는 식이었다. 그런 식으로 살륙을 즐기다가 군용차량이 오면 걸레처럼 희생자들을 던져버렸다. (황석영 1985, 59)

『찢어진 깃폭』의 작가와 더불어 가상 살인 소설을 쓴 황석영은 이런 악의적 유언비어에 대한 책임이 있다. 『찢어진 깃폭』의 작가는 자기 옆 시위군중이 목격자들이었다고 했다. 그러면 왜 80만 광주시민들 중에 목격자가 아무도 없단 말인가? 상당히 많은 수의 천주교 신부들이 악성 유언비어를 맹신했다. 광주사태 당시 서울 모 성당 신부였던 양홍 신부는 자신도 악성 유언비어에 낚여 별 개의 유인물을 만들어 전국 성당에 배포하였음을 이렇게 증언한다:

> 면담자: 유인물 내용이 무엇이었습니까?
>
> 양홍: 그러니까 광주에서 일어난 특전사들이 "출동하기 전에 미리 술을 먹고 출동해서 민간인들을 향해 총을 발사했다." 그런 내용부터 시작해서, 어디에서 어떤 일이 있었다, 확실한 것은 잘 모르지만 "어린이들을 어떻게 해서 무엇을 쏴서 죽였다," 또 심한 것인데 "임신한 여자들 배를 갈랐다"고 하는 이런 식의 조금 그런 이야기들은 유인물에 있었고, 일반적으로 군인들이, 분명히 대한민국 군인들이, 특전사가, 대한민국 양민들을 향해서 발포하고 쐈다는 내용을 기준으로 해서 유인물을 작성했던 거요.(양홍,

안충석, 최기식 2013, 234)

작가가 1980년 5월 30일 이 수기를 발표했을 때는 자기는 5월 20일에 월산동 처가와 동생들과 조카들의 생사를 확인하고 있었다고 했다. 그러나 1989년도 증보판에서는 19일 그가 동생 및 조카와 나누었다는 대화록이 수록되어 있다.

당시 11공수는 착검하지 않았으며, 20일에 착검한 공수대원은 없었으며, 총이 등 뒤에서 흔들리지 않도록 고정시켜 묶어놓고 출동했기에 손에 쥘 수도 없는 총이었다. 그리고 군대 갔다 온 남자들은 국군의 대검은 날이 없고 무디어 살을 베지 못한다는 사실을 알고 있는데 군복무 경험이 없었던 정의구현사제단 사제들은 그것이 허황된 유언비어임을 분별할 능력도 없었고 사실 확인을 해보려고도 하지 않은 채 김건남이 불러주는 대로 그 유언비어를 문자화했다:

> 이때 한 놈이 고함쳤다. "이 쌍년들이 살기가 싫은가 봐! 그럼 할 수 없지." 순간 아가씨들의 등에는 대검이 똑같이 꽂아지면서 분수를 뿜어냈다. 고꾸라진 아가씨들의 가슴을 엑스자로 긋더니 생사 확인도 없이 쓰레기차에 던져버린다. 암매장을 하는지 불태워 버리는지 그것은 알 길이 없다. (정의구현전국사제단 1980, 5)

글은 글쓴이의 품격을 나타낸다. 그래서 글에서는 욕으로 사람을 호칭하지 않는다. 정상적인 대한민국 국민이라면 글에서 군인을 호칭할 때 계엄군, 공수대원, 혹은 군인 등으로 호칭할 것이다. 그런데도 김건남의 수기는 놈 등의 호칭과 욕설로 도배되어 있는데 어째서 이런 현상이 일어났을까? 아마도 그 이유는 그가 북한방송을 그대로 베껴 수기를 썼거나, 북한식 말투 그대로 시중에 퍼진 유언비어를 그대로 베꼈기 때문에 일어난 현상일 것이다.

이재의와 황석영은 65쪽에서도 전혀 출처조차 밝히지 않고 『찢어진 깃폭』의 두 번째 소제목 '살인 면허' 셋째 단락 문장들을 다음과 같이 그대로 베낀다:

> "공원의 오르막길에서 사태를 보러 나온 주부들까지 공수대원에게 무차별 구타를 당했고, 이를 보고 있던 주위의 노인들이 공수대원의 폭력을 만류하자 그들은 노인들의 머리를 곤봉으로 후려쳤다. 노인들도 머리에서 피를 뿜으며 쓰러졌다." (황석영 1985, 65)

이재의도 황석영도 자기가 목격한 것을 기록한 것이 아니었다. 5월 19일 광주공원에서 노인들 사망 사건 목격자가 있기는커녕 광주시 전 지역을 통틀어 단 한 명의 사망자 목격자도 없었다. 실로 황당한 유언비어였지만 서울 명동성당의 정의구현사제단 신부들이 천주교의 권위와 자원을 악용하여 『찢어진 깃폭』이란 책자를 발간함으로써 문자화하였기 때문에 이렇게 5·18 작가들이 그 유언비어를 그대로 베끼고 또 베끼는 악순환이 형성되었던 것이다.

북한의 5·18도서들에서는 시민군이 혈서를 썼다는 문구가 종종 눈에 띈다. 한 예로 『광주의 분노』 98쪽은 한 시민군이 통일을 위해서 국군을 향해 총부리를 겨누겠다는 결의를 혈서로 썼음을 이렇게 기록한다:

> ≪특별경계부대≫의 한 항쟁용사는 시민궐기대회에 다음과 같은 혈서를 남기고 적들을 맞받아 나갔다.
>
> 애국의 선혈로 적습니다.
>
> 심장으로 웨치고 피로 다짐합니다.
>
> 육신이 동강나고 뼈가 가루 되여도
>
> 생명보다 귀중한 자유를 위하여

꿈에도 소원인 통일을 위하여

민주의 기발을 내리지 않고

손에 든 총을 놓지 않고

싸우렵니다.

원쑤를 갚으렵니다.

기어이 이기고야 말렵니다. (조선로동당출판사 1985, 98)

통일을 위하여 국군을 향해 총을 겨눈 시민군이 있었던 것은 사실이다. 대동고 운동권 교사 박석무의 제자로서 청소년 시민군이었던 윤기권은 1989년의 증언록에 그렇게 기록하고 평소에도 그렇게 말했기 때문에 5·18단체가 다른 시민군보다 많은 보상금을 그에게 배정해 주었다. 1991년 2억원의 보상금을 수령하자마자 월북한 시민군이 바로 그였다. 그러나 설마하니 그가 혈서로 그의 그런 의도를 쓰지는 않았을 텐데 북한도서에는 그렇게 기록되어 있는 것이다.

그런데 북한의 5·18도서들만 시민군이 혈서를 썼다고 기록한 것이 아니다. 시민군이 혈서를 썼다는 것은 김건남이 『찢어진 깃폭』에서 강조하는 내용이다. 예를 들어 그는 시민군 차량마다 피로 쓴 플래카드, 즉 혈서로 쓴 구호들이 부착되어 있었다고 이렇게 기록한다:

차량마다 피로 쓴 플래카드가 걸려져 있었다. 덜 마른 선혈이 흘러내리는 차체의 구호가 시민들의 가슴을 흔들었다. "살인마 전두환을 때려 죽이자" "최규하와 신현확을 추방하라" "김대중씨를 석방하라" "계엄을 철폐하라"는 선혈로 갈겨 쓴 휘호와 함께 우리의 국기는 그들의 손에서 그들의 차에서 찬란하게 펄럭이고 있었다.(정의구현전국사제단 1980, 6)

빨간 색 페인트로 쓴 플래카드는 공산주의 혁명의 붉은기를 상징하며 그래서 북한의 대남공작기관에서 발행하는 5 · 18도서들에서는 시민군이 혈서를 썼다고 주장하는 것인데, 어째서 김건남이 같은 주장을 한 것일까?

황석영이 자기 이름으로 낸 책『광주5월 민중항쟁의 기록』은 한국 근현대사에도 엄청난 영향을 미친 책이다. 운동권을 위해 변호하던 인권 변호사 노무현이 대한민국 대통령이 되는 계기를 만들어준 것이 바로 이 책이다.

노무현은 인권변호사 시절 이 책이 출판되자마자 애독하며 주변 사람들에게 이 책 홍보를 했다. 이 책을 읽은 것이 그의 광주사태에 대한 지식의 전부였던 노무현은 1989년 2월의 광주청문회 마지막 날 전두환 전 대통령에게 명패를 던져 일약 청문회 스타로 떠올랐다. 그 유명세를 타고 그는 김대중 정부 시절 해양수산부 장관이 되었으며, 청문회 스타 노무현을 추종하는 사람들 중에서 후에 부산저축은행 대형금융비리 사건의 주범 중의 하나이자 〈임을 위한 행진곡〉의 여주인공인 박기순의 오빠 박형선이 조직한 '노사모'라는 단체에서 그를 대통령 후보로 밀어주어 대통령에 당선시켰다.

학생혁명군(학생혁명군으로 가장한 게릴라들)이 5월 19일 상무대 무기 탈취에 성공한 후 간첩들은 군인이 발포했다고 선전할 근거를 마련하는 공작을 했다. 군인이 총을 안 쏠려야 안 쏠 수 없게 유도하는 방법이 5시 10분경 광주고교 앞 도로에서 시위대로 하여금 장갑차 안에 불을 던져 넣도록 선동하는 것이었다.

외지에서 침투한 불순세력이 5월 19일 오후에 광주 문화방송국 방화를 선동하고 있었다. 방송국 주변 도로들을 가득 메운 시위군중이 화염병을 던지며 방송국 방화 및 점거를 시도하고 있을 때 한동석 중위가 인솔

하는 불과 20여 명의 광주 향토사단 병력으로는 방화를 막기에 역부족이
었고, 방송국 직원이 갑자기 셔터를 내렸을 때 그때까지 시위군중의 방
송국 진입을 몸으로 막고 있던 경비병들은 피할 곳이 없어 시위 군중에
몰매를 맞아 큰 부상을 당했다.

이런 상황보고를 받은 광주 향토사단이 광주시민의 재산인 광주문화
방송국이 불에 타는 것을 막고자 상무대 기갑학교로부터 장갑차 한 대를
지원받아 급히 보내주었으나, 시위군중이 광주고 쪽에서 오는 장갑차의
눈의 역할을 하는 차량 양옆에 달린 감시경(瞰視鏡)에 집중적으로 돌을
던져 깨버렸다. 장갑차가 서자 장갑차 안의 장교가 취재하던 동아일보 기
자에게 "포위되었으니 군 병력을 보내 달라"고 연락해 달라고 애원했다.
시민들은 볏 짚단으로 폭파시키려다가 안 되자 장갑차 뚜껑을 열고 불을
안으로 던져 넣으려고 했다.(한국기독교교회협의회 1987, 6:72)

장갑차 안에는 광주 향토사단 병력 9명이 타고 있었는데, 이 사건은
김영택 기자가 이렇게 보도하는 사건이다:

> 오후 4시 30분 계림동 파출서 뒤쪽에서 장갑차 1대를 시위대들이 포
> 위했다. 군중들이 사람의 벽을 쌓아 장갑차의 전진을 막아버린 것이다.
> 군중들은 장갑차의 양쪽에 달린 감시경을 돌로 깨버렸다. 장갑차의 눈
> 을 빼앗은 것이다. 그 안에는 장교 등 9명이 타고 있었다. 장갑차가 움
> 직일 수 없게 되자 그들은 밖으로 나오려다가 모여 있는 군중들이 '저
> 놈들 죽여라'고 외치자 그 중 2명은 도망가고 7명은 다시 안으로 들어
> 가 버렸다.
>
> 그러자 군중들은 근처 페인트상회에서 석유통을 구해다가 장갑차 밑
> 에 넣고 불을 질렀으나 방화되지 않았다. 다시 짚더미를 가져다 불을
> 질렀다. 군중들은 불이 붙은 짚더미를 들고 올라가 뚜껑을 열고 그 안
> 에 집어넣으려고 했다. (김영택 1988, 51-52)

누군가가 시키는 대로 장갑차 안에 불이 붙은 짚더미를 넣으려고 했던 고등학생은 조선대부고 야간생 김영찬 군이었다. 이때 전남대 학생 위성삼이 김영찬 군 옆에 있었는데, 1985년 황석영이 그의 책에서 김영찬 군이 목 관통상을 입고 현장 즉사한 것으로 기록하였으나, 그것은 사실이 아님을 1988년에 다음과 같이 증언했다:

그때 계엄군들이 밀고 들어왔다. 시위대는 동원예식장 앞으로 후퇴했다. 그곳에는 장갑차 한 대가 시민들에게 둘러싸여 있었다. 가까이 가보니 장갑차 앞부분 양옆에 달린 감시경이 파손되어 있었다. 한 시민이 어디서 구했는지 볏 짚단을 가져와 불을 붙여 바퀴부분에 던졌으나 불이 붙지 않았다. 나는 군대를 갔다 왔기 때문에 장갑차의 어느 부분이 약한지 알고 있었다. 내가 볏 짚단을 장갑차 뚜껑에 올려놓자 느닷없이 뚜껑이 열리면서 M16 총구가 위로 올라왔다. 그리고 총구가 불을 뿜었다. 빈 차인 줄 알았다가 갑자기 총소리가 나자 사람들이 당황해 도망치기 시작했다. 나는 위협사격이라고 생각하고 시민들에게 "공포탄이니 도망가지 말자"고 외쳤다. 그런데 어떤 고등학생이 총에 맞아 피를 흘리고 있었다. 학생의 명찰을 보고 조선대부고 야간생이라는 것을 알았다.

눈 깜짝할 사이 장갑차는 총을 겨눈 채 도망가 버렸다. 나는 몇 명의 시민들과 함께 그 학생을 계림파출소 부근까지 옮겨 놓고 다른 사람들에게 뒷일을 부탁한 다음 시위대에 합류했다. 그 학생은 『죽음을 넘어 시대의 어둠을 넘어』에도 죽은 걸로 되어 있다.

그러나 최근 확인한 바에 의하면 살아 있다고 한다.(위성삼 1988)

같은 해에 김영찬이 자기가 8년 전 5월 19일 하체에 부상을 입게 된 경위를 자세히 설명한다:

가보니 광주고와 계림파출소 중간 지역에 장갑차 1대가 보였다. 청년들이 짚단 5개 정도에 불을 붙여 장갑차 밑에 던졌으나 더 이상 타들어가지 않자 옆에서 지켜보던 사람들이 돌을 던져 장갑차 앞에 붙어 있던 밖을 내다보는 유리로 된 장갑차 눈을 깨뜨리려고 했다.

그러나 아무리 해도 깨지질 않아서 옆에 있던 청년이 안 되겠다면서 짚단을 뚜껑을 열고 집어넣어야겠다고 말했고, 나와 그 청년 둘이서 짚단에 불을 붙여 뚜껑을 열려고 하다가 열리지 않자 그냥 뚜껑 위에 올려놓고 동원예식장 쪽 인도로 뛰어갔다.

그때 장갑차는 동원예식장 반대편 쪽 도로에 있는 상태였는데, 장갑차 뚜껑이 빼꼼이 열리면서 총대가 보이더니 '하늘을 향해 총을 쏘았다.'나는 그때 총소리를 처음 들어봤다. 무서워서 도망가려고 하는데 옆에 어른들이 공포탄이니까 무서워 말라며 그냥 있으라고 했다. 그러나 어린 마음에 무서워서 도망치려고 했다.

그때 갑자기 '아스팔트에서 불이 파바박! 튀면서'나도 모르게 달려야겠다고 생각하며 발을 옮기려는데 이상하게 하체에 힘이 푹 꺼지면서 움직여지지 않았다. 총을 맞았구나! 하는 생각이 스치니까 무서움이 들어 밑을 내려다봤다. 그러나 아무런 아픔도 못 느끼고 피도 안 났던 것 같은데, 골목 쪽에서 친구가 나를 부르며 빨리 오라는 말을 듣고서 "그래 가마"하고 달리려는 순간에 쓰러졌다. 주위 사람들과 친구가 나를 업고 계림파출소 옆으로 나 있는 길 건너편에 있던 병원으로 옮겼다.(김영찬 1988)

사실 김영찬 군은 장갑차 안에 갇힌 군인이 쏜 공포탄에 맞은 게 아니라 시민군의 총에 맞은 것이었음을 확증할 증거 두 가지가 있다.

첫째로, 사고 당시 김영찬 군은 동원예식장 쪽 인도에 있었으며, 장갑차는 동원예식장 반대편 쪽 도로에 있었기 때문에 장갑차 안에서 해치 밖으로 '하늘을 향해 쏘는'공포탄이 그쪽으로 날아가는 것도 불가능할 뿐 더러 김군은 하체에 총상을 입었다.

김영찬 군이 시민군 혹은 간첩의 총에 맞았다고 판단되는 또 하나의 증거는 황석영의 책 74쪽에 기록된 허위내용이다:

> "한 사람이 볏 짚단을 가져와 불을 질러 장갑차를 폭파시켜 버리자 고 하면서 짚단에 불을 붙여 바퀴부분에 던져 넣었다. 별로 효과가 없 음을 알고 시민들은 장갑차의 윗 뚜껑을 열고 그 속으로 집어넣으려고 시도했으나 열리지 않자 그대로 뚜껑 위에 올려놓았다. 잠시 후 안에 있던 공수대원이 뚜껑을 열고 M16 총구를 내밀었다. 그는 고개를 내 밀며 뜨거운 듯이 팔을 휘젓고 '공중에 두 발을 쏘더니 이어서 정조준 하여 앞에 보이는 학생을 쏘았다.' 순간 그 어린 고교생은 픽 쓰러졌고 사람들은 흩어져서 골목에 찰싹 붙었다. 잠시 후 그들은 총을 겨눈 채 로 장갑차를 몰고 지나갔고, 쓰려겨서 꿈틀거리는 학생을 몇 명의 청 년이 일으켜 안고 몇 발짝도 옮기지 않아 그는 숨을 거두었다. M16 총 탄이 목을 관통했는데 머리가 덜렁거리며 간신히 붙어 있을 뿐이었다. 그는 조선대 부속고등학교 야간부 학생이었다."(황석영 1985, 74)

황석영의 책을 읽은 노무현이 이런 허위사실의 기록들이 사실인 줄 알고 흥분하여 광주청문회 때 전두환 전 대통령 면상을 향해 명패를 날 렸으나, 실은 노무현은 황석영에게 속고 있었던 것이다.

1999년 김대중의 노벨상 평화상 수상 공작에 즈음하여 황석영의 책이 「Kwangju Diary: Beyond Death, Beyond the Darkness of the Age」라는 제목으로 영문판으로 출판되었을 때에는 원저자 이재의의 이름으로 출 간되었다. 영어 번역은 설갑수가 하였는데, 설갑수의 번역은 5 · 18거짓

사슬의 국제화된 사슬이다.

설갑수는 위의 황석영의 책 인용문 끝 두 문장을 이렇게 번역했다:

Threatening people with their rifles, the paratroopers escaped. Several demonstrators tried to move the writhing boy to safety but he died within minutes. The bullet had severed his neck. The young man's head dangled from his body. He was a night schools student from Chosun High School. (Lee Jai Eui 1999, 60)

위 번역에서 "The bullet had severed his neck"는 대한민국 국군에 엄청난 누명을 씌우는 번역이다. 김영찬 군은 간첩이 쏜 무성총에 맞아 하반신을 조금 다쳤을 뿐인데, 위의 번역에서는 공수부대원이 쏜 총에 맞아 목뼈가 완전히 잘라져 나가고 머리가 몸에 덜렁덜렁 매달려 있는 상태인 것처럼 번역되어 있다. 이 영어 번역대로라면 김영찬 군의 목이 잘라진 채 죽은 것을 본 현장 목격자들이 있어야 한다. 그는 다리에 약간 의 부상을 입었지만 엄연한 생존자이다. 그런데 어떻게 현장 즉사하여 사 망 목격자가 있을 수 있겠는가?

광주청문회와 5 · 18특별법 제정과 5 · 18재판 등 한국 근현대사의 굵 직굵직한 사건들은 김영찬 군이 계엄군의 발포로 인한 최초 사망자라는 시각에서 출발한 것이다. 온 국민이, 그리고 한 나라가 황석영의 거짓말 에 농락당했다. 왜 멀쩡히 살아 있는 사람이 황석영의 책에서는 계엄군에 의한 총상으로 최초 사망자로 기록되는 출판사고가 일어났는가? 그 이유 는 황석영의 책의 실제 저자 이재의가 유언비어를 그대로 베꼈기 때문이 다. 이 책은 본래 1985년 봄에 이재의가 여러 시민군들의 구술 증언을 종 합 기록한 것이라고 했다. 그러나 문제는 그 시민군들 중 아무도 김영찬

군의 생사를 확인해 본 사람이 없다는 데 있다. 시민군들은 모두 유언비어를 들었을 뿐이다. 여기저기서 주워들은 유언비어들을 마치 광주사태의 증언인 양 말한 사람들은 전부 거짓말을 한 것이다. 유언비어를 맹신한 사람이 한 명이었든 열 명이었든 유언비어이기는 마찬가지인데도 그런 유언비어들을 기초로 5 · 18을 기록한 것이 황석영 책의 출판 사고의 첫 번째 원인이다.

황석영 책의 황당한 내용들의 두 번째 원인은 이재의가 그 당시에는 아직 저자가 누구인지조차 밝혀지지 않았던 『찢어진 깃폭』과 소준섭의 『광주백서』를 그대로 베껴서 책을 썼다는 데 있다.

1982년에 『찢어진 깃폭』을 베껴서 또 하나의 악성 유언비어 책자 『광주백서』를 쓴 인물은 소준섭이다. 그 역시 전혀 광주사태를 목격하지 못했을 뿐만 아니라 광주사태 때 그는 광주에 있지도 않았다. 1981년 이제 겨우 스물한 살이던 외대 중국어과 학생 소준섭이 광주로 와서 몇 달 지내는 동안 주로 유언비어에 의존하거나 유언비어 유인물과 책자를 베껴서 쓴 원고가 『광주백서』로 탄생되었다.

1979년 〈남민전〉 준비위 사건에 연루되어 투옥되었다가 1980년 8월 이후 출옥한 조봉훈이 소준섭의 자료 수집을 도와주었다. 김일성에게 충성서약을 한 〈남민전〉 준비위는 광주사태 주동세력이었으며, 이 사건 관련자 조봉훈은 출옥 후에 광주사태 관련 유인물들을 여러 차례 제작하여 광주 시내에 배포하고 있었다.

조봉훈 역시 광주사태를 직접 목격한 적이 없으나 〈남민전〉이 하던 활동을 이어가고 있었다. 〈남민전〉 사건 관련자 조봉훈은 광주사태 주동세력 〈남민전〉 조직이 보관하고 있던 광주사태 자료들을 수집할 수 있었다.

1970년대 후반부터의 소준섭의 운동권 활동 역시 〈남민전〉 조직과 연계된 활동이었다. 그래서 그는 1979년 10월 〈남민전〉 사건이 발생하자마자 서울 성동구 구치소로 조봉훈을 찾아갔다.(한겨레 2014년 2월 2일자) 소준섭이 조봉훈을 자주 면회감에 따라 그들은 아주 친한 사이가 되었다.

이때 맺어진 그들의 동지관계는 그 후에도 지속되어 1981년 1월부터 7월 초까지 반년 동안 그는 조봉훈과 함께 기거했다. 소준섭이 광주를 떠나 다시 서울로 돌아갈 때 조봉훈은 자신이 수집했던 광주사태 자료를 그에게 주었다.(광주인 2011년 1월 3일자) 조봉훈의 광주사태 자료 파일 중에는 『찢어진 깃폭』 외에도 김상집의 구술 메모가 있었다.

비록 유언비어가 『광주백서』의 큰 비중을 차지하기는 하지만, 소준섭은 5월 18일부터 5월 27일까지의 광주사태 전개 순서를 일자별로 정리하려는 노력을 했다. 김준태의 시 "아아! 광주여 우리나라의 십자가여"로 시작하는 이 백서는

　　　1. 발단 - 학생 시위 : 5월 18일
　　　2. 시민합세, 민중 봉기로 발전 : 5월 19일
　　　3. 무장봉기로 전환 : 5월 21일
　　　4. 시외로 확산, 전남 민중봉기로 : 5월 21일
　　　5. 시내 장악 및 자체 조직 과정 : 5월 22일~26일
　　　6. 계엄군 무력진입 : 5월 27일

의 순서로 구성되어 있고, 마지막에는 『찢어진 깃폭』을 발췌하여 200자 원고지 약 500매 분량으로 기록했다.(소준섭 2006, 25)

소준섭은 광주에서 지하 유인물을 배포하던 조봉훈 일당이 체포된 후 서울로 돌아와서 1982년 초 고 김근태 의원이 살던 인천 구월동 아파트에서 『광주백서』를 제작하여 배포한 과정을 이렇게 기술한다:

(상략)『찢어진 깃폭』을 발췌하여 200자 원고지 약 500매 분량으로 기록했다.

사실 필자는 당시 알지 못했지만 복막염과 장결핵에 걸려 있는 상태였고, 그래서인지 몸을 움직일 때마다 너무 아팠던 기억이 있다. 그런 과정에서도 광주에서 도와주던 팀이 체포되고 본인만 체포를 모면하게 되어 원고와 관계 자료들을 서울로 가지고 올라오게 되었다.

그러다가 1982년 초에 등사기로 일일이 한 장 한 장 등사해 약 100부를 인쇄했다. 그리고 광주에서 제작된 것처럼 하기 위해 일부러 광주에 내려가 현지 우체국에서 원주의 이창복 선생 등 약 20여 명에게 등기소포로 배달하고 곧이어 KNCC(한국기독교교회협의회) 등 서울의 각 민주단체, 서울대 인문대 학회룸 등 들키지 않으면서도 용이하게 배포할 수 있는 장소에 한두 부씩 놓아두는 방식으로 배포하였다. 수기(手記)로 쓴 '광주백서'의 원본을 유인물로 제작, 배포한 후에도 가지고 다니다가 수배자의 신분으로서 너무 위험하여 결국 태워 없애고 말았다. (소준섭 2006, 25)

소준섭은 광주에서 이창복 등 20여 명에게 등기소포로『광주백서』를 보냈는데, 그 내용 그대로 북한의 5 · 18도서들에 실리기 시작했다.

소준섭과 북한 도서에서 여러 내용이 똑같게 된 이유는 소준섭과 북한의 5 · 18도서 저자가 동일 자료를 사용했거나, 소준섭이 책을 만들자마자 그 책이 북한으로 전달되었거나, 둘 중의 하나일 것이다. 만약 후자의 경우가 사실이라면, 소준섭의 등기소포 수신자들 중에는 북한측으로 자료가 전달되도록 연결고리 역할을 하는 자가 있었을 것이다. 소준섭의『광주백서』는 소포로 그 책을 받은 인물들만 소장할 수 있었다. 소준섭은 그의 소포 수신자들 중 한 인물의 이름을 실명으로 공개하는바, 그가 바로 이창복이다.

원주의 이창복이 그가 받은 『광주백서』를 과연 제3의 인물에게 보냈는지의 의혹은 제쳐놓더라도, 여기에 광주사태 주동자들과 정의구현사제단의 관계에 대한 한 가지 중요한 단서가 있다. 왜 소준섭이 저 멀리 원주에 있는 이창복에게 『광주백서』를 보냈는가? 외국어대 재학 중 1981년 잠시 광주를 방문했을 뿐인 그가 저 멀리 원주의 정의구현사제단 관계자 이창복을 어떻게 알고 있었으며, 비밀문서를 안심하고 보낼 수 있는 그의 주소를 어떻게 알고 있었으며, 그가 광주사태에 연루된 사실을 어떻게 인지할 수 있었는가?

1980년 5월 광주사태 기간 직후 김현장이 제작하여 배포한 '전두환의 광주 살륙작전' 유언비어 유인물이 북한방송으로 방송되자 수배를 피하는 방법으로 천주교 원주교육원에 의탁할 때 대부로 나선 인물이 바로 5월 18일 광주에서 노동자들을 대상으로 투쟁교육을 실시하던 이창복이었다.

북한 세력과 운동권이 5 · 18도서 집필을 위한 자료들을 공유하고 있었던 사실을 명백히 입증해 주는 증거물이 바로 남한 운동권 의식화 도서들을 전문적으로 출간하는 평양의 삼학사가 1980년에 발행한 총 83쪽의 얇은 책 『광주사태』이다. 소준섭이 『광주백서』를 발행하기 약 2년 전에 평양의 삼학사는 이미 소준섭의 책보다 무려 두 배나 더 두꺼운 책을 발간했다. 따라서 조봉훈과 소준섭도 이미 평양 삼학사가 정해 놓은 틀 안에서 자료를 수집했던 것이다.

북한에서는 광주사태를 광주인민봉기라고 표기함에도 불구하고 평양의 삼학사에서 발간한 책 제목이 『광주사태』인 이유는 이 책 대상 독자가 남한 운동권이었기 때문이다. 평양 삼학사는 남한 운동권 독서물 전문 출판사였으며, 광주 녹두서점은 전국의 종북 운동권을 위한 이념도서 전문 서점이었다.

아래의 소준섭의 문장은 북한 측의 주장을 반영한다. 봉기군이 혈서로 플래카드를 썼다는 것은 북한 측의 주장인데, 22일 상황을 기록하는 이 문장에서 소준섭도 그렇게 기록하였다:

> 이날 시내 곳곳에는 총구를 밖으로 내놓고 복면을 한 시위대가 탑승한 각종 차량들이 "계엄 철폐" "전두환 처단" 등의 혈서로 쓴 플래카드를 붙이고 구호 노래를 외치며 시가를 누비고 다녔다. (소준섭 1982, 22)

황석영은 소준섭의 『광주백서』를 그대로 베껴 이렇게 기록한다:

> 시내 곳곳에는 총구를 밖으로 내놓은 채 복면을 한 시민군들이 탑승한 차량에 '계엄 철폐' '전두환 처단' 등 혈서로 쓴 플래카드를 붙이고 구호와 노래를 외치며 시가를 누볐다. 그들은 개선한 병사들처럼 의기양양했고 시민들의 환호 또한 열광적이었다. (황석영 1985, 136)

황석영은 역사를 기록하면서 어째서 출처를 전혀 밝히지 않았는가? 노무현과 5 · 18재판 법관들 등 수많은 그의 독자들은 이런 문장들을 황석영의 오리지널 문장인 것으로 착각하고 있었다.

소준섭의 『광주백서』 집필 의도는 애먼 공수부대에 누명을 씌우는 것이었기에 엄연히 5월 23일 오전 7시에 무장 괴한 3명이 저지른 범죄에 대한 누명을 이런 표현으로 공수대원 3명에게 뒤집어씌우고 있다:

> 이렇듯 스스로 질서를 찾아가고 있는 상황에서 오전 7시경 금호고교 부근에서 공수대 3명이 학생 2명과 할머니를 살해하고 도주했는데, 정부는 이 사건을 시민군의 행위라고 전가했다.(소준섭 1982, 23)

광주에서 교란 작전을 하던 북한군의 임무는 한국군에 누명을 씌우는 것이었고, 소준섭과 황석영이 책으로 북한의 대남 심리전을 도와주었다.

황석영은 소준섭의 문장을 그대로 베껴 이렇게 표현한다:

> 아침 7시쯤 금호고등학교 부근에서는 공수대원 3명이 학생 2명과 할
> 머니를 살해하고 도주했으며, 정부에서는 이 사건을 시민군의 행위라
> 고 덮어 씌웠다.(황석영 1985, 155)

5월 24일의 시민군 상황실장이었던 손남승은 그날 시민군이 여성을
강간한 사건이 있었음을 이렇게 기록한다:

> 24일 밤에는 차량도 배분되고 어느 정도 안정되어 있었다. 우리들은
> 특히 치안유지에 신경을 썼는데, 도청 주변의 빈 건물 등의 요소요소
> 에 2인 1조의 정찰조를 파견했다. 이들에게는 랜턴과 총을 지급해서 보
> 냈다. 무전을 때리고 상황을 확인해 보았다. 그런데 한번은 노동청에
> 파견했던 1명에게서 소식이 없었다. 노동청은 이미 불에 탄 뒤라 텅 비
> 어 있었다. 확인조를 보냈는데 그들이 정찰 나갔던 그 사람과 여자 한
> 명을 데리고 왔다. 그 여자가 하는 말이, 자기는 집에 있는데 정찰 나
> 갔던 남자가 총을 들고 와서 위협하여 강간했다고 했다. (손남승 1988)

계엄군에 누명을 씌울 의도로 집필했던 5 · 18 작가들에게는 이런 사
건조차도 국군에 누명을 씌울 소재로 악용되었다. 소준섭은 동일 사건을
23일 사건으로 기록하면서 존재하지 않는 여고생 피해자를 등장시키는
픽션 소설을 이렇게 쓴다:

> 이날도 그간의 피해 상황이 목격되어 오전 11시경, 광주 세무서 지
> 하실에 시체가 있다는 보고를 받고 김○○씨 등 4명이 현지로 가서 확
> 인한 결과 유방과 음부를 도려내고 얼굴을 난자한 여고생의 시체가 있
> 었다. 신원 확인을 해본 결과 칼라 속에서 학생증이 나왔다. 전남여고
> 2학년 학생 이○○였다. 주소로 시체를 싣고 가서 확인하고 부모들이

시체를 인수했다. (소준섭 1982, 23)

소준섭이 광주사태 당시 이북방송이 퍼뜨렸고 광주에서 증폭된 유언비어들에 새로운 거짓말을 보태서 기록한 것이었음에도 불구하고 황석영은 이 거짓말을 자기 책에 그대로 이렇게 베꼈다:

오전 11시에는 광주세무서 지하실에 시체가 있다는 시민들의 신고를 받고 시민군 4명이 현장에 가서 직접 확인했는데, 시체는 유방과 음부가 도려내어져 있었고, 얼굴이 대검으로 난자당한 여고생이었다. 교복에서 나온 학생증으로 전남여고 2년 이모 양이라는 것이 알려져, 주소에 적힌 대로 시체를 싣고 가서 부모에게 확인시키자 부모는 그 자리에서 실신해 버렸다.(황석영 1985, 155-156)

2. 〈임을 위한 행진곡〉 작사자가 표절한 북한 자료

황석영의 5 · 18도서와 북한판 5 · 18도서들에서 발견되는 유사한 내용들은 이미 본서의 앞에서 여러 차례 다루었다. 여기 몇 가지 추가로 더 언급해야 할 중대 사실들이 있다.

이재의가 1985년 5월 광주사태 5주년에 맞추어 황석영의 이름으로 『광주 5월 민중항쟁의 기록』을 출간했을 때, 그는 아직 20대 청년이었고, 300페이지가 넘는 그 책은 그 누구도 불과 두어 달 사이에 집필할 수 있는 것이 아니었다. 그 책의 상당 부분은 표절이었는데, 그 표절 내용이 광주인민봉기 5주년 기념으로 북한이 동시에 출간한 책 내용과 상당히 일치한다.

황석영의 이름으로 출간한 책은 5·18진영에서는 5·18역사의 경전 (經典)처럼 여긴다. 이 책은 10년 후 5·18재판을 몰고 오는 원동력이 되었으며, 주임검사 채동욱 등 5·18법관들은 이 책을 많이 참고하여 5·18 사건을 조사하였으며, 5·18법리를 제조했다. 세기의 재판이라는 5·18 재판에 이토록 지대한 영향을 미쳤을 만큼 이 책은 5·18진영에서는 역사 도서로서의 권위가 있는 책이다. 그런데 자료 출처가 전혀 밝혀져 있지도 않을 뿐더러 참고문헌이 단 한 개도 없는 역사도서가 바로 이 책이다.

전남대 상대를 갓 졸업한 청년이 1985년 봄에 불과 두어 달 만에 방대한 내용의 5·18역사도서를 썼다는 것이다. 그리고 그 책을 황석영의 이름으로 출판했더니 유명 도서가 되어 광주청문회와 5·18재판에 막강한 영향을 미쳤다. 그리고 1987년 한국기독교협의회 인권위원회는 이 책의 내용을 그대로 베껴『1980년대 民主化運動』제6권을 편찬하였고, 이어서 이듬해에 문익환 목사의 동생 문동환 목사를 그 위원장으로 하는 광주청문회가 시작되었다.

그러면 이재의가 표절한 책의 원전을 역추적하기 위해 그의 책과 동시에 북한에서 출판되었고 그 내용이 상당히 일치하는 북한판 5·18도서와 그 내용을 비교해 보기로 하자.

황석영의 이름으로 출간된 책 50쪽에는 환각제 유언비어가 이렇게 적혀 있다:

> 공수대원들은 얼굴이 붉어져 있었고 눈은 술기운과 살기로 벌겋게 충혈되어 있었다. 22일에 시민군에 의하여 포로가 된 몇 명의 공수대원의 진술에 의하면, 이들은 출동하기 전에 독한 술에다 환각제를 타서 마신 상태였으며, 수통에는 빼갈을 담고 있었다.(황석영 1985, 50)

그런데 「신동아」에도 실린 바 있는 박남선씨의 증언에 따르면, 시민
군 상황실에 끌려와 총을 겨누며 사납게 호통을 치는 시민군 앞에 엎드
린 공수부대원은 얼굴이 사색이 되어 있었으며, 온몸을 부들부들 떨며
살려 달라고 애원하고 있었다. 무장시민군들에게 둘러 싸여 무릎을 꿇고
목숨을 구걸해야 하는 상황에서 그는 시민군이 요구하는 대로 "네, 네"라
고만 말할 수 있었을 뿐이다. 시민군은 공수부대가 퇴각하면서 시민군의
동정을 살피라고 민가에 의도적으로 남겨둔 정탐병이라는 누명을 씌우
려 했고, 그 공수부대원은 21일 밤 11공수여단이 무등산 산줄기를 타고
철수할 때 너무 배가 고프고 피곤해서 심야 행군 도중 쓰러져 잠이 드는
바람에 낙오되었다는 사실을 설명해야만 했다.

광주사태 8주년 기사로 실리도록 박남선이 "광주시민은 왜 총을 들었
나"라는 제목으로 보낸 기고문에서, 그는 5월 22일 시민군 상황실로 끌
려온 공수병은 2명이었다고 말한다. 그러나 무등산 산줄기를 타고 퇴각
하다가 낙오된 공수병은 1명뿐이었다. 다른 1명은 누구였을까? 머리가
짧은 광주시민이 시민군의 검문검색에 걸리면 사복으로 위장한 경찰관
으로 간주되어 체포되던 때였다. 여하간 박남선은 자기 앞에 무릎이 꿇려
진 공수대원의 얼굴은 백지장처럼 하얗게 질려 몸을 부들부들 떨고 있었
음을 이렇게 증언한다:

나는 예비군 훈련 때 자주 만나던 학동 예비군소대장에게 물었다.

"소대장님! 이놈들을 어디서 잡았소?"

"예, 무등산 증심사에서 잡았습니다."

시민군들에게 수고했다고 말한 뒤 두 공수대원에게 수갑을 채워 무
릎을 꿇게 한 다음 자리에 앉으려는데, 이들을 잡아왔다는 소식이 퍼
졌는지 사람들이 몰려들어 상황실 안팎이 소란스러워졌다.

"트럭 뒤에 매달고 다니면서 돌로 쳐 죽여야 해!"

"분수대 앞으로 끌어내 공개적으로 총살시킵시다!"

무릎이 꿇려진 공수대원들의 얼굴은 백지장처럼 하얗게 질려 몸을 부들부들 떨고 있었다. 그들은 자신들이 자행한 일을 익히 알고 있으므로 만일 죽게 된다면 더없이 처참하게 살해될 것이라고 생각했기 때문이었을 것이다.

얼굴이 새하얗게 변하면서 떨고 있는 그들이 갑자기 불쌍하다는 생각이 들었다. 우선 상황실의 분위기를 가라앉혀야 했다. 그래서 허리춤에 차고 있는 45구경 권총을 빼내 왼손으로 노리쇠를 후퇴시킨 후 총구를 천정으로 향해 들고 주위 사람들을 둘러보았다. 갑자기 상황실이 조용해졌다. 즉석에서 그들을 처형할 것이라고 생각한 모양이었다.(박남선 1988, 356)

박남선을 비롯한 시민군이 이 공수대원에게 어떤 심문을 했는지에 대한 증언 기록은 전혀 없다. 단지, 황석영의 이름으로 된 책에 "22일에 시민군에 의해 포로가 된 몇 명의 공수대원의 진술에 의하면, 이들은 출동하기 전에 독한 술에다 환각제를 타서 마신 상태였으며, 수통에는 빼갈을 담고 있었다."고 한 멘트가 있을 뿐이다.

황석영의 이름으로 낸 책에서 이재의는 시민군 박남선 등이 5월 22일 공수부대원 포로를 상대로 한 심문 내용을 공수부대원들이 환각제를 마셨다는 주장의 근거로 삼고 있지만, 그 유언비어는 5월 22일 이후에 등장한 것이 아니라 이미 5월 19일부터 등장했다.

만약 황석영의 책에 기록된 대로 이 유언비어가 5월 22일 이후에 비로소 등장한 유언비어였다면 시민군 홍보반 김태종이 5월 26일자의 그의 성명서에서 18일과 19일 날짜를 구체적으로 언급하며 이렇게 기록하였을 리 만무하다:

18일과 19일 환각제와 술을 마신 흡혈귀 계엄군들에 의해 학생.시민
이 머리가 깨지고, 팔이 잘리며, 창자가 밖으로 튀어 나오는 등 처참한
모습으로 연행되는 것을 지켜보던 광주 시민들은…(5 · 18 사료편찬위원
회 2009, 2:104)

김일성이 시키는 대로 황석영은 북한판 5 · 18영화 〈님을 위한 교향
시〉 시나리오를 쓰면서 이재의의 책과 북한 책을 같이 참조했다. 북한 책
『광주의 분노』 18쪽에는 그 유언비어가 이렇게 기록되어 있다:

"전두환 놈은 그놈들을 이틀 동안 굶긴 후 환각제를 탄 술을 먹여 마
취시켰다. 원래 살인기술만을 익혀온 데다 환각제까지 먹은 '공정대'놈
들은 야수의 본성을 남김없이 드러냈다."(김선출 1985, 18)

이렇듯 전북 금마의 7공수여단 병력이 5월 18일 오후 시위 진압에 동
원되기 전에 이미 환각제를 먹었다는 것이 북한의 주장이다.

같은 북한 책 97쪽에서 "박정희의 양자, 전두환을 찢어죽이라!"는 구
호가 보인다. 실제로 광주사태 때 "전두환을 찢어죽이라!"는 구호를 쓴
현수막이 등장하였다. 만약 한국인이 이 구호를 썼다면 "찢어죽여라!"는
한국말로 썼을 것이다. 그런데 광주사태 때 광주시민들이 외쳤고, 피켓에
사용된 구호는 한국말이 아니라 북한말인 "찢어죽이라!"였다. 이 경우 광
주시민과 간첩 중 누가 이 구호의 원저자였는가? 남평경찰서 무기고 무
기 탈취에 동원되었던 시민군 최인영의 증언으로 미루어 보면, 전두환이
란 이름 석 자를 전혀 들어본 적이 없었던 광주시민들이 이 구호의 저자
였을 리는 만무하다. 그는 그 구호를 외치면서도 전두환이 누군지 전혀
몰랐음을 이런 말로 증언한다:

경찰서 건물 뒤에 무기고라 씌어진 창고가 있었다. 우리는 도끼로 무

기고 문을 열고 가지런하게 세워진 카빈총 20여 정과 탄알 박스 7~8개
를 들고 나왔다. 카빈총 사이에는 M1 몇 정이 끼여 있고 수류탄은 보이
지 않았다. 우리는 이곳에서 주로 '전두환은 물러가라' '전두환을 찢어
죽이자'는 구호를 외쳤는데, 나는 전두환이 누구인지는 몰랐지만 나름
대로 '광주사태'비극을 일으킨 장본인일 거라고 단정지으며 목청껏 외
쳤다.(최인영 1989)

이재의의 책 51쪽에서 어느 할아버지가 국군을 가리켜 "저놈들은 국
군이 아니라 사람의 탈을 쓴 악귀야!"라고 말한다. 위의 평양의 저자가 쓴
책에서는 그 말이 이렇게 표현되어 있다:

한 할머니는 ≪박정희의 양자, 전두환을 찢어죽이라!≫고 쓴 구호판
의 전두환의 이름을 돌로 쾅쾅 치며 ≪이런 악귀들이 백의민족 가운데
섞여있다는 것이 수치≫라고 하면서 통곡하였다. 모두가 격노했고 전
두환놈을 잡기만 하면 갈기갈기 찢어죽이겠다고 벼르었다. (김선출
1985, 97)

이 경우 이재의와 평양의 저자 중 누가 먼저 국군을 '악귀'로 지칭하
는 표현을 사용하였는가? 북한 책『광주의 분노』23쪽에서도 대한민국
국군을 '악귀'로 지칭하는 표현이 등장한다: "쏠 테면 쏴라, 찌를 테면 찔
러라. 이 악귀 같은 놈들."

'국군은 악귀다'라는 말로 그런 인식을 광주시민들에게 심어주는 것
이 북한의 심리전이었기에『광주의 분노』106쪽에서도 국군을 가리켜
'악귀'라고 부르는 표현이 등장한다:

"≪농성동 아주머니≫를 비롯한 녀인들은 ≪〈공정대〉 악귀들이 광
주사람들을 전멸시키려고 밀려온다. 우리도 죽기로 싸우자!≫고 웨치

며 땅크들과 함께 놈들이 밀려오는 길 복판에 어깨를 겯고 드러누웠다."(김선출 1985, 106)

이재의의 책 57쪽에서는 "그들은 며칠 굶겨 놓은 맹수가 먹음직한 고깃덩어리를 발견한 것처럼 시위 군중을 덮쳤다"라는 말로 5월 19일 상황을 묘사하고 있고, 평양의 저자도 『광주의 분노』 18쪽에서 "공정대 놈들은 피에 주린 이리떼였다. 놈들은 가족을 찾아 거리로 나온 사람들도 마구 죽이였다"는 표현을 쓴다.

이재의의 표현 "며칠 굶겨 놓은 맹수"와 평양 저자의 표현 "피에 주린 이리떼"는 근본적으로 동일한 표현이다. 화염병을 던지는 시위대를 당해 내지 못한 광주 경찰의 요청으로 시위 진압에 긴급 동원된 공수부대원들을 가리켜 어떻게 "며칠 굶겨 놓은 맹수"요 "피에 주린 이리떼"라고 할 수 있는가?

이재의의 책 101쪽에 "저 놈들이 발포를 했다. 총, 총이 있어야 한다. 우리도 총이 있어야 한다!"는 문장이 있다. 그런데 이 문장에 있어 세 가지가 사실이다. 첫째, 도청 인근 주민들은 그런 말을 한 적이 없다. 둘째, 광주사태 당시 서울에 있었던 황석영도 광주시민들이 그런 말을 하는 것을 들어본 적이 없다. 셋째, 이재의의 문장은 평양 저자가 북한에서 동시에 출간한 『광주의 분노』 32쪽에 나오는 문장과 동일 문장이다: "총, 총이 있어야 한다!"

이재의의 책 174쪽 "줄기차게 쏟아지는 비를 그대로 맞으면서"는 평양 저자의 문장 "대줄기같이 쏟아지는 비를 그대로 맞으며"와 정확하게 일치한다:

사회자가 "이 비는 원통하게 죽은 민주 영령들이 눈을 감지 못하고 흘리는 눈물입니다"고 말하자 잠시 혼란스럽던 군중들은 모두 우산을 접고 다시 숙연한 분위기로 모여들었다. 줄기차게 쏟아지는 비를 그대로 맞으면서 대회가 계속 진행되었다.(황석영 1985, 174)

평양의 저자도 똑같은 단어들로 똑같은 표현을 한다:

하기에 모두가 펼쳤던 우산도 머리에 썼던 보자기도 다 걷어 넣었다. 그리고는 대줄기같이 쏟아지는 비를 그대로 맞으며 영령들을 숭엄하게 추모하였다.(김선출 1985. 95)

평양의 저자가 이 표현을 쓴 지 21년 후인 2003년에 북한 대표단이 광주 5 · 18묘지에서 대줄기같이 쏟아지는 비를 맞으며 열사들을 추모한다.

이 경우 평양의 저자와 이재의 중 누가 이 기록의 원저자인가? 한 가지 분명한 것은, 이재의는 원저자가 아니었다. 왜냐하면 이것은 5월 24일 오후 상황의 기록인데, 이재의는 5월 24일 이른 아침에 광주를 떠나 서울로 갔으므로 이것은 이재의가 자신이 목격한 것을 기록한 것일 수가 없다. 그는 누군가 다른 이의 기록을 베꼈으며, 황석영이 그 문장에다 손질을 가하였다.

이재의는 그의 책 127쪽에서 시민군을 가리켜 '광주 민주공동체의 군대'라고 호칭한다. 평양 저자도 『광주의 분노』에서 광주시민군을 '광주민주국의 군대'라고 호칭한다. 보통 사람들은 시민군을 무장단체로서 인식하는 데 비해 '광주 민주공동체의 군대'와 '광주민주국의 군대'는 너무나도 흡사한 표현이다. 이재의는 광주해방구를 '광주 민주공동체'라고 불렀는데, 평양의 저자는 광주해방구를 승격시켜 '광주민주국'이라고 부른 점이 사소한 차이점이다. 평양의 저자의 역사논리에서는 광주해방구는 북한의 동맹국으로 간주되며, 그래서 '광주민주국'이란 명칭으로 우대된다. 대한민국은 '미제국주의의 괴뢰국'이고, 광주해방구는 북한의 동맹국인

'광주민주국'이라는 것이 북한의 5·18사관의 큰 틀이다.

어째서 평양의 저자가 광주해방구를 하나의 국가로서 인식하였는가? 광주에서 불과 한 주 지속되었던 시민군 통치체제를 과대평가하는 실수를 범했기 때문인가? 아니다. 이것은 북한의 논리에서는 광주해방구 설치가 곧 친북정권을 수립할 절호의 기회였기 때문이다.

북한에서 교원이었던 한 탈북여성은 광주사태를 배후 조종했던 북한이 노렸던 두 가지 목적을 이렇게 서술한다:

> 특히 1980년 5월초에 들어서면서부터 서울을 중심으로 광주를 비롯해서 전국적인 규모에서 시작된 청년학생들의 반정부 시위는 북한정권의 대남 작전에 활력을 주고 기지개를 펼 수 있게 하는 큰 선물과도 같은 것이었다. 당사자들한테서 직접 들은 이야기지만, 북한은 5·18사건을 배후에서 계획하면서 철저하게 두 가지 목적을 노렸다고 한다. 하나는 남조선 사회를 북한체제가 합법적으로 통치할 수 있게 하는 국가전복이었고, 또 다른 하나는 전라도 지역을 기반으로 하는 믿음직하고 충실한 친북정권 수립이었다. (전 함경남도 고등중학교 교원 2009, 73)

이렇듯 북한이 광주인민봉기라고 부르는 광주사태에 대해 걸었던 궁극적인 기대는 '친북정권의 수립'이었다. 그래서 그들의 논리에서 광주사태는 결코 남한의 한 중소도시의 소요가 아니라 정치적으로 아주 큰 의미가 있는 사건이었다. 남한에서 5·18옹호론자들이 광주사태에 정치적으로 큰 의미를 부여하기 위해 '광주민주화운동'이라고 호칭한 것처럼, 북한에서도 광주인민봉기에 정치적으로 큰 의미를 부여하기 위해 광주해방구를 '광주민주국'이라고 호칭했던 것이다.

이재의는 그의 책 211쪽에서 5월 21일 오전 9시경 아세아자동차 공장에서 군용트럭 등 수백 대의 차량을 탈취하여 기동력을 확보한 시민군이

처음에는 서울 방면의 진출을 시도했던 사실을 이렇게 기록한다:

> "이날 오전 처음에는 고속도로를 경유하여 전주·서울 방면으로의 진
> 출을 시도했던 시위대들이 광주—장성 사이의 사남터널 부근에 대기
> 중이던 계엄군에 의해 강력한 제지를 받게 되자 그쪽 방향을 포기하고
> 주로 전남도내 각, 시 군으로 들불처럼 번져나갔다."(황석영 1985, 211)

그날 오전 8시 21사단 인솔대를 습격하여 지프차 14대를 탈취하자마
자 곧바로 그 지프차들을 몰고 아세아자동차 공장으로 간 무장단체에 시
민군이란 명칭이 아직 붙기도 전에 시민군은 서울로 진격할 작전계획을
세워놓고 있었음을 이재의가 기록한 것이다.(실제로 광주에서 시민군 명칭
이 통용되기 시작한 때는 그로부터 사흘 후인 24일부터였다.) 평양의 저자도,
시민군 지도부는 일부 시민군 부대들로 하여금 서울 등지에서 도시 유격
전을 벌일 계획을 세워놓고 있었음을 『광주의 분노』 104쪽에서 이렇게
기록한다:

> ≪민주투쟁위원회≫는 적들과의 격전을 준비하면서 장기전으로 넘
> 어갈 경우에 대처하여 일부 부대들로 하여금 ≪도시유격전≫을 벌일
> 계획도 추진시켰다. 그리하여 목포, 령암, 화순 등지의 산간지대들에
> 무기를 감추어 놓았고 일부 무기는 서울로 비밀리에 운반하였다.(김선
> 출 1985, 104)

사실 우리에게는 시민군 군사작전을 누가 지휘하였는지가 여전히 수
수께끼로 남아 있다. 이것은 남한 사람들이 알아내기 어려운 사실이며,
이재의조차도 시민군 군사작전의 주체가 누구였는지, 시민군 지도부가
어디에 있었는지 밝히지 않고 있다. 그런데 평양의 저자는 시민군 지도부
가, 즉 시민군 사령탑이 〈남민전〉 하부조직 〈민주투쟁위원회〉였음을 못

박아 말하고 있다.

윤상원은 광주사태가 시작되고 난 후에 비로소 도시유격전을 벌일 계획을 세운 것이 아니었다. 김대중의 외곽단체 사무국장으로서 재야 정치권에 몸담고 있었던 그가 비선조직을 통해 전남대 총학생회의 집행부를 배후 조종하고 있었는데, 5월 15일의 집행부 심야회의 때 이미 도시유격전이 거론된 사실을 학생회 총무 양강섭이 "협조적인 시민들을 어떻게 이끌어갈 것인가에 대한 논의와 고등학생들을 동원시키는 문제, 그리고 도시 침투에 대해서 논의했다"는 문장으로 암시한다. (양강섭 1989.)

이재의의 책 43쪽의 "훨씬 조직적이고 공격적인 과감한 양상"등은 1982년판 북한 도서를 참고한 것으로 보인다. 이재의는 5월 18일 오후의 시위가 경찰에 쫓기며 우왕좌왕 몰려다니는 시위가 아니라 경찰보다 한 수 위의 작전으로 경찰의 저지선을 돌파하며 주도권을 틀어쥔 시위였음을 이렇게 기록한다:

불길과 연기가 치솟아 오르자 그들은 환호성을 질렀다. 시위대는 그 자리에 오래 머물지 않고 재빨리 대열을 정비해서 신속하게 이동했다.

오전에 경찰들과의 치열한 추격전 속에서 몇 번이나 분산되는 경험을 했던 학생들은 도심지 투쟁의 가장 중요한 특징인 기동성을 터득하게 되었던 것이다. 맨 선두에 지휘자 격의 한 사람이 앞장서고 그 뒤에 태극기를 치켜든 사람이 서고, 이어서 10여명의 스크럼을 짠 학생 전위대가 노래를 부르며 앞으로 나아가면 흩어졌던 군중들은 신속하고도 자연스럽게 시위 대열에 합세했다. 이런 방법은 오후 내내 이어진 가두투쟁에서 계속 응용되었다.

오후에 접어들면서 시위의 양상은 변하고 있었다. 오전에는 5백여명 정도의 소수인데다 경찰의 추격에 미처 대응하지 못하고 일방적으로 당하기만 했으나, 오후부터는 숫자도 기하급수적으로 불어나면서 시

위도 훨씬 조직적이고 공격적인 과감한 양상으로 바뀌었다. (황석영
1985, 43)

일반인의 눈에는 도저히 보이지 않는 사실을 이재의가 기록하였다.
영화 〈화려한 휴가〉에서도 5월 18일 오후 상황은 시민들이 공수부대원들
의 진압봉에 맞으며 이리저리 도망 다니는 장면으로만 그려진다. 그런데
이재의는 '도심지 투쟁' '기동성' '전위대' '대열' '가두 투쟁' 등의 용어 및
'조직적이고 공격적인 과감한 양상'등의 문구를 쓰면서 시위대가 치밀한
작전 하에 시위대 진(陣)을 일사분란하게 분산시키고 집합시키며 경찰
저지선을 뚫고 경찰을 역포위로 몰아넣는 과정을 묘사한 것이다.

마치 노련하고 유능한 장군이 대병력을 포진(布陣)하듯이 시위대가
경찰병력의 포진보다 한 수 위의 작전으로 포진되고 있었다는 것을 평양
조국통일사 집필자는 이재의보다 3년 먼저 『주체의 기치 따라 나아가는
남조선인민들의 투쟁』에서 이렇게 기록하였다:

　　　"시위에서는 과감한 육박에 의한 경찰 저지선의 정면 돌파와 경찰의
　　　포위를 역(逆)포위로 전환시켜 앞을 열어나가는 돌파, 분산과 집합, 큰
　　　대렬과 작은 대렬의 결합, 속도행진에 의한 빠른 기동과 바리케이드에
　　　의한 완강한 방어 등으로 주도권을 틀어쥐고 적을 피동에 몰아넣었
　　　다."(조국통일사 1982, 567)

이 경우 평양의 조국통일사 집필자가 이재의의 원고를 참고하였다는
추정은 불가능하다. 평양 조국통일사가 집필한 책이 3년 먼저 출간되었
으므로 시위대의 도시 유격전 작전 묘사의 원전은 분명 북한판 도서였다.
평양 조국통일사 집필자는 이재의가 자기 책에서 언급하지 않는 바리케
이드에 대해서도 기록한다: "바리케이드에 의한 완강한 방어 등으로 주

도권을 틀어쥐고 적을 피동에 몰아넣었다."

인터넷 전화도 이메일도 휴대폰도 없었던 시대에 공중전화는 시민들의 유일한 공중 통신수단이었다. 그런데 19일 공중전화 박스를 부수어 바리케이드로 사용한 장본인이 바로 자신이었다고 이재의는 이렇게 증언한다:

"그리고 직접 앞으로 나아가 공중전화 박스와 가드레일을 부수자 시민들이 일시에 합류하여 순식간에 시외버스 공용터미널 후문 구 역 방향으로 바리케이드가 쳐졌다. 시민들과 나는 후배와 함께 보도블록을 깨서 공수대에게 던졌다. 용감한 청년들 몇 사람이 넘어진 공중전화 박스 뒤에 몸을 숨기고 전화박스를 은폐물 삼아 앞으로 나아갔다. 최루탄이 날아오면 잠시 물러났다가 전진하는 일이 되풀이 되었다."(이재의 1988)

이재의가 공공기물인 공중전화 박스를 부셔서 바리케이드로 사용한 것은 파격적인 폭력시위 방법이었는데, 이것은 한국 사람들이 전혀 모르고 있었던 사실이고, 〈화려한 휴가〉 등 5·18을 소재로 한 영화와 드라마들에서 단 한 번도 보여주지 않은 장면이다. 그러나 평양 조국통일사 집필자는 5월 중순부터 19일 사이에 남한에서 시위대가 공공기물을 부수어 바리케이드로 사용함으로써 시위대 진(陣)을 완강히 방어하며 군경 저지선을 차츰 무너뜨린 사실을 소상히 알고 있었다.

황석영이 『창작과 비평』 겨울호에 "항쟁 이후의 문학"을 기고할 즈음 그의 동지 서경원은 김일성의 부름을 받아 이미 평양에 다녀왔으며, 곧이어 그와 문익환 목사가 밀입북할 차례였다. 그 무렵 윤한봉은 북한과 더불어 '국제평화대행진'을 한창 추진하고 있었다. 그 행사란 평양축전

뒤에 남에서는 한라에서 판문점, 북에서는 백두에서 판문점으로 행진하
는 것이었으며, 바로 그 목적을 위해 윤한봉의 〈한청련〉이 문규현 신부
와 임수경 양을 밀입북시켰다.

광주사태 당시 문익환 목사와 서경원과 황석영은 각기 세 분야에서
운동권 거두였다. 문익환 목사는 종교계의 운동권 거두였으며, 서경원은
농민운동권, 그리고 황석영은 문화운동권 거두였다.

1980년 5월 초 국민연합 상임위원장 문익환 목사는 국민연합 중앙위
원 조성우 등 〈민청협〉을 총동원하여 전국 규모의 민란을 조직하고 있었
으며, 서경원의 가톨릭농민회도 예비군 무기고를 접수할 준비를 해놓고
있었으며, 황석영의 극단 광대 역시 시민군 선전조 역할을 할 준비를 해
놓고 있었다.

김일성이 국제평화대행진 행사를 앞두고 북한으로 불러들인 문익환
목사와 서경원과 황석영 모두 〈남민전〉 중앙위원이었던 안재구의 동지
들이었는데, 바로 그 무렵 김일성은 안재구에게 공작금을 보내어 〈구국
전위〉 결성에 착수하라는 지령을 보냈다. 〈전대협〉이 〈구국전위〉보다 몇
년 먼저 결성되었음에도 불구하고 1993년 1월 〈구국전위〉가 공식적으로
출범하자마자 〈전대협〉을 장악했던 이유는 김일성의 지령이 있었기 때
문이다.

그리고 바로 그 〈전대협〉의 대표 자격으로 임수경 양이 밀입북했다.
임양과 동행하여 밀입북했던 문규현 신부가 증언하듯이, 그녀의 밀입북
에는 윤한봉의 개입이 있었다.

제 7 장 김일성에게 바친 영화
〈님을 위한 교향시〉

　5·18영화는 남한보다 북한에서 훨씬 먼저 제작되었다. 북한의 5·18 영화 〈님을 위한 교향시〉는 남한의 〈화려한 휴가〉보다 무려 16년이나 앞서 상영되었다. 1988년 12월부터 1989년 1월 사이에 안재구 등 〈남민전〉 전사들이 출옥하던 바로 그 무렵 황석영은 김일성의 부름으로 3월 20일 밀입북하여 김일성을 7차례 만나 연방제 통일방안을 의논하며 북한의 5·18영화 〈님을 위한 교향시〉의 시나리오를 썼다. 남한의 5·18노래 〈임을 위한 행진곡〉에 대응하는 북한의 5·18영화가 바로 〈님을 위한 교향시〉이다.

　탈북자들이 한국에 와서 처음 몇 년 동안 이해할 수 없었던 것은, 광주 인민봉기를 '민주화운동'으로 인식하는 남한의 사고방식이 그들이 북한에서 보았던 5·18 영화 〈님을 위한 교향시〉의 내용과 너무나도 다르다는 것이었다. 2002년에 입국한 한영진 기자와 2001년에 입국한 정용호 및 2000년에 입국한 박창선은 그들이 입국한 지 몇 년 안 되었던 2005년에 광주사태 25주년 기사로서 "5·18 광주, 北에서는 이렇게 보았다"라는 제목의 글을 기고하였다. 이 기사에서 세 명의 탈북자들은 북한이 해마다 5월이 오면 〈님을 위한 교향시〉를 상영하는 이유 및 그 내용을 이렇

게 간추린다:

해마다 5월이 오면 북한에서는 연례행사가 열린다. 5월 18일에는 거리마다 포스터를 걸어놓고 추모 행사와 군중 시위를 벌인다. 라디오 방송과 TV는 5 · 18~26일까지 1주일 동안 벌어진 투쟁 상황과 계엄군의 진압작전을 소개하면서 주민들에게 "5 · 18 광주폭동은 남조선 인민들이 반미자주화를 위해 싸운 항쟁운동"이라고 선전한다.

평양시에서는 대규모 군중집회를 열고 각 기관마다 만든 대형 포스터를 들고 군중시위를 하는데 노동자 대표, 청년학생 대표, 농민 대표들이 차례로 나와 연설과 구호를 외친다. 광주에서 시작된 선혈들의 넋을 헛되이(?) 하지 말고 계속 이어나가야 한다는 것이다.

지금도 〈노동신문〉은 계엄군이 시민들을 거리로 끌고 다니는 모습, 철사로 결박한 모습들을 보도한다. 영화관에서는 광주봉기를 주제로 한 〈님을 위한 교향시〉를 상영한다. 남한의 한 대학생(이영호)이 사랑하는 애인과 함께 시위에 참가했다가 계엄군에게 체포되어 감옥으로 끌려가는 내용을 담고 있다.

북한 당국은 "광주폭동은 미국이 지휘했다"고 주장한다. 주한 미 대사 글라이스틴이 전두환을 골방으로 불러 광주를 진압할 데 대한 지시를 내리는 장면도 연출하여 방영한다. 미국은 광주가 폭도들에게 점령당하면 한국의 안보가 위태롭고, 남한에서 쫓겨나야 한다고 생각했기 때문에, 미제 무기로 계엄군을 무장시키고 장갑차를 제공해 광주를 포위하는 데 결정적 역할을 했다는 것이다.

이렇게 영상물을 동원해 선전한 결과 북한 주민들은 미국에 대한 적개심을 갖고 '남조선 괴뢰도당'에 대한 증오심을 높인다.(한영진, 정영호, 박창선 2005)

이렇듯 북한에서는 황석영이 그 시나리오를 쓴 영화를 북한 당국이 대대적으로 홍보해 주었지만, 남한에서는 처음에는 황석영 스스로 그의 표절 작품 〈임을 위한 행진곡〉을 홍보하여 운동권 가요로 자리매김하게 하였다. 황석영은 그가 카세트테이프를 제작하여 그 노래를 보급한 사실을 이렇게 기록한다:

> 83년 봄이었군요, 광주 운암동의 내 집 이층에서 나는 '문화패 광대'의 잔여 활동가들과 '자유광주'라는 방송국을 차렸습니다. 방송국이란 게 다른 게 아니라 한 달에 한 개씩의 카세트테이프를 제작해서 배포하는 일이었죠. 그때 세 번째 만든 물건이 항쟁에서 죽은 남녀를 주제로 한 '넋풀이'라는 거였는데, 그 주제곡이 〈님을 위한 행진곡〉이었습니다.(황석영 1988, 54-55)

영화 〈화려한 휴가〉는 윤상원(민우)과 전옥주(신애)가 영혼결혼식을 올리는 장면으로 막을 내리는데, 이것은 총각으로 죽은 〈남민전〉 남성전사 윤상원과 처녀로 죽은 〈남민전〉 여성전사 박기순의 영혼결혼식에서 그 모티브를 따온 것이다. 이 노래는 1982년 2월 윤상원과 박기순의 동지들과 가족들이 윤상원과 박기순의 유해를 광주 망월동 공동묘지(현 국립 5·18묘지)에 합장하면서 영혼결혼식을 거행할 때 처음 공개되었다. 박기순의 오빠는 훗날 김대중 정부와 노무현 정부 시절에 저질러진 부산저축은행 대형금융비리 사건의 장본인 박형선이다.

황석영은 전남 해남 출신이지만 1970년대 후반부터 이미 광주운동권 핵심이었다. 황석영이 1980년 초에 극단 광대를 창단하고 동명동에 황석영의 극단 전용극장을 마련할 수 있도록 광주운동권이 자금 지원을 하고 있었는데, 만약 뚜렷한 직업이 없었던 광주운동권의 그 자금이 북한 측이 조총련 조직 혹은 간첩 조직을 통해 제공된 자금이었다면 황석영은 이른바 그 시절에 이미 '김일성 장학생'이었던 셈이다. 남한에는 김일성이 키우는 소설가들이 있었다. 1989년 3월 김일성이 평양으로 호출하는 한 마디에 황석영이 당장 밀입북했다. 대개의 경우 북한의 호출 명령을 받고 순순히 밀입북한 사람들은 '김일성 장학생'들이었다.

황석영에게는 윤상원과 박기순을 위해 〈임을 위한 행진곡〉을 작사해야 할 또 다른 이유가 있었다. 둘 다 황석영의 운동권 동지였다. 황석영은 윤한봉과는 아주 절친한 사이였는데, 윤한봉의 매제가 박형선이었기에 박형선의 여동생 박기순을 위해 넋풀이를 했던 것이다.

황석영이 위의 글에서 말하는 '항쟁에서 죽은 남녀'란 윤상원과 박기순을 일컫는데, 박기순의 죽음은 광주사태와 아무 관련이 없다. 박형선의 여동생이었던 그녀는 〈남민전〉 여성전사로서 광천동 공단에 위장 취업해서 광천동의 노동자들과 청소년들을 의식화시키는 활동을 하다가 1978년 12월 26일 연탄가스 중독으로 사망했다. 박기순은 사망하기 전 광천동 노동자들을 의식화시킨 것 외에는 광주사태와 직접적인 관계가 없었지만, 윤상원은 광주사태 주동자였다. 그런데 윤상원이 광주사태를 선동할 때 북한 당국도 같이 움직이고 있었다.

2005년 남한에 온 한 탈북자가 증언을 위해 이호재라는 가명을 쓰고 한 말에 따르면, 1980년 5월 19일부터 북한 전 지역은 벌집을 쑤셔놓은 것처럼 소란했다. 중앙TV와 조선중앙1, 2, 3방송들은 연일 남조선의 광주 인민봉기에 대해 대대적으로 선전했다. 군에서 갓 제대한 그는 그때 그 선전을 들으며 당장 전쟁이 나는 줄 알았다. 방송뿐만 아니라 직장에서도 일제히 강연회를 열고 봉기를 일으킨 영웅적 남조선 청년학생들과 인민들에 대해 연설했다. 강연 내용에는 기막힌 참상들이 생생한 화폭으로 열거되어 있었다. 그것은 어떤 사건에 대한 집중적인 전달만이 아니

라, 듣는 사람들로 하여금 격분과 증오로 가슴을 불태울 가혹한 잔행(殘
行)들로 엮여져 있었다.

탈북자들은 모두 이때의 강연 내용이 9년 후 황석영이 북한에서 쓴
영화 시나리오 〈님을 위한 교향시〉와 일치함을 기억하고 있다. 이호재는
그 강연 내용을 이렇게 증언한다:

전두환 중장은 광주사태에 대비하여 내려보낸 '계엄군'공수부대 전
대원들에게 환각제를 다량 복용시켰다. 전두환의 명령은 잔혹한 명령
이었다. 광주시민 70%를 죽여서라도 도시를 즉각 탈환하라는 것이었
다. 5월 20일 이렇듯 잔혹한 명령을 받은 수천 명의 계엄군이 탱크와
장갑차와 최신 무기들로 무장한 후 광주시내로 진입했다.

당시 광주는 폭동시민들의 손에 완전 장악되어 있었다. 서라는 명령
에 불복하거나 겁을 먹고 뛰면 즉시 사살했다. 도시군의 항전 또한 만
만치 않았다. 그들은 시내의 경찰서 무기고를 점령하고 젊은이들은 누
구나 할 것 없이 모두 자동총으로 무장했다. 이것은 철두철미 총과 총
이 대결한 가혹한 '내전'이라고 강연자는 격앙에 넘쳐 연설했다.

진압 현장에서 계엄군이 저지른 만행은 말 그대로 보는 사람의 증오
심을 최대한 끌어내는, 짐승도 낯을 붉힐 야수적 행동이었다. 그들은
대검으로 임산부의 배를 가르고 태아를 끄집어냈다. 끄집어 낸 태아를
대검 끝에 꼬나들고 휘저으며 밀집된 시위 군중을 위협했다. 젊은 여학
생의 옷을 벗기고 유방을 도려내고 철사로 포박해 군용차에 매달아 끌
고 다녔다. 쇠파이프로 군중의 머리를 사정없이 내리쳐 즉사시키고 연
발 발포로 무차별 사살을 서슴없이 감행했다.

전국적으로 진행된 이 강연에 참가한 자들은 끓어오르는 분노를 금
할 수 없었다. 지금이라도 당장 명령만 떨어지면 남쪽나라 광주까지 단
숨에 달려 나가 전두환 계엄군을 소탕할 열기로 전국이 들끓었다. 5월

25일 북한 전역에서는 광주 참사를 주도하는 전두환 정권을 규탄하는 규탄 대회와 각종 모임들이 진행됐다. 사실상 광주사태에 대한 강연을 들은 사람들 치고 여기에 동참하지 않은 사람은 한 명도 없었다. 그만큼 강연은 가장 반인륜적인 인간들만이 저지를 수 있는 참혹한 참살 현황을 너무도 생동감 있게 엮어낸 것이다.(이호재 2010)

당시 악성 유언비어들의 원 출처는 북한이었다는 사실이 위 증언에서도 재확인된다. 당시 계엄령은 전두환 보안사령관과는 아무런 상관이 없는 것이었음에도 계엄군을 전두환 계엄군으로 착각하게 하는 내러티브도 북한에서 유포한 것임을 알 수 있다. 북한은 남침 명분을 위해 광주사태는 내전이라는 5 · 18논리가 필요했는데, 그런 그들의 5 · 18논리가 "이것은 철두철미 총과 총이 대결한 가혹한 '내전'이라는 강연" 내용으로 표현되어 있다.

1975년 봄에 월맹이 적화통일에 성공할 수 있었던 비결은 월맹군을 시민군으로 위장하여 월남 중부지방에 침투시켜 무장반란을 일으킨 후 그 무장반란은 월남군과 시민군간의 내전이라는 논리로 미국의 참전을 막은 것이다. 같은 방법으로 한반도를 적화통일하려고 했던 북한이 광주 인민봉기는 내전이라는 논리를 내세웠던 것이다.

위에 요약된 북한의 5 · 18강연 내용 중에 "그들은 시내의 경찰서 무기고를 점령하고 젊은이들은 누구나 할 것 없이 모두 자동총으로 무장했다"는 말이 있다. 아래 사진이 그 한 예이듯, 실로 시민군은 다양한 자동총으로 무장하고 있었다. 그러나 이것은 한국에서는 국민들이 최근까지도 까맣게 모르고 있었던 사실인데, 어떻게 북한에서는 광주사태 당시에 벌써 그 사실을 알고 있었는가?

시민군의 자동총들 중에는 LMG 기관총 2정과 10여 정의 M60 기관

총도 있었는데, 이재의와 황석영은 1985년 출간한 책에서 그런 사실을
이렇게 기록한다:

> 이날의 전투로 시민군에게 노획된 무기는 다음과 같다. 카빈 소총
> 2,240정, M1소총 1,225정, 38구경 권총 12정, 45구경 권총 16정,
> LMG 기관총 2정, 실탄 46,400발, 10여 정의 M60 기관총, TNT 4박
> 스, 다량의 수류탄, 뇌관 100개, 장갑차 5대, 기타 각종 군용차량과 수
> 십 대의 무전기, 방독면 등이었다. (황석영 1985, 130)

시민군의 자동총들 중에는 그 외에도 AR소총까지 있었다. 이런 사실
은 지난 35년 동안 한국 국민들이 까맣게 모르고 있었던 사실이다. 행여
그런 기록을 읽은 시민이 있어도 총기명을 잘 알지 못하므로 그런 총들
이 자동총이라는 사실에는 별 관심을 갖지 않았는데, 위 탈북자의 증언
을 읽고 5·18기록을 살펴보고 사실 확인을 해본 후에야 비로소 새삼스
러이 그런 사실을 깨닫고 깜짝 놀라게 되었다.

사실 우리도 시민군에게 이렇게 많은 자동총이 있었다는 사실은 모르
고 있었는데, 어떻게 북한에서는 광주사태 당시 즉각적으로 그 사실을
알고 직장마다 그런 사실을 강연할 수 있었는가? 만약 자동총으로 무장
한 시민군들이 광주시민들이었다면 북한에서 시민군의 총기들 중에 자
동총이 있다는 사실을 알지 못하거나 자동총이 얼마나 많이 있는 지 알
수 없었을 것이다. 북한으로 작전보고를 하는 북한 특수부대 요원들이 그
자동총들로 무장을 하고 있었기에 그런 사실 및 규모를 북한에서 동시에
파악할 수 있었던 것이다.

여하간 시민군이 상당히 많은 수의 자동총으로 무장하고 있었다는 사
실 등 탈북자들의 증언에 명시된 구체적인 사실들이 남한 자료로 분명하

게 확인되고 있기 때문에 그만큼 탈북자들의 증언에 더욱 더 정확성과
신빙성이 있는 것이다.

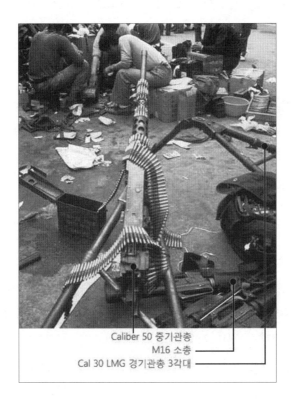

Caliber 50 중기관총
M16 소총
Cal 30 LMG 경기관총 3각대

김일성이 윤이상과 황석영을 평양으로 불러들이기 전에 이런 일들이
있었다:

독일에서는 윤이상 선생을 비롯한 〈민협〉 식구들과 만났는데 모두
공산주의자 취급을 받고 있어서 만나기가 곤란할 때였습니다. (…) 지
난봄에도 윤 선생이 판문점에서의 평화음악제를 제안한다면서 남한 시
인들의 가사로 작곡한 교성곡과 광주항쟁을 주제로 한 〈광주여 영원
히〉라는 교향곡의 테이프를 주면서 여론을 환기시켜 달라고 부탁을 했

습니다. 문익환, 백기완, 고은, 문병란, 김남주 같은 분들의 시를 한 흐름으로 연결한 가사였습니다. 테이프를 여러 개 복사해서 각계에 나누었습니다만, 음악제가 꼭 이루어지도록 노력할 작정입니다.(황석영 1988, 58)

김일성은 1989년 평양축전 및 판문점 행사를 1987년부터 이미 추진하고 있었는데, 그 작전이 5 · 18을 주제로 한 문화운동이었다. 미국에서는 윤한봉이 문화운동을 하고 있었고, 독일에서 윤이상이 했던 문화운동도 광주사태를 주제로 한 교향곡 테이프 제작이었으며, 한국에선 황석영이 후에 북한의 5 · 18영화 〈님을 위한 교향시〉 주제곡이 될 그 테이프를 각계에 대량 유포하는 문화운동을 했던 것이다.

그 다음 순서가 1989년 평양축전이 열리던 해에 황석영의 방북이었다. 그는 조선영화사 작가와 의합(意合)하여 시나리오 〈님을 위한 교향시〉를 쓰고 이내 영화 제작에 들어갔다. 이 영화가 북한 전역에서 대 성황리에 상영되었다. 즉, 〈임을 위한 행진곡〉을 작사한 소설가가 북한에서 〈님을 위한 교향시〉 시나리오를 쓰는 이적행위를 한 것이다.

북한 주민들은 북한에 와서 〈님을 위한 교향시〉를 쓴 남한 소설가 황석영이 어떤 인물인지 몹시 궁금해 했다. 우리에게도 〈님을 위한 교향시〉의 줄거리는 〈임을 위한 행진곡〉 작사자의 인식과 이념 배경 등을 파악하는 데 많은 참고가 된다.

다음 사진에서 보듯이, 1990년 10월 28일자 〈한겨레신문〉은 황석영이 처음에 생각한 영화 제목은 〈님을 위한 교향시〉가 아니라 〈임을 위한 행진곡〉의 가사 "산 자여 따르라"였다. 즉 〈임을 위한 행진곡〉의 주제가 바로 〈님을 위한 교향시〉의 주제였다는 것이다.

북한 여배우 박금실이 〈한겨레신문〉 기자단에게 한 말은 "주인공은

북한서도 '광주'영화 만든다

단식으로 숨진 조선대 박관현씨가 모형
황석영씨 시나리오…내년쯤 상영 예정

조선대 총학생회장을 원형으로 했습니다. '광주인민봉기'에 참여 못했다가 유혈전이 끝난 다음, 같이 싸우지 못한 걸 속죄하겠다고 자진해서 형무소로 들어가 단식 끝에 죽었다고 하지요?"였다.

그런데 사실 그때 조선대학교는 총학생회라는 것이 없었다. 4월에 조선대 운동권은 총학생회를 구성하는 대신 〈남민전〉 하부 조직의 명칭 〈민주투쟁위원회〉로 그 명칭과 체제를 바꾸었다. 그러나 북한의 5·18 논리를 위해서는 전남대보다 조선대의 명칭이 지니는 상징적 의미가 컸다. 그래서 전남대가 아니라 조선대로 바꾼 것이다.

황석영이 〈님을 위한 교향시〉의 주제를 "산 자여 따르라"로 정했을 때, 그가 영화를 통해 표현하고자 한 것은 박관현처럼 윤상원을 따르라는 것이었다. 황석영은 박관현이 윤상원을 따르는 방법이 단식 투쟁이었던 것으로 그린다.

그런데 사실 박관현은 5·18의 거짓사슬의 희생자였다. 1980년 5월 18일 그가 승용차를 타고 여수 돌산으로 여행가고 있을 때 광주에선 그가 죽었다는 소문이 돌면서 광주사태가 일어났다. 윤상원은 박관현이 여수 돌산에 있음을 알고 있었으면서도 '박관현 사망 유언비어'를 광주사태 선동에 이용했다. 즉, 광주사태는 멀쩡히 살아있는 '박관현 시체장사'와 더불어 시작되었던 것이다.

대부분의 광주시민들에게 박관현은 유명 인물이 아니었다. 그러나 당시 빈민촌이었던 광천동 주민들 사이에서는 그는 광천동 주민들의 자존심을 세워준 영웅이었다. 공장 노동자들의 동네였던 광천동 학생이 전남대 총학생회장에 당선되었다는 것은 마을의 큰 경사였다. 따라서 서로 끈끈한 정으로 이어져 있던 광천동 주민들이 정말로 박관현이 죽은 줄 곧이들었을 때 그 분노는 화산의 폭발과도 같은 것이어서 물불 가리지 않고 폭동과 시민군 활동에 가담했다.

광주사태가 끝난 후에도 박관현은 광주로 돌아올 수 없었는데, 거기에는 세 가지 이유가 있었다. 첫째, 광주시민들이 모두 박관현이 5월 18일 아침에 죽은 줄로만 알고 있는데 그가 어느 날 불쑥 광주에 나타나면 5·18측의 거짓말이 당장 들통나고 그들의 거짓 내러티브가 무너져 내리게 되어 있었다. 그래서 그가 숨어 있는 것이 광주사태에 연루된 운동권 동지들을 지켜주는 길이었다.

둘째, 그는 가두시위 조직 자금을 지원받은 것 외에는 가난한 학생이었다. 그는 광천동 윤상원의 아파트 단칸방에서 같이 살고 있었는데, 윤상원의 사망으로 그의 거처가 없어졌다.

셋째, 수사 당국에서 행방불명된 운동권의 생사 여부를 확인해야 했으므로 그는 수색 대상이었다.

멀쩡히 살아 있으면서도 동지들이 퍼뜨린 '박관현 사망 유언비어' 때문에 광주로 돌아오지 못하고 동지들을 위해 떠돌이생활을 해야 했던 박관현은 객지에서 막노동으로 생계를 이어가야 했다. 1981년 2월 전두환 대통령의 제5공화국 대통령 취임을 앞두고 광주사태 사건 관련자들은 모두 석방되고, 모든 수사는 종결되었다. 박관현의 행방에 대한 수색도 이때 중단되었다.

그러나 또 하나의 5·18의 거짓사슬이 1년 후인 1982년 4월 5일에 그를 검거되도록 만들었다. 광주사태 당시 1980년 5월 23일부터 26일 사이에 윤상원은 미국이 광주시민군을 지원하기 위해 항공모함을 보내 주었다는 유언비어를 대대적으로 유포했다. 그런데 그때 미국이 시민군을 지원해 주지 않았다는 것을 트집 잡은 반미 행동으로 김현장이 문부식 등 고신대 학생들을 선동하여 부산 미문화원에 방화하도록 한 사건이 1982년 3월 18일에 발생했다. 이를 계기로 수배 중인 시국 사범들에 대한 대대적인 수색작업이 펼쳐졌다. 이때 요꼬공장 노동자들이 경찰에 신고하여 결국 그는 붙잡히는 몸이 되었다. '박관현 사망 유언비어'를 퍼뜨렸던 동지들을 보호해 주기 위해 그가 객지에서 유랑하던 시절 그의 가명은 '박건욱'이었다.

박관현은 1982년 10월 12일 전남의대 부속병원에서 지병인 심근경색으로 사망했다. 2년간에 걸친 막노동 객지생활로 건강이 많이 상해 있던 그가 광주교도소에서 무리한 단식투쟁을 한 것도 지병을 악화시킨 요인이었을 것이다.

그러나 그의 단식투쟁 이유는 위에서 북한 여배우가 말한 것과는 다른 것이었다. 그는 정신적인 괴로움에 시달리고 있었다. 그는 갑자기 광주사태라는 역사적 사건의 회오리 한가운데 놓이게 되었다. 그러나 그 이유에 대한 두 가지 내러티브를 그는 모두 수용할 수 없었다. 그의 사망 유언비어에 기초한 5·18측 내러티브는 그가 도저히 수용할 수 없는 것이었다. 그러나 다른 쪽의 내러티브, 즉 그를 광주사태 주동자로 지목하는 수사관들의 내러티브 또한 그는 수용할 수 없었다. 광주사태를 설명하는 두 가지 각기 다른 내러티브 모두 그에게는 억울한 것이었으며, 그는 그 억울함에 대한 항변으로 단식투쟁을 선택했다.

1989년 2월 광주청문회가 끝난 직후부터 북한에서 〈님을 위한 교향시〉 시나리오를 쓴 황석영은 '진애라'라는 가상 인물을 박관현의 애인으로, 그리고 박관현은 '박현중'이란 가명으로 등장시킨다. 위의 1990년 10월 28일자 〈한겨레신문〉 기사는 〈님을 위한 교향시〉의 줄거리를 이렇게 소개한다:

> 애라는 시위 도중 남자주인공 박현중을 피신시키는데, 그는 어느 봉제공장에서 검거되어 광주형무소에 갇혀 단식투쟁 끝에 죽는다. 박금실씨는 "영화는 사실을 좀 극화했다"면서 영화에서는 독일로 유학간 애라가 베를린에서 윤이상씨의 교향시 〈광주여 영원히〉를 들으며 과거를 회상하는 형식으로 되어 있고, 최근 평양에서 막을 내린 제9차 윤이상 음악회 장면으로 끝난다. (한겨레 1990년 10월 28일자)

박관현의 애인 진애라가 "베를린에서 윤이상씨의 교향시 〈광주여 영원히〉를 들으며 과거를 회상하는" 장면이 북한판 5·18영화 제목이 "산 자여 따르라"에서 〈님을 위한 교향시〉로 바뀐 이유이다. 그러나 진애라

도 실제 인물이 아니었을 뿐만 아니라 박관현에게는 애인이 없었다. 즉,
〈님을 위한 교향시〉라는 제목은 실제 있었던 사실에 의거하여 붙은 명칭
이 아니라 허위의 내러티브를 위해 붙여진 제목이다.

〈님을 위한 교향시〉는 황석영이 윤상원 대신 박관현의 '시체장사'를
한 5·18영화이다. 영화에서 1981년 4월 8일 독일에서 윤이상의 작품 〈광
주여 영원히〉 공연을 박관현의 애인 진애라가 감상하면서 이제는 먼 과
거가 된 생전의 그 교향시 주인공을 회상하는 슬픈 장면으로 막을 내리
며 관객의 눈물을 자아낸다. 그러나 박관현이 전남의대 부속병원에서 사
망한 날짜는 1981년 4월 8일 당시로는 미래에 속하는 1982년 10월 12일
이었다.

윤이상이 미래에 박관현이 죽을 것을 알고 〈광주여 영원히〉란 제목으
로 교향시를 작곡했다는 것은 현실은 물론 픽션의 세계에서도 전혀 개연
성이 없다. 그러한 터무니없는 픽션이 황석영의 5·18문학이다.

1981년 독일 교포사회에는 일본의 조총련에 해당하는 친북단체가 조
직되어 있었으며, 독일 교포 중에서 북한 정권의 대표적인 하수인이었던
음악인이 윤이상이다. 윤이상이 〈광주여 영원히〉란 제목의 교향시를 작
곡하여 공연함으로써 북한 정권에 충성을 바친 날짜는 1981년 4월 8일이
었음을 노동은은 이렇게 기록한다:

　　또 윤이상의 작품 〈광주여 영원히!〉(Exemplum, in memoriam
　　Kwangju)는 광주 민주화 항쟁과 함께 가장 빨리, 그리고 규모가 큰 관
　　현악 작품으로 작곡되었다. 더욱이 이 작품은 그가 성숙해가는 시기에
　　작곡해서 세계적인 기념비적 작품이 되었다. 민주화 항쟁 직후에 작곡
　　하고 1981년에 초연한 22분짜리 교향시 〈광주여 영원히!〉의 초연은 유
　　감스럽게도 독일에서 이루어졌다.(노동은 2003, 279)

광주사태 당시 '박관현 사망 유언비어'를 퍼뜨림으로써 그의 이름을 이용했던 5·18측은 지금도 여전히 그의 이름을 이용하고 있다. 박관현은 광주사태와는 아무 관련이 없는 지병으로 1982년 10월 12일 대학병원에서 사망했음에도 불구하고 5·18측은 그에게 '열사' 칭호를 주었으며, 5·18묘역에 그의 묘지를 마련함으로써 방문자들에게 마치 가해자가 국군이었다는 혼동을 불러일으키고 있는 것이다.

만약 황석영의 책『죽음을 넘어 시대의 어둠을 넘어』가 5·18측의 경전이라면, 그 책이 한창 날개 돋친듯 팔리고 있던 1989년 그가 북한에서 쓴 〈님을 위한 교향시〉도 5·18측의 경전임에 틀림없다.

북한에서 〈님을 위한 교향시〉를 관심 있게 관람했던 한 탈북자는 〈한겨레신문〉 기사보다 한층 더 자세하게 그 내용을 이렇게 소개한다:

영화는 남녀 두 대학생의 사랑을 그린 영화였는데 시대를 앞서가는 젊은이들의 양심을 그린 영화다. 두 남녀가 남해의 어느 섬에서 한참 휴양을 즐기고 있을 때 광주폭동이 일어난다. 학생들이 주력군이었다. 여자는 폭동 사실을 알고 있었으나 남자에게는 알려주지 않는다. 남자 대학생은 대학교 학생회장이었기에 알기만 하면 무작정 폭동현장으로 달려갈 것은 자명한 일이었다. 당시 여자는 임신 중이었다. 여자의 삼촌 섬지기도 광주폭동 사실을 알았다. 삼촌은 이 두 남녀를 못마땅하게 지켜본다. 시대를 선도하는 젊은이들이 남들은 피 흘리며 싸우는데 한가하게 연애에 묻혀 세월을 탕진하면 역사 앞에 어찌 얼굴을 들고 다닐 수 있겠느냐고 말한다.

얼마 후 남자도 폭동 사실을 알게 된다. 그는 여자만 남겨놓고 시내로 들어와 폭동에 합세하여 계엄군을 물리치려고 용맹하게 싸운다. 싸움 현장은 치열했다. 위에서도 열거했지만, 대검으로 찌르고 배를 가르고 옷을 벗겨 군용트럭에 끌고 다니는 등 강연회 때 선전한 모든 장면

들이 그대로 재현되었다.(이호재 2010)

〈한겨레신문〉은 진애라는 시위 도중 남자주인공 박관현을 피신시켰다고 하는데, 그러나 실제로 그런 일은 없었고, 황석영은 5월 21일 아침 윤한봉의 여동생 윤경자가 오빠더러 빨리 피신하라고 조른 사실을 그가 이 시나리오를 쓰기 직전 윤한봉에게서 직접 들어 알고 있었다.

어차피 영화 내용이 허구일 바에야 김일성이 굳이 남한 소설가 황석영에게 그 시나리오를 쓰게 할 이유가 무엇인가? 그것은, 남한 소설가가 그 시나리오를 쓰면 그 영화를 관람하는 북한 주민들의 반응이 크게 달라질 것인바, 그런 사실을 탈북자 이호재는 이렇게 증언한다:

> 문제는 남한 작가였다. 남한 작가가 쓴 영화의 장면이었기에 거기엔 거짓이 있을 수 없다고 생각했다. 북한 사람들은 광주 폭동진압 사태의 잔인성을 그대로 믿게 되었다. 환각제 복용은 말 그대로 사람을 짐승으로 돌변시켰다. 그렇게 함으로써 전두환은 자기의 정치권력을 지켜낼 수 있었다는 것이다. 우리는 영화를 보면서 남조선 군부, 다시 말하면 전두환 군사독재에 대해 치를 떨었다. 과연 외세와의 싸움도 아닌 자국 국민을 상대로 저렇듯 참혹한 만행을 저지를 수 있는가 하는 적개심이 었다. 도처에서 광주 만행을 규탄하는 집회들이 열렸다. 물론 그러한 집회들은 모두 해당 당 조직들의 지시에 의해 이루어진 것이다. (이호재 2010)

이렇듯 〈님을 위한 교향시〉는 북한 정권의 프로파간다 영화였다. 김일성에게 남한 소설가들 중에서 프로파간다 도구가 필요했는데, 그 가장 적임자가 황석영이었다. 많고 많은 남한 소설가들 중에서 황석영이 적임자였던 이유가 적어도 둘 이상 있었다. 첫째는, 〈임을 위한 행진곡〉을 작

사한 소설가가 그였다. 둘째로, 황석영은 이미 북한의 프로파간다 도구로
이용된 전력이 있는 인물이다.

광주사태가 일어나자마자 북한 방송들은 전두환이 진압에 동원된 군
인들에게 대량의 환각제를 복용시켰다는 유언비어를 대대적으로 유포시
켰는데, 그런 사실을 한 탈북자는 이렇게 증언한다:

> 또한 광주에서 벌어진 살인 만행들은 전두환 군부가 진압에 동원된
> 군인들한테 공개적으로 대량의 환각제를 먹여서 투입했다고 하였으
> 며, 어른이건 아이들이건 부녀자건 할 것 없이 가리지 말고 진압군에
> 대항하는 사람은 인정사정 보지 말고 모조리 무차별적으로 살인하라는
> 명령을 내렸기 때문에 가능했던 일이라고 주장하였다. (전 남포시 농촌
> 지도원 2009, 399)

그런데 북한이 퍼뜨린 그 유언비어를 자기 이름으로 출간하여 그 유
언비어가 한국 사회에서 공신력 있는 유언비어가 되게 만든 인물이 바로
황석영이었다. 황석영은 『죽음을 넘어 시대의 어둠을 넘어』 제50쪽에서
교묘한 문장의 거짓말로 마치 북한 세력이 퍼뜨린 환각제 유언비어가 진
실인 것처럼 독자들이 착각하게끔 이렇게 기록한다:

> 공수대원들은 얼굴이 붉어져 있었고 눈은 술기운과 살기로 벌겋게
> 충혈되어 있었다. 22일에 시민군에 의해 포로가 된 몇 명의 공수대원의
> 진술에 의하면, 이들은 출동하기 전에 독한 술에다 환각제를 타서 마
> 신 상태였으며, 수통에는 빼갈을 담고 있었다. (황석영 1985, 50)

북한 정권이 〈님을 위한 교향시〉 영화 제작에 비싼 제작비를 들인 이
유는 전두환이 군인들에게 환각제를 복용시켰다는 누명을 씌우는 내러

티브를 만들어내기 위해서였다. 그런데 황석영은 이미 남한에서 전두환에게 그런 누명을 씌우는 북한의 프로파간다 하수인 역할을 톡톡히 한 전력이 있다. 실제로는 전두환이 광주 일원에서 전개된 폭동 진압에 관여한 적이 전혀 없었지만, 황석영의 책으로 인해 그는 진압에 동원된 군인들에게 환각제를 복용시켰다는 누명을 쓰게 되었으며, 그런 거짓 내러티브가 남한 사회를 지배하게 되었던 것이다. 그래서 김일성의 눈에는 황석영이 북한 정권의 프로파간다 영화 시나리오 작성의 적임자였던 것이다.

그럼에도 불구하고 북한주민들이 1991년부터 〈님을 위한 교향시〉를 관람했을 때, 그들이 시나리오 작가에 대해 품는 의문이 있었다. 그때는 이미 광주인민봉기 때 북한 특수부대 요원들이 시민군으로 파견되어 있었다는 사실이 더 이상 감추어진 비밀이 아니었다. 그 영화를 관람하는 북한 주민들은 시민군 중에 태반이 시민군 복장으로 위장한 인민군이었다는 사실을 뻔히 알고 있었는데, 황석영의 영화 시나리오에는 그런 사실이 빠져 있었다.

황석영이 광주사태 1주년 기념으로 〈임을 위한 행진곡〉을 쓰던 바로 그때에 북한에서는 중급 간부들을 위한 광주폭동 한 돌 기념강연이 있었는데, 그 강연 중에 강사가 광주폭동 때 북한군 특수부대 1개 대대가 파견되어 있었다고 밝혔음을 한 탈북자는 그 강연 내용을 인용하며 이렇게 증언한다:

현 정세는 바야흐로 조국통일의 대 사변을 준비 있게 맞이해야 할 준엄한 단계에 진입하고 있다는 것을 이해시키기 위해 강사는 조목조목 실례를 들어가면서 이야기했다. 위대한 수령님(김일성)께서는 얼마 전 당 중앙정치국 위원회 기조연설에서 우리는 벌써 세 번에 걸쳐 조국통일의 기회를 제때 활용하지 못했다고 했다. 그 첫 번째가 1960년

4 · 19 인민봉기 때이며, 두 번째는 1968년 겨울 미군 최첨단 간첩선 프에블로호 나포 사건 때였다고 했다. 그렇다면 세 번째는 도대체 언제 인가 하는 의문에 강사는 힘을 주어 또박또박 말했다. 그 대목을 말할 때 강사의 눈에서는 진한 아쉬움이 배어 있었다. 관중도 놀랐다. 그것 은 다름 아닌 5 · 18광주폭동 때였다는 것이다.

남조선 전역이 전두환 군사파쑈 정권을 반대하는 반정부 기운이 광 주폭동과 더불어 최고조로 무르익었던 그때 인민군의 남진이 이루어졌 더라면 통일은 시간문제였다는 대목에서 관중은 자못 긴장해졌다. 강 사는 간부들뿐이기에 말한다고 했다. 광주 폭동은 전적으로 우리의 대 남공작의 빛나는 승리의 결과라고 했다. 최근 남조선 정세는 우리 공화 국의 의도에 맞게 아주 긍정적인 발전 단계를 거쳐 무르익었다는 것이 다. 예로부터 반외세 애국적 투쟁으로 이름이 나 있는 전라도 지역을 중심으로 남조선 전역에 걸쳐 우리 공화국을 동경하고 민족의 앞길을 위대한 지름길로 이끄시는 수령님을 흠모하고 칭송하는 목소리가 어느 때보다도 강경하게 울려 나오고 있다는 것이었다.

통일혁명당 전라도위원회 위원장이었던 최영도, 서울시 인민위원회 김종태 위원장, 그들은 이미 단두대의 이슬이 되었지만, 그들이 남조 선 전역에 뿌린 수령님의 위대한 사상은 이미 깊숙이 그 뿌리를 내렸 다는 것이다. 목포를 중심으로 한 지하조직, 반 지하조직들의 활발한 반정부 투쟁은 잠재 단계를 지나 이제는 대중운동으로 전환될 시기라 고 말하면서, 바로 광주폭동은 이 끓어오르는 군중운동을 한 단계 더 높이 끌어올리는 우리 당의 대남정책의 실현이라고 말했다. 북한 노동 당은 언제나, 남조선 혁명은 자국 내의 인민 각성과 주권을 쟁취하려 는 스스로의 운동이 폭력전쟁으로 일어나고 전개되어야만 비로소 승리 를 거머쥘 수 있는 일대 전환기를 맞이할 것이라고 강조했다.

그러나 그러한 역사적 순간은 저절로 오지 않는다고 하면서, 분산된 대중운동을 한 곳으로 집결시켜야만 하는데, 그렇게 하자면 노숙(老熟) 한 당의 주도와 세밀한 원칙에 의거한 유일영도가 이루어져야만 한다 고 강조했다. 바로 그러한 노선에 따라 지난 수십 년 전개된 노동당의 대남정책은 비로소 80년대에 그 전성기를 맞이했다는 것이다. 이제 지 금껏 축적한 군중운동의 힘을 한 곳에 모을 폭발적인 사변이 절실히 필요했는바 그 실현이 바로 전라도 광주폭동이었다는 것이다.

모두는 강연을 들으면서 조였던 가슴이 확 뚫리는 느낌을 받았다. 광 주폭동에 북한군이 개입되었다는 소문은 이미 전국에 좌악 퍼져 있었 다. 다만 조직적인 지시가 없었기에 누구도 감히 입 밖에 발설하지 못 했을 뿐이다. 또 소문뿐이었지 그것을 확증, 즉 증명할만한 사안들이 극히 드물었던 때였다. 하지만 사람이란 궁금증이 풀리지 않으면 무엇 인가 더 알고 싶어 몸살을 떤다. 이 구석 저 구석 앉으면 쉬쉬 하던 그 소문의 진가를 바로 강연 연사가 시원히 알려주자 일순간 장내는 벌 둥지를 쑤셔 놓은 것처럼 웅성거렸다. 심지어 그 좋은 통일의 기회를 왜 그렇게 속절없이 흘려보냈을까, 하고 못내 아쉬움을 표하는 사람들 도 있었다. 그렇게 말하게 된 데는 바로 김일성이 통일기회 세 번 중 마 지막 하나라고 했다는 소리가 나왔기 때문이다.

강사는 다시 격앙에 넘쳐 말을 이었다. 그는 여태 꼼꼼히 들여다보며 한 자라도 틀릴세라 읽던 중앙에서 인쇄한 원문을 이번에는 보지 않고 말했다. 이제 우리 공화국은 남조선 혁명을 주도할 수 있는 완전한 주 도권을 쥐고 있다. 우리 군 특수부대가 남파된 것은 1개 대대 인원이었 다. 잠수함과 육상으로 은밀히 전라도에 스며든 우리 군은 자정이 지난 깊은 밤 환각제를 복용한 전두환 계엄군을 광주시 교외에서 먼저 기습했다. 물론 기습할 때는 군복이 아닌 학생복과 시민들이 입는 옷으로 바꾸어 입고 사격했다. 뜻밖의 총격을 받은 계엄군은 일단 뒤로 물러났으나 잠시 후 다시 탱크와 장갑차들을 동원해 물밀듯이 시내로 진입하려고 했다. 총격전으로 온통 소란스러워지자 시내에 있던 폭동군중은 모두 잠에서 깨어 대기 태세로 이전했고, 노약자와 어린이들은 무등산으로 피난을 갔다.

만약 그때 우리 특수군이 계엄군을 제때에 제지하지 않았더라면 소리 없이 숨어든 계엄군에 의해 광주시는 말 그대로 피의 바다가 범람했을 것이라고 강연자는 말했다. 폭동군중은 시민으로 위장한 북한 군인들의 선도에 의해 이내 경찰서를 비롯한 주요 군부대 기관들의 무기고에서 총을 꺼내 무장했고, 시내로 진입한 계엄군을 향해 사격을 개시했다. 산발적으로 전개되는 곳곳에서의 저항에 의해 계엄군은 부득불 시내에서 철수하여 외곽에 모였다. 그들은 그저 순수한 폭동자들이 이렇게 무기까지 사용하며 저항할 줄 미처 몰랐던지 급히 전장에서 무질서하게 퇴각했다. 때를 놓치지 않고 인민군은 각이(各異)한 방법으로 시위 군중에게 선전 공세를 했다. 훗날 퍼져나간 말이었지만, 북한 군인 여러 명도 광주에서 희생되었다고 했다.

그들의 시체를 그대로 방치해 두면 훗날 북의 개입이 있었다는 증빙 자료가 될 수 있기에 그들은 그 시체를 한 곳에 모아 휘발유를 뿌리고 태워버렸다고도 했다. 그러나 그러한 사실들은 북한 전역에 퍼져 나갔어도 하등 문제시 되는 것은 없었다. 북한 체제가 강요했듯이 당시 북한 인민들의 국가관은 대단했다. 국가관이라기보다는 수령관이다. 당과 수령을 위해 한목숨 바쳐 싸운다는 것은 어떤 형태이든지 그것은 성스러운 일이었고 영원한 정치적 생명을 안고 수령의 기억 속에 영생하는 복 받은 삶으로 인정되었던 것이다. 조국을 위해, 그리고 수령님

을 위해 남조선 혁명에서 한목숨 바쳐 싸웠다면 그토록 자랑스러운 일
과 명예는 다시없다는 말이다.

　1980년대 초반에 전 북한을 경악으로 뒤흔든 전라도 광주폭동은 날
자가 흐름에 따라 '영명하신 수령' 김일성에 대한 위대함으로 점차 그
기수를 바꿨다. 악명 높은 전두환 정권의 야수적 탄압에서 받은 전율보
다 북한군이 개입되었다는 소문과 간부의 강연을 통해 그것은 이내 양
상을 바꿔 김일성의 위대함과 마음만 먹으면 어느 때든 남조선에서 미
제를 몰아내고 조국 통일의 위대한 성전을 승리로 맞을 수 있다는 승
리의 신심으로 가슴 불태웠다는 얘기다.(이호재 2010)

　여기서 이호재를 비롯한 모든 탈북자들이 궁금해 하는 것은 도대체
황석영의 5 · 18사관이 무엇이기에 그가 북한 정권을 위해 부역하였느냐
하는 것이다. 이런 의문점은 북한주민들에게는 〈님을 위한 교향시〉 감상
법을 위해 중요했다.

　광주폭동 주동자는 박관현인가 김일성인가? 만약 김일성과 황석영
두 사람 중 어느 하나라도 광주사태를 민주화운동이라고 생각했다면 김
일성은 결코 황석영에게 〈님을 위한 교향시〉의 시나리오 작업을 맡기지
않았을 것이다. 분명히 김일성과 황석영의 5 · 18사관이 일치하는 것이
확인되었기에 북한 정권이 안심하고 황석영에게 그 일을 맡겼다. 남한에
서 온 소설가 황석영이 김일성의 5 · 18사관을 전폭적으로 지지한다는 전
제 하에 북한 주민들은 〈님을 위한 교향시〉를 관람할 수 있었다.

　그런데 영화에서 시민군 지휘부가 누구냐의 문제가 있었다. 황석영은
박관현 학생회장을 시민군 지휘부로 설정했다. 그런데 그의 애인 진애라
가 그를 피신시켰다는 영화 줄거리대로라면, 박관현은 시민군 본영을 탈
영한 시민군 대장이었다. 즉, 그는 시민군 동지들을 배신한 배신자였다.

〈님을 위한 교향시〉의 줄거리는 주동자가 애인의 충고를 받아들여 도 망갔다는 줄거리인데, 이런 줄거리로는 광주사건에 대한 북한 주민들의 궁금증을 풀어줄 수 없었다. 〈님을 위한 교향시〉의 작가 위에 김일성이 있었다. 그렇다면 박관현이 도망간 후에 시민군의 우두머리는 누구였는 가?

남한 소설가가 쓴 시나리오에서 주동자가 도망갔다는 내용을 뒤집어 말하면, 남한의 대학생들이 무장봉기를 주도한 것이 아니었다는 말이 된 다. 북한의 광주폭동 첫 돌 기념강연에서 강사는 수령님과 노동당이 광주 에서의 무장봉기를 주도했다고 하였다. 그렇다면 강사의 강연 내용과 황 석영의 영화 시나리오가 그 점에서 짝이 맞았던 것이다. 〈님을 위한 교향 시〉는 남한 학생들로 구성된 시민군 지휘부는 공허하였음을 드러낸다. 북한 측의 광주폭동 첫 돌 기념강연의 강사는 그 빈자리는 수령님의 명 령을 따르는 북한 특수부대로 채워져 있다고 하였다.

이호재는 강사가 그런 사실을 밝혔을 때 소스라치게 놀랄 수밖에 없 었던 청중의 반응을 소개하고, 이어서 광주에서 시민군을 조직하기 위해 파견된 인민군 게릴라들이 1980년 5월 21일 전개한 작전 내용에 대해서 도 요약 증언해 주었다고 소개한다.

위에 나오는 강사의 요약 증언에서 백 퍼센트의 정확성을 기대할 수 는 없고, 또 한국 국군에 학살 누명을 씌우는 주장은 걸러져야 할 것이지 만, 굵직굵직한 사건들은 사실과 상당히 부합한다. 예를 들어, 옷을 바꾸 어 입은 북한군이 "계엄군을 광주시 교외에서 먼저 기습했다"는 말은 21 일 오전 8시경 50명의 게릴라들이 광주 톨게이트 인근에 매복하고 있다 가 20사단 지휘차량 인솔대를 습격하여 지프차 14대를 탈취한 사건을 말 하는 것이다.

이처럼 황석영의 영화 시나리오에서도 박관현이 폭동 군중을 선도하지 않았는데, 북한의 5 · 18강연에서는 북한 특수군이 광주에서 폭동군중을 선도하여 폭력시위를 무장봉기로 격상시켰다고 하였다.

  탈북자들에게 있어서 황석영이 북한에 가서 쓴 〈님을 위한 교향시〉의 또 하나의 감상법은 영화 〈화려한 휴가〉와의 비교이다. 남한의 관객들 중에서는, 심지어 5 · 18측 관객들도, 그 누구도 영화 〈화려한 휴가〉에 왜 〈여대생의 젖가슴을 도려내는 장면, 임산부의 배를 갈라 태아를 꺼내서 내동댕이치는 장면〉이 없는지를 묻지 않는다. 그러나 탈북자들은 이구동성으로 그 질문을 한다. 북한에서부터 문필가였기에 영화 시나리오를 보는 눈이 있는 한 탈북자는 황석영의 시나리오로 제작된 북한판 5 · 18영화에는 그런 장면들이 있었음을 이렇게 증언한다:

  북한에는 광주사태를 형상한 〈님을 위한 교향시〉라는 영화가 있고 남한에도 역시 광주문제를 다룬 영화 〈화려한 휴가〉라는 것이 있다. 남과 북이 5 · 18광주의 혼란이 가지고 있는 특이한 "민주화 이념"에 다 같이 한 목소리로 공감하고 있다는 증거일까? 광주시민을 가혹하게 학살하고 있는 계엄군의 행위를 보여주는 장면은 〈화려한 휴가〉에서보다도 북한 영화에서 훨씬 더 진하고 강하게 묘사된다. 몸서리쳐지는 장면들이 지금도 머릿속에 생생하다. 쓰러진 시위자의 두개골을 개머리판으로 부수는 군인, 여러 시위자들의 다리를 거꾸로 들어 개처럼 질질 끌고 가는 장면, 여대생의 젖가슴을 도려내는 장면, 임산부의 배를 갈라 태아를 꺼내서 내동댕이치는 장면, 참으로 상상하기도 끔찍한 살인 현장이 영화 속의 광주에 그려져 있다. 〈화려한 휴가〉에서도 살인 장면은 연출되고 있지만 잔인성 면에서는 북한의 것과는 거리가 있어 보였다. (전 조선작가동맹 작가 2009, 333)

　이런 증언들을 대할 때마다 우리는 북한의 조선예술영화촬영소에서는 어떻게 처녀 젖가슴을 도려내는 장면과 임산부의 배를 갈라 태아를 꺼내서 내동댕이치는 장면 등을 촬영할 수 있었는지 의아해 하게 된다. 박관현의 사랑 이야기에 이어 이것은 황석영이 지어낸 또 하나의 허구이다.

　사실 이런 장면들은 북한 주민들을 몇 번이나 놀라게 한 장면들이었다. 처음에는 정말로 남한에서 그런 일이 있었는지 의아해 하면서 우리 국군들을 저주했다. 그러다가 그것이 실은 북한군의 자작극 '시체작품'이었음을 알게 되었을 때 다시 한 번 충격을 받았다.

　물론 이런 사실이 처음 한동안은 북한에서는 비밀이었다. 그러나 광주인민봉기에 대한 북한 정권의 프로파간다 패러다임이 점차 바뀜에 따라 그것은 광주에 파견되었던 북한군에게 더 이상 무덤까지 갖고 갈 비밀이 아니었다. 광주사태 당시의 북한의 프로파간다는 그것이 광주 인민들의 봉기라는 데 역점을 두었다. 그러다가 "1980년대 초반에 전 북한을 경악시킨 전라도 광주폭동은 날자가 흐름에 따라 '영명하신 수령' 김일성에 대한 위대함으로 점차 그 기수를 바꿨다."

　황석영이 시나리오를 쓴 영화가 상영되던 1991년에는 이미 북한의 5 · 18논리의 패러다임이 광주인민봉기는 광주 인민들이 주도한 것이 아니라 '영명하신 수령'께서 조국 통일을 위해 주도하신 것으로 옮겨가 있었다. 북한의 광주사태 개입 사실을 철저히 비밀로 지켜야만 했던 때는 북한군이 광주에서 '시체작품'을 만든 것이 극비였지만, 광주사태 배후에 있었던 영명하신 수령의 위대함에 찬사를 보낼 때는 그것은 더 이상 비밀일 필요가 없어졌다.

　황석영이 시나리오를 쓴 북한의 5 · 18영화가 다시 한 번 북한주민들에게 광주인민봉기의 주체가 누구였는가에 대한 호기심을 불러일으켰다. 이호재는 마침 그의 친구의 친구의 형이 광주로 파견된 군인이었기에 그를 찾아가 평소 궁금해 하던 것을 묻다가 광주의 살인자는 한국군이 아니라 북한군이라는 말을 듣게 되었음을 이렇게 증언한다:

일이 그쯤 되자 나는 서슴없이 물었다. 그때는 나도 이미 어지간히 술에 취해 있었던 것 같다. 진짜로 특수군이 광주 폭동에 참가했냐고 묻자, 그 형이 껄껄거리며 웃었다. 그럼 내가 공연히 희떠운 소리나 하는 인물로 보이냐는 것이었다. 아니, 그런 건 절대 아니라고 내가 손을 홰홰 내젓자, 그는 내 어깨를 툭 치면서 말했다. 너같이 2제대에서 군복무를 한 놈이 어찌 우리 같은 군인들의 무훈담을 알겠냐, 고 하면서 이런 말을 하는 것이었다. 솔직히 광주사태를 반영한 영화의 모두가 거의 진실에 가깝다는 것이었다. 그런데 놀라운 것은 계엄군의 만행은 모두 북에서 들어간 우리 특수군이 그렇게 하도록 유도했다는 것이다. 어떻게요? 모두의 눈은 자연스레 그 형의 얼굴에 집중되었다. 정말 싸울 만한 전투였다, 철저히 신분을 감추고 진행된 일이어서 어쩌면 재미까지 있었다는 거였다. 지금에 와서 하는 말이지만, 사람이 아무리 그렇더라도 총탄이 왔다 갔다 하는 상황에서 결코 재미란 것이 타당하냐는 것이다. 그러나 영웅이 하는 이야기이기에 언제 그것을 탓할 경황도 없었다.

총성이 울리게 함으로써 계엄군이 부득불 무장을 사용하게끔 유도했다는 이야기였다. 계엄군은 실제 현지에서 총격전을 치렀다. 그 사람이 말했다. 너희들 영화에서 임신부의 배를 가르고 태아를 끄집어내는 장면을 목격했지? 친구가 그랬다고 하면서, 그게 사실이냐고 묻자, 그 형은 그게 말이야, 그게 그러니까, 하며 한참 갑자르다가(말하기 거북하여 뜸들이다) '사실 그건 우리부대 특전사들이 한 짓'이라고 했다. 그게 무슨 소리냐고 하자, 그는 그래야만 시민들의 격분을 이끌어내고 과격한 행동으로 유도할 수 있다는 것이었다. 또 그렇게 해야만 별로 힘들이지 않고 적후에서의 특수부대의 임무를 원활하게 진행시킬 수 있다고 말했다.

그러한 만행이 백주에 감행되자 말 그대로 시민들의 격분은 하늘을 찔렀다고 했다. 한쪽에서는 정치 공작 임무를 맡은 인원들이 국내외 기자들에게 그 사진을 넘기며 온 세상에 이 용서 못할 만행을 고발해 달라고 부탁하는 공작도 진행했다. 그렇게 한 목적은 다른 데 있지 않다. 그 결과로 전 남조선 땅에 이 처절한 실태를 알리고 세계에 이슈화함으로써 전 남조선 땅에 반정부 시위가 들끓게 하고 세계 앞에서 북한군 진입의 구실을 마련하자는 데 있었다는 것이다. 그것이 바로 우리 수령님께서 구상하신 위대한 통일전쟁이며 한반도에서의 승리의 서곡이 될 수 있는 멋진 작전이었다고 긍지에 넘쳐 말했다. 듣는 우리 모두의 가슴이 옥죄어 들었다. 진정 역사적 순간에 진입한 사람의 심정이 되어 그 형의 다음 말을 귀담아 들었다. (이호재 2010)

시민군으로 가장한 북한군이 총성을 울림으로써 계엄군이 부득불 무장을 하게끔 유도했다는 것이 이른바 '공수부대 집단 발포' 유언비어로 알려진 사건의 진상이었다. 이것은 5월 21일 정오 무렵 가톨릭센터 7층 옥상에 올라간 시민군 저격수들이 오후 1시경에 금남로와 도청을 향해 총질한 사건을 가리킨다.

여기서 우리가 한 가지 가려들어야 할 증언이 있다. 황석영의 영화를 지칭하며 그 북한군이 "너희들 영화에서 임신부의 배를 가르고 태아를 끄집어내는 장면을 목격했지?" 하고 물었다. 그게 사실이냐는 질문에, 그는 한참 뜸을 들이다가 "사실 그건 우리부대 특전사들이 한 짓"이라고 했다. 이 말의 뜻은 영화 장면이 액면 그대로 사실이라는 뜻이 아니라 대충 사실이라는 뜻이다.

광주사태 때 한 명의 임신부 최미애씨 사망 사건은 있었다. 그러나 황석영이 시나리오를 쓴 그대로 임신부의 배를 가르고 태아를 끄집어낸 그런 사건은 없었다. 그것은 북한방송과 전라도 지하조직이 5월 18일부터 퍼뜨린 유언비어였고 실제로는 북한군도 시민군도 국군도 그런 행위를 하지 않았다. 시민군 차에 주먹밥을 실어주고 있던 최미애씨는 전혀 복부를 다치지 않았고 두부 총상으로 사망했다. 따라서 위 증언에 언급된 북한군의 증언은 실제로 북한군이 광주에서 임신부의 배를 가르고 태아를 끄집어냈다는 뜻이 아니라, 임신부 최미애씨의 이마를 향해 총을 쏜 자가 북한군이었다는 뜻으로 이해되어야 할 것이다.

북한은 세계에서 민주화를 가장 탄압하는 나라이며, 북한 정권은 민주화를 가장 두려워하는 정권이다. 만약 광주사태가 민주화운동이었다면, 상식적으로 생각할 때, 북한의 고등중학교 교사들이 학생들을 인솔하고 극장에서 5 · 18영화를 의무적으로 관람시킬 리가 있겠는가? 북한 당국이 인민들과 학생들에게 민주주의를 장려하고 민주화운동을 독려할 목적으로 5 · 18영화를 제작하고 관람하도록 했겠는가?

북한에서 고등중학교 여교사였던 한 탈북자는 북한의 〈님을 위한 교향시〉가 "남한의 민주주의가 잘못된 민주주의라는 의도로 만들어졌음"을, 즉 남한의 자유민주주의는 잘못된 민주주의이므로 남한에서도 '북한식 인민민주주의'가 실현되어야 한다는 의도로 만들어졌음을 증언한다.(전 함경남도 고등중학교 교원 2009, 53-54) 그녀의 이 말이 북한 주민들의 〈님을 위한 교향시〉 감상 소감을 잘 대변해 준다.

실로 '북한식 인민민주주의'가 황석영이 〈임을 위한 행진곡〉을 작사하고 〈님을 위한 교향시〉 시나리오를 쓰던 시절의 그의 이념 노선이었다. 그는 〈님을 위한 교향시〉 시나리오를 쓰기 위해 밀입북하기 직전『창작과 비평』에 기고한 기고문에서도 그의 친북좌파 이념 노선을 명시한 바 있다. 적화통일 이전의 월맹을 베트남이라고 호칭하는 그의 글에서, 그는 자기도 김일성처럼 월남이 인민혁명에 의해 적화통일되는 것을 지지한다는 것을 이런 문장으로 명시한다:

예를 들어 베트남(월맹)은 해방전쟁 기간 중에 전 세계의 양심적인 시민들과 더불어 반미·반전을 위한 평화전선을 구축했고, 심지어는 식민지 종주국이었던 프랑스와 교전 상대국인 미국의 지식인 예술가들을 하노이로 불러다 협조를 호소했습니다.(황석영 1988, 72)

월맹군의 남침을 해방전쟁으로 미화하는 황석영의 역사 논리에서는 공산주의 국가 월맹이 1975년 봄 월맹군을 월남 시민군으로 가장시켜 월남 중부지방에 침투시켜 베트콩과 합작하여 인민혁명을 일으킨 것은 반미 투쟁이므로 정당화된다. 〈임을 위한 행진곡〉은 '윤상원을 위한 행진곡'인데, 황석영은 광주사태 당시 윤상원이 반미 투쟁의 일환으로 미국인들을 인질로 납치하려고 했던 사실을 이런 문장으로 나타낸다:

광주에서 봉기했던 항쟁 지도부는 이 점을 눈치 채고 이란에서의 방식대로 미국인을 인질로 잡고 카터 행정부와 밀고 당기면서 군사정권의 퇴진과 계엄군의 철수와 식량 수송을 요구하면서 투쟁을 지속시킬 계획도 세웠지만, 역시 당시로서는 대중들의 정치의식에 한계가 있다고 여겨서 결행하지 못했습니다. (황석영 1988, 51)

미국인들을 인질로 납치하려고 했던 인물을 위해 황석영이 〈임을 위한 행진곡〉을 작사했을 때에는 그의 그런 과격한 반미 노선을 강력히 지지한다는 의미가 있다. 이렇듯 〈임을 위한 행진곡〉은 '반미 투쟁을 위한 행진곡'이며, 이런 반미 투쟁 노선에 있어서 김일성과 황석영의 호흡이 맞았던 것이다.

조선작가동맹 작가 출신의 한 문인은 황석영이 시나리오를 쓴 북한영화 〈님을 위한 교향시〉의 프로파간다 메시지를 이렇게 증언한다:

남한에서 만들어진 〈화려한 휴가〉라는 영화가 대한민국을 조롱하고 국방의 의무를 담당하는 신성한 국군을 정면에서 원수 취급하는 영화라면, 북한의 영화 〈님을 향한 교향시〉는 친북세력들을 통하여 대한민국에서의 폭력혁명을 선동하고 부추긴다고 분명하게 말할 수 있다. 북한은 〈님을 향한 교향시〉에서 한국의 제도뿐만 아니라 미국이 한반도에서 노리는 목적과 의도에 대해서 정신을 차리고 똑바로 보라고 선동한다.

전두환 대통령이 주한 미국대사로부터 별도의 사주를 받는 물밑 거래 장면까지 만들어 보여 주면서 남조선의 국민들이 남한 정부에 대한 반정부 투쟁과 함께 반미 운동을 대대적으로 확산시켜야 한다고 부추기고 있다.(전 조선동맹작가 2009, 336)

황석영은 문학을 반미 투쟁의 도구로 삼았던 작가이다. 그러나 주한 미국대사가 전두환 보안사령관에게 광주시민 학살을 사주하였다는 시나리오는 그 허구가 너무 심하다. 사실 그것은 북한이 광주사태 당시부터 조작한 내러티브였다. 북한의 대남공작부서인 통일전선부는 2014년 5월 17일 산하 선전조직인 '우리민족끼리'의 유튜브 채널에 "1980년 5월 18일 미국은 광주를 처참하게 짓이길 희세의 살인극을 연출했고 전두환 살인 역적은 빛고을 광주를 핏속에 잠그었다"라는 자막과 〈임을 위한

행진곡〉 동영상을 올려놓았다.(Uriminzokkiri 2014)

〈임을 위한 행진곡〉 작사자의 국가관에서 그의 조국은 어느 나라인지를 의심케 하는 내용이 광주사태가 실패한 원인에 대한 그의 분석에서도 보인다. 같은 작가로서 황석영의 작품 〈님을 위한 교향시〉의 감상평을 쓴 위의 탈북 작가에 따르면, 황석영은 광주봉기가 실패한 원인도 올바른 혁명적 정당의 통일적이고 유일적인 지도를 받지 못한 데 원인이 있다고 설명하면서 남조선 혁명의 단계를 두 가지로 정리했다:

> 첫째는 남조선 내부에서 인민대중의 동력을 얻어 반파쇼 민주화투쟁을 강력히 전개하고 이것을 반미 자주화 운동과 결합시켜 나가야 한다는 것, 둘째는 북한의 '혁명적인 민주역량'과의 연합전선으로 미국에 의한 남한의 통치를 끝장내고 '북한식 인민민주주의의 통일'을 성공시켜서 남조선에서 사회주의 체제가 존재하는 국가를 건설해야 한다는 것이다.
>
> 이상의 것을 남조선 내부에서 단계적, 자체적 절차에 의해 수행해야 할 기본적인 과제로 명시하고 있다.(전 조선동맹작가 2009, 336)

북한 작가의 눈으로 보아도 황석영의 이런 영화 시나리오는 창작이라기보다 김일성의 교시를 그대로 영상으로 옮겨놓은 것에 지나지 않음을 위의 탈북작가는 이렇게 평한다:

> 물론 예술작품이라 등장 인물들이 대화를 통해 그럴듯하게 선전하고 있지만 실은 그 모두가 김일성의 '교시', 김정일의 '방침'들에 쓰여 있는 그대로이다. 진실로 북한에게 필요한 것은 남한 국민의 자유로운 민주화가 아니라 남한 정부가 통제 불능의 무정부 상태로 전락되고 북한군의 남침이 자연발생적으로 조성될 수 있는, 일명 공권력 부재 정국인 것이다. 북한에게 있어서 대남정책의 최우선 목표는 북한식 사회주

의 통일이고, 그 방법은 어디까지나 무력에 의해서 남조선 해방을 실현하는 것이다.(전 조선동맹작가 2009, 337)

황석영이『창작과 비평』1988년 12월호에 기고한「항쟁 이후의 문학」은 그 기고문 출간 직후 그가 밀입북하여 김일성을 만날 때 '김일성 장학생'이 갖다 바치는 문예작품 선물과도 같았다. 광주사태 때 북한 특수부대 요원들이 빨치산 류락진과 더불어 그를 석방시키기 위하여 광주교도소를 몇 차례 습격하였을 만큼 북한이 소중히 여기던 남한의 종북 시인은 〈남민전〉 전사 김남주였다. 김남주는 오로지 북한정권을 지지하는 적화통일 운동의 전사로서 "조국은 하나다"라는 말을 하고 그 제목으로 시집을 냈던 것인데, 황석영은 그 시집이 마치 광주사태 이후의 한국 문학의 금자탑인 것처럼 이렇게 말한다:

> 무엇보다도 기억할 만한 것은 김남주의 옥중 시집이 두 권이나 나온 일이며, 최근에 나온『조국은 하나다』라는 시집은 항쟁 이후 문학의 당당한 진전을 온몸으로 드러내고 있다.(황석영 1988, 53)

김일성이 황석영에게 북한의 5 · 18 영화 시나리오를 맡긴 이유는 일찍부터 그의 이념을 훤히 알고 있었기 때문이다. 1980년 초에 북한과 내통하며 광주사태를 기획하던 윤한봉은 미국으로 망명한 후에도 계속 북한과 내통하며 교포 내 종북단체 〈한청련〉을 조직했고, 그 〈한청련〉 명의로 북한과 공동으로 평양축전 준비를 하고 있었다. 〈한청련〉 사업 중 하나가 재미교포들을 방북시키는 것이었으며, 그래서 김일성은 윤한봉이 〈한청련〉 세력을 키울 수 있도록 북한 및 조총련 작가들과 지식인들을 대거 파견하여 지원해 주었다. 윤한봉이 광주사태를 사전에 준비할 당시 절친한 친구가 황석영이었기에 1980년대 중반에 황석영이 미국에 가서 윤한봉과 상봉하고 〈한청련〉 일을 도우며 함께 지낼 때 〈한청련〉을 통해 북한 및 조총련 작가들을 종횡무진으로 만난 사실을 그는 이렇게 기록한다:

> 미국에 가서 눈물의 상봉을 했지만, 그가 미국 12개 도시에 조직한 〈한청련〉을 통해서 여러 분들을 만났습니다. 『분단을 넘어서』라는 책도 그때 보았고, 북한을 방문한 목사, 교수, 지식인 필자들도 만났지요. 좌우간 전두환 파쇼정권이 기승을 부리던 그때에 나는 강연을 다니면서 대사관이 그어놓은 선을 넘어서 여러 사람들을 만났고, 우리의 통일운동이 대단원에 이르렀다는 확신을 가졌습니다. … 와다(和田) 교수를 통해서 일본의 진보적인 지식인들과 우리 동포 작가·지식인들을 거의 모두 알게 되었던 겁니다. … 북쪽 국적을 갖고 있는 작가 (이하 경칭 생략) 이회성이나 김석범이나 시인 김시종이나 또는 전 〈한민통〉 기관지의 주필을 지낸 정경모나 그밖에 여러 계층의 동포들을 종횡무진으로 만났습니다.(황석영 1988, 59)

김일성은 북한에서 은밀히 핵 개발에 박차를 가하면서 윤한봉의 〈한청련〉 조직을 시켜 미국 여러 도시들에서 대대적으로 반미·반핵 시위를 전개하도록 하는 한편 〈한청련〉과 공동으로 1989년의 평양축전 준비를 하고 있었기에 윤한봉의 일거일동이 김일성에게 보고되고 있었다.

황석영이 김일성을 만나기 위해 밀입북하기 직전 『창작과 비평』에 실린 「항쟁 이후의 문학」은 그 구성이 일문일답 형식으로 되어 있지만 그 내용은 마치 활동보고서와도 같다. 굿을 하는 황석영의 문화패가 광주사태 때 시민군 홍보반이 되어 선동의 위력을 발휘했다. 그는 일본에 가서도 북한 작가들과 어울려 활동하며 운동권 문화패를 구성했다. 그 문화패는 순전히 북한 세력과 종북 세력이 주도한 문화패였음을 황석영은 이렇

게 기록한다:

> 동경에서 재일동포 3, 4세 젊은이들을 중심으로 문화패 '한우리'를
> 구성하고 우리문화연구소를 개설했습니다. 이회성, 정경모 선생들이
> 뒤에서 밀어주었고 일본 지식인들이 도와주었죠. 북한 국적의 작가인
> 이회성과 남한의 나는 함께 재일동포 젊은이들과 '통일 굿'을 벌이기로
> 해서 그가 실행위원장을 맡고 내가 총 연출을 맡았지요. (황석영 1988,
> 58-59)

황석영은 자신을 통일운동을 한 작가로 내세운다. 아마 황석영은 그
가 〈님을 위한 교향시〉 시나리오를 쓴 목적은 단지 '김일성 장학금'을 받
기 위한 것이 아니라 통일운동에 의의가 있었던 것이라고 말하고 싶을
것이다. 황석영은 스스로를 통일운동을 하는 작가라고 자부하고 있다. 일
본에서 북한 작가들과 어울리며 '통일 굿'을 벌인 행위도 그런 논리로 정
당화한다.

그러나 베트남의 적화통일을 지지한 황석영이 말한 통일은 어떤 통일
인가? 남한은 자유민주주의 국가다. 그러나 북한은 그 어느 공산주의 국
가에서도 그 유례를 찾아볼 수 없는 수령 지배체제이다. 제왕적 권력 이
상의 권력을 가진 수령이 통치하는 체제가 북한식 인민민주주의이다. 남
한의 자유민주주의와 북한식 인민민주주의가 공존하는 통일이 가능한
가? 더구나 당시 황석영은 북한체제만을 지지하고 있었다. 김남주와 윤
상원 등 그의 동지들은 〈남민전〉 전사들이었고, 황석영은 〈남민전〉과 종
북 이념을 공유하고 있었다.

황석영의 작품에서 그가 북한이 주도하는 연방제 통일안을 지지하고
있음을 읽은 탈북 문인은 연방제로의 유인은 북한의 통일전략임을 이렇
게 약술한다:

북한은 남한 내부의 갈등을 조장하여 사분오열시키고 국론 통일에 제동을 거는 동시에 남북의 통일방법을 평화적인 연방제로 유인하여 자기들의 숙망인 "혁명의 전국적 승리", "김일성주의 위업의 세계사적 승리"를 이룰 수 있는 환경을 만드는 데 심혈을 기울이고 있다. (전 조선동맹작가 2009, 337)

탈북자들이 북한의 광주사태 개입 사실을 증거할 때 증거를 가지고 왔느냐고 묻는 이들이 있다. 몸만 간신히 북한 땅을 빠져나올 수 있었던 탈북자들이 가져올 수 있는 물적 증거는 없었을 것이다.

그러면 그들이 증거를 들고 올 수 없었기 때문에 탈북자들의 증언은 모두 송두리째 무시되어야 하는가? 그렇지 않다. 탈북자들의 증언의 사실 여부를 확인해 볼 수 있는 방법이 적어도 세 가지 이상 있다. 첫째, 북한 스스로 그들의 선전 매체들을 통해 노출시키는 자료들도 있고, 북한 자료센터 등을 통해 남한에서 볼 수 있는 북한 자료들도 있다. 둘째, 탈북자들의 증언의 구체적인 사실들이 남한 자료들로 확인될 때 그 증언들은 사실에 부합하는 것이다. 셋째, 과학적인 논리로 객관적인 사실들을 과학적으로 입증하는 방법이 있다.

세 번째 방법의 한 가지 예를 들자면, 우리는 5·18측에 김일성이 황석영을 북한으로 불러들여 5·18영화 시나리오를 쓰게 한 이유가 무엇인지 물을 수 있다. 영화 작품은 하나의 기록이다. 북한의 5·18영화들은 김일성이 직접 나서서 총지휘하여 제작된다. 그는 영화광이 아니었다. 만약 광주인민봉기가 김일성 수령과 아무런 상관이 없었다면 수령이 직접 발 벗고 나서서 광주인민봉기를 소재로 한 영화를 제작했을 리가 있겠는가?

북한 주민들의 시각에서 볼 때, 황석영이 시나리오를 쓴 영화 〈님을 위한 교향시〉는 북한이 광주인민봉기 때 개입한 사실에 대한 논리적 증거이다. 〈님을 위한 교향시〉의 줄거리와 영상 장면들은 모두 조작된 것이다. 그러면 5 · 18을 둘러싼 북한의 조작극은 언제부터 시작되었는가? 북한이 스토리와 영상의 조작으로 5 · 18을 형상화한 것은 5 · 18사건 자체가 북한이 조작한 사건이었다는 것의 반증이다.

근현대사의 어떤 큰 사건을 소재로 영화를 제작한다는 것은 그 사건에 대한 설화(說話)를 설정하는 작업이다. 그리고 그 설화는 어떤 관점에서 그 사건을 해석하느냐에 따라서 천차만별로 크게 달라진다. 남한에서도 만약에 5 · 18과 아무런 이해관계가 없다면 5 · 18단체들이 영화 〈화려한 휴가〉 제작을 적극 지원했겠는가? 북한에서도 만약 수령과 아무 상관이 없는 일이라면 수령이 직접 발 벗고 나서서 5 · 18 영화 제작을 주도할리가 있겠는가?

남한에서 〈임을 위한 행진곡〉은 사후에 제작된 시민군 노래이고 〈남민전〉의 군가이다. "산 자여 따르라"란 가사는 무장반란이 끝난 지 오래지났어도 계속 〈남민전〉 전사 윤상원을 따르라는 의미이다. 북한에서 1990년에 광주인민봉기 10주년 기념영화 〈님을 위한 교향시〉를 제작한이래 〈임을 위한 행진곡〉은 북한식 표기 〈님을 위한 행진곡〉으로 바뀌었고, 그 '님'은 수령이라는 뜻이 되었다.

그런데 〈남민전〉 전사들에 대한 동원령의 의미가 있는 〈임을 위한 행진곡〉이 노래로서 광주에서 처음 공개된 때는 광주사태가 끝난 지 근 2년이 지나서였으며, 남한 전국에 노래로서 보급된 것은 3년이 지나서부터였던 데 반해, 북한에서는 그런 노래가 1980년 5월 18일 광주사태가 시작된 즉시 전국으로 보급되었다. "산 자여 따르라"라는 가사에 상응하는 북한 노래 가사가 "수령이시여 우리들에게 명령만 내리시라"이다.

영화 〈님을 위한 교향시〉가 북한 정권의 연출이듯이, 광주사태 역시 북한정권의 연출이라는 의혹은 "산 자여 따르라"라는 가사에 상응하는 북한 노래 가사 "수령이시여 우리들에게 명령만 내리시라"의 작사 및 작곡 시점에 있다. 광주사태가 일어난 남한에서도 5·18을 소재로 한 시민군 군가는 사후 작사 작곡되어 보급되었다. 그러나 북한에서는 "영웅적 광주인민봉기"를 주제로 한 이 노래가 사전에 작사 작곡되어 광주사태가 일어나자마자 마치 기다리고 있었다는 듯이 북한 전역에 보급되었다.

광주사태가 일어나자마자 남한과 북한에서 동시에 가두방송차가 등장한다. 그런데 광주의 가두 방송차는 유언비어 선동으로 시민군을 모집했으나, 북한의 가두 방송차는 광주에 파견될 시민군에 자원 지원하라고 노래로 선동했다. 그 노래 가사의 끝 두 연(聯)을 소개하면 이렇다:

> 피 끓는 가슴마다 총창을 안고서
> 우리들은 번영하는 조국을 지킨다
> 불쌍한 남녘 동포 그대로 둘 수 없다
> 조국을 통일하고 그들을 구원하자
> 수령이시여 우리들에게 명령만 내리시라
> 단숨에 달려가 원수 미제 이 땅에서 소탕하리라. (전 조선동맹작가
> 2009, 329)

방송차는 밤낮없이 거리를 누비며 이런 노래로 소란을 피웠다. 눈에 핏발을 세우고 칼을 만지작거리고 있었던 북한! 실로 북한 주민들에게는 그렇게 낮이 가고 밤이 새던 1980년 5월이었다.

〈남민전〉 전사로서 광주사태 주동자였던 윤상원은 계속 민심을 시민군 편으로 붙들어 둘 수 있으면 예비군 동원령을 내리려고 했다. 북한 노래 가사 "수령이시여 우리들에게 명령만 내리시라. 단숨에 달려가 원수 미제 이 땅에서 소탕하리라"는 광주로 파견될 시민군에 자원 지원하겠다는 형식으로 되어 있으나, 실은 주민 총동원령에 대기하고 있으라는 뜻

이었다.

그러나 이 노래는 남한에서 광주사태가 일어나니까 그때서야 비로소 급히 서둘러 즉흥적으로 작사 작곡된 노래가 아니다. 1979년 10월 26일 박정희 대통령 시해사건 직후 〈남민전〉 투사들은 〈민청협〉으로 그들 조직의 옷을 갈아입고 11월 24일 〈명동 YWCA 위장결혼식 사건〉을 일으켰는데, 이것이 박 대통령 서거 후 나라가 혼란한 틈을 타서 민중봉기로 국가를 전복시키려는 첫 번째 시도였다. 이때부터 북한은 특수부대 요원들을 남파시켜 시민군을 조직하고 무장폭동을 일으킬 준비에 착수하고 있었다. 위의 노래 가사는 이 무렵에 작사 작곡되었던 것으로 추정된다.

이렇듯 북한은 '영웅적 광주인민봉기'가 일어날 때 방송할 노래까지 준비해 놓고 있었으며, 광주사태가 일어나자마자 24시간 실황 방송할 만반의 준비를 갖추어 놓고 있었다. 북한 주민들과 탈북자들이 볼 때에도 이런 단단한 팩트들이 시사하는 것은 '광주인민봉기' 배후에 북한세력의 원격 조종이 있었다는 것이다.

김일성의 부름으로 황석영이 그 시나리오를 쓴 영화 〈님을 위한 교향시〉를 감상한 후 이런 사실들을 꿰뚫어 본 위의 탈북 작가는 그가 이렇게 추론할 수밖에 없는 이유들을 다음과 같이 기술한다:

　　광란적인 일인 독재체제를 유지하기 위해 평화적 시기에 도저히 용납될 수 없는 수백만의 인명 아사 사태를 만들어 내면서도 눈썹 하나 까딱 안 하는 김정일을 수괴로 하는 북한의 악명 높은 독재 집단이 남침 적화통일의 유리한 기회가 될 수 있는 5 · 18을 강 건너 불구경하듯 할 수는 없었다.

　　영화 〈님을 위한 교향시〉와 〈광주는 부른다〉와 같이 북한에서 전형적인 선전용으로 만들어낸 광주 사건과 관련된 조작된 작품 내용들을 떠올릴 때면 개인적으로 더욱 더 그런 의혹과 확신이 가게 된다. (…) 북한에서의 영화란 단 한 편도 김정일의 비준을 받지 않고 나가는 것이 없다. 영화의 대사 한 마디까지도 김일성 부자의 교시와 방침에 의해서 만들어지고 또 그들 부자의 의도가 반영되지 않은 영화나 예술작품들은 북한 땅 어느 구석에서도 나타날 수 없다는 것이 정설이다.

영화를 떠나서 북한의 모든 문화예술 내용들은 결코 순수한 예술의 사명을 바탕으로 만들어지는 것이 아니라 북한체제가 유지될 수 있는 한 부분을 담당함으로써 사명적이고 기능적인 역할을 수행하는 데 그 존재가치가 부여되어 있다는 이야기다.

5 · 18이 민주화의 취지에서 전개된 항쟁이라는 데 대해서는 혹자도 두 말 없이 박수를 보내지만, 북한이 이를 가지고 제 맘대로 장난하는 것을 의식할 때, 안타까운 말이지만, 5 · 18자체가 시작 단계부터 북한 쪽에 깊숙이 말려들어서 의도적으로 만들어진 '작품'이 아닌가 하는 생각이다.(전 조선동맹작가 2009, 337-338)

실로 탈북 문인의 위의 〈님을 위한 교향시〉 감상평의 결언 "5 · 18자체가 시작 단계부터 북한 쪽에 깊숙이 말려들어서 의도적으로 만들어진 '작품'이 아닌가 하는 생각이다"는 매우 합리적이고 타당한 추론이다. 북한 쪽에 깊숙이 말려든 자들이 있었다는 말은 북한에 이용당한 자들이 있었다는 말이다. 북한 특수부대 요원들이 폭동을 일으키며 시민군을 조직했을 때 운상원 등 광주사태 주동자들은 유인물과 궐기대회 등으로 무장폭동을 정당화하고 지지하고 동참을 선동하는 역할을 했다. 이때 평소 윤상원을 따르던 순진한 광천동의 노동자들은 시민군 활동이 인민군 부역인 줄 까맣게 모른 채 북한 쪽에 깊숙이 말려들었던 것이다.

제 8 장 〈임을 위한행진곡〉과
부산저축은행 금융비리

〈임을 위한 행진곡〉의 여주인공 박기순은 그녀의 오빠 박형선의 영향을 받아 운동권이 되었다. 박기순은 박형선을 따르는 삶을 살았다, 그래서 그녀를 따르라는 노래 가사는 결국 박형선을 본받으라는 말이 된다. 따라서 박형선의 어떤 점을 본받으라는 것인지 우리는 알 필요가 있다.

박형선은 시민군이 아니었다. 그러나 지하조직 〈전남 민청협〉 핵심이었던 그는 광주사태 발생 원인의 엄청난 비밀을 알고 있는 자이다. 박형선의 주요 인맥에는 윤한봉 외에도 김현장과 노무현이 있었다. 박형선은 윤한봉의 매제, 즉 윤한봉의 누이동생 윤경자가 박형선의 부인이다. 김현장은 박형선의 친구였고, 김현장의 부산 미문화원 방화사건 변호를 맡았던 노무현 변호사가 훗날 노풍의 주역이자 그의 든든한 정치자금 후원자가 된 박형선을 그때 알게 된 것도 이런 인연이 있었기 때문이다.(Ohmynews 2011년 5월 30일자)

대한민국 건국사를 부정하는 김현장의 극단적인 반미주의가 행동으로 표출된 것이 바로 1982년의 부산 미문화원 방화사건이다. 이때 김현장의 반미 행동을 지원하던 박형선이 그를 돕기 위해 노무현 변호사를 소개해 주었는데, 이것이 20년 후 그가 노풍의 주역으로서 노무현을 대통령으로 만든 킹메이커가 된 계기였다.

반미 활동가 김현장은 해남 출신이고, 박형선은 해남 농민으로 위장하고 이강 등 〈남조선 민족해방전선〉 전사들과 더불어 가톨릭농민회 해남지부를 장악하려고 활동하고 있었다. 박기순도 오빠 박형선 및 오빠 동지들의 극단적인 반미 이념의 영향을 받아 1978년에 〈남조선 민족해방전선〉의 여성 전사가 되어 대학을 중퇴하고 광천동 공단에서 위장취업 활동을 하던 중 그해 12월 26일에 오빠 박형선의 집에서 연탄가스 중독 사고를 당했던 것이다.

연탄가스 중독으로 사망한 박기순에게 바쳐진 노래를 국가행사 기념곡으로 지정하자는 쪽의 논리는, 그녀가 운동권 명문가의 여성이기 때문이라는 것이다. 아이러니하게도 박기순의 오빠 박형선이 부산에서 대형 금융비리 사건을 저지른 사실이 밝혀진 후에 5·18측에서는 그녀를 위한 노래 〈임을 위한 행진곡〉을 5·18기념행사 지정곡으로 정해 달라고 요구하기 시작했다.

박형선이 부산에서 저지른 저축은행 비리 사건을 수사 중이던 대검찰청 중앙수사부(김홍일 검사장)는 2011년 5월 27일 불법대출에 관여한 혐의(특정경제범죄가중처벌법상 배임) 등으로 부산저축은행 2대 주주인 박형선 해동건설 회장을 구속했다. 그런데 부산저축은행의 회장 박연호와 박형선 등은 광주일고 동문들이다. 1974년의 〈민청학련〉 사건도, 1980년의 광주사태도 광주일고 동문들이 그 주동자 그룹 중 다수를 차지했다.

광주사태 직전 해남에서 지게를 지고 농민운동을 하던 박형선이 김대중 정부시절 해동건설 회장이 되고, 노무현 정부 시절 부산저축은행 대주주가 되더니 무려 8조원이 행방불명된 사건이 일어났다. 그런데 좌파

정부 시절 광주운동권 박형선과 그의 광주일고 동문들이 우르르 부산으로 몰려가 저지른 이 통 큰 도둑질은 사실 〈남민전〉 전사들이 1979년 부산에서 저질렀던 좀도둑질로 부터 시작되었다.

박형선의 여동생 박기순은 〈남민전〉의 여성 전사였다. 한국판 베트콩으로서의 〈남민전〉은 어떤 조직이었는가?

대한민국을 남조선이라 부르며, 남조선을 미 제국주의의 신식민지로 보는 〈남민전〉은 남조선을 해방시키기 위한 방법으로 '무장이 수반된 민중봉기'를 주장했는데, 무장봉기를 일으키는 전략은 전위세력을 육성하는 것이었다.(조희연 1990, 288)

〈남민전〉 전사들은 1978년부터 무장 강도단이 되어 좀도둑질을 많이 했는데, 그 목적은 크게 두 가지였다. 첫째는 무장투쟁 훈련이었다. 둘째는 시민군 군자금 일부를 자체적으로 확보하려는 것이었다. 북한에서 큰 자금이 올 때까지 임시 자금이 필요했다.

조희연도 〈남민전〉이 북한으로부터의 자금 지원을 기대하고 있었던 사실을 이렇게 긍정한다:

통혁당의 경우에는 지도부 모두 월북 경험을 갖고 있었고 북한의 지원과 지도를 적극적으로 수용하려고 했다. 인혁당의 경우에도 관련 멤버인 김배영은 월북 경험이 있었으며, 〈남조선 해방전략당〉의 경우에도 일본의 조총련으로부터 혹은 조총련을 매개로 북한의 자금 지원을 받으려고 시도했다. 또한 〈남민전〉의 경우 북한과의 관계를 맺기 위한 구체적인 노력을 하였다. (조희연 1990, 131)

〈남민전〉의 군대인 '시민군'은 1980년 5월의 광주사태 때 갑자기 조직된 것이 아니라 이미 1978년부터 꾸준한 예행연습이 있었다. 이들에게 무장 강도짓은 무기탈취 및 무장투쟁의 예행연습이었다. 마치 오늘날 '시민군'이 '민병대' 등 여러 명칭으로 불리는 것처럼, 〈남민전〉의 군사조직인 시민군은 당시 '혜성대' '전위대' '학생혁명군' '봉기군' '시민군' 등 다양한 명칭으로 불렸다.

광주사태 당시 궐기대회에서 '시민군'이란 명칭을 공식 채택한 날은 1980년 5월 24일이다. 이때는 누구든 총을 들고 다니면 '시민군'이 되었다. 그러나 시민군의 원조인 '혜성대'가 1978년에 〈남민전〉의 원시 군사조직으로 처음 조직되었을 때에는 김일성에 대한 충성 서약식을 거친 전사들로만 구성되어 있었고, 이듬해에 그 명칭이 '전위대'로 바뀐 후에도 〈남민전〉 전사와 투사들로만 구성되어 있었다.

따라서 1970년대 말의 〈남민전〉 군사조직은 아주 소규모였으나 북한이 그 상징적 중요성을 인정해 주었다. 마치 일제시대 말기에 편성된 광복군의 병력이 고작 50여 명에 불과해도 그 상징적 중요성이 매우 중요했던 것처럼, 시민군의 뿌리 조직으로서의 '혜성대' 혹은 '전위대'는 북한이 볼 때 한국판 베트콩의 존재로서의 그 상징성이 매우 중요했다.

월남의 베트콩처럼 〈남민전〉은 북한의 파트너였기에 북한 정권의 시각에서는 그 상징성이 매우 중요했던 것이고, 남로당과 간첩 출신들로 구성된 〈남민전〉은 북한 측과 연락을 취하고 있었다. 1979년 10월 이후 남민전 잔당들이 그들의 정체를 위장하는 단체명으로 바꾸었으나 그 본질은 여전히 자생 간첩단이었다.

군납업체 아세아자동차공장이 있는 광주에서 무장봉기를 일으킬 준비를 위해 1979년 11월에 남파된 북한군 안창식 대위가 그 지하조직들과 접선하고 있었는데, 그때 그들의 투철한 종북이념으로부터 받은 감명을 그의 내연의 처는 이렇게 증언한다:

　　여기서 놀랄만한 것은, 목포를 중심으로 광주폭동이 시작되기 전까

지 5개월 여 동안 목포, 광주를 비롯한 전라도 지역에 포진되어 있는
숨은 지하조직들을 알아가는 과정에서 침투조 인원들이 직접 목격한
일인데, 그들의 조직들이 믿기지 않을 정도로 하나같이 잘 정비되어
있었다고 한다. 질적으로 짜여 있는 북한의 당 조직과도 별로 차이가
나지 않을 정도로 체계적인 조직 구성과 집단화된 규율을 가지고 있었
고, 정신적인 무장 상태나 각오 정도에서도 북한의 조선노동당원들의
수준 이상이었다고 한다.

그들이 지휘부 형태로 사용하는 공간에도 김일성의 초상화는 물론
김정일의 초상화까지 걸려 있었고, 김일성 선집이라든가 김정일의 주
체철학 등 북한에서나 볼 수 있는 사회주의 내용의 북한용 정치서적들
이 대거 비치되어 있어 마치 북한 땅에 있는 어느 박사의 사무실을 보
는 듯한 느낌을 받았다고 한다.(전 함경남도 고등중학교 교원 2009, 72)

그러나 사실 안창식 대위가 접선할 수 있었던 조직은 〈남민전〉 잔당
들에 불과했다. 〈남민전〉 지도부 대부분이 검거된 이른바 "남민전 사건"
이 1979년 10월에 있었다. 당시 수사 당국은 〈남민전〉이라는 자생 간첩
단의 존재조차 까맣게 모르고 있었는데, 〈남민전〉 군사조직이 좀도둑질
을 여러 번 하다가 꼬리를 밟힌 것이 〈남민전〉 지도부가 한꺼번에 검거
되는 결과를 초래했던 것이다.

〈남민전〉은 1979년부터 광주사태 예행연습, 즉 무기탈취 및 분배 예
행연습을 하고 있었는데, 이 예행연습에는 이재오도 관련되어 있다. 이재
오는 〈남민전〉 전사까지는 못 올라가고 〈남민전〉 투사로서 중책을 맡고
있었다. 철저한 사상 검증을 거쳐 김일성에 대한 충성이 확인된 자들만
전사로 승진할 수 있었으며, 〈남민전〉의 대외 위장용 명칭인 〈민투〉 소
속의 투사들은 누가 전사들인지 몰랐다. 이재오도 〈남민전〉이었으나 전

사는 아니었다. 그러나 그가 다이너마이트 6개를 〈남민전〉 전사들에게
전달한 사실은 있다. 조희연은 1991년에 쓴 논문에서 〈남민전〉의 무기탈
취 예행연습의 한 예를 이렇게 기록한다:

> 이와 관련하여 〈남민전〉은 78년부터 카빈총과 실탄, TNT와 뇌관
> 등 군사적인 장비를 구득(求得)하는 작업을 수행하게 된다. 특히 78년
> 7월 강동구 예비군 훈련장에서 카빈총 1정을 절취하여 보고하였고, 이
> 무기를 '장기(무장의 기초) 1'로 명명한 것에서도 〈남민전〉의 인식의 일
> 단을 읽을 수 있다. (조희연 1991)

〈남민전〉은 사회주의 혁명 방법은 오로지 무장반란 한 가지뿐인 것으
로 인식하고 있었으며, 〈남민전〉의 존재 목적 자체가 무장반란 준비였
다. 남한에서 무장반란을 일으킴과 동시에 북한에 지원을 요청하는 것이
그들의 적화통일 전략이었다. 그래서 군납업체 아세아자동차공장이 있는
광천동 공업단지로 1978년에 위장취업자로 윤상원과 박기순이 파견될
즈음에 무기탈취 예행연습이 시작되었다.

〈남민전〉의 하부조직은 〈민주투쟁위원회〉 혹은 〈민투〉라는 위장명
칭을 사용하고 있었으며, 그 성원들을 투사라고 불렀는데, 〈남민전〉은
철저한 보안 유지가 필요했으므로 전사보다 하급인 투사들에게는 그 명
칭을 알려주지 않았다.

이렇듯 〈남민전〉의 조직에서 투사들은 전사들보다 계급이 한 단계 낮
았지만, 이재오는 투사들 중에선 핵심 간부였다. 〈좌익실록〉 12권엔 이
재오가 153번 버스 안에서 신문에 싼 다이너마이트 6개를 〈남민전〉 동지
에게 전달한 사건에 대한 기록이 있다.(大檢察廳 1981, 12: 704-708)

시민군의 첫 명칭이었던 〈남민전〉의 '혜성대'가 조직되고 나서 시작
한 무장봉기 예행연습 중에는 강도행각이 있었는데, 그 첫 번째 행각이

1978년 11월 5일과 12월 5일 고위공직자 집에 들어가 금품을 훔친 '봉화산 작전'이었다.

〈남민전〉은 강도질을 할 때마다 작전명을 붙였다. 11월 5일 오전 11시쯤 이재문 등 3명은 서울 동대문구 휘경동 모 사장 집에 식칼을 들고 침입, 금반지 등 시가 50만 원어치를 털어 달아났다. 이들은 "선거 운동원인데 선물을 가져왔다"는 말로 가족 2명과 가정부를 속이고 들어가 칼로 위협한 뒤 나일론 끈으로 손발을 묶고 범행을 저질렀다. 이듬해 1979년 3월 5일에는 '지에스 작전'을 전개하여 금은방을 털려다 미수에 그친 적도 있다.

〈남민전〉은 1979년 3월 '혜성대'를 전위대로 재편성하고 '땅벌1호 작전' 등의 작전 명칭으로 무장봉기 예행연습으로 강도질을 계속했다. 그 강도질의 꼬리가 밟힌 사건의 발단은 이렇다:

> '땅벌작전'으로 김남주는 79년 4월 27일 오후 10시쯤 서울 강남구 반포동 590의 8 D건설 C모 회장(당시 38세)의 내연의 처 집에 차성환 · 박석률 등 '혜성대' 대원 8명과 함께 들어가 경비원을 과도로 위협, 손발을 묶고 집안으로 들어가려다가 "도둑이야!"라고 외치는 경비원의 고함소리에 이웃주민들이 모여들자 그대로 달아났다. (이인배 1988, 178)

이것이 김남주, 이학영(李學永), 박석률 등 무장봉기를 처음 기획한 〈남민전〉 전위대가 최원석 동아건설 회장 집을 습격한 사건이다. 이들은 경비원 김영길(金永喆, 26) 씨를 길이 20cm 과도로 가슴 어깨 등을 찌르고 비서 이광식(李光植, 25) 씨를 나일론 끈으로 묶은 뒤 집안을 뒤지다가 金씨가 피를 흘리며 집 밖으로 뛰쳐나가서 소리를 지르는 바람에 금도끼만 달랑 들고 달아났으나 이학영만 주민들에게 붙잡혔다.

그런데 그들은 무장봉기를 위한 예행연습으로 왜 강도짓을 했는가?
〈남민전〉은 공산당이었고, 공산당에게는 혁명의 목표를 위해서는 모든
수단이 정당화되었다. 〈남민전〉의 목표는 '무장이 수반된 무장봉기'였으
며, 강도짓에 의한 자금조달은 부차적인 것이었음을 주미사도 이렇게 긍
정한다:

> 그들은 비타협적 혁명투쟁, 총체적인 정치투쟁을 상정하면서 결정적
> 국면에서의 '무장이 수반된 무장봉기'를 전제했기 때문에 자금을 조달
> 하기 위해서뿐만 아니라 보다 총체적인 역량 집중이 요구되는 시기에
> 무장 선전 투쟁을 촉진하기 위한 무장력의 전위적 담보체로서 그런 활
> 동이 필요하다고 생각했던 것이다.(주미사 1992, 132)

〈남민전〉이 1978년에 혜성대를 조직하고, 이듬해 봄에 전위대로 재
편성한 것이 바로 시민군이다. 시민군은 도시게릴라적인 투쟁 등 무장봉
기에 의해 대한민국을 전복시킬 목적으로 존재했던 것이며, 그 조직의
기원은 혜성대이다.

유네스코에 세계기록유산으로 등재된 5·18성명서들 대부분이 〈남민
전〉 전사 윤상원이 작성한 것이기에 〈남민전〉 문구를 그대로 차용한 문
장들이 많이 있다. 예를 들어 5·18성명서들에는 "총체적인 역량 집중이
요구되는 투쟁시기"라는 문구들이 많이 등장하는데, 조희연(1991)에 따르
면, 혜성대 혹은 전위대는 "총체적인 역량집중이 요구되는 투쟁시기에서
의 무장선전 투쟁을 촉진하기 위한 부대"로서의 성격을 지니고 있었다.

〈남민전〉의 군사조직으로서의 혜성대는 무장력의 전위적 담보체(體)
로서의 기능을 위해 조직된 것으로 조희연은 파악한다:

> 이 혜성대는 〈남민전〉의 투쟁의 총노선이 '무장이 수반된 대중봉기'
> 였던 만큼 무장력의 전위적 담보체(體)로서의 기능을 위한 예비적 단

위였던 것으로 보인다. 필요한 경우 도시게릴라적인 투쟁양식을 채택할 경우에 있어서의 전제적인 준비를 이 혜성대를 통하여 수행하려고 했었던 것으로 보인다.(조희연 1991)

이것이 바로 도시 게릴라전 방법에 의한 무장봉기로서의 광주사태가 일어나기 훨씬 이전에 그려진 광주사태의 청사진이었다. 광주사태는 "무장이 수반된 대중봉기"였으며, "무장이 수반된 대중봉기"의 밑그림을 〈남민전〉이 미리 그려놓고, 혜성대가 그 준비 작업에 착수하고 있었던 것이다.

최원석 동아건설 회장 집에서의 강도질 사건 때 경비원을 찌른 범인은 사실 이학영이 아니라 차성환이었다. 그럼에도 불구하고 이학영이 그때 자기가 찌른 것이 아니라고 말할 수 없었던 이유는 만약 범인이 차성환이었다고 자백하면 〈남민전〉 조직 전체가 노출될 위험이 있기 때문에, 조직의 큰 몸통을 숨기기 위해 자신이 범행 누명을 썼다.(newsis.com 2012년 4월 4일자; 머니투데이 2012년 4월 8일자)

〈남민전〉 전위대가 강도짓을 할 때엔 늘 신분을 속이고 남의 집에 침투했다. 최원석 회장 집을 습격할 때엔 선물배달을 가장했음을 차성환은 〈뉴시스 닷컴〉의 2012년 4월 4일자 기사에서 이렇게 증언한다:

"전체 일행은 6~7명으로 기억합니다. 당시 운동으로 다져진 건장한 체격의 이학연과 나는 배달원을 가장하여 대문 안까지 들어가는 데는 성공했지만 경비원을 제압하지는 못했습니다."

문을 연 경비원은 갑자기 두 청년이 달려들자 비명을 질렀고, 이 청년들은 당황했다. 격투가 벌어지면서 차성환씨는 미리 준비해 간 흉기로 경비원의 옆구리를 찔렀다. 흉기에 찔린 경비원보다도 차성환씨가 오히려 더 놀라 이학영을 두고 먼저 줄행랑을 쳤다. 경비원과 실랑이를 벌이던 이학영은 뒤늦게 도망치다가 경찰에 붙잡혔다:

> "당시 언론에서는 우리가 담을 넘어 들어가 경비원을 수차례 찔렀다고 했는데, 우리는 선물 배달을 가장하여 대문으로 유유히 들어갔고 경비원을 한 차례 찔렀습니다. '도망가자'고 이학영에게 외쳤는데, 이학영이 이를 듣지 못하고 남아 있었던 걸로 기억합니다."(이승호 2012.)

이학영은 경비원을 칼로 찔러 전치 3주의 상해를 입힌 강도상해죄로 구속되었으며, 구속된 이학영이 언제 동지들의 이름을 수사관에게 불지 모르게 되자 박석률, 김남주, 차성환 등 8명은 피신생활을 했다.(조희연 1991) 만약 이학영이 수사관에게 〈남민전〉 아지트 위치를 불거나 8명의 전위대 동지들 중 한 명의 이름만 불어도 〈남민전〉 조직 전체가 당국에 노출될 것이기 때문이었다.

최원석 회장 집에서 강도짓을 한 〈남민전〉 전위대 대원 9명 중 이름이 공개된 이학영, 박석률과 박석삼 형제, 김남주, 차성환 등 5명은 모두 전위대 핵심들이다. 그리고 이 5명 모두가 광주운동권이었다. 이 5명 외에도 전위대의 핵심들은 광주운동권이었다. 남민전의 군대는 첫 출범 단계부터 그 핵심이 광주운동권으로 구성되어 있었다. 그래서 나중에 시민군이 다른 도시가 아닌 광주에서 등장한 것이다.

광주운동권에 의한 1970년대 후반의 강도질 행각은 훗날의 부산저축은행 금융비리 사건의 뿌리가 된다. 부산저축은행 대주주로서 이 대형 금융비리 사건의 장본인이었던 박형선은 박기순의 오빠였고, 박기순은 〈남민전〉 여성 전사였으며, 이학영·박석률과 박석삼 형제·김남주·차성환 등 〈남민전〉 전위대들은 모두 박형선과 박기순의 〈남민전〉 동지들이었다.

이렇듯 광주운동권이 〈남민전〉의 주역이었으며, 피신 직전 박석률이 〈청학위〉의 광주지역 연락책 및 교양책을 맡고 있었다. 광주사태 당시에는 이 〈청학위〉가 〈민주투쟁위원회〉와 〈민학련〉 등의 명의로 각종 선동 유인물을 제작, 배포하면서 광주사태를 주동했다.

그러면 박형선은 광주운동권이었는데 어떻게 부산으로 원정을 가서 저축은행을 사금고처럼 이용할 수 있었는가? 광주일고 동문들은 이미 〈남민전〉 시절에 중앙위원 안재구를 통해 부산 지역과의 연결고리가 있었다.

김남주와 박석률 등 〈남민전〉 전위대의 우려와는 달리 이학영은 자기가 경비원을 칼로 찌른 범인이라고 잡아뗌으로써 조직을 보호해 주었다. 그럼에도 불구하고 1979년 10월 조직이 검거된 것은 〈남민전〉이 서울에서 훔친 금도끼를 부산에서 팔려다가 꼬리를 잡혔기 때문이다. 영남 출신으로 〈남민전〉 중앙위원이던 안재구가 그 일을 맡았다.

안재구는 북한과의 관계에서는 북한의 지령을 받는 간첩이었지만, 남한에서의 신분은 숙명여대 교수였다. 안재구는 그 금도끼가 진짜 금도끼인 줄 알고 부산의 한 금은방에 팔러 갔는데, 금은방에서 돈이 부족하여 그것을 반만 사려고 쪼개 보니 금도금을 한 가짜였다. 금도끼를 파려는 사람이 그것이 도금한 것인 줄도 모르고 팔러 왔다면 그것은 장물이라는 증거다. 이를 수상히 여긴 금은방 주인이 신고해서 수사가 시작되었다.

수사의 출발은 좀도둑질이었지만, 그때 같은 수법의 범행이 여러 건 있었다. 그해 8월 28일 서울시내 중심가 5개소에 뿌려진 유인물 관련 용의자로 검거된 2명을 통해 〈남민전〉 조직의 단서를 잡은 수사당국은 수사를 이근안 경감에게 맡겼다. 이근안 경감은 나중에 김근태의 거짓말 때문에 '고문 기술자'란 악명을 얻게 되었지만, 실은 그는 지혜로 나라를 구한 명수사관이었다.

안재구는 비록 평생 일편단심으로 김일성 왕조에 충성하는 간첩이었지만, 숙명여대 교수로서의 자긍심은 있었다. 그래서 이근안 경감이 "소위 교수라는 사람이 이런 장물이나 팔러 다닌다는 것이 말이 되느냐? 이것을 언론에 공개하겠다."고 재치 있게 질문하자 그만 항복하고 스스로 불기 시작하여 엄청난 자생간첩단 조직 〈남민전〉의 실체의 꼬리가 잡히기 시작했던 것이다.

남민전 전위대가 금도끼를 훔치기 위해 벌인 강도상해사건 공범 수배자였던 김남주와 차성환이 남민전 총책 이재문의 아파트에 피신해 있었는데. 경찰이 들이닥쳤을 때 격투가 벌어지는 사이 이재문이 자살 시도를 하다가 그의 정체가 노출되어 그도 함께 검거되었다.

1979년 10월 9일 당시 구자춘(具滋春) 내무부장관은 〈남조선 민족해방전선 준비위원회〉라는 반국가 지하조직을 적발했다고 발표했다. 이날 구 장관은 "사회 흔란을 통해 대정부 투쟁과 선동을 일삼아 온 대규모 반국가단체 조직 총 74명의 계보를 파악하고 이 가운데 주모자 등 20명을 검거하고 나머지 사범들을 지명 수배했다"고 전격적으로 발표하여 세상을 깜짝 놀라게 했다.

그런데 사실 〈남민전〉 사건은 이 발표보다 훨씬 엄청나게 큰 사건이었다. 비밀조직 〈남민전〉 전사들과 투사들의 수는 74명을 훨씬 넘는 부지기수였으며, 〈민청협〉과 광주운동권 등 방계조직들까지 합하면 막강한 조직력을 갖춘 조직이었다. 만약 이근안 경감이 〈남민전〉 고위간부 20명을 검거하지 않았더라면 10 · 26박정희 대통령 시해사건을 즈음하여 국가가 큰 위기를 맞았을 것이다. 즉, 남민전이 6개월 후의 광주사태 때까지 기다리지 않고 그 즉시 큰 변란을 일으켜 국가를 전복시키려고 했을 것이다.

〈남민전〉 전사들 중 일부가 시민군 조직 예행연습으로서 강도질과 좀
도적질을 하고 있을 때 다른 일부는 농민층과 노동계 등 사회 각 분야로
침투해 있었다. 윤한봉은 박기순의 오빠 박형선이 그 즈음 지게를 지고
농촌으로 들어간 사실을 이렇게 증언한다:

> 광주 전남지역만 해도 이학영이도 위장 취업해 가지고 서울로 올라
> 갔고, 나중에 〈남민전〉에 가담하고 그랬는데. 박형선과 이강은 〈민청〉
> 세대들인데 농민운동에 투신했고, 형선이는 아예 지게 지고 농촌으로
> 들어갔고. 이향연이는 노동운동, 그러니까 활발한 사회활동을 했는
> 데……(윤한봉. 2006, 윤한봉 구술녹취문 3차 1-3)

부산저축은행 금융비리 사건을 수사 중이던 대검찰청 중앙수사부(김
홍일 검사장)는 2011년 5월 27일 불법대출에 관여한 혐의(특정경제범죄가중
처벌법상 배임) 등으로 부산저축은행 2대 주주인 박형선 해동건설 회장을
구속했다. 박형선은 이해찬, 유인태, 이강철, 정찬용, 정동영 등 노무현
정권에서 권력의 핵심 멤버로 활약한 인물들과 막역한 사이였다. 그는 한
국에서 농촌 지게꾼이었다가 벼락부자가 된 유일한 인물이다. 도대체 그
의 이러한 화려한 변신(?)의 비결은 무엇이었을까?

부산저축은행의 지분을 9.11% 소유하고 수 조 원을 불법대출했던 박
형선의 처남이 바로 광주일고 동문이자 5 · 18기념재단 설립자인 윤한봉
이고, 윤한봉의 여동생이 박형선의 부인 윤경자이고, 박형선의 여동생이
바로 박기순이다. 부산저축은행 대형 금융비리 사건은 〈남민전〉 전위대
의 강도짓과 마찬가지 강도짓이었으나, 그것은 금융마피아 조직의 황금
권력과 정치권력에 의한 강도짓이었다.

금융 마피아 조직의 정점에 박형선과 문재인이 있었다. 소액예금주들이 부산저축은행에 예치한 예금이 로비에 사용되었으며, 문재인이 대표 변호사로 있던 법무법인 부산과 문재인에게 70억원이 지급되었다. 2013년, 문재인은 그 70억원은 수임료였으므로 자신은 혐의가 없다고 주장했다.

그러면 노무현 정권의 실세였던 문재인이 대표로 있던 법무법인이 부산저축은행으로부터 수십억 원 대의 돈을 수임료로 받았던 이유는 무엇인가? 그것은 바로 정권 실세와 줄이 닿는 법조인들에게 부산저축은행 대주주들이 스폰서 변호사 역할을 해달라고 청탁한 뇌물이었다.

부산저축은행 대형 금융비리는 김대중 정부와 노무현 정부의 합작품이었다. 저축은행은 김대중 정부 시절 등장했는데, 저축은행이란 명칭 자체가 국민들을 혼동 시키려는 명칭이었다. 저축은행은 은행이 아니라 본질적으로 신용협동조합이었다. 저축은행의 전신은 〈신협〉이었는데, 저축은행과 〈신협〉의 한 가지 차이점은, 저축은행은 음성적으로 고리대업을 하는 사채업자들을 양성화하기 위해 이를 합법화시켜 준 주식회사(영리법인)라는 것이다.

부산저축은행의 전신은 1972년에 설립된 '부산상호신용금고'였다. 이 신용금고를 1982년 4월 광주 시민인 박상구가 인수했다. 박상구는 김대중의 목포상고 1년 후배였고, 한때 김대중의 재정 후원자였다. '부산상호신용금고'는 김대중 정부 시절에 '부산저축은행'으로 이름이 바뀌면서 급격히 커졌다.

김대중 정부 시절 등장한 저축은행은 법적으로는 은행이 아니다. 은행이 아닌데도 저축은행이란 명칭을 붙여놓았기 때문에 서민들은 저축은행이 서민을 위한 은행이란 착각을 하게 되었다. 이런 착각이 많은 서민들로 하여금 저축은행에 예금하도록 했고, 서민들의 그런 '저축은행'이란 명칭 선호 심리에 편승하여 부산저축은행은 급성장했다.

광주일고 동문들로 구성된 광주운동권은 광주사태 당시 광주 YWCA 신협, 광천동 신협 등을 운영한 경험이 있었으므로 저축은행 구조도 손바닥 보듯이 훤히 알 수 있었다. 김대중 정부 시절 저축은행이 등장하자 광주 출신 기업인 및 광주일고 동문들이 부산저축은행으로 우르르 몰려가서 경영권을 장악했다. 2003년 2월 노무현 대통령이 취임한 이후 광주운동권 박형선 소유인 해동건설은 급성장했다. 같은 해 11월에 박형선은 부산저축은행의 2대주주가 되었다. 박형선 등 광주일고 동문들이 부산저축은행에서 불법대출한 돈의 일부는 운동권 정부의 실세 정치자금으로 흘러 들어갔고, 일부는 박형선의 건설회사 건설 프로젝트에 사용되었다.

김대중의 고향인 전남 신안군 리조트 조선 사업에 3천억 원이 투자되었으며, 2006년 노무현 대통령이 캄보디아를 방문할 때 한국 기업들의 캄보디아 투자가 집중되었는데, 부산저축은행이 가장 대표적으로, 캄코시티 신공항 건설에 4,300억원이, 고속도로 건설에 620억원이 투자되었다. 부산저축은행 대주주 박형선은 노무현 대통령의 캄보디아 방문을 수행했다. 부산저축은행이 캄보디아에서 벌인 건설사업 규모는 동 은행이 국내에서 추진한 인천 효성동 도시개발사업(3,738억원)과 전남 신안군 개발사업(2,991억원)보다도 규모가 컸다.

그러나 노무현 정부가 끝나자 부산저축은행의 캄보디아 건설 사업은 모두 중단되고 투자한 돈은 허공으로 날아가 버렸다. 그 피해는 고스란히 예금주들이 떠안게 되었다. 그런데도 박형선이 대주주였던 부산저축은행은 노무현 대통령 산업포장, 한명숙 총리 표창, 권오규 재경부장관 대상 등 노무현 정부로부터 무더기 포상을 받았다.

2003년 2월 6일자 〈오마이 뉴스〉도 노무현 당선자가 1월 26일 광주로 달려가 한 호텔에서 광주운동권 박형선과 정찬용을 만난 사실, 그리고 노무현 후원자였던 박형선이 그의 동지 정찬용씨를 노무현에게 인사수석으로 추천한 사실을 보도한다. 박형선과 노무현 정권 간의 정경유착은 노무현이 대통령에 취임하기도 전에 이미 시작되었던 것이다. 노무현 정부의 인사권을 사실상 박형선이 거머쥐고 있었는데, 이것은 정경유착 중의 정경유착이었다.

전남대 농대 축산학과 출신 박형선이 2002년 작은 토목회사를 인수하여 해동건설이란 간판을 담과 동시에 노사모를 조직하여 노무현이 대선후보가 되게 하였으며, 노무현 정부는 영산강 하구둑, 새만금 개발, 광양시 하수처리장, 여수세계박람회 건설, 서울 천호대로 광나루 역과 낙동강 공사를 그가 수주하게 해주었다.

박형선이 자기 사업자금 충당을 위해 부산저축은행을 자기 사금고처럼 이용하여 전체 예금의 절반인 4조 5,942억 원을 불법적으로 각종 프로젝트 파이낸싱(project financing)에 대출했다. 그 막대한 불법 대출금은 박형선의 해동건설 혹은 그와 연줄이 있는 건설회사 프로젝트에 사용되었다. 캄보디아 건설투자 외에도 인천효성지구, 김대중의 고향인 전남 신안군 조선타운, 경기 시흥 남골당, 부산 동래 재건축 및 경남 하동 리조트 건축 프로젝트 등을 위해 사용되었다.

부산 내연녀의 술집 '호위무사'였던 채동욱이 부산고등검찰청 차장검사 등으로 재직하던 때도 이 무렵이었다. 부산저축은행 금융비리 사건이 일어날 무렵 부산에서는 이른바 '스폰서 검사 사건'이 여러 해 곪고 있다가 터졌다. 뉴스타파는 2013년 3월 31일에 "스폰서 검사 사건과 채동욱 검찰총장 후보자"라는 제목의 영상물을 발표했다. 이 영상물에서 공개된 사실의 한 가지 예를 들면, 한 건설업자가 검사들에게 매달 2회씩 주어야 했던 돈 봉투 내역이 나온다. 부산지검 동부지청 등 지청장들에게는 매달

100만원씩 갖다 바쳐야 했고, 평검사들에게도 7년 동안 매월 30만원이든 돈 봉투를 두 차례씩 갖다 바쳤다고 한다.

이른바 '떡검'이란 신조어가 생길 만큼 운동권 정부 시절에 이런 비리의 관행이 곪고 있다가 나중에 마침내 '스폰서 검사 사건'이 터졌으나, 이때도 그 진상 조사단장이었던 채동욱 선에서 무마되고 흐지부지 수사가 종결됨으로써 후배 검사들 및 그의 '호위무사'들을 보호해 주었다.

노무현 정부 시절에 광주일고 동문들로 구성된 '왕의 남자'들이 있었다. 서울에는 금융감독원이 있고 부산에는 검사들이 많았으나, 이들 '왕의 남자'들이 부산저축은행에서 4조 원이 훨씬 넘는 돈을 불법 대출하는데도 아무도 막지 않았다. 검사들이 스폰서 검사였을 때 누가 그들의 강도짓을 막을 수 있겠는가?

그럴 때 문재인이 대표로 있던 법무법인이 부산저축은행으로부터 70억원 대의 돈을 받아 챙겼다면 그 이유가 도대체 무엇이겠는가?

부산저축은행에 예금했다가 돈을 뜯긴 서민들은 대부분 자갈치 시장 등 재래시장의 영세 상인들이거나 6·25전쟁 상이용사들이거나 파출부로 일하며 어렵게 푼돈을 수 천만 원 모은 이들이었다. 소액 예금주들이었던 부산저축은행 금융비리 피해자들에게는 최소 3백만 원의 변호사 선임비용을 마련하려고 해도 등골이 빠질 지경이다. 그런데 문재인이 청와대 민정수석일 때 그의 법무법인에 70억원이 제공된 것이다. 문재인은 그 70억원은 뇌물이 아니라 변호사 선임비용, 즉 수임료였다고 변명했지만, 그 액수는 부산저축은행 피해자들로서는 마련하기도 힘든 3백만원의 2천배도 넘는 천문학적 거액이다.

문재인은 자기가 직접 금융 마피아를 도운 것은 아니라고 변명하지만 노무현 정부의 금융 마피아가 부산 서민들의 등골을 빨아먹는 일을 왜

하필 그가 대표로 있던 법무법인이 지원했으며, 더구나 왜 그가 청와대 민정수석으로 있을 때 그런 일이 벌어졌는가?

김대중 정부 시절 등장한 저축은행에는 대주주가 소액예금주들의 등골을 빨아먹는 횡포를 막을 법적 장치가 없다는 법적 허점을 문재인 변호사는 잘 알고 있었을 것이다. 그가 변호사로서 민정수석으로 있을 때 그의 그런 법적 지식을 어느 쪽 편을 들기 위해 사용했는가? 문재인은 서민 편에 서겠다는 노무현의 선거공약을 어떻게 이해했기에 그의 법무법인은 서민의 등골을 빨아먹는 쪽 편에 섰던 것인가?

노무현도 변호사 출신이고 문재인도 변호사였지만, 그들은 서민 편에 서겠다는 선거 때의 공약과는 달리 그들의 법 지식을 전혀 서민들을 보호하기 위해 사용하지 않았다. 노무현과 노무현 정부 실세들이 부산저축은행을 정치자금 창구로 이용하고, 문재인의 법무법인은 부산저축은행으로부터 70억을 받고 부산저축은행 대형금융비리 사건을 오히려 키웠다.

어째서 정치권력에 대한 사법의 칼은 전두환 전 대통령에게는 그토록 가혹하면서 부산저축은행 대형 금융비리의 주역들, 즉 노무현 정부 시절의 금융마피아들은 피해 가는가?

박형선은 광주일고 동문들이 부산저축은행에서 가져간 8조원 중에서 노무현의 비자금과 관련된 건에 대해서는 전혀 수사를 받지 않고 부산저축은행 돈 1,280억원으로 경기도 시흥 영각사 납골당 사업을 한 것에 대해서만 재판을 받아 금년 2013년 6월 26일 징역 1년 6개월이 확정되었다.

광주운동권을 구성했던 광주일고 동문들이 한창 공산주의에 물들어 있던 1970년대 후반 〈남민전〉 전위대와 같이 했던 강도행각은 무장봉기 예비훈련이자 그들의 공산주의 이상을 실현하는 것이었다. 그들은 가진 자의 것을 빼앗는 것이 사회정의의 실현이라는 논리를 폈다. 그러나 사반

세기 후 그들이 다시 부산저축은행에서 강도짓을 한 것은 사회의 약자들과 가난한 자들의 것을 훔치는 도둑질이었다.

광주운동권이 '노사모'를 만든 것이 결국은 노무현을 자살로 몰고 갔다. 이제 이 사건을 처음으로 거슬러 올라가 살펴보자.

16대 대선을 앞둔 2002년 어느 날 광주일고 동문들이 '노무현을 사랑하는 사람들의 모임'이란 뜻의 '노사모'를 만들고 5·18단체 회원들 및 주사파 한총련 회원들을 노사모에 가입시켜 회원 수 5만 명의 단체를 급조했다. 그들이 노사모를 만든 이유는 서민을 위한 대통령을 만들기 위해서라고 했다. 그런데 노사모 돌풍으로 노무현 후보가 당선되고 대통령에 취임하자마자 노사모를 만든 광주일고 동문들은 부산저축은행을 늑대처럼 뜯어먹는 금융마피아가 되었다.

노사모를 만든 사람들이 신종 마피아 짓을 해서 만들어준 정치자금이 나중에 덫이 되었고, 말 못할 비밀이 되었다. 그리하여 어떤 큰 비밀을 숨기고 덮기 위해 노무현은 마침내 부엉바위 위에 올라가 투신하는 극단적인 방법을 택했다. 그리하여 비록 그 비밀은 덮여졌다고 해도, 2002년 민주당 대통령 후보를 선출하는 경선에서 박형선이 '노풍(盧風·노무현 바람)'을 일으킨 방법에 관한 비밀은 공개되었다.

2011년 6월 6일자 중앙일보는 그 '노풍' 비화를 보도했다:

광주 지역의 한 인사는 5일 "2002년 민주당이 경선을 하기 직전까지 이인제 의원이 모든 지역에서 앞섰으나 노무현 후보가 광주에서 1위에 오르면서 이인제 후보의 대세론은 꺾였다"며 "그때 박 회장은 노 후보를 광주의 재야세력과 연결시켜 '노풍'을 일으키는 데 핵심적인 역할을 했다"고 말했다. 그러면서 "당시 민주당은 국민참여 경선제를 도입해 1,000원의 당비를 낸 사람 중에서 선거인단을 뽑는 '책임 당원제'를 실시했는데, 박씨가 (광주 지역) 당원 대부분을 만들어 그 덕분에 노 후보는 광주에서 이인제 · 한화갑 후보를 제압할 수 있었다"고 전했다. (중앙일보 2011년 6월 6일자)

광주운동권이 갑자기 만든 '노사모'의 그들 식의 민주주의는 참으로 기이했다. 이인제 후보가 대세였을 때 갑자기 민주당이 국민참여 경선제를 도입했다. 그 국민참여 경선제라는 것은 물주가 있는 후보가 경선에 이기게끔 되어 있는 제도였다. 김대중 정부가 공신으로 여기던 김대중의 측근 해동건설 사장 박형선이 한 사람 당 1천원씩 당비를 대신 내주면 노무현에게 표를 던질 당원들로 선거인단이 채워지게 되어 있었다. 일금 1백만 원이면 1천 명의 민주당 회원을, 1천만 원이면 1만 명의 민주당 회원을 양산해 낼 수 있었다.

물주가 그렇게 당비를 대신 내주는 방법으로 '노풍'을 일으킨 것은 참으로 기발한 방법이었다. 그러나 그런 기발한 노사모식 민주주의는 공평한 방법이 아니었는데, 그 물주가 나중에 정권의 비호를 업고 저축은행에서 금융마피아 짓을 한 것이다.

물주가 1인당 1,000원씩 당비를 대신 내 주는 방법으로 민주당 대선 후보를 결정한 것은 민주주의 국가에서는 결코 용납될 수 없는 부정선거다. 그런데도 꾀가 많은 박형선은 단 한 번도 부정선거운동 혐의를 받지 않고 미꾸라지처럼 빠져나갔다.

그 편법이 '노사모'의 '노풍'의 비화이지만, 노사모가 그런 편법으로 기업운영을 하자 발생한 것이 바로 부산저축은행 사건이다. 노사모식 민주주의와 노사모식 불법대출에 같은 원리의 비법이 적용되었다. 물주가 수많은 선거인단의 당비를 대신 납부하여 선거인단을 장악하는 것이 노사모식 민주주의이고, 수많은 소액 예금주들의 예금을 저축은행 대주주가 자기 돈처럼 쓰는 것이 노사모식 경영 비법이다.

그런 대형 금융비리의 주역이 바로 2002년 '노풍(盧風)'의 주역이자 5
· 18광주민주화운동 유공자이다. 박형선의 형은 광주사태의 사전 준비와
관련이 있다. 1980년 봄 윤한봉이 북한군 안창식 대위 일행과 더불어 전
라도 내의 무기고 위치들을 사전 답사하며 무장반란 음모를 꾸미고 있을
때 군사작전용 지도, 즉 일만오천분지일 지도가 필요했는데, 그때 그 지
도를 구해다 준 인물이 바로 〈임을 위한 행진곡〉 여주인공의 큰 오빠이
자 박형선의 형이었던 박화강이다.

광주사태 당시 전남매일 기자였던 박화강은 그 후 한겨레신문 광주지
국장을 지내다가 한겨레신문 논설위원을 거쳐 노무현 정부 시절 국립공
원관리공단 이사장으로 임명되었다.

그런데 박화강이 무장봉기 때 시민군 지도부가 사용할 군사작전용 지
도를 구해 주었다는 사실이 광주사태가 사전에 준비되었다는 사실의 또
하나의 증거이다. 5 · 18기념 재단은 2006년에『구술 생애사를 통해 본 5 ·
18의 기억과 역사: 사회활동가 편』을 출간했는데, 여기에는 광주사태는
우발적으로 일어난 것이 아니라 부마사태보다도 훨씬 더 크고 거센 봉기
를 일으킬 음모가 치밀하게 진행되고 있었으며, 이때 박화강이 일만오천
분지일 광주지역 지도를 구해다 준 사실을 윤한봉은 이렇게 증언한다:

그래 가지고 그 당시에, 요즘은 지도가 아주 세밀한 지도까지도 나
오는데 당시에는 일만오천분지 일 지도를 가지려면 신분이 확실한 사
람 외에는 그걸 못 사게 되어 있었어. 살 때 단파 라디오 사는 것하고
비슷해 가지고. 그 지도를 박화강씨, 그때 광주매일인가 있었는데, 지
금은 한겨레 지국장 하다가 그만 뒀는데, 그 화강이 형한테 부탁을 해
가지고 내가 일만오천분지 일 광주지역 지도를 구해 가지고. 나는 아주
간단한 논리인데, 상징적으로…. 어차피 깨지기는 깨지는데, 피바다에

잠기는데, 부산 마산처럼 막 확 일어났다가 그냥 갑자기 꺼져버리는 식으로는 피해만 크고 아무 의미가 없다. 깨지더라도 정치적으로는 그걸 성공을 해야 한다. 그러기 위해서는 도청을 장악을 해야 한다.(강현아 2006; 윤한봉 2006, 구술녹취문 3차 1-4)

광주운동권 박형선의 형 박화강이 전남경찰국을 출입하던 전남매일 기자였기 때문에 광주운동권은 전남도청 내부를 샅샅이 알고 있었으며, 그래서 도청 점거 후 도청을 시민군 본부로 사용할 계획을 세밀하게 세울 수 있었다. 윤한봉은 그의 자서전에서도 시민군 작전지도는 박화강이 구해다 준 사실을 이렇게 기록한다:

> 그러는 한편 박화강 기자님을 통해 당시로서는 굉장히 상세한 광주 시가지 지도(축적: 15,000분지 1)를 구해서 항쟁 발발 시에 대비한 작전을 연구하고, 그때 발표할 대(對)국제사회, 대 국민 성명서 등의 골격을 구상해 나갔다. (윤한봉 1996, 54)

전술한 바와 같이, 광주운동권은 노무현 정부 시절 부산저축은행을 경영하기 전에 이미 광주사태 당시 광주 YWCA 신협을 경영해본 경험이 있었다. 그래서 YWCA 신협 사무실이 광주사태 주동자들의 회의실 및 시민군의 〈투사회보〉 제작 장소 등으로 활용되었다. (광주 YWCA 옆에 무등학원이 있었는데, 광주사태 때 북한 특수군으로 광주에 파견되어 있었던 김명국도 무등학원 간판이 보이는 곳에 북한군 본부가 있었다고 증언하고, 11공수여단 62대대 통신하사관 문병소도 그곳에서 북한군 소지품을 보았다고 증언한다.)

YWCA 신협 직원으로서 시민군이었던 김길식은 시민군이 전남도청을 점거한 후에도 상황실에 그런 시민군 작전 지도가 있었던 사실을 이렇게 증언한다:

　나도 학생들을 따라 도청 상황실로 갔다. 김성용 신부님께서 오셔서 "우리 광주 사람은 개돼지 취급을 받았으니까 인간 대접을 받으려면 끝까지 투쟁하자"고 말씀하셨다. 그 말을 들으니 무척 용기가 났다. 상황실에는 전라남도 지도가 있어서 시민군과 계엄군의 대치 지점 등과 우리 시민군의 활동 범위 등이 표시되어 있었다. 그날 밤은 도청 상황실의 탁자에 기대어 잠을 잤다.(김길식 1988)

　이렇듯 박형선의 형 박화강은 전남경찰국을 출입하는 기자 신분을 이용하여 일만오천분지일 광주지역 지도를 윤한봉에게 전달해 주었으며, 윤한봉은 그의 일행들이 그 지도를 무기고 위치 파악 및 도청 함락 작전계획 수립 등에 이용한 사실을 이렇게 증언한다:

　　무장을 하기 위해서는 이제 총, 다이너마이트 이런 무기들이 필요하지 않냐. 그러니까 예비군 무기고가 어디에 있고, 다이너마이트는 어디에 있구나, 이런 것들을 좀 파악하고, 도청을 어떻게 점거하기 위해서 도청 주변의 도로를 어떻게 어디 쪽으로 몰려들고 포위를 해야 하고 등등 고런 작전도 세우고 좀 그래야겠는데, 그래서 이제 지도를 구한 거예요. 지도를 구해 가지고 이를테면 지원동, 지금은 소태동 쪽인데, 거기 나가다 보면 거기 채석장이 있었어요, 다이너마이트 창고도 있고. 현장 답사도 하고. 양림동 파출소 뒤에 있는 무기고부터 이런 것들을 확인하고 다니면서 …. (강현아 2006; 윤한봉 2006, 구술녹취문 3차 1-4)

　그런데 윤한봉의 일행들이 무기고 위치를 사전 답사할 때 그 일행은 북한 특수부대 요원들이었다는 사실을 윤한봉과 더불어 무기고 위치를 답사했던 안창식 대위의 내연의 처는 이렇게 증언한다:

　　미리 침투해 있던 7명의 인원들과 합류한 안창식을 비롯한 11명의 인원들은 여러 개의 소조로 분산되어 전라도 현지에서 북한의 지령을 받고 움직이는 조직들이 사전에 확보해 놓은 무기고들의 위치를 재확인하는 한편, 새로운 무기고들의 위치를 파악하기 위해 3개월여 동안 전라도 전 지역에 대한 정찰을 이 잡듯이 샅샅이 진행하였다고 한다. 1980년 2월말을 넘기면서 폭동이 전개되면 임의의 시기에 무기 탈취가 원만히 진행될 수 있도록 전라도 지역에 포진되어 있는 무기고들에 대한 사전 파악과 요해 사업이 성과적으로 마무리되었다. (전 함경남도 고등중학교 교원 2009, 69-70)

윤한봉이 증언한 대로 무기고 배치도가 정말로 있었으며, 시민군으로 위장한 북한 특수부대 요원들이 그 무기고 배치도를 이용하여 무장폭동을 일으켰던 것임을 한 탈북자는 이렇게 증언한다:

북한 특수부대 요원들이 사전에 정찰해 두었던 전라도 지역의 무기고 배치도에 근거해서 그들의 지휘를 받아가면서 시민군이라고 위장한 자들이 조직적으로 먼저 병기고를 습격하여 무장폭동을 일으켰고, 사람도 그들(시민군)이 먼저 죽인 것임을 천하가 다 알고 있는 사실인데, 국가 반란인 광주의 무장폭동이 민주화운동으로 되는 것을 왜 눈뜨고 보고만 있는지 답답한 일이다.(전 문천제력소 노동자 2009, 272)

시민군도 아니었던 박형선을 5·18측에서 광주민주화운동 유공자로, 더구나 순위가 높은 유공자로 선정했다는 사실 자체가 그들의 논리에서 광주사태는 사전에 준비된 것이었다는 사실을 반증한다. 광주운동권이 광주사태 음모를 꾸미기 전에 박정희 대통령 암살 음모를 먼저 꾸몄는데, 그때 박형선도 그 암살단의 일원이었음을 그의 처남 윤한봉이 2006년의 구술 증언에서 이렇게 증언한다:

구술자: 어제부터 지금까지 광주 운동사에서 있었던 일을 사석에서는 몇 군데서 이런 일이 있었다고 말하고 넘어갔는데, 공식적으로는 언급하지 않은 사건이 하나 있어요. 이 사건을 말할까 말까 생각을 많이 했는데, 어차피 내 건강도 그렇고 언제 어떻게 될지 모르니까, 또 이제 공소시효가 지났으니 이제 말해도 돼. 76년 77년 사건이니까, 음, 사형에 해당하는 범죄의 공소시효가 15년이거든.…

무슨 일이 있었느냐 하면은, 어제 내가 이야기할 때, 75년 4월 9일에 전남대 도서관 앞 잔디밭에 앉았다가 인혁당 관련자 8명이 사형당한 이야기를 듣고 내가 악을 썼다고 그랬잖아요? 그런데 그걸 계기로 어떻게 마구 화가 나고 분노가 치밀던지 아, 요 정권에게 유인물이나 뿌리고 시위 집회나 하는 식으로 해서는 도저히 엄두가 안 나, 참아낼 수도 이겨낼 수도 없고, 오래 걸릴 것 같고. 그래서 봐불라면 적장을 보라고, 박정희를 암살해야겠다는 독한 마음을 먹은 거예요. 그래 가지고 박정희 암살계획을 세워 추진을 했죠. 한 명 두 명 이제 끌어들였죠. 우리 이래 가지고 어느 세월에 이 무지막지한 학살 정권, 독재정권을 거꾸러뜨릴 수 있겠느냐, 적장을 봐불자. 그래 가지고 한 일곱 명 정도 끌어들였죠. 나까지 해서.

근데 그 중에 나를 포함해 네 명은 이름을 이제 이야기할 수 있는데, 그 사람이 5월 항쟁 당시 지도부에 외무부장을 맡았던 그 사람인데, 정상용, 국회의원도 했죠. 71년 교련반대 시위 때 강제 입영되었던 친구죠. 학교도 그냥 자퇴를 해버렸어요. 이 친구가 교수들한테 교수님의 기름기 낀 얼굴과 튀어나온 배를 보고 강의를 계속 듣는다는 것이 곤혹스러워서 그만둡니다, 그런 식으로 해서 자퇴를 해버린 친구들이 둘이나 있어요. 강제 입영당했던 친구 중 하나가 정상용, 하나가 이양현인데, 어쨌든 간에 정상용하고 내 매제인 박형선이 하고, 그 다음에 농민운동을 하다가 나중에 〈남민전〉에 들어가서 혼나고 나온 조계선이라고 있어. 그래서 나까지 네 명, 나머지 세 사람이 추진했는데, 세 사람은 공직에 있기도 해서 동의를 구해야 하는데….

그때 내가 이야기하기를, 우리가 무슨 특수훈련을 받아서 저격할 수 있는 그런 능력 있는 사람도 없고, 그런 사람 찾기도 어렵고, 그런 성능 좋은 총도 구입하기 어렵고, 영화에 나오는 그런 정밀한 방법으로 암살은 포기하고 너 죽고 나 죽자 식으로 해서 폭탄으로 봐버리는 방법을 찾을 수밖에 없다. 그래서 수류탄하고 다이너마이트를 구해서 가까운 거리에서 자폭 형식으로 안고 뛰어드는 그 방법밖에 없다, 확실하게 봐 불라면 그 방법밖에 없다.

그래서 그것에 동의해 갖고 내가 그 중의 한 사람에게 물었어요. 어디서 이걸 구할 수 있는가. 이렇게 저렇게 구할 방법이 군대 밖에 없어요, 수류탄. 그래서 군에 입대해 있는 말이 좀 통하는 선후배 친구들을 찾다가 어떻게 어떻게 해갖고 이제 찾아서 수류탄을 세 개 확보하고, 다이너마이트를 두 박스 뇌관까지 확보해서 준비를 해놨는데, 그런데 그때 양이 덜 차, 더 많이 준비해서 하나가 실패하면 또 봐불고, 이런 식으로 할라고.

이제 그 작업을 비밀리에 진행하고 있다가, 그러면서 전혀 내색 안 했지. 그 쪽에서 갑자기 내가 활동을 안 하고 딴 짓거리 하는 것처럼 보이면 저놈들이 이상하게 생각해 가지고 집중적으로 또 사찰을 다닌단 말이야. 그래 가지고 계속적으로 평상시에 하던 대로 움직이면서 그 작업을 조용히 추진하다가 (교도소에) 들어가 버린 거예요. (강현아 2006; 윤한봉 2006, 윤한봉 구술녹취문 2차 2-4)

윤한봉은 1977년에 다이너마이트와 수류탄으로 박정희 대통령 암살을 시도했던 대통령 암살단이 자신을 포함하여 8명으로 구성되어 있었는데, 그 중에 정상용, 이양현, 박형선, 조계선 등 네 명의 이름은 밝힐 수 있고, 나머지 세 사람은 2006년 여전히 노무현 정부 때 공직에 있기 때문에 구술 증언으로 밝히지 않는다고 했다.

박정희 대통령 암살 음모를 진행하던 광주운동권 공조세력은 〈남민전〉이었다. 위의 증언에서 윤한봉은 조계선의 남민전 가입 사실을 밝힌다. 〈남민전〉은 비밀결사조직이었으므로 오직 〈남민전〉 전사들만 누가 〈남민전〉 가입 선서를 하였는지 알 수 있다. 〈남민전〉 전사 박석삼이 증언하듯이, 윤한봉 본인이 〈남민전〉 전사였기 때문에 조계선이 〈남민전〉 전사라는 사실은 물론 그가 언제 〈남민전〉에 가입 서약을 했는지까지 알 수 있었다.

기독교신자가 아닌 박형선이 1970년대 후반에 가톨릭농민회에 침투해 있었다. 그와 함께 가톨릭농민회 해남지부로 침투했던 이강과 조계선은 모두 광주운동권이자 〈남민전〉 전사들이었다. 이강은 가톨릭농민회 교육부장이었고, 조계선은 조사부장이었다.

전남대생들을 대상으로 다양한 위장 명칭의 〈남민전〉 세포조직들을 만들고 6개월 과정의 심화 학습을 통해 운동권 학생들에게 〈남민전〉 사상을 주입시켰던 김상윤은 박형선이 이강과 더불어 〈남민전〉 농민운동 부문에서 활동하고자 가톨릭농민회로 들어간 사실을 이렇게 기록한다:

> 광주에서는 〈민청학련〉 내부에서 역할 분담이 있었다. 이강, 박형선은 농민운동 부문인 가톨릭농민회로 들어갔고, 민청과 연계될 수 있는 이양현, 정상용 등이 노동부문을 담당했다.(김상윤 1989)

윤한봉과 그의 매제 박형선 등 8명의 광주운동권이 1977년에 박정희 대통령을 폭탄 테러로 암살하려고 1976년부터 준비했던 사건은 아주 엄

청난 사건이지만, 윤한봉이 5·18기념재단의 역사 기록을 위하여 2006년
에 스스로 그런 사실을 증언하기 전까지는 전혀 그런 사실이 세상에 알
려지거나 발각된 적이 없었다.(강현아 2006; 윤한봉 2006, 윤한봉 구술녹취문
2차 1-5)

  최규하 대통령의 중동 순방 기간을 틈타 〈남민전〉 전위조직들과 김대
중의 외곽단체들과 〈민청협〉 및 〈가톨릭농민회〉 및 〈전민노련〉 등이 연
계하여 5월 19일 월요일에 무장반란을 일으킬 치밀한 준비를 하고 있었
던 광주운동권은 5월 17일 토요일 오후에는 승리를 장담하고 있었다. 그
러나 〈민청학련 사건〉 주동자들이 5월 19일을 기하여 부마사태를 능가하
는 내란을 일으키려 한다는 말이 16일 저녁에 이미 수사관들의 귀에 들
어갔다. 그래서 5월 17일 심야 비상국무회의가 소집되고, 비상계엄 전국
확대가 선포됨과 동시에 과거의 〈민청학련 사건〉 주동자들은 예비검속
대상에 포함되었다.

  박형선이 그날(1980년 5월 17일) 밤 연행되었는데, 이것이 윤한봉과 정
상용과 이양현이 광주사태 초기에 도망을 간 이유였다. 광주사태가 끝난
후에도 윤한봉은 1년간 서울에 숨어 있다가 미국으로 밀항하여 망명했는
데, 그 이유는 자신이 연행되면 과거에 박정희 암살 음모를 추진했던 사
실이 드러날까봐 걱정되었기 때문이다. 정상용과 이양현이 5월 22일까지
함평에 숨어 있었던 것도 같은 이유에서였다.

  그러나 이번에는 박형선이 꼼짝없이 모든 비밀을 자백하고 있을 것을
상상하며 윤한봉이 벌벌 떨고 있을 때, 박형선은 도리어 광주일고 동문
의사가 떼어준 가짜 진단서 덕분에 전남의대 부속병원에 편안하게 입원
해 있었다. 윤한봉은 그의 매제 박형선의 부산저축은행 금융비리 사건이
세간에 알려지기 전에 이 증언을 했다.

윤한봉은 박형선이 1980년 5월 19일에도 잔꾀를 내어 꾀병으로 전남
대병원 응급실로 후송되었고, 광주일고 선후배 의사들이 가짜 진단서를
끊어주어 광주사태가 끝난 후에도 전혀 수사를 받지 않고 전남대병원에
서 오랫동안 편안하게 지내고 있었음을 이렇게 증언한다:

> 항쟁지도부에 그 사건(박정희 대통령 암살 음모)에 관련된 사람이 셋
> 있었어요. 또 예비 검속된 사람 중에는 형선이도 들어 있었고.
>
> 그러니까 형선이가 또 꾀를 내서, 요가를 많이 했는데, 이불을 둘러
> 쓰고, 심호흡을 해 가지고, 온 몸에 땀이 줄줄줄 새부러요. 그렇게 되
> 니까 짠 거지, 그래 가지고 헌병(憲兵)을 물고 해대니까 땀이 막 비 오
> 듯 쏟아지고, 그러니까 이불 둘러쓰고 그 무더운 여름에, 그러니까 전
> 남대 병원으로 와 갖고는, 전남대 병원 오면 맨 광주일고 선후배들이
> 의사들이니, 이놈들이 어마어마한 위기의 상황인 것처럼, 이 보안사
> 놈들이 와서 보면 아주 큰 병인 줄 알았고, 좀 더 지켜봐야 합니다, 어
> 쩌고 해 가지고 그 위기를 넘겨버리고, 그런 적도 있었는데, 나는 그때
> 당시에 수배죠. 만약 잡히면 그 사건까지 한꺼번에 나올 거 같아서 더
> 마음 졸이고 그러고 있었는데. 하여튼 광주에서 그런 비사가 있었어요.
>
> 하기야 그게 그런 사건으로 끝나서 다행이죠. 진짜로 그 일을 추진했
> 다가 던졌는데 박정희는 안 죽고 그래버렸으면 난리 나버려. 생사람 수
> 없이 죽을 판인데. 어쨌든 간에 그렇게 해서…. (강현아 2006; 윤한봉
> 2006, 윤한봉 구술녹취문 2차 1-5)

8인의 대통령 암살 음모단 중에는 자신과 정상용과 이양현과 박형선
과 조계선을 제외한 세 사람이 더 있다고 말했으며, 그 중 노무현 정부
공직에 있는 자도 있다고 밝혔다. 만약 이 두 문장이 그가 항쟁지도부라
고 부르는 인민위원회 간부들 중에서도 대통령 암살음모단원 3명이 있었

다는 뜻이라면 이름을 밝힌 정상용과 이양현 외에 나머지 한 명은 윤한봉이 이 증언을 하였던 2006년에 노무현 정부에서 수도권 매립지공사 기획본부장이자 광주시의원이었던 윤강옥이었음을 시사한다.

5월 15일 윤상원의 조직 〈전민노련〉이 그날의 서울에서의 대규모 가두시위를 기회로 중앙청을 점거하려고 시도했을 때 윤상원은 서울로 올라가지 못하고 광주에 있어야 했던 이유가 윤한봉의 자서전 『운동화와 똥가방』 56쪽에 밝혀져 있다. 그날 윤상원과 윤강옥을 포함한 광주운동권 8인은 비밀회동을 하여 부마사태보다 훨씬 거센 폭동을 일으키고, 5월 21경에 전남도청을 점거할 음모를 꾸미고 있었다.(윤한봉 1996, 55-56)

광주운동권이 1976년과 77년 사이에 박정희 대통령 암살 음모를 추진했었다는 사실은 1980년 5월에는 극비 사항이었다. 그래서 〈민청학련〉 사건 주동자였던 박형선이 5월 17일 예비검속에 걸려 연행되었을 때 윤한봉과 정상용과 이양현이 무척 겁을 냈다. 그들이 광주사태 음모가 발각되는 것보다 더 두려워했던 것은 과거의 박정희 대통령 암살 음모였다. 그러나 그때도 박형선은 미꾸라지처럼 수사관의 문초를 빠져나가는 꾀를 내었다. 1978년에는 황당한 소리나 지껄이는 팔푼이인 척하여 중앙정보부 수사관들을 감쪽같이 속이고 풀려났던 박형선이 이번에는 갑자기 중병에 걸린 사람 시늉을 하였다.

무더운 여름에 이불을 뒤집어써서 땀을 내고 헌병을 물고 땀에 젖게 하며 까무러치는 시늉을 하니까 헌병이 감쪽같이 속고 전남대 병원으로 후송해 주었다. 광주일고 동문들이었던 전남대 의사들은 생명이 위급한 환자인 것처럼 가짜 진단서를 만들어 주고, 혹 병세가 호전되었는지 보안사 요원이 몇 주 후에 찾아오면 "좀 더 지켜봐야 합니다"라고 거짓말을 하여 박형선이 병실에서 오랫동안 편안히 있도록 해주었다.

〈임을 위한 행진곡〉의 여주인공 박기순의 오빠 박형선이 광주사태 기간 동안 전남의대 부속병원에 입원해 있었던 것은 사실이다. 그런데 운동 권 의사들이 낀 조직적인 사기로 입원했던 기록을 이용하여 광주민주화 운동 유공자 대우를 받고, 또 그것을 근거로 박형선과 박기순 남매의 가 족은 민주화운동 명문가라고 주장하는 것은 또 하나의 사기다.

광주사태 당시에는 박형선이 꾀병을 부리고 광주일고 동문 의사들이 허위 진단서로 보호막을 쳐주었는데, 노무현 정부 시절에는 박형선이 부 산저축은행을 개인금고처럼 이용하고 정계와 법조계의 광주일고 동문들 이 보호막을 쳐주었다.

5월 17일 자정의 예비검속 때 박형선이 그 대상이 되었던 이유는 그 가 1974년의 〈민청학련〉 사건 주동자들 중의 한 명이었기 때문이다. 평 양의 대남공작부서가 그 배후였던 1974년의 〈민청학련〉 사건은 (김용규 1999, 285-289) "공산주의자들의 배후 조종을 받은 〈민청학련〉이 화염병 과 각목으로 시민 폭동을 유발, 정부를 뒤엎고 노농정권을 수립하려는 국가변란을 기도했던"사건이다.

1974년의 〈민청학련〉 사건은 그 사건의 북한 측 당사자였던 거물 간 첩 김용규의 시각에서는 북한식 인민민주주의를 위한 운동이었다.(김용규 1999, 285-289) 1973년 광주일고 출신 전남대생들이 대거 〈민청학련〉에 가입하게 된 데는 인혁당 재건위의 배후 조종이 있었다.(박갑동 2005, 98)

거물간첩 김용규는 그의 저서『소리없는 전쟁』에서 〈민청학련〉 사건 직후 간첩단이 〈민청학련〉 사건 관련자 가족들을 대상으로 공작할 목적 으로 '구속자협의회'를 만들었다고 했다. 1974년 〈민청학련〉 사건으로 처 음 2명이 구속되었을 때 간첩단이 가족들에게 1인당 5만원씩 위로금을 전달해 주었는데, 이것이 '구속자협의회'의 기원이다.(김용규 1999, 299) 간 첩단은 위로금 수혜자 수를 차츰 늘려가다가 '구속자협의회'를 조직했다.

김용규가 기록하듯이, 구속자협의회는 처음에는 북한의 공작금으로 시작되었다. 즉, 남한의 운동권을 양성하기 위한 목적에서 간첩단이 학생 운동권을 시켜 인혁당 재건위 사건 및 〈민청학련〉 사건 관련 구속자들의 가족을 방문하여 금품을 전해 주는 활동을 시작했다.(김용규 1999, 284-289) 김용규는 형권이란 가명의 남파 공작원이 여성 보호막으로서 송 마담과 평양에서 간첩 훈련을 받고 돌아온 서울법대생 박 군을 시켜서 〈민청학련〉 사건 관련자 가족들에게 금품을 전하였음을 이렇게 기록한다:

> "내가 가도 좋겠지만 당신이 가는 것이 더 좋을 거야. 가서 다른 얘기는 하지 말고 위로만 해주고 와, 알았지?" 이렇게 형권(가명)은 송 마담으로 하여금 박 군을 앞세우고 최 군과 이 군의 가족들을 방문하고 위로금으로 각각 5만원씩 전하도록 했다. 당시 〈민청학련〉 사건으로 현상 수배된 이철, 유인태에게 걸린 현상금이 20만 원이었음을 생각하면 결코 작은 액수가 아니었다. 그러나 그것은 결코 무모한 투자가 아니었다.(김용규 1999, 289)

간첩단은 목사 등 그들이 방북시켰던 종교계 지도자들을 차츰 '구속자협의회' 활동에 끌어들여 그 활동을 그들에게 넘겼다. KNCC에 인권위원회가 발족되고 교회 여성단체 연합회를 비롯해서 기장, 예장, 가톨릭 등 각 교단에서 〈민청학련〉 사건 관련 구속자들의 후원을 시작하자 방북 경력이 있는 목사가 표면에 나서는 것보다는 운동권이 인권운동단체를 조직하고 전문적으로 그 일을 하는 것이 현명하다고 간첩들은 판단하였다.(김용규 1999, 294) 결국 그 이듬해인 1975년에 윤한봉이 박형선, 이강 등 광주일고 동문들과 더불어 '구속자협의회'를 인수받았다.

요컨대 간첩단이 1년간 육성한 활동을 윤한봉 등 〈민청학련〉 사건 주동자들이 인수받은 것이 광주운동권의 기원이다. 이렇듯 1990년대부터 시작된 교회들의 과도한 대북 지원은 그 뿌리가 1970년대 중반부터 시작된 과도한 종북 운동권 지원에 있었던 것이다.

여기서 우리는 '광주운동권'이란 용어에는 광의와 협의의 두 가지 의미가 있음을 명기할 필요가 있다. 광주운동권이 광의로 쓰일 때는 일반명사로 사용되고, 협의로 사용될 때는 고유명사로 사용된다.

오늘날 일반명사로서 광주운동권을 지칭할 때는 광주 거주 혹은 광주 출신 운동권을 의미한다. 그러나 원래의 광주운동권은 고유명사였고, 윤한봉이 1970년 후반에 만들어낸 신조어였다. 윤한봉은 8인으로 구성된 '구속자협의회'를 광주운동권이란 별명으로 불렀다.

간첩단이 '구속자협의회'를 만들어 1년간 육성한 후 남한 운동권에 넘긴 것은 대남공작을 위한 절묘한 한 수였다. '구속자협의회'는 윤한봉에게는 스프링보드였다. 1975년 그 회를 맡은 때부터 윤한봉은 직업적 운동권의 길에 들어섰다. '구속자협의회'는 지하조직일 필요 없이 합법적인 활동이 가능했고, 협의회 활동과 더불어 그는 순식간에 운동권 거물이 되었다. 윤한봉은 '구속자협의회'를 맡은 지 불과 4~5년 만에 광주사태를 총기획할 수 있는 운동권 거물로 급성장했다.

앞서 언급한 대로 윤한봉은 '구속자협의회'를 광주운동권이라고 불렀으며, 그 회원 수를 그는 엄격하게 8명으로 제한했다. 광주운동권 회원 수는 단 한 번도 8명을 초과한 적이 없었으며, 광주사태를 일으킬 준비를 위해 부득이 정동년과 박효선 등을 가입시키고 회원 수를 늘려야 했을 때는 〈전남 민청협〉이란 새 조직을 만들었다. 그런데 광주운동권 수 8명에는 살기 돋친 의미심장한 의미가 있다.

〈남민전〉의 깃발에는 인혁당 재건위의 8인의 사형수를 상징하는 의

미가 들어 있었다. 1978년 초부터 2년간의 준비과정을 거쳐 광주를 거점
으로 무장봉기를 일으킬 준비를 하던 〈남민전〉은 베트콩처럼 인민혁명
에 성공하는 날 중앙청에 게양할 대형 전선기(戰線旗)까지 만들어 놓았
다. 그 깃발은 도예종 등 8인의 인혁당 재건위 사형수들의 내복을 염색한
천으로 만들어졌다.

첨언하면, 〈임을 위한 행진곡〉의 원래 시인 백기완의 시 〈묏비나리〉
에도 인혁당 재건위 사형수의 내복을 염색한 천으로 만들어진 〈남민전〉
의 깃발과 같은 상징적인 의미가 들어 있다. 〈남민전〉의 '새 날'은 중앙청
에 전선기를 게양할 날이었다. 그 '새 날'이 백기완의 시에 언급된 '새 날'
의 의미이다.

윤한봉은 자신이 광주운동권의 숫자를 8명으로 한정한 이유 역시 그
의 동지들이었던 8인의 인혁당 재건위 사형수 숫자를 상징하기 위한 것
이었다고 증언했다.(강현아 2006; 윤한봉 2006, 윤한봉 구술녹취문 2차 2-4)

인혁당 재건위 사건 관련자 8명이 사형당한 것에 대한 보복으로 윤한
봉은 박정희 대통령을 암살할 계획을 세웠다. 인혁당 재건위는 월남의 베
트콩과 동시에 적화 통일에 성공할 목표를 세우고 있었기 때문에 1975년
4월의 월남의 내전은 한국을 바짝 긴장시켰다. 인혁당 재건위 사건 관련
자 8인의 재판을 재판부가 1년 이상 끌 수 없었던 것은 그러한 시대상황
때문이었을 것이다.

윤한봉은 민청학련 사건 주동자였는데 왜 자기가 인혁당 재건위를 위
해 복수하려고 했을까? 그 이유는 방송으로 북괴의 지령을 받고 있던 인
혁당 재건위가 이철을 시켜서 윤한봉을 포섭했기 때문이다.

1973년 12월에 서중석, 유인태, 이철, 나병식 등이 〈민청학련〉을 결성
했다. 지승호는 이철 전 의원의 말을 인용하여 인혁당 재건위 사건 관련
자로서 경북지역책이었던 여정남과 광주의 〈민청학련〉 사건 주동자들이

접선하고 있었음을 이렇게 기록한다:

> 당시 대구경북 지역은 중요한 거점지역이었다. 이철 전 의원도 '유
> 신반대 전국 시위에서 대구 광주는 주요 거점도시였으며, 경북대와 전
> 남대는 중요한 학교였다'고 말한 바 있다. 그래서 고 여정남씨와 〈민청
> 학련〉과의 접촉이 있게 된 것이고, 학생운동의 네트워크가 형성되는
> 시기이기도 했다. 그리고 그 움직임은 유신으로 철퇴를 맞고, 73년 다
> 시 복원이 된다.(지승호 2005, 173)

인혁당원 여정남이 〈민청학련〉을 접선한 것은 분명한 사실이라는 명
백한 증거로 김지하는 여정남이 유인태와 이철 등 〈민청학련〉 조직책들
에게 직접 활동자금을 제공한 사실을 든 바 있다. 김지하가 말하듯이 "모
든 조직운동은 자금이 가장 중요하다. 수사를 할 때 자금원이 어디인가
가 중요하다." 그리고 김지하가 증언하듯이, 〈민청학련〉 자금원은 인혁
당이었다. 김지하는 그 자금은 "죽은 여정남씨가 유인태씨든가 이철이든
가 막걸리 값 하라고 준 것"이라고 증언한다.(지승호 2005, 184)

이처럼 전국에서 동시다발적으로 시위를 일으키려다 그 음모가 1974
년 봄 사전 노출되어 무산된 사건을 〈민청학련〉 사건이라 부른다. 이것
은 아주 큰 사건이었으나 당시 정부의 사법부는 이 사건에 연루된 학생
들에게 최대한의 관용을 베풀고, 공산당으로서 〈민청학련〉 사건 배후였
던 인혁당 재건위 사건 관계자 8명에 한해서만 국가보안법상 최고형을
적용하는 것으로 1년 후 1975년 4월에 마무리되었다.

8명의 인혁당 당원들이 사형에 처해진 바로 그날 윤한봉은 8명으로
구성된 광주운동권을 조직하고, 박정희 대통령을 겨냥하는 복수의 칼날
을 갈며 제2라운드 준비를 시작했다.

이렇듯 윤한봉이 박정희 대통령을 상대로 싸움을 벌이려 하게 된 동기는 〈민청학련〉 사건이었다. 그런데 이 〈민청학련〉 사건에는 두 가지 성격이 있었다. 즉, 적화통일 세력과 산업화 반대세력이 뭉친 사건이 〈민청학련〉 사건이었다. 인혁당은 적화통일 세력을 대표하였으며, 윤한봉은 산업화 반대 세력의 기수였다.

역사에는 종종 선의의 독재가 필요한 시대가 있으며, 한국에서는 세종대왕 시대와 1970년대가 바로 그러한 시대였다. 선의의 독재는 강한 리더십과 거의 동의어로 쓰인다. 1970년대는 국가 지도자의 강한 리더십이 절실히 요구되는 시기였다.

1960년대에 이미 국제정치학자들은 1960년대까지 산업화를 이룩하지 못한 국가들은 그 후로는 기술 격차가 너무 벌어져 산업화가 영영 불가능할 것이라고 진단했다. 2차 세계대전 및 6·25전쟁 이후의 세계 판도는 농업수출국이 공업수출국에 경제적으로 종속되는 경제전쟁의 시대였다. 더구나 한국의 경우는 농업수출국이기는커녕 식량 대부분을 수입해야 하는 영세농업국이었다.

〈민청학련〉 사건은 국제정치학의 역학(力學) 이론으로 설명될 수 있는 사건이다. 자연발생적으로 혹은 저절로 농업국에서 산업국으로 발전하는 국가는 없다. 정부가 산업화 목표와 정책을 가지고 있는 나라에서만 농업국에서 산업국으로 발돋움할 수 있다.

그런데 다행히 어느 나라가 지도자를 잘 만나 그런 정책 목표를 내세우더라도 전통적 농업국가에서는 산업화 정책에 대한 거센 저항이 따른다. 즉, 농업국 상태를 영구히 유지시키려는 지주 및 운동권이 있다. 만약 이때 그 정부가 산업화 반대세력의 거센 저항에 부딪쳐 굴복하면 그 나라는 영영 산업화의 기회를 놓치게 된다.

5천년 동안 농업국이었던 한국에서는 산업화에 대한 저항이 더욱 거세실 수밖에 없었다. 그런 저항이 화산의 폭발처럼 터지려던 사건이 〈민청학련〉 사건이었으므로, 우리는 한국 근현대사의 큰 맥락에서 이 사건을 조명해야 한다.

박정희 후보와 김대중 후보가 겨루던 1971년 한국의 대선은 운명의 갈림길이었다. 김대중은 최악의 정책을 선거공약으로 내놓았음에도 그때 사람들은 그것을 분별할 수 없었기 때문에 김대중 지지 세력도 만만치 않았다. 김대중은 왕년의 빨치산 박현채가 써준『대중경제(大衆經濟)』를 자기 저서라고 속이고 선거홍보용 책자로 배부했다.

조정래의 소설『태백산맥』에 나오는 '위대한 전사(戰士) 조원제'의 모델이 바로 소년 빨치산 박현채이다. 그는 소년 시절에 빨치산이 되었기 때문에 김일성에 대한 그의 충성은 평생 일편단심이었다. 서울상대에 진학한 후 그의 빨치산 투쟁 방법은 경제이론 논객으로 바뀌었다. 그는 글을 아주 잘 썼기 때문에『대중경제』의 실제 저자가 박현채인 줄 몰랐던 국민들은 김대중이 아주 박학다식한 대통령감이라고 생각했다.

김대중의 이름으로 출간된 박현채의『대중경제』는 박정희 대통령의 저서『조국근대화』에 대한 정면 대결이었다. 이 책에서 박현채는 서구의 자본주의는 곧 몰락할 것이라고 예언하고, 박정희가 곧 몰락할 서구 근대화의 뒤꽁무니를 뒤쫓고 있다고 호되게 비판했다.(그래서 1990년 동구공산권이 몰락하고, 박정희와 전두환의 경제정책이 옳았음이 입증되자 운동권은 큰 충격에 빠졌던 것이다.)

이 책에서 박현채가 대안으로 제시한 것이 김대중의 선거공약이었는데, 그것은 기업주들을 없애고, 노동자들이 공장의 주인이 되게 하겠다는 것이었다. 이것은 노동자들의 표를 흡수할 수 있는 선거공약이었던 동시에 사실상 공산주의 혁명의 약속이었다. 대선후보 김대중의 이름으로 이 책이 출간되었기 때문에 다수의 국민들은 그것이 빨치산 이론이라는 것을 보지 못했고, 기업이 있으면 노동자와 농민이 착취당한다는 논리가 그럴듯하게 들렸다.

　여기서 잠시 1970년대의 한국 대학생들의 자화상을 그려보자. 지금은 컴퓨터와 자동차를 수입하는 나라가 되는 것보다는 수출하는 나라가 되는 것이 좋다는 것은 삼척동자들도 다 안다. 그러나 1970년대의 한국 대학생들 역시 그런 사실을 알고 있었을까? 아니다. 그때는 몰랐다. 당시 반정부 시위를 농대생들과 문리대생들이 주도했는데, 문리대생들은 공대생들을 얕잡아보며 자신들이 대한민국의 지성을 대표하는 집단이라고 자부하고 있었지만, 컴퓨터와 자동차를 수입하는 나라가 되기보다는 수출하는 나라가 되는 것이 더 좋다는 것을 전혀 알지 못했다.

　1970년대의 한국의 문리대생들은 한국이 장차 컴퓨터와 자동차를 전 세계로 수출하는 나라가 되리라고는 꿈에도 상상할 수 없었다. 당시 학생들의 인식에서는 그것은 불가능한 일이요, 꿈에도 생각할 수 없는 일이었다. 20년, 30년 앞을 내다본 박정희 대통령의 국가비전이 그들에게는 전혀 보이지 않았다. 박현채는 글을 잘 썼으며, 김대중은 연설을 잘했다. 박현채는 학생들에게 반기업 정서를 부채질했고, 김대중은 박정희의 경제발전 청사진을 총통제 음모라고 반박하며 헐뜯고 맹공격했다.

　당시 한국에는 자본도 기술도 없었다. '한강의 기적'은 포항제철의 준공과 더불어 시작되었다. 포항제철의 건설은 국가의 명운을 건 사업이었다. 박정희는 유일무이(唯一無二)한 경제전쟁 전략가였다. 그는 삼천만 국민 중 그 누구의 눈에도 보이지 않는 것을 보았다. 그는 국제시장에서 철강의 수요가 늘어날 것을 정확히 예측했다.

　1973년 포항제철의 철강 수출로 한국이 비로소 외화를 벌어들이기 시작하자 그 기회를 놓치지 않고 박정희가 시작한 것이 중화화공업 육성 정책이었고, 전자산업과 자동차 생산과 물류산업 육성 정책이었다. 이 모든 것이 1970년대에 시작되었는데, 이런 것들은 조금만 때를 놓쳐도 영영 기회를 놓치고 말았을 사업들이다. 더구나 전자산업 등은 해외로부터의 기술 이전의 기회가 단 한 번뿐이었으며, 그 후에는 기술격차가 너무 벌어져서 영영 생산이나 수출이 불가능하고 영구적인 수입국 신세로 머물게 될 것이었다.

그러나 당시 운동권 학생들의 눈에는 이런 큰 그림이 전혀 보이지 않았다. 한국의 중요한 경제 건국기에 김대중이 협력했던가? 아니다. 그는 박정희의 정책은 나라를 망하게 하는 정책이라고 선동했다. 1970년대의 김대중은 몹시 위험한 경제관을 가지고 있었다.

1970년대 초는 한국이 산업화의 막차를 타는 중요한 경제 건국기였기에 박정희 후보와 김대중 후보가 겨루던 1971년의 대선은 실로 우리 민족의 운명의 갈림길이었다.

역사에는 다수결의 원칙보다 우선하는 민주화의 원칙이 있을 때가 있다. 민주주의 정치와 자본주의 경제는 쌍두마차이다. 그러므로 극소수의 지주와 대다수의 소작농으로 사회가 양분된 영세농업국에서는 민주주의 정치 실현이 불가능하다. 영세농업국에서 유일하게 가능한 두 정치제도는 왕정 아니면 공산주의뿐이다. 한 사회에 중산층이 존재해야만 민주주의 정치를 실현할 수 있고, 산업이 발전되어야만 중류층 혹은 중산층이 두터워질 수 있다.

우리가 1970년대에 민주주의 발전을 원했는가? 그렇다면 그 유일한 길은 산업화 정책이었다. 따라서 산업화를 결사반대하고 한국이 영구토록 영세농업국으로 머물러 있도록 하려고 했던 운동권이야말로 한국 민주주의 발전의 적이었다. 그러면 민중이 우매하여 1970년대의 산업화의 중요성을 보지 못하고 거세게 반발할 때 우리는 어떻게 해야 했는가? 우매한 민중이 다수라고 하여 다수결의 원칙을 따라야 했는가? 우매한 운동권이 다수도 아니었지만 설사 다수였다고 하더라도 다수결의 원칙보다 우선되어야 하는 민주화의 원칙이 있었다. 경제 건국기에는 산업화 과제가 우선이다. 오늘날 경제후진국 중에 민주주의가 실현되고 있는 나라가 어디 있는가?

박정희 대통령의 중화학공업 육성 정책에 거세게 반대하는 민중봉기를 일으키려고 한 사건이 바로 1974년 봄의 〈민청학련〉 사건이었으며, 그 음모의 배후에는 적화통일 세력이었던 인혁당 재건위가 있었다. 박현채 역시 글로써 운동권 학생들을 원격조종하고 있었다. 〈민청학련〉 사건 주동자는 윤한봉이었지만, 그때 그가 전남대 농대생으로서 발표한 성명서는 그가 작성한 것이 아니었다. 박현채가 작성하고 자신의 이름을 위장명의로 사용한 것이었음을 윤한봉은 이렇게 증언한다:

> 내가 그때까지만 해도 〈민청학련〉 사건 때 썼던 선언문 중 하나가 민족, 민주, 민중선언 그런 게 있었잖아. 민중 소리를 그때부터 쓰기 시작했는데, 내가 쓴 것이 아니라 뻔하지 뭐, 학자들이 쓴 거지.(강현아 윤한봉 2006 구술녹취문 1차 2-7)

적화통일 세력이 이철 등을 시켜서 막대한 공작금을 들여가며 〈민청학련〉 사건의 전라도 주동자로 선택한 인물이 당시 전남대학교 농과대학 3학년에 재학 중이었던 윤한봉이었다. 같은 〈민청학련〉 사건 주동자인 박형선 역시 농과대학 학생이었다. 전남대의 농대생들에게 그 어떤 심오한 민주주의 철학이 있어서 민중봉기로 국가를 전복시키려고 했을까? 아니다. 그들은 이미 중고등학교 시절부터 간첩단인 통일혁명당의 산하 '광랑(光朗)' 서클에서 반미 색채의 세계관이 형성되어 있었다. 그래서 그들이 적화통일 세력과 산업화 반대 세력의 매칭 역할에 적임자들이 었던 것이다.

만약 1974년의 〈민청학련〉 사건이 성공했더라면 우리나라는 북한에 정복당하여 북한의 지배하에 놓였거나, 아니면 제3공화국의 굴복으로 중화학공업 육성정책을 포기했을 것이다.

〈민청학련〉 사건이 성공한 이후 설령 적화통일의 위기를 간신히 모면했다고 하더라도, 첨단 과학기술 육성을 위한 절호의 기회를 포기함으로써 중화학공업 육성이 중단되고 전자산업도, 자동차 생산도, 물류산업도 없는 나라에 무엇이 남아 있겠는가? 만약 〈민청학련〉 사건이 성공했더라면 그것은 우리 민족에게 돌이킬 수 없는 치명적인 실수가 되었을 것이다.

국제정치에는 어떤 역학 원리가 있다. 만약 어떤 영세농업국에 다행히 산업화 계획과 목표를 가진 정부가 있다고 하더라도 산업화 반대 세력의 강한 저항을 그 정부가 제압할 능력이 있어야만 경제발전에 성공할 수 있다. 그리고 경제 건국의 기반 위에서만 민주주의의 초석이 다져질 수 있으므로 올바른 지도자의 강한 리더십은 민주주의 발전의 긍정적인 요소이다. 즉, 역사에는 강한 리더십이 필요한 때가 있다.

그러나 1970년대의 문리대 학생들은 박정희 대통령의 강한 리더십이 민주주의 발전의 긍정적인 요소라는 것을 보지 못했다. 그래서 그때 김대중 및 적화통일 세력이 박정희 대통령의 절묘한 경제정책을 '군사독재' '장기집권' '총통제' 등의 용어로 흑색선전하며 반정부 시위를 선동하기가 식은 죽 먹기처럼 쉬웠다.

〈민청학련〉 사건이 있은 지 불과 4개월 후에 우리 민족에게 큰 시련이 있었다. 1974년 8월 15일 광복절 행사 때 김대중의 〈한민통〉 조직원 문세광이 박정희 대통령 암살을 시도했다. 2011년 리비아의 이슬람 태러 단체들이 민주화의 가면을 쓰고 시민군을 조직한 후 (동상이몽의 운동권을 끌어들여) 혁명을 일으켰을 때, 쉽게 혁명에 성공하는 길이 카다피 국가원 수를 죽이는 것이었다. 1974년에도 적화통일 세력이 쉽게 적화통일을 달성하는 비결은 박정희 대통령 암살이었다. 그때 문세광이 쏜 총탄은 박정희 대통령에게 맞지 않고 육영수 여사에게 맞았다.

육영수 여사의 서거도 민족의 비극이지만, 만약 그날 박정희 대통령이 암살당했더라면 그것은 4년 후 10·26 대통령 시해 사건과는 비교도 안되는 민족의 불행이 되었을 것이다. 1979년 박 대통령이 서거했을 때에는 중화학공업 육성이 어느 정도 완성단계에 들어서서 자원 없는 나라에서 우리 민족이 오래오래 생존하고 번영할 기틀이 마련되었다. 그러나 만약 1974년 광복절 때 문세광의 총탄이 대통령에게 명중되었더라면 그것은 곧 경제 건국의 붕괴로서 1970년대에 건설되고 있던 모든 공장들이 와르르 무너지는 것이었다.

그 위기가 간신히 지나간 후 1975년, 이번에는 전남대 농업학과를 중퇴한 윤한봉이 자기가 박정희 대통령을 암살하겠다며 동지들을 8명 모아 광주운동권을 조직했다. 공식행사장에서 다이너마이트와 수류탄으로 대통령을 암살하려는 음모는 1977년까지 추진되다가 1978년에 중단되었으나, 1979년의 부마사태 때 운동권의 생각을 읽은 김재규가 대통령을 시해하는 돌발사태가 발생했다.

문세광이 박정희 대통령 암살을 시도했던 1974년부터 광주운동권의 박 대통령 암살 시도를 거쳐 1979년에 김재규에게 암살당하기까지 불과 5년 동안에 박정희 대통령은 찬란한 경제 건국을 이룩하였다. 서구에서도 200년이 걸렸고, 개발도상국에서는 불가능하다는 중화학공업을 육성하여 중화학공업 분야에서는 세계 6위 안에 드는 나라로 기적의 발 돋음을 할 기반을 마련했고, 국제사회에서 전자제품 기술경쟁을 할 수 있을 만한 기반을 다졌으며, 자동차 생산능력을 지녔으며, 포항제철의 철강생산 능력이 미국의 디트로이트를 능가하는 등 깜짝깜짝 놀랄 일들이 일어나 이 경이를 일컫는 신조어 '한강의 기적(The Miracle of the Han River)'이란 말이 등장했다. 자본이 없는 나라에서 이런 성취가 가능했던 것은 박정희라는 탁월한 지도자가 있었기 때문이다.

여기에서 민주주의에 대한 담론이 필요하다. 지금 우리가 선거로 박정희 같은 위대한 지도자를 선택할 수 있을까? 슬프지만 그런 위대한 인물은 역사에 흔하지도 않고 있다고 해도 선거에 의해 선출되기는 어렵다. 기술도 없고, 자본도 없고, 시장경험도 없고, 안보위기만 있었던 나라, 거리 정치꾼들이 방해를 위한 방해를 하는 나라에서 중화학공업을 육성하고 한국을 단기간 내에 기술선진국으로 발전시킬 수 있는 전략적 지도자는 박정희뿐이었다.

한 사회의 경제구조에서 중류층이 두터워지는 것과 정치의 민주화는 동의어(同義語)이다. 중류층이 없는 사회에서는 직접선거든 간접선거든 별 의미가 없다. 국민의 경제수준이 높아져 누구나 교육을 받을 수 있는 기회가 열리게끔 한 대통령이, 극빈자들이 중산층으로 상승하게끔 한 대통령이 바로 민주화의 초석을 이룬 대통령이다. 박정희야말로 한국 정치의 민주화에 크게 기여한 대통령이다.

오늘날 우리가 눈을 비비고 보아도 정치꾼들 중에 박정희 대통령처럼 위대한 지도자감을 찾아볼 수 없다. 그런 보배로운 인재(人才)는 역사에 아주 희귀하다. 결코 풀빵 찍어내듯 투표로 찍어낼 수 있는 것이 아니다.

〈임을 위한 행진곡〉은 박정희 대통령 암살 음모와 연관이 깊은 노래이다. 1974년의 〈민청학련〉 사건은 문세광이 박 대통령을 암살하려다가 육영수 여사를 저격한 사건의 발단이었고, 그 후 박 대통령 암살 음모를 추진한 8인이 광주사태 주동자들, 즉 임시혁명정부 성격의 인민위원회 간부들이었으며, 그 중에서 박형선은 〈임을 위한 행진곡〉의 여주인공 박기순의 오빠이다.

윤한봉, 윤상원 등과 더불어 대통령 암살을 추진했던 박형선이 2002년에는 노무현 대통령 킹메이커였다. 그리고 그가 킹메이커 역할을 한 비결은 노사모식 민주주의였다. 그는 새천년민주당 후보 경선 때 당원을 무더기로 가입시키고 당비 1천 원씩을 대신 내주어 그들이 선거인단이 되어 노무현을 찍게끔 하는 노사모식 민주주의로 노무현이 민주당 대선후보가 되는 길을 열어준 킹메이커였다. 그리고 그는 2006년 노무현 대통령이 캄보디아를 방문했을 때 수행하였다.

여기서 이 중요한 시사 설명을 위해 5·18 재판 판결에 대한 해설을 덧붙일 필요가 있다. 지난 2013년 박근혜 정부가 전두환 추징법이란 또 하나의 해괴한 법을 만들어 전두환 전 대통령 추징금 환수에 나섰다. 그러나 실은 추징금 판결이 정당한 것이었는지부터 검토하는 것이 진정으로 사회정의를 실현하는 길이다.

전두환은 광주사태 이래 광주 학살 누명을 쓴 인물이다. 아주 억울한 누명을 쓴 사람의 누명을 풀어주기는커녕 인격 살인하여 그 가족과 친척까지 사회에서 매장하고, 전 재산을 몰수하는 것은 사회정의 실현과는 거꾸로 가는 것이다.

1996년의 5·18재판은 사실이 아니라 유언비어에 의거하여 시작된 재판이었다. 즉, 재판이 시작된 이유는 광주사태 당시 보안사령관이었던 전두환이 발포 명령자였다는 유언비어에 따른 의혹이었다. 그러나 조사 결과 발포 명령자는커녕 발포 명령 자체가 없었다는 사실이 밝혀졌다. 이때 채동욱 등으로 구성된 검찰은 유죄판결 거리를 만드는 수단으로 비자금 올가미를 씌웠다.

정치 후원금과 각종 성금에 비자금이란 용어를 사용하고 올가미를 씌우면 자유로울 정치인이 과연 몇 명이나 있겠는가? 전두환 비자금으로 간주된 돈들 중에는 5공화국 시절 수재민 등을 돕기 위해 각 방송국들이 모금한 성금이며, 금강산댐 성금, 어린이심장재단 성금 등이 포함되어 있었다.

제5공화국 말기에 정치자금 창구를 단일화하여 그 창구를 통하여 기업인들의 정치후원금이 전달된 것은 사실이다. 김대중 정부와 노무현 정부가 기업들로부터 정치후원금을 받은 것이 사실이듯 전두환 정부도 정치후원금을 받은 것은 사실이다. 그러나 전두환 대통령의 경우 그것이 뇌물이라는 주장은 논리적 성립이 불가능하다.

1971년에 이어 1980년에 한국은 다시 한 번 운명의 갈림길에 있었다. 박정희가 한국경제를 발전시킨 것을 한국인들은 아직 모르고 있었다. 그리고 김대중 세력이 퍼뜨린 내러티브는 그와 정반대였다. 박정희의 목표가 공산품 수출이었던 것과는 달리 김대중의 목표는 수출 자체의 반대였다.

오늘날 전세계 경제학도들이 한국을 케이스 스터디 하는 이유는 '한강의 기적'으로 '종속이론(dependency theory)'이 무너졌기 때문이다. 오늘날 한국은 경제학의 주류이론을 따르고 있지만, 당시 운동권은 비주류이론, 즉 제3세계 경제학 이론이었던 '종속이론(dependency theory)'을 따르고 있었다.

주로 선진국에서 발전되었던 교과서적 주류이론은 교역을 통해 여러

나라가 경제적으로 이익을 볼 수 있다는 것이다. 이에 반해 '종속이론'은 무역을 미 제국주의의 경제 침략으로 규정한다. 이런 주장에 대한 근거로서 그들은 2차대전 이후의 아프리카 대륙의 여러 신생국들이 서구 선진국들과의 무역을 통해 빈익빈 부익부(貧益貧 富益富)의 늪에 빠지고 있음을 제시하였다. 즉, 값싼 농산품을 수출하고 고가의 공산품을 수입해야 하는 후진국은 점점 가난해져 경제적으로 서구의 선진국에 종속되는 경제 식민지화하고 있다는 것이었다. 그래서 종속이론 주창자들은 후진국들에 국제시장에서의 교역 대신 내수경제를 선택하라고 권했다.

한국의 운동권은 맹목적으로 종속이론을 따랐을 뿐만 아니라 전투적으로 종속이론을 고수하였다. 이 종속이론을 바탕으로 왕년의 빨치산 박현채는 대중경제(大衆經濟) 이론을 만들었는데, 범(汎)김대중 세력의 경제이론으로 굳어진 그 이론에서는 박정희가 경제를 발전시킨 것이 아니라 망가뜨린 것이었다. 그들은 그 증거로 1980년에 한국 외채가 400억불이 넘어선 사실을 들었다. 그때 국민 한 사람 당 외국에 진 빚이 40만 원이었다고 했다.

경제학적으로는 이 이론이 광주사태의 직접적인 도화선이 되었다. 광주사태를 조직하던 세력은 3월 26일 김대중을 전남 가톨릭 농민대회 연사로 초청했고, 광주 YWCA에서 김대중은 '민족혼과 더불어'란 제목으로 연설했다. 다음은 그날의 김대중의 연설 한토막이다:

여러분에게 솔직히 얘기한다면, 나는 다음 정권, 그렇게 대단한 매력이 없습니다. 왜? 첫째, 경제만 보더라도 박정희씨가 아주 망쳐 놓았습니다. (박수. 옳소! 환호.)

이것을 맡아 놓고 수습한다는 것은 마치 다 파먹은 김칫독에다 머리를 집어넣는 것과 마찬가지입니다. (옳소! 박수.)

4년 동안 뒤치다꺼리나 하고 나면, 그것도 내가 좋아하지 않는 사람

의 뒤치다꺼리를 하고 나면, 4년은 끝나는 것입니다. (웃음, 박수.) (5 ·
18 사료편찬위원회 2009, 1:480)

김대중의 이 말의 뜻은 자신의 경제정책은 박정희의 경제정책과 정
반대요, 따라서 자신이 집권하면 박정희가 시작해 놓은 공사를 전부 중
단시키는 것이 수습이고, 뒤치다꺼리라는 뜻이다. 이 연설을 한 광주 지
역에서의 자신의 지지를 확인한 김대중은 상경 며칠 후의 기자회견에서
신민당 입당 포기 의사를 밝혔다. 즉, 이때 이미 선거가 아닌 민중봉기
에 의한 집권전략을 굳혔던 것이다.

이렇듯 3월 26일 광주에서 개최된 가톨릭농민대회는 순수 종교행사
가 아니라 계엄 하에서 불법인 대규모 집회가 가능하도록 〈정의구현사제
단〉이 김대중을 위해 종교 보호막을 쳐준 행사였다.

그 행사에서 김대중의 연설만 들으면 박정희가 망친 경제에 대한 위
기감이 고조될 수밖에 없었다. 더구나 김대중은 박정희가 농민들을 착취
해서 공장을 지었다고 선동했다. 김대중은 어서 자신이 집권하여 박정희
가 잘못한 것을 다 때려부셔야 한다는 논리로 연설했고, 농민운동권 청
중의 열광적 환호를 받았다. 그 연설 후 5월 11일 정읍 동학제에 5만 명
의 청중이 동원되었는데, 그날 가톨릭농민회는 5월 19일에 예비군 무기
고를 접수하고 무장봉기를 일으킬 모든 준비를 완료했다.

그 기세대로라면, 그리고 만약 광주사태가 시민군의 승리로 끝났더라
면, 김대중은 약속대로 박정희가 지어놓은 모든 산업시설들을 파괴했을
것이다. 당시 김대중에게는 수출 목표도 없었고, 당시의 그의 관점에서는
박정희가 피땀 흘려 이룩한 모든 산업 기반시설들과 공장들은 비싼 외채
를 끌어들여 조립한 불필요한 고철덩어리로만 보였던 것이다.

다행히 광주 일원에서 발생한 무장봉기는 5월 27일 진압되었지만 석

달 후에 최규하 대통령은 모든 수습의 책임을 전두환에게 떠맡겼다. 1970
년대에 계속 늘어나던 외채는 상환시기가 되어 그것이 당장 수습해야 할
발등에 떨어진 불이었다. 그럴 때 전두환은 어떻게 해야만 했는가? 김대
중 세력의 경제이론을 따라 박정희를 비난하고, 건설 중이던 중화학공업
공사를 중단하고, 농업국 시대로 복귀해야만 했는가?

박정희처럼 전두환도 내수경제가 아닌 수출경제를 선택했다. 그리고
전두환 역시 박정희 못지 않은 전략가였다. 박정희가 수출 목표의 전략가
였다면 전두환은 수출시장 확보의 전략가였다. 국제정치학자들이 볼 때
전두환의 국제경쟁력 배양 전략은 절묘한 신(神)의 한 수였다.

전두환의 경제팀은 완벽한 마스터플랜을 세웠으며, 전두환은 강한 리
더십이 있는 대통령이었다. 기업인들은 전두환 정부가 제안하는 대로 해
보았더니 그 방법이 적중하여 우리 민족 사상 처음으로 노다지, 외화가
한국으로 쏟아져 들어왔다. 1981년에는 도저히 불가능할 것 같았던 수백
억 달러의 외채도 금방 상환하였으며, 기업들마다 급성장하여 청년들은
학교를 졸업하는 즉시 좋은 직장에 취직되었다.

그래서 그때부터 세계의 경제학도들에게 한국학 연구는 필수가 되었
다. 제3세계 경제학자들의 종속이론(dependency theory)은 선진국의 주류
경제이론과 상치되지만, 후진국 및 개발도상국을 위한 대안이론을 그 누
구도 제시하지 못했다. 그런데 전두환이 대통령에 취임한 지 불과 몇 년
만에 개발도상국을 위한 대안이 있음이 입증된 것이다.

전두환과 그의 경제팀의 가장 중요한 업적은 눈에 보이지 않는 업적
이다. 박정희가 지은 공장은 눈에 보이지만 그의 탁월한 수출전략은 사람
의 눈에 보이지 않는다. 그가 부패한 대통령이라는 것은 터무니없는 누명
이다. 무명의 한국이란 브랜드를 불과 7년만에 세계적인 브랜드가 되게

해서 세계 경제학자들을 깜짝 놀라게 한 그의 탁월한 수출전략은 만약 그가 탐관오리였다면 전혀 불가능했던 전략이었다.

국익을 위한 전두환 대통령과 그의 경제팀의 헌신적인 노력으로 온 국민과 기업들은 고루 혜택을 누렸다. 국민 1인당 40만원씩 지고 있던 외채도 모두 갚았으며, 집집마다 살림이 넉넉해지고, 기업들도 번창했다. 이때 국민들이 그 감사함을 어떻게 표현하였는가? 정부의 좋은 수출정책 혜택을 받은 기업들이 감사의 표시로 후원금을 내는 경우는 어느 자본주의 국가에나 다 있고 한국이라고 예외는 아니었다.

이때의 정치헌금 액수는 상당히 부풀어져 있으나 아무리 부풀려도 가장 후원금을 많이 낸 기업의 후원금이 100억 원을 초과하지 않았다. 만약 그 100억 원이 많은 숫자라면 김대중과 노무현 정부의 수치와 비교해 보자.

박정희 대통령이 외채를 끌어들여 공장을 지었기 때문에 곧 나라가 망할 것처럼 방방 뜨면서 광주사태를 선동하던 김대중이 2000년 6월 15일 김정일과 악수 한 번 한 값으로 북한에 비밀송금 해준 금액이 5억달러 플러스 알파였는데, 이 금액은 전두환과 그의 경제팀이 7년간 받은 전체 후원금보다도 많은 액수이다.

2006년 노무현 대통령이 캄보디아를 방문할 때에도 기업인이 수행했는데, 그는 바로 2002년 대선 때 노풍의 주역 박형선이다. 그때 그가 대주주로 있던 부산저축은행이 캄보디아에 5천억 이상의 건설투자를 했는데, 이 투자는 한국과 캄보디아 양국의 국익에 전혀 도움이 되지 않았다. 만약 도움이 되었다고 한다면 단지 노 대통령이 국빈대우를 받게 하는 데 도움이 되었을 뿐이다. 노무현의 임기가 끝나자 모든 공사는 중단되어 외화는 캄보디아에서 허공으로 날아가 버렸다. 그 5천억원은 정치후원금

명목으로 노무현에게 제공된 뇌물 이외의 금액이다. 캄보디아에서 허공으로 날아가 버린 5천억 플러스 알파만 해도 전두환 대통령과 그의 경제팀이 7년간 받은 전체 정치헌금보다도 많은 액수이다. 더구나 사용 목적에 있어서 그 성격이 전혀 다르다.

전두환 대통령과 그의 경제팀이 7년간 받은 후원금 총액은 5억 달러 미만이었지만, 그것을 밑거름 삼아 한국은 400억불이 넘는 외채를 모두 상환할 수 있었으며, 국가가 부강해지고 한국이란 브랜드가 세계적인 브랜드가 되었으며, 온 국민의 소득이 크게 증가하였으며, 소시민들도 자기 집을 마련하고, 젊은이들은 좋은 직장에 취직할 수 있게 되었으며, 교육의 기회가 넓어지고, 해외여행의 자유화, 해외유학의 자유화 시대가 열렸다.

이렇게 알뜰살뜰 효과적으로 쓰고 남은 정치자금을 전두환 대통령은 후임 대통령에게 인수인계했으며, 노태우 대통령도 후임 대통령에게 인수인계하여 김영삼 대통령에게로 넘어갔다. 김영삼씨는 앞 정부들이 아껴 쓰고 물려준 정치자금을 다음 정부로 넘기지 않고 아들 김현철씨에게 맡겨서 관리하게 했다. 따라서 김영삼 대통령이 물려받아 탕진한 정치자금에 대한 추징을 그 선임 대통령들에게 한 셈이 되고 말았는데, 이야말로 참으로 황당한 일이다. 이런 관점에서 볼 때, 김영삼 대통령의 정치자금 출처에 대한 공개 없는 전두환 추징법은 그야말로 악법이다.

자, 그러면 김대중과 박형선이 외화를 펑펑 날려서 국민들에게 돌아온 것이 무엇인가? 김대중이 김정일과의 악수 한 번 한 값으로 지불한 5억 달러 플러스 알파는 북한의 핵 개발자금이 되었으며, 그 결과 한국은 언제 핵이 떨어질지 모르는 안보위기를 맞게 되었다. 자칫 핵무기 사고라도 일어나는 날에는 그것은 지난 2015년 4월의 강도 7.8의 네팔 지진보다 훨씬 엄청난 재앙이 될 것이다.

부산저축은행 대주주가 캄보디아에서 허공으로 증발시킨 5천억 플러스 알파도 회수가 안 되는 돈이다. 정치자금 창구가 일원화되어 있었던 전두환 정부에 제공된 자금의 경우 가장 많은 헌금을 낸 기업의 경우 100억원이었다고 한다. 전두환 정부의 탁월한 수출 전략과 효율적인 수출지원 정책으로 황금알을 낳는 거위들을 선물로 받은 기업들로서는 그 100억원은 거기 대한 보답으로서 약간을 환원하는 성의 표시였을 뿐, 그로 인해 기업인들의 생활이 궁색해지는 일은 없었다. 그러나 캄보디아에서 증발한 수천억 원은 그 피해를 고스란히 소액 예금주들인 부산시민들이 안아야 했다. 그것은 2만여 명에 이르는 소시민 피해자들이 평생 모으고 저축한 전 재산이었다.

그런데 부산저축은행그룹의 금융비리 사건은 노무현 대통령의 캄보디아 방문 때 증발된 5천억 원보다 규모가 훨씬 큰 것이다. 2011년 11월 2일 "현재까지 드러난 부산저축은행그룹의 금융 비리는 불법대출 6조 315억원(자기대출 4조 5천942억 원, 부당대출 1조 2천282억 원, 사기적 부정거래 2천91억 원), 분식회계 3조 353억원, 위법배당 112억 원 등 총 9조780억 원에 달한다."(연합뉴스 2011. 11. 2.)

거의 10조 원에 이르는 이 금융비리는 전두환 대통령과 그의 경제팀이 7년간 받은 전체 후원금의 무려 20배가 넘는 금액이다. 공교롭게도 이런 초대형 금융비리 사건은 1970년대 후반에 한국 경제 건국의 선장이었던 박정희 대통령 암살 음모에 가담했던 자이자 5·18광주민주화운동 유공자이며, 그리고 2002년 대선 때는 노풍의 주역으로서 킹메이커 역할을 했던 박형선이 대주주일 때 발생했다.

전두환 대통령의 경제 운영은 모든 서민들에게 큰 이익을 가져다주었지만, 전두환 통치자금의 20배가 넘는 규모의 부산저축은행 금융비리 사건 관련자들의 경제 운영은 수많은 서민들의 삶을 아주 비참하게 만드는 큰 피해를 가져다주었다. 그러나 2만 명의 서민 피해자들이 있었음에도 아무도 이 사건에 대해 책임을 지려고 하지 않았다. 이명박 정부 말기에 야 세상에 드러난 부산저축은행 사건 수사가 고위층으로 확대되기 전에 이명박 정부 시절에 흐지부지 끝냈으며, 이 사건 수사로 사회정의를 바로잡아야 할 박근혜 정부도 이 사건 수사를 피해 가면서 엉뚱하게 전두환 추징법이란 악법만을 만들었다.

부산저축은행 금융비리 사건은 광주일고 동문들에 의한 강도짓이었다. 이것은 김남주 등 광주일고 동문들이 1970년대 후반에 〈남민전〉에 가입하고 시민군의 전신인 전위대를 조직하여 벌인 강도행각과 마찬가지 강도짓이었다. 다만 그때는 강도짓의 규모가 작았고 흉기를 도구로 사용했던 것이지만, 이번에는 그 규모가 아주 크다는 것, 그리고 일종의 마피아 권력을 무기로 삼았다는 것이 다를 뿐이다.

운동권 정부 시절 검사들이 부산저축은행 금융 마피아를 위한 스폰서 검사들이 되었고, 법조인들이 호위무사가 되었으며, 문재인과 그가 대표로 있던 부산법무법인이 70억 원을 수임료로 받아 챙겼는데 그 누가 수사를 하겠는가? 더구나 정치 권력의 비호가 있었던 총체적 부패였다. 그 부패의 골이 워낙 깊어서인지 박근혜 정부도 건드리려고 하지 않고 피해 서민들의 호소를 못들은 척하고 있다.

이 부패는 그냥 덮고 넘어가서는 안 되고 최소한의 수술은 필요한 사건이었지만, 박근혜 정부 출범 초기에 박 대통령은 그들 세력과의 대통합을 선언했다. 부산저축은행 대형 금융비리를 저지른 세력은 새 정부와 국민들이 이 사건을 잊어버리게끔 전두환 추징법 발의를 지지했고, 박 대통령은 그런 세력과의 대통합을 하겠다는 의지의 한 표현으로 그 발의를 지지했다.

그런 세력이 애국가 대신 부르려고 하는 노래가 바로 〈임을 위한 행진곡〉이다. 〈임을 위한 행진곡〉의 여주인공 박기순의 오빠가 바로 부산저축은행 대형금융비리 사건의 장본인 박형선이며, 박형선이 자기 집 연탄가스 중독으로 사망한 여동생의 넋을 달래기 위해 윤상원과 영혼결혼식을 올려준 것이 〈임을 위한 행진곡〉이란 노래가 등장하게 된 배경이다.

〈임을 위한 행진곡〉을 국가 기념행사 때 국민 제창곡으로 지정하자는 자들에게 우리는 이렇게 물어야 한다.

이 노래의 여주인공, 즉 1978년 12월 26일 자기 오빠 박형선의 집에서 가족의 부주의로 인해 발생한 연탄가스 중독사고로 사망한 박기순이 어째서 5 · 18광주민주화운동 유공자인가?

시민군 활동을 한 적도 없었고, 전혀 아픈 곳도 없으면서 광주일고 동문 의사들의 허위진단 덕분에 광주사태 기간 내내 전남의대 부속병원에 가짜 환자로 입원해 있었던 박형선이 어째서 5 · 18광주민주화운동 유공자인가?

혹자는 5 · 18측이 광주사태가 일어나기 1년 반 전에 연탄가스 중독사고로 사망한 여성을 5 · 18광주민주화운동 유공자로 인정해 주고, 광주일고 출신 의사들의 의료 사기 덕택에 광주사태 당시 전남대병원에 입원해 있었던 인물을 5 · 18광주민주화운동 유공자로 인정해 준 것은 기껏해야 바늘 크기의 소소한 도둑질에 불과하다고 말할지도 모른다.

그러나 박형선 등 광주일고 동문들이 저지른 부산저축은행 대형 금융비리 사건은 소 도둑질보다 그 규모가 엄청나게 더 큰 강도짓이 아니었던가?

[에필로그]

　정의화 국회의장은 2015년 5월 18일 5·18 사건 기념식에 참석하여 "〈임을 위한 행진곡〉의 '임'은 광주정신이다. 광주정신은 반독재투쟁을 한 민주정신이자 인권과 평화의 정신"이라는 발언을 하였다. 그런데 과연 정 의장의 이런 이상한 돌출발언의 의미를 파악할 수 있는 국민이 과연 있을까?

　"〈임을 위한 행진곡〉의 '임'은 광주정신"이라는 말을 국민들이 아무리 들어도 그 개념이 잡히지 않는 이유는, 이런 주장은 사실에 기초한 주장이 아니라 극단적 흑색선전에 의거한 주장이기 때문이다. "〈임을 위한 행진곡〉의 '임'은 광주정신"이라는 말은 어떤 사실의 진술이 아니다. 윤상원이 그 한 주모자의 역할을 하였던 무장폭동 그 자체에는 그 어떤 긍정적 사실도 없다. 단지, 시민군 무기회수 임무를 수행해야 했던 계엄군에게 누명을 씌우는 흑색선전에 기초해서 그런 주장이 나온 것이다.

　이렇듯 "〈임을 위한 행진곡〉의 '임'은 광주정신"이라는 말은 국군에게 누명을 씌우는 흑색선전과 악성 유언이어 등 거짓말에 근거한 주장이다. 결국 거짓의 사슬을 비비꼬아 만든 주장에는 아무런 긍정적인 내용도 있을 수 없다.

　만약 악성 유언비어와 흑색선전이 한 사회를 수십 년간 지배한다면 그 사회는 미개한 것이다. 만약 음악이라는 예술이 그 미개함을 전염시키는 도구로서 사용된다면, 그것은 그 사회의 불행일 것이다.

본서는 〈임을 위한 행진곡〉이 국가행사 노래로서 제창되는 것이 적합한지의 여부에 대한 국민 토론의 한 참고 자료로 집필되었다. 따라서 본서 저자는 독자들의 어떤 반론이나 반박과 비평도 환영한다. 건전한 비평이 건전한 토론문화를 정착시킬 것이다.

본서는 5 · 18에 대한 미완의 연구의 중간 발표이다. 5 · 18 사건의 진상규명 및 내러티브 완성은 국민 모두가 동참해야 하는 작업이며, 조만간 보다 정확한 사실들이 밝혀질 것이다. 그러나 누구누구가 시민군이었느냐에 대해서는 광주사태 35주년에 이제 거의 다 밝혀졌다.

시민군의 수는 최소 6백명이 넘었으며, 그 중에서 광주시민이었음이 확인되는 시민군의 수는 최대 1백명 미만이다. 그나마 그 중 3년간의 군복무를 마친 시민군의 수는 10명 미만이었으며, 광주시민들로 구성된 시민군들은 대부분 16세, 17세의 청소년들이었다. 심지어 시민군들 중에는 중학생들도 있었고, 여중생도 있었다.

대부분의 청소년들은 광주사태가 끝나기 몇 시간 전이었던 5월 26일 오후에 시민군이 되었으며, 그 중에서 공식적으로 기동타격대라는 명칭의 시민군 조직에 편성된 청소년들 대부분은 초등학교 졸업 학력의 공원들이었다. 이것이 광주시민군의 실체였다. 그들은 오합지졸 중의 오합지졸이었다. 흔히 시민군은 '학생들'로 이루어졌다고 말하는데, 이는 사실이 아니다. 5월 27일 새벽의 도청 시민군들 중 대학생 수는 5명 미만이었으며, 더구나 그들은 총을 쏘지 않았다.

대학생 시민군들은 전혀 총을 쏘지 않았다. 그러나 시민군이 광주사태 열흘 기간 중에 사용한 실탄수는 15만 발이 넘었다. 장갑차를 몰고, 기관총 사격을 하고, 교도소 습격을 주도하는 등 고도의 게릴라전을 수행한 시민군들은 따로 있었던 것이다. 그들이 바로 시민군으로 가장한 북한 특수부대 요원들이었다. 이런 사실은 이미 최근 북한군 70여명의 실명과 신원이 확인된 사실로도 입증되지만, 수백 명의 시민군들 중 광주시민들로 구성된 시민군의 수는 1백명 미만이었다는 통계 수치로도 확인이 되는 것이다.

시민군들은 〈임을 위한 행진곡〉의 '임'이 누구인지, 광주정신이 무엇인지 알고 있었을까? 오늘날 시민군으로 알려져 있고, 광주민주화운동 유공자 대우를 받는 시민군들 대부분은 광주사태가 끝나기 몇 시간 전인 5월 26일 오후에 시민군이 되었다. 그들은 윤상원이 누구인지 알기는커녕 광주사태에 대해서도 모르고 있었다. 그들은 누가 언제 어떻게 전남도청을 점령하였는지에 대하여 도무지 모르고 있었으며, 지금도 모르고 있다.

5월 21일 도청 광장에서 북한군에 이용당한 중고생들이 있었다. 그럼에도 그 중고생들이 도청을 함락한 것은 아니다. 도청을 함락한 시민군은 따로 있었으며, 지금도 광주시민들은 그들이 누구였는지 모른다. 그러나 일반 광주시민들은 전혀 모르게 북한군 공조 세력이 바삐 움직이고 있었다.

〈임을 위한 행진곡〉의 '임'은 바로 북한군과 그 공조세력이었다. 만일 그렇지 않았더라면 왜 김일성이 황석영을 불러다가 그 '임'을 위한 영화 시나리오 〈님을 위한 교향시〉를 쓰도록 했겠는가?

만약 윤상원이 북한군 공조세력이었다면, 그래도 여전히 5·18행사 등 각종 행사에서 〈임을 위한 행진곡〉을 제창하자고 하겠는가? 5월 21일 오전 9시에 아세아자동차공장 습격이 시작되었을 때 윤상원은 그 선봉에 있었다. 그러나 그와 같이 있었던 무장 세력의 정체는 무엇인가?

광주사태 주동자들은 다단계 조직으로 구성되어 있었으며, 맨 위선이 박현채와 장두석과 류락진 등 왕년의 빨치산들이었다. 이들은 북한군 공조세력이라는 의미에서 광주사태 주동자들의 우두머리였다. 왕년의 빨치산 등 남로당 후예들은 '자유민주'라는 용어를 배격하고 북한식 인민민주주의라는 의미로서 '민족민주'라는 용어를 사용했다. 박현채 추종자 윤상원도 민족민주 진영이었으며, 이들이 이석기의 민족민주혁명당의 원조들이었다.

윤상원은 〈남조선 민족해방전선〉(남민전) 전사였다. 1977년 겨울 〈남민전〉이 먼저 김일성에게 충성 맹세 서신을 보내고, 1978년 초에 북한 정권과 〈남민전〉 사이에 남한에서 무장봉기를 일으키기 위한 공조가 시작되었다. 북한 특수부대 훈련소에서는 광주 광천동 군납업체 아세아자동차공장의 군용차량을 탈취하여 게릴라 전투를 하는 훈련이 시작되었고, 〈남민전〉은 윤상원에게 서울에서의 은행직원 생활을 그만 두게 하고 아세아자동차공장 바로 옆에 위장취업자로 파견하였다.

훗날 부산저축은행 대형 금융비리사건에 연루된 박형선의 여동생 박기순이 윤상원과 같이 광천동 공단 노동자로 위장취업한 때도 이즈음이었다. 〈임을 위한 행진곡〉의 두 남녀 주인공인 윤상원과 박기순의 광천동 공단 위장취업의 목적은 반국가 단체 〈남민전〉을 위한 공작이었다.

〈남민전〉 여성전사 박기순과 전사 윤상원을 열사라고 부르는 것은 열사(烈士)의 본 의미를 왜곡하는 것이다. 남한에서는 "나라를 위하여 절의를 굳게 지키며 충성을 다하여 싸운 사람"을 열사라고 하지만, 북한에서는 광주인민봉기 때 광주에 파견되었다가 전사한 군인을 열사라고 부른다.

그렇다면 '5·18열사'의 의미는 무엇인가? 만약 '5·18열사'가 순국열사(殉國烈士)에서 차용한 용어라면, 그 의미는 "5·18을 위하여 목숨을 바쳐 장렬히 싸운 사람"이라는 의미가 될 것이다. 그렇다면 광주사태가 일어나기 1년 반 전에 자기 오빠 박형선의 집에서 연탄가스 중독으로 사망한 여성이 어떻게 광주사태 시민군이었다는 해석이 가능한가?

5월 27일 새벽 도청에서의 시민군 무기회수 작전 때 단 한 명의 5·18 열사도 없었다. 11명은 도청 본관에 있던 시민군들이 도청 정문 쪽에 배치된 시민군 쪽을 향해 사격했을 때 그 총에 맞았던 것이며, 도청 건물 내부에서도 두 건의 시민군 총기 오발사고가 있었다. 윤상원의 사인은 그가 자주 공언한 대로 수류탄 자폭이었다.

시민군 병력 중 광주시민들로 구성된 병력은 북한군도, 공산주의 혁명가들도, '빨갱이'들도 아니었다. 전과 경력이 있는 어떤 이들은 무기를 갖고 싶은 욕심에 시민군으로 활동했다. 그런가 하면, 대부분의 청소년 공원들에게는 전용 차량 지급이 기동타격대 가입의 동기였다. 또 광천동의 들불야학 청소년들처럼 윤상원의 유인물 팀으로서 활동한 청소년들도 있었다. 그러나 그들은 시민군 중의 극히 일부에 지나지 않았으며, 장갑차를 운전하고 기관총을 쏘던 제3의 무장세력이 있었는데, 그들은 민간인이 아닌 정예의 게릴라들이었다.

이렇듯 시민군 대부분은 북한군 등 불순세력이었지만, 불순세력이 포함되지 않았다는 가정 하에서도 여전히 의문은 남아 있다. 만약 시민군이 국군보다 강하여 광주시민군이 승리하였다면 그 다음에는 무엇을 하려고 했는가?

〈님을 위한 행진곡〉의 노랫말은 백기완이 1980년에 쓴 시 〈묏비나리〉의 일부를 황석영이 표절하여 만들어졌다. 가사 중 '새날'이 대한민국의 자유민주주의 체제와는 근본적으로 다른 체제를 가진 새로운 세상을 뜻한다는 보훈처의 자문 결과 발표에 대해 백기완은 연합뉴스 기자에게 '새날'은 "유신독재 체제를 없애는 시대를 이룩하는 날"이라고 얼버무렸다.(연합뉴스 2014년 4월 14일자)

그러나 박정희 대통령이 서거한 지 1년 하고도 두 달이 더 지난 후에 쓴 시를 그렇게 설명하는 역사인식이 가능한가? 그때는 이미 대통령이 두 번이나 바뀌어 있던 때였다. 결국 백기완은 두 가지 의미, 즉 "대한민국의 자유민주주의 체제와는 근본적으로 다른 체제를 가진 새로운 세상"과 "시민군 권력이 지배하는 세상"이라는 두 가지 의미를 그 용어에 함축하여 그 시를 썼던 것이다. 황석영도 그 의미를 그렇게 받아들였기에 그 가사를 따서 시민군 노래를 만들었던 것이다.

리비아의 경우 시민군이 총을 쏘는 폭력으로 그 나라가 민주화되었는가? 아니다. 그 결과 오히려 리비아는 민주주의 실현이 영영 불가능한 나라로 전락했는데, 그 이유는 혁명 성공 4년 만의 리비아는 무법천지가 되었기 때문이다.

소말리아처럼 시민군 권력이 지배하는 세상이 되는 것은 무법천지가 되는 것이다. 지난 2011년 이후 우리는 한 국가를 시민군 권력이 지배하여 무법천지가 되었을 때 어떤 끔찍한 일들이 벌어지게 되는지를 리비아의 경우에서 보아왔다. 리비아 전국은 민간인들이 마음대로 총을 쏘고 다닐 수 있는 해방구가 되었지만, 국민들은 그 해방감을 만끽하는 것이 아니라 오히려 불안해서 결사적으로 보트를 타고 리비아를 탈출하고 있다. 오늘날 리비아에서 민간인들의 총기 살인 사건을 제어할 경찰의 공권력은 존재하지 않는다. 그리고 그런 법치(法治)의 실종을 민주화로 여기는 사람은 이제는 아무도 없다.

민간인들이 누구나 거리에서 맘대로 총을 쏠 수 있는 사회가 되었을 때 민주주의는 불가능해진다. 오늘날 리비아에서는 방송이 조금 맘에 안 들어도 민간인들이 방송인들을 사살하고, 신문 기사가 마음에 안 들면 기자들을 사살하고, 인권운동가가 시민군을 비판해도 사살한다. 정치에 대한 견해는 사람들마다 다르기에 정치 토론이 벌어지면 어디서 총알이

날아올지 몰라 모두 숨죽이고 사는 사회에서 민주주의의 꽃이 필 수 있
겠는가?

　〈임을 위한 행진곡〉은 시민군의 군가이다. 전 국민이 국가행사에서
시민군의 군가를 제창하도록 법제화한다는 것은 또 다른 형태의 시민군
독재일 것이다. 만약 시민군의 독재를 실현하려는 의도에서가 아니라면,
〈임을 위한 행진곡〉을 국가 행사시 제창곡으로 삼으려는 문제는 공론화
되어 국민들이 그 찬반에 대해 토론할 수 있는 기회가 주어져야 한다. 본
서는 그 토론을 위한 하나의 참고서이다.

[부록] 1. 5월 27일 새벽 시민군 집단총기난사 사건 발생 지형

1995년 검찰보고서 137~138쪽은 도청시민군 무기회수 임무를 부여받은 3공수여단 특공조는 도청 뒷담을 넘어 도청 본관 쪽으로 접근하였음을 이렇게 기록한다:

5.27. 전남도청 진입작전

○ 5.26. 23:00경 3공수여단 특공조 11대대1지역대 장교 13명, 사병 66명은 광주비행장을 출발하여 주답에 도착한 후 다시 조선대 뒷산으로 이동하여 조선대 종합운동장, 조대 부중, 조대 여고, 전남기계공고, 조대 앞, 노동청을 거쳐 5.27. 04:00경 전남도청 후문에 도착, 도청 후문을 넘어 3중대, 2중대, 1중대, 특공중대, 4중대, 11중대 순으로 진입하여 05:21 전남도청 점령을 완료하고, 07:30경 20사단 61연대에 전남도청을 인계한 후 08:00경 부대로 복귀하였음.(서울지방검찰청·국방부검찰부 1995, 137-138)

위의 검찰보고서 기록에서 '후문'은 '뒷담'으로 기술하는 것이 정확하겠지만, '후문'이란 용어가 밝히는 한 가지 분명한 사실은 장교 13명과 사병 66명으로 구성된 계엄군 특공조는 5월 27일 새벽 4시경에 전남도청 정문이 아니라 그 정반대 방향, 즉 후문 쪽에 도착하였다는 사실이다.

지난 2013년 5월 18일에 CBS 크리스천NOW는 " '나는 5.18 진압군이었습니다' & 통일연구원 허문영 박사"(CBS 크리스천 NOW 28회)라는 제목의 총 46분 27초 길이의 영상물을 유튜브에 등록했다. 5·18측 주장을 담은 이 영상에는 아래 캡처에서 보듯이 영상 2:37−2:47에서 시민군 저격수들이 27일 새벽 4시경 도청 2층 복도에서 정문 방향으로 사격을 시작하기 직전의 장면을 10초간 보여준다.

이 영상은 도청의 모든 전등이 밝게 켜져 있어서 환할 때 촬영된 것이고, 새벽 4시가 막 지나면서 기획위원 이양현과 기획부장 김영철이 갑자기 도청의 모든 전등을 소등하자 그때부터는 옆 사람도 안 보일 정도로 캄캄했으므로 그 어두컴컴한 상황은 위 영상과는 다소 차이가 있다. 그럼에도 이 10초간의 영상은 그날 새벽 시민군 저격수들이 어디에 배치되어 있었고 총구를 어느 쪽으로 향하고 있었는지를 그대로 보여준다.

2009년 구 전남도청 철거를 즈음하여 인터넷신문 '민중의 소리' 기자단이 광주사태 현장을 사진 기록으로 남기기 위해 찍은 아래 사진에서 2층 복도의 모습은 29년 전의 옛 모습 그대로이다. 이 복도는 상당히 길었으며, 여기에 약 150명의 시민군 저격수들이 총구를 정문 쪽으로 향하고

배치되어 있었다.

이양현은 도청의 모든 전등을 일시에 소등하는 방법을 알고 있었으며, 그가 모든 전등을 소등했을 때 여기는 옆 동료의 얼굴도 전혀 안 보이는 암흑세계였다. 이양현이 전등을 소등한 이유는 계엄군이 도청 주변까지 접근할 경우 도청 안의 시민군의 위치가 노출되지 않도록 하기 위해서였을 것이고, 사격신호는 아니었을 것이다. 그러나 이양현이 갑자기 전등을 소등한 이유가 무엇이었든 간에, 그때부터 2층 복도의 시민군들이 정문 쪽을 향해 근 30분간 사격하기 시작했다.

그런데 도청 정문 쪽과 분수대 쪽은 50명 내지 70명의 시민군 병력이 배치되어 있는 곳이었다. 계엄군은 도청 정문과는 정반대 방향이었던 도청 뒷담 쪽에 막 도착했다는 사실을 시민군은 한 시간 반 후 상황이 종료될 때까지도 전혀 모르고 있었다. 사실 먼 훗날에야 그날 새벽 계엄군은 도청 정문이 아닌 뒷담을 넘어 진입한 것이었음을 몇몇 시민군 간부들이 비로소 알게 되었다.

　5 · 18기념재단(5.18 democracy)이 "1980년 5월 27일 전남도청 진압작전"이란 제목으로 유튜브에 등록한 영상 0:38~58에서 당시 아시안 월스트리트의 기자 노먼 쏘프(Norman Thorpe)는 그날 새벽 최초로 총성이 울린 순간을 이렇게 증언한다: "새벽 4시가 되자 나는 교회 종소리를 들을 수 있었다. 여전히 새벽종소리가 울리고 있을 때 도시 가까이서 총성이 들리기 시작했다."(As the 4 o'clock arrived, I could hear the church bells. And as the church bells were still ringing, I could hear the gunfire began in the vicinity of the city.)

　그때 쏘프 기자는 관광호텔에 있었으며, 사진에서 보듯이 도청시민군은 도청 정문–분수대–관광호텔 방향, 즉 서쪽 방향으로 사격하기 위해 도청 본관 정면의 모든 창문 유리를 깨뜨려 놓고 있었다. 쏘프가 이 증언을 할 때 보여주는 도청 영상은 이미 날이 밝아오기 시작하는 5시 30

분에 상황이 종료되고 외신기자들이 우르르 도청으로 달려왔을 때 찍힌 것이고, 실제로는 쏘프 기자가 첫 총성을 들었을 때는 어두운 밤중에 도청 전등이 갑자기 소등되어 관광호텔에서는 전혀 도청이 보이지 않았던 때였다.

금남로 관광호텔에서 도청 방향으로 바로 옆에 YMCA가 있는데, 쏘프 기자가 처음 들은 아주 가까이서 크게 울리던 총성은 황두일이란 이름을 사용하던 북한군이 YMCA 마당에서 쏜 총성이었다. 황두일은 시민군을 인솔하고 계림국민학교로 출동하기 직전 YMCA에서 총소리를 크게 내며 총을 쏘았으며, 마치 황두일이 금남로 쪽에서 쏜 총성이 신호탄이라도 되는 듯이 그때부터 도청 시민군들이 도청 광장 방향으로 집단총기 난사를 시작했다. 교회 새벽 종소리가 여전히 울리고 있을 때 쏘프 기자가 그 총성도 들을 수 있었던 것은 도청 본관 시민군이 관광호텔과 아주 가까운 도청 광장을 향해 쏘는 총소리였기 때문이다.

위에 언급한 동영상 1:36-1:39에서 기동타격대 제1조 조장 이재춘이 타고 다니던 시민군 군용지프 옆에 세 명의 시민군이 쓰러져 있는 모습이 보인다. 3공수여단 특공조 1지역대가 도청 시민군 무기 강제회수 임무를 완수하고 아침 6시 반경 부대로 복귀한 후 도청을 인계받은 20사단 61연대 장병들이 도청 광장 청소 준비를 하려다가 발견한 시민군들이다. 3명 중 우측의 2명은 이미 사망한 고등학교 1학년 시민군들이고, 왼쪽 시민군은 부상자이다. 20사단 61연대 장병들은 단 한 발도 시민군에게 총을 쏜 적이 없다. 단지 도청 광장에서 시민군 부상자들을 발견하고 병원으로 후송하여 생명을 구해 주었을 뿐인데, 5·18측이 영상을 편집할 때는 애매한 군인들에게 누명을 씌웠다.

전날 오후 선동되어 밤 11시에 YMCA 강당에서 시민군에 지원한 고등학생들에게는 위 사진에서 보듯이 아무런 제복이 지급되어 있지 않고 청소년 사복을 입고 있다. 시신 상태로 보아 새벽 4시부터 4시 반까지 도청시민군의 집단 총기난사가 한창 진행 중이던 때 희생된 것을 알 수 있다. 도청 건물 내의 2명의 시민군 총기 오발사고 희생자들 외에는 10구의 시민군 시신들이 도청 건물 안이 아닌 도청 정문 바깥, 즉 도청 광장에서 발견된 이유는 도청 광장에 배치된 시민군들을 향해 도청 2층의 시민군들이 총기난사를 했기 때문이다. 불과 엿새 전에 새 차들이었던 시민군 군용 지프들의 파손 상태가 그쪽 방향으로의 시민군 총기난사가 얼마나 심했었는지를 실감케 한다.

광주사태 당시 공중에서 찍은 아래 사진이 광주사태 당시 시민군이 최악의 판단 착오를 한 상황을 재구성하는 데 참고가 된다. 아래 사진에서 금남로가 길게 뻗은 위쪽은 북쪽이 아니라 서쪽 방향이고, 분수대와 전남도청이 위치한 아래쪽이 동쪽 방향이다. 시민군의 예상을 깨고 계엄군은 서쪽이 아닌 동쪽 방향, 즉 도청 뒷담 쪽에서 왔다.

　　위 사진은 광주사태 당시 찍힌 사진이지만 사진이 너무 작아서 사진 아래쪽의 도청 구조를 파악하기가 어렵다. 아래 사진은 2007년 영화 '화려한 휴가'가 상영되기 시작한 직후에 구 전남도청 설경을 찍은 사진이다. 아래 사진에서는 위쪽이 동쪽, 즉 5월 27일 새벽에 계엄군이 재진입한 방향이다.

　　아래 사진에서 중앙의 3층 건물이 도청 본관이며, 시민군 저격수들이 본관 2층 창가에 배치되어 있었다. 우측의 4층 건물은 별관이었다. 사진 중앙에 백색 철문의 정문이 있다. 정문 우측의 붉은 색 현수막 탑은 광주사태 당시에는 없었던 구조물이다. 5월 27일 새벽 4시경 위성삼은 정문 양옆 돌담을 따라 정문 바깥에 50명의 시민군 병력을 배치하였다. 위성삼이 배치한 병력은 주로 고등학생들이었으며, 바로 몇 시간 전에 시민군에 지원한 학생들이었다.

2007년 겨울의 구 전남도청 설경을 찍은 위 사진에서 사진 아래쪽 우측에 분수대가 옛 모습 그대로 있고, 사진에서는 안 보이지만 아래 좌측이 상무관이 있는 곳이었다. 도청 정문 바깥에는 위성삼이 관리하던 50명의 학생 시민군(3~4명의 대학생과 중학생들을 제외하면 대부분 고교생이었음) 외에도 1개조의 기동타격대 등 별도의 시민군들이 배치되어 있었다. 분수대 옆으로는 기동타격대 제1조 조장 이채춘의 지휘 아래 배속된 광주상고 1학년 시민군들이 있었으며, 상무관 쪽에는 천순남 보급부장이 인솔하는 시민군들이 배치되어 있었다.

위의 4장의 사진은 도청 건물 구조상 도청 정문 쪽을 조준하고 있던 시민군들과 도청 뒷담 쪽의 계엄군이 서로를 발견하거나 시민군과 계엄군간의 총격전이 일어나는 것이 불가능한 상황이었음을 입증한다. 도청 2층 복도의 시민군이 새벽 4시경부터 약 30분간 무려 수만 발의 실탄을 쏘았으나 아무도 도청 뒷담 쪽의 계엄군을 발견하지 못했다. 깜깜해서 아무것도 안 보였을 적에 시민군은 도청 정문 쪽에 배치된 자기편을 향해 용맹스럽게 총기 난사를 하였다.

새벽 4시 반이 조금 지나 날이 밝아오며 도청 본관에 한두 명씩 군인이 보이기 시작했을 때는 이미 시민군들이 탄창과 클립으로 지급받은 실탄들을 모두 자기편을 쏘는 데 소모한 뒤였다. 바로 그때 KBS가 전 국민에게 실황 중계한 계엄군의 항복 권유 방송이 도청의 모든 시민군의 귀에 들렸다:

"폭도에게 알립니다. 폭도에게 알립니다. 총을 버리고 자수하라. 아직도 늦지 않았으니 즉시 자수하라. 총을 버리고 자수하면 생명을 보장한다. 총을 버리고 자수하면 생명을 보장한다. 시내 주요 모든 시설은 군이 완전히 장악했다. 손을 들고 나오라. 투항하라. 투항하면 생명을 보장한다."

27일 새벽에 도청 상황과 YWCA 상황은 아주 달랐다. 광주운동권으로서 윤상원과 더불어 광주사태 주동자였던 박용준이 대장이었던 YWCA 시민군들은 항복 권유 방송이 들리자 계엄군들을 향해 조준사격을 하며 맹렬한 총격전을 전개하여 박용준을 포함한 2명이 사망했으나 도청 시민군들은 이미 수류탄으로 자폭한 윤상원 한 명을 빼고는 항복 권유방송을 듣는 순간 모두 즉시 순순히 투항했다. 도청 안에서의 계엄군과 시민군 사이의 총격전은 전혀 발생하지 않았다.

비록 5월 27일 지도는 아니지만『1980年代 民主化運動: 광주 민중항쟁 자료집 및 상반기 일지』제7권에 수록된 2장의 상황 지도가 5월 27일

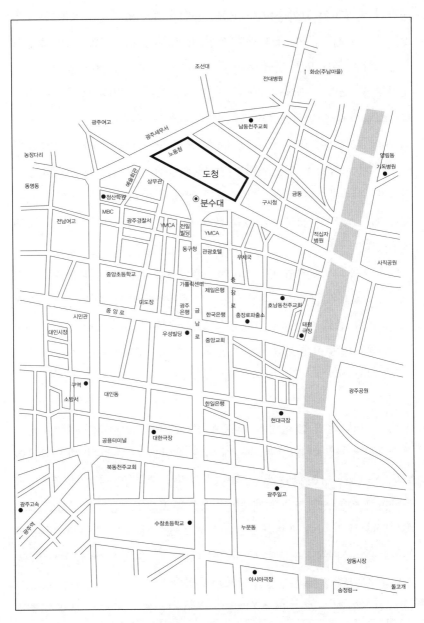

80년 5 · 18 당시 광주시 중심가 요도

새벽의 시민군의 집단 총기난사 사건 발생 지형을 살피는 데 참고가 된다. 먼저 아래의 5월 20일 밤에 시위대가 도청을 공격하던 상황은 27일 새벽 도청을 수비하던 상황과는 여러 모로 대조적이었다. 20일 밤에는 계엄군이 도청과 분수대 사이에서 사면팔방으로 시위 군중에 겹겹이 포위되어 있었다.

그러나 27일 새벽에는 단 한 명의 시민도 시민군 홍보부 박영순과 이경희의 가두방송에 호응하지 않았다. 도청 뒷담으로 통하는 모든 도로까지 시위 군중으로 꽉 차 있었던 20일 밤부터 21일 새벽까지와는 달리 27일 새벽에는 단 한 명의 시위대도 도청 주변으로 오지 않아서 시민군은 계엄군이 도청 뒷담 쪽으로 접근하고 있다는 사실을 전혀 알지 못했다.

위의 『1980년대 민주화운동』 제7권 지도 12에서 도청 서쪽 방향의 YWCA와 전일빌딩과 YMCA와 상무관과 분수대 및 도청정문 주변이 시민군이 도청을 수비하기 위해 병력을 배치한 곳들이다. 도청 정문 주변에 배치된 시민군 숫자만 따져도 족히 50명이었다. 분수대 주변에는 기동타격대 제1조 조장 이재춘 등 군복을 입고 공수부대 모자를 쓰고 M16으로 무장하고 있다가 M16으로 응사한 시민군들도 있었다.

『1980년대 민주화운동』 제7권 지도 17은 5월 26일 저녁의 시민군 병력 배치도 작성 배경을 이해하는 데 참고가 된다. 5월 21일 저녁에 계엄군이 퇴각할 때는 조선대학교 뒷산을 이용하여 퇴각했는데, 계엄군이 그 퇴각로를 이용해 조선대학교와 전남공고와 노동청을 거쳐 도청 후문쪽으로 접근해 올 가능성을 시민군 지도부는 0프로도 고려하지 않았다.

아래 지도 왼쪽에서 상무대 방향이 보이는데, 광주지역의 모든 군부대들이 밀집해 있었던 전투교육사령부를 상무대라고 불렀으며, 오늘날의 김대중 컨벤션센터가 위치한 곳이다. 시민군 지도부는 5월 17일 새벽

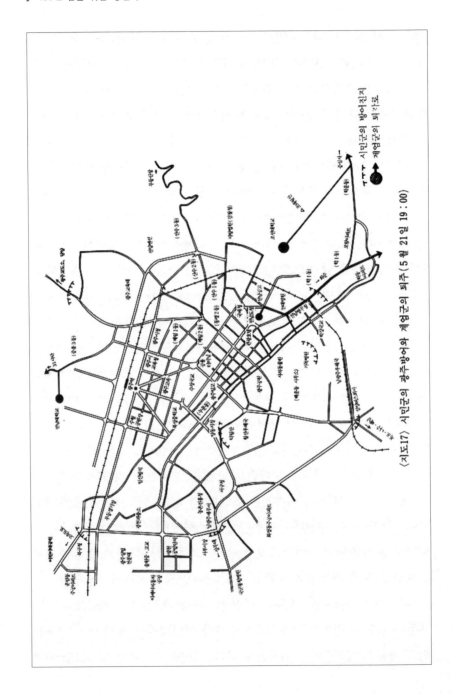

〈지도17〉 시민군의 광주방어와 계엄군의 퇴주(5월 21일 19 : 00)

에 계엄군 재진입 예상 코스는 상무대-농성동 도로-화정동-유동삼거리-금남로-도청광장이라고 예상하고 덕림산 등 그 사이사이에 시민군 병력을 매복시키는 작전에만 치중했다.

새벽 4시경 북한군 군관 황두일이 YMCA 시민군을 인솔하고 계림초등학교 매복지점으로 출발하기에 앞서 YMCA 마당에서 어디론가 총을 쏘자 그것을 신호탄으로 도청 본관 옥상 위의 시민군 기관총이 도청 돌담 주변을 향해 요란한 소리를 내며 불을 뿜기 시작했는데, 옥상의 갑작스러운 시민군 LMG 사격소리가 천장에서 울리자 도청 시민군들은 심리적 공황상태에 빠졌으며, 박남선 상황실장은 계엄군이 금남로 쪽에 있다는 착각을 하고 먼저 도청광장 쪽으로 사격하기 시작했다.

기획위원 이양현이 갑자기 도청의 모든 전등을 소등한 것도 바로 그때였다. 이때 도청 2층 복도의 시민군 저격수들은 계엄군을 발견하고 사격 대상을 정해 놓고 사격한 것이 아니라, 무조건 계속 방아쇠를 당겨야 한다는 강박관념에 사로잡혀 도청 정문 쪽의 자기편을 향해 사격한 것이었으므로 이것은 사격이라기보다 총기 난사요, 100명이 넘는 시민군들이 동시에 총기난사를 하였으므로 집단 총기난사였다.

[부록] 2. 〈임을 위한 행진곡〉의 주인공이
작성한 5·18 성명서들

〈임을 위한 행진곡〉을 5·18기념행사나 국가 행사 지정곡으로 삼자고 주장하는 이들은 그 노래의 가사 "산 자여 따르라"대로 국민들이 이 노래의 주인공을 따르자고 한다. 만약 따르라는 의미가 윤상원의 사상을 따르라는 의미라면 무턱대고 그의 사상을 따르기 전에 먼저 그가 어떤 사람이며 무슨 생각을 품었던 사람이었는지 알아봐야 할 것이다.

다음은 〈남조선 민족해방 전사(남민전)〉로서 김대중의 외곽단체 사무국장이었던 윤상원 및 그의 유인물 팀이 광주사태 기간 중에 여러 위장 명의들을 사용하여 작성하여 유인물 및 「투사회보」 등으로 배포했던 성명서들 중의 일부이다. 5·18기록물로서의 이 성명서들은 윤상원과 그를 따르던 자들이 광주사태 당시 어떤 논리를 가지고 있었는지를 참고하는 데 도움이 된다.

1. 민주시민들이여

각 대학에 공수부대 투입!
광주시내 일원에 특수부대 대량투입!

무자비한 총칼로 학생 · 젊은이 · 시민 무차별 구타!

"최소 시민 3명, 학생 4명 이상 사망 확인"

"5백여명 이상의 부상자 속출"

"전주 일원의 유혈폭력"

학생·청년 1천여명 조대 운동장에 불법감금!

아! 이럴 수가 있는가?

저 개 같은 최규하, 신현확, 유신잔당 놈들과

유신독재자의 아들 전두환놈은 최후의 발악을 시작하였다.

아! '민주'의 앞길에 먹구름이 가리는구나!

지금은 이 민족이 죽느냐, 사느냐다!

당신의 아들딸들이 죽어가고 있다!

일어서라! 일어서라! 끝까지 투쟁하자!

(오늘부터 시내 각처에서 대규모 시위 전개, 매일 12시, 오후 3시 에 도청 · 시청 앞 집결)

1980년 5월 19일

조선대학교 민주투쟁위원회

2. 호소문

광주 애국 시민 여러분!

이것이 웬 말입니까? 웬 날벼락이란 말입니까? 죄 없는 학생들을 총칼로 찔러 죽이고 몽둥이로 두들겨 트럭으로 실어가며, 부녀자를 발가벗겨 총칼로 찌르는 놈들이 이 누구란 말입니까? 이들이 공산당과 다를 바가 무엇이 있겠습니까?

이제 우리가 살 길은 전 시민이 하나로 뭉쳐 청년 학생들을 보호하고, 유신잔당과 극악무도한 살인마 전두환 일파의 공수특전단 놈들을 한 놈도 남김없이 쳐부수는 길뿐입니다.

우리는 이제 다 보았습니다. 다 알게 되었습니다.

왜 학생들이 그토록 소리높이 외쳤는가를, 우리의 적은 경찰도 군대도 아닙니다. 우리의 적은 전 국민을 공포의 도가니로 몰아넣고 있는 바로 유신잔당과 전두환 일파, 그 자들입니다.

죄 없는 학생들과 시민이 수없이 죽었으며 지금도 계속 연행당하고 있습니다. 이 자들이 있는 한 동포의 죽음은 계속될 것입니다. 지금 서울을 비롯하여 도처에서 애국 시민의 궐기가 계속되고 있습니다.

광주 시민 여러분!

우리가 하나로 단결하여 유신잔당과 전두환 일파를 이 땅 위에서 영원히 추방할 때까지 싸웁시다.

최후의 일각까지 단결하여 싸웁시다. 그러기 위해 5월 20일 정오 부터 계속해서 광주 금남로로 총집결합시다.

1980년 5월 19일
광주시민 민주투쟁회

3. 민주 시민아 일어서라

민주 시민아! 일어서라!!
각 대학에 공수부대 투입!

광주시내 일원에 특수부대 대량 투입!

무자비한 총칼로 학생, 젊은이, 시민 무차별 구타!

"최소 시민 3명 학생 4명 이상 사망 확인!"

"500여명 이상의 부상자 속출"

"전주 일원의 유혈 폭력"

학생 젊은이 1,000여명 조대 운동장에 불법 감금!

아! 이럴 수가 있는가?

저 개 같은 최규하, 신현확, 유신잔당 놈들과 유신독재자의 아들 전두환 놈은 최후의 발악을 시작하였다.

아! '민주'의 앞길에 먹구름이 가리는구나!

民主市民들이여,

지금은 이 민족이 죽느냐? 사느냐? 다.

당신의 아들 딸들이 죽어가고 있다!

일어서라! 일어서라!! 끝까지 투쟁하자!!!

(오늘부터 시내 각처에서 대규모 시위 전개.)

(매일 12시, 오후 3시에 도청·시청 앞 집결)

1980년 5월 19일

조선대 민주투쟁위원회

4. 결전의 순간이 다가왔다

결전의 순간이 다가왔다!

〈상황보고〉

사망자 500명, 부상자 3,000명, 연행자 3,000명!

놈들의 발포가 시작되었다.

서울, 대구, 마산, 전주, 군산, 이리, 목포도 봉기!

전주, 이리서는 경찰이 시민에 가담!

학생 혁명군, 상무대에서 무기 탈취에 성공!

〈행동강령〉

무기를 제작하라!

(다이너마이트, 화염병, 사제폭탄, 불화살, 불깡통, 각종 기름 준비)

전 시민 관공서를 불태워라!

차량을 획득하라!

특공대를 조직 군무기를 탈취하라!

아! 형제여! 싸우다 죽자!

1980년 5월 20일

범시민민주투쟁위원회 학생혁명위원회

5. 우리는 피의 투쟁을 계속한다!

저 악랄한 유신독재자 박정희놈의 하수인 최규하, 신현확, 전두환놈의 악랄한 만행을 보라.

사망자 500명 이상! 부상자 3,000명 이상! 연행자 3,000명 이상!

놈들은 무차별 발포를 시작하였다!

〈행동강령〉

① 각 동별로 동사무소 장악, 동별로 집합!

② 오후 3시부터 도청으로 진격하라! (매일)

③ 무기를 제작하라! (총보다 더 긴 무기, 손수건)

④ 화염병제작 (불화살, 불깡통, 각종 기름 휴대)

"전주·이리에서는 경찰이 시민의 편에 합세!"

"학생 혁명군 상무대 무기고 무기 탈취!"

"최후의 1인까지 투쟁하라!"

1980년 5월 21일

범시민 민주투쟁위원회

전·조대학생혁명 위원회

6. 민주수호 전남도민 총궐기문

4백만 전남도민이여 총궐기하라!

전남 애국 청년들이여 총궐기하라!

전남 애국 근로자들이여 총궐기하라!

전남 애국 농민들이여 총궐기하라!

삼천만 민주 시민들이여 총궐기하라!

최후의 일인까지 최후의 일각까지 끝끝내 싸워 저 원한의 살인마 전두환을, 흉악한 국민의 배반자 유신잔당 놈들을 갈기갈기 찢어 죽여 피 토하며 죽어간 우리 아들딸들의 한을 풀어주자! 공산당보다 더 흉악무도

한 살인마 전두환의 사병 특전단은 우리의 젊은 학생들을 총칼로 찔러 배를 갈라 죽였으며 처녀들의 귀를 자르고 부녀자들을 발가벗겨 배를 갈라 거리에 널었으며 심지어는 어린애들을 개머리판으로 골통을 부셔 죽였다.

하늘이여! 이 원통하고 피맺힌 민주시민의 분노를 아는가? 삼천만 애국 동포여! 이 억울한 죽음의 소리가 들리는가? 민주 군대여! 말하라! 저 흡혈귀 살인마 전두환과 유신잔당 놈들을 죽일 것인가? 아니면 민주를 외치는 순박한 애국시민을 죽일 것인가를?

민주 경찰이여! 대답하라! 우리 아들딸들이 다 죽어가도 우리들에게 최루탄을 쏘아 댈 것인가? 아니면 민주 국민의 편에 서서 무참히 죽어가는 애국시민을 살릴 것인가를.

처절한 공포의 광주! 핏빛 물든 아스팔트 위에 무참히 죽어가는 시체 더미 위에 우리는 죽음으로써 함께 모였다.

이제 우리가 무엇을 두려워하랴. 무엇을 어려워하랴!

일어서라! 일어서라! 일어서라! 우리에겐 분노와 원한과 구국 민주 일념뿐이다. 애국 시민이여! 손에는 돌, 몽둥이면 몽둥이를 들고 일어서라!

애국 근로자여! 손에 닥치는 대로 공구를 들고 일어서라!

애국 농민이여! 손에는 삽과 괭이를 들고 일어서라!

삼천만 애국동포여! 모두 일어나라. 그리하여 이 땅 위에 이제는 포기할 수 없는, 이제는 다시 빼앗길 수 없는 찬란한 민족의 꽃을 피우자!

승리의 그 날까지 전 도민은 무기를 들고 매일 정오를 기하여 전남 도청 앞 광장, 공원, 금남로, 광주 신역으로 모이자.

1980. 5. 21

전남 민주민족통일을 위한 국민연합회
민주청년 민주구국총학생 연맹

7. 선 언 문

유신잔당과 전두환 쿠데타 일파는 이제 더 이상 민족반역의 살인극을 중단하고 준엄한 역사의 심판을 받으라! 우리는 최후의 일각까지, 최후의 일인까지 민주투쟁을 위해 죽음을 각오할 것이다. 이 나라의 장래와 더 이상의 희생을 막기 위해 우리의 결의를 다음과 같이 밝힌다.

1. 껍데기 최규하 정부는 즉각 물러가라.

2. 살인마 전두환을 즉각 처단하라.

3. 구국 과도정부를 민주인사들로 구성하라.

4. 구속 중인 학생들과 모든 민주인사들을 즉시 석방하라.

5. 계엄령을 즉각 철폐하라.

6. 휴교령을 즉각 철폐하라.

7. 정부와 언론은 전남인과 경상인의 지역감정의 왜곡보도, 허위조작하지 말라.

8. 천인공노할 발포명령을 즉시 중단하라.

이 길만이 현 시국을 수습할 유일한 길임을 역사 앞에 준엄히 선언한다.

1980년 5월 22일
전남 민주민족통일을 위한 국민연합회
전남 민주청년연합회

전남 민주구국학생총연맹

8. 투사회보 제6호

광주시민의 민주화 투쟁, 드디어 전국적으로 확산되다.

광주시민은 하나로 뭉쳐 더욱 힘을 내어 싸우자!

계엄당국의 끊임없는 억압과 허위사실 날조에도 불구하고 민주화 투쟁의 열기는 전국적으로 확산되고 있다. 전남도민은 분연히 일어섰다. 민주화 투쟁은 광주, 목포, 담양, 장성, 나주, 보성 등 시·군으로 확산되어 유신잔당의 반민주 억압에 항거, 더욱 열기를 더해 가고 있다.

세계 각지의 언론기관은 광주사태의 진상을 대대적으로 보도하고 있으며, 한국기자협의회의 기자들은 광주에 잠입하여 취재에 앞장서고 있다.

△ 행동강령

첫째, 광주시민은 최규하 정부가 총사퇴할 때까지 끝까지 싸운다.

둘째, 광주시민은 우리의 요구가 관철될 때까지 무장을 강화한다.

셋째, 중·고등 학생의 무기 소지를 금한다.

넷째, 계엄군이 발포하지 않는 한 우리가 먼저 발포하지 않는다.

다섯째, 광주시민은 대학인들의 질서 있는 투쟁에 전적으로 협력한다.

민주시민들이여! 서로 힘을 합(合)하자!

광주시민 민주투쟁 협의회

9. 우리는 왜 총을 들 수밖에 없었는가?

먼저 이 고장과 민주주의를 수호하기 위해 피를 흘리며 싸우다 목숨을 바친 시민 · 학생들의 명복을 빕니다.

우리는 왜 총을 들 수밖에 없었는가?

그 대답은 너무나 간단합니다. 너무나 무자비한 만행을 더 이상 보고 있을 수만 없어서 너도나도 총을 들고 나섰던 것입니다. 본인이 알기로는 우리 학생들과 시민들은 과도정부의 중대 발표와, 또 자제하고 관망하라는 말을 듣고 학생들은 17일부터 학업에 시민들은 생업에 종사하고 있었습니다. 그러나 정부 당국에서는 17일 야간에 계엄령을 확대 선포하고 일부 학생과 민주 인사, 정치인을 도저히 믿을 수 없는 구실로 불법 연행했습니다. 이에 우리 시민 모두는 의아해 했습니다. 또한 18일 아침에 각 학교에 공수부대를 투입하고 이에 반발하는 학생들에게 대검을 꽂고 "돌격 앞으로!"를 감행하였고 이에 우리 학생들은 다시 거리로 뛰쳐나와 정부 당국의 불법처사를 규탄하였던 것입니다

그러나, 아! 이럴 수가 있단 말입니까? 계엄 당국은 18일 오후부터 공수부대를 대량 투입하여 시내 곳곳에서 학생·젊은이들에게 무차별 살상을 자행하였으니!

아! 설마! 설마! 설마 했던 일들이 벌어졌으니 우리의 부모형제들이 무참히 대검에 찔리고 귀를 짤리고 연약한 아녀자들이 젖가슴을 찔리우고, 참으로 입으로 말할 수 없는 무자비하고도 잔인한 만행이 저질러졌습니다. 또한 나중에 알고 보니 군 당국은 계획적으로 경상도 출신 제7공수병들로 구성하여 이들에게 지역감정을 충동질하였으며, 더구나 이 놈들은 3일씩이나 굶기고, 더군다나 술과 흥분제를 복용시켰다 합니다.

시민 여러분!

너무나 경악스러운 또 하나의 사실은 20일 밤부터 계엄 당국은 발포 명령을 내려 무차별 발포를 시작했다는 것입니다. 이 고장을 지키고자 이 자리에 모이신 민주시민 여러분!

그런 상황에서 우리가 할 수 있는 일이 무엇이겠습니까? 우리가 어떻게 해야 되겠습니까? 묻고 싶습니다! 우리는 더 이상 당할 수만은 없었습니다. 그런데도 정부와 언론에서는 계속 불순배 폭도로 몰고 있습니다.

여러분!

잔인무도한 만행을 일삼았던 계엄군이 폭돕니까? 이 고장을 지키겠다고 나선 우리 시민군이 폭돕니까? 아닙니다! 그런데도 당국에서는 계속 허위사실을 날조 유포하는 데 혈안이 되어 있습니다.

시민 여러분!

우리 시민군은 온갖 방해에도 불구하고 여러분의 안전을 끝까지 지킬 것입니다. 또한 협상이 올바른 방향으로 진행되면 우리는 즉각 총을 놓겠습니다. 일부에서는 우리 시민군에 대한 오해가 많은 것 같습니다. 그러나 우리 시민군은 절대로 시민 여러분을 괴롭히지 않습니다.

민주 시민 여러분!

우리 시민군을 절대 믿어 주시고 적극 협조해 주시기 바랍니다.

감사합니다.

1980년 5월 25일

시민군 일동

10. 광주사태의 진상을 고함

여기! 한국 땅 광주에서, 태국 폴·포트 정권의 "양민 대량학살 사건"이, 제2의 "베트남 양민 학살 사건"이 재현되고 있음에 치가 떨리고 손이 떨려서 필설을 움직일 수가 없으나, 처참하고 참혹한 참상을, 전두환의 가위에 잘려버린 채, 사실 보도를 외면한 신문을 대신하여 22일자 "동아일보" 검열 이전의 사건을 중심으로 역사적 사건의 진상을 80만 광주시민의 이름하에 공개하노니 "전두환" 일당의 "광주 대량학살사건"이 얼마나 잔인하고 극에 달했는지 똑바로 알 수 있으리라!

18일 전남대학생 600여명이 계엄이 확대 실시되자 분개하여 가두시위를 시작 경찰과 공방전 끝에 경찰에 밀려 금남로 쪽으로 가던 중, 조대생 및 광주교대생과 합세하여 행진하다 급기야 "살인마 전두환"의 친위대인 "공수특전단"에 의해 무차별 대검과 개머리판에 40여명의 학생이 현장에서 사망하고, 200여명이 처참한 폭행을 당한 후 연행되기에 이르렀다. 18일과 19일 환각제와 술을 마신 흡혈귀 계엄군들에 의해 학생·시민이 머리가 깨지고, 팔이 잘리며, 창자가 밖으로 튀어 나오는 등 처참한 모습으로 연행되는 것을 지켜보던 광주 시민들은, 19일 오후 2시 도청 앞 광장에 4만여명 집결, 내 자식, 내 남편의 죽어가는 모습을 더 이상 볼 수 없어 일제히 봉기하기에 이른 것이다. 증강된 "공수특전단"원들은 남녀노소를 가리지 않고 닥치는 대로 칼로 찌르고 개머리판으로 무차별 난타, 삽시간에 도청 앞은 통곡소리와 비명소리로 아수라장이 되어 버렸고, 이때 150여명의 사망자와 700여명의 부상자들이 흘린 피는 강물이 되어 흘렀고, 겹겹이 쌓인 시체들은 동족상잔의 최대 비극인 6 · 25때보다 더욱 더 참혹한 현장이 되어 버렸다. 더욱 더 이들의 만행은 20일 역전

분수대에서 한 여대생을 발가벗긴 채 백주에 시민들이 보는 앞에서 앞가
슴을 도려내어 살해해 버렸고, 달아나는 학생·시민들을 마치 사냥하듯 대
검을 던져 꼬꾸라뜨린 후 5~6명의 계엄군에 의해 무참히 학살되는가 하
면, 어린애까지 밟아 죽이는 광란을 보고 울부짖는 시민들을 향해 피 묻
은 대검을 휘두르며 죽이겠다고 소리쳤다. 또한, 여대생들을 발가벗긴
채, 대검과 개머리판으로 무수히 난자하여 머리채를 잡고 질질 끌고 다
니는가 하면 젊은 청년들은 발가벗긴 채 대검과 개머리판으로 배를 찌르
고, 머리를 박살내어, 그대로 밧줄로 묶어 도로변에 머리를 박게 한 후
방치해 두었고, 잘못했다고 비는 시민을 군화발로 턱과 가슴을 걷어차
버리고, 어린 여학생들의 앞가슴을 찌르고, 그것을 보면서 "으흐흐"하고
웃는 계엄군들의 동물적 작태를 보고 어느 누가 분통과 치를 떨지 않을
수 있으며, 보고만 있겠는가! 계엄군들은 머리가 깨지고 배가 갈라져 도
저히 볼 수 없는 시민들을 호송하는 경찰에까지 곤봉을 휘둘렀고, 부대
를 지휘하던 특전단의 한 중령은 부상시민 후송을 지휘하는 "안수택 전
남도경 작전과장"에게 "부상 시민이나 시위 학생을 도피시키면 당신들도
동조자로 취급하겠다"라고 폭언과 협박을 하기도 하였다. "젊은 놈들은
모조리 죽여라!" "광주시민 70%는 죽여도 좋다!" "개 몇 마리를 잡았나?"
등 공수특전단의 구호처럼 나온 이야기이며, 가슴 아픈 사실은 전남대학
회장이 너무나 참혹하게 계엄군에 의해 살해되는 모습을 보고 전남대 총
장이 할복 자결을 한 것은 미친개처럼 날뛰는 계엄군들이 시민·학생들을
살해하는 장면이 얼마나 참혹했으면 자결을 하였겠는가? 이러한 참혹하
고 잔인한 방법에 의해 400여 명의 시민 · 학생이 사망하고 1,800여 명의
부상자가 났음에도 "군경 5명 사망, 시민 1명 사망" 식으로 왜곡보도 하
는 방송국에 불을 지르고, 이제는 광주 전 시민의 생존권이 걸려 있는 상
황에서 무기를 소지하였다 하여 과연 누가 광주시민에게 돌을 던질 수

있단 말인가? 비록 총·칼앞에 무참히 깨어진 민주화의 열망이지만, 수백의 영령들과 수천의 숭고한 피의 댓가는 어떻게 보상할 수 있단 말인가!

그러나 역사는 위대한 광주시민들의 고귀한 피를 결코 외면치 않을 것이며, 온 국민들은 광주시민을 향해 뜨거운 박수를 보낼 것이다. 이제 분단된 조국의 비극을 생각하며, 다시는 이 땅 위에 유신체제하의 가장 추악한 유물인 지역감정을 우리 세대는 또 다시 밟지 말아야 할 것임을 엄숙한 마음으로 민족 · 역사 앞에 선서할 것이다.

1980년 5월 27일
광주시민 일동

[참고문헌]

5·18광주 사태(시민봉기) 백서. 1982. Open Archives.

　　http://archives.kdemo.or.kr/View?pRegNo=00481382 (2014년 5월 12일 접속).

5·18사료편찬위원회.2009. 5·18 광주민주화운동자료총서 제1권: 1973~1980.

　　5·18의 각종 성명서』. 광주시: 광주광역시 5·18 사료편찬위원회.

5·18 사료편찬위원회. 2009. 『5·18 광주민주화운동자료총서 제3권』. 광주시:

　　광주광역시 5·18 사료편찬위원회.

강현아. 2006. "구술 생애사를 통해 본 5·18 의 기억과 역사: 사회 활동가 편."

　　5·18 기념 재단.

광주매일 『正史 5·18』 특별취재반. 1995. 『正史5·18』. 서울: (주)사회평론.

광주MBC뉴스. "[뉴스투데이]이재의 전 비서실장 뇌물수수 등 입건."

　　https://youtu.be/rsf99mVDqAc (2015년 5월 2일 접속).

구성주. 1988. "밥은 잘하니 걱정하지 마시오."

　　http://myweb.jnu.ac.kr/~cnu518/board518/bbs/board.php?

　　bo_table=sub6_03_01&wr_id=504 증언자료 DB. 전남대학교 5·18연구소.

　　(2015년 6월 12일 접속).

김경대. 2008. "5·18최초수배자 68명의 어제와 오늘⑥ 인디저널리스트 류이

　　인렬."시민의 소리.

　　http://www.siminsori.com/vod/vodView.html?idxno=395(2015년 4월 16일

접속).

김길식. 1988. "적을 향해 방아쇠를 당기다." 증언자료 DB. 전남대학교 5 · 18
연구소.

http://myweb.jnu.ac.kr/~cnu518/board518/bbs/board.php?
bo_table=sub6_03_01&wr_id=483 (2015년 4월 27일 접속).

김대령. 2013. 『역사로서의 5 · 18 (1): 광주사태의 발단과 유언비어』. 서울: 비
봉출판사.

김대령. 2013. 『역사로서의 5 · 18 (2): 5 · 18 무장봉기 주동자들의 실체』. 서울:
비봉출판사.

김대령. 2013. 『역사로서의 5 · 18 (3): 광주청문회에서 드러난 5 · 18 비화들』.
서울: 비봉출판사.

김대령. 2013. 『역사로서의 5 · 18 (4): 5 · 18재판 법리의 모순』. 서울: 비봉출판사.

김상윤. 1989. " '민청학련'에서 '5 · 18'까지." 증언자료 DB. 전남대학교 518연
구소.

http://myweb.jnu.ac.kr/~cnu518/board518/bbs/board.php?
bo_table=sub6_03_01&wr_id=414 (2015년 4월 18일 접속).

김상집. 1988. "집중취재 /증언! 5월의 광주, 그 육필수기 / 죽음의 공포를 넘으
며…" 『엔터프라이즈』6월호: 53~62.

김선철. 1985. 『광주의 분노』. 평양: 조선로동당출판사.

김영택. 1988. 『현장기자가 쓴 10일간의 취재수첩』. 서울: 사계절.

김영택. 1996. 『實錄5 · 18광주민중항쟁』. 서울: 창작시대사.

김용규. 1999. 『소리 없는 전쟁』. 서울: 원민.

김윤기. 1989. "나는 무엇을 하고 있는가." 증언자료 DB. 전남대학교 5 · 18연
구소.

http://myweb.jnu.ac.kr/~cnu518/board518/bbs/board.php?
bo_table=sub6_03_01&wr_id=280 (2015년 5월 30일 접속).

김정익. 1989. 『囚人番號 3179: 어느 좌익사상범의 고백』. 서울: 국민일보사.

김종배. 1989. "참혹한 시체 위에 꽃핀 투쟁의지." 증언자료 DB. 전남대학교 5·
18연구소.

　　http://myweb.jnu.ac.kr/~cnu518/board518/bbs/board.php？ bo_
table=sub6_03_01&wr_id=509 (2015년 5월 29일 접속).

김준봉. 1989. "극렬분자, 총기휴대."

　　http://myweb.jnu.ac.kr/~cnu518/board518/bbs/board.php？

　　bo_table=sub6_03_01&wr_id=503 (2015년 6월 11일 접속).

김진아. 1996, "인터뷰 / 이태복 주간 『노동자신문』 발행인의 새로운 꿈 :
'새로운 정치는 노동운동과 시민운동이 만나야 만들어집니다.'"『사회평론』
96권 1호: 76-83.

김춘수. 1988. "광주 그날의 유산: 착한 자식 죽은 것도 서러운디.'"『월간경향』
4월호: 298-311.

김태찬. 1988. "영광스런 기동타격대원으로." 증언자료 DB. 전남대학교 5·18
연구소.

　　http://myweb.jnu.ac.kr/~cnu518/board518/bbs/board.php？

　　bo_table=sub6_03_01&wr_id=440(2015년 5월 29일 접속).

김효석. 1998. "5월 27일, 나는 역사의 새벽을 보았다." 증언자료 DB. 전남대
학교 5·18연구소.

　　http://myweb.jnu.ac.kr/~cnu518/board518/bbs/board.php？

　　bo_table=sub6_03_01&wr_id=31(2015년 5월 12일 접속).

나일성. 1989. "기동타격대는 광주의 보루."

　　http://myweb.jnu.ac.kr/~cnu518/board518/bbs/board.php？

　　bo_table=sub6_03_01&wr_id=437 (2015년 6월 6일 접속).

나의갑. 1988. "10월 12일로 6주기 맞는 박관현, '나팔꽃 씨가 그를 죽였는가?'
의문을 추적한다."『월간예향』. 10월호: 100-105.

노동은. 2003. "5·18과 음악운동." 『민주주의와 인권』. 제3권 2호: 267-286.

민주청년민주구국총학생연맹. 1980. "민주수호 전남도민 총궐기문." 아카이브 즈 사료.

http://archives.kdemo.or.kr/View?pRegNo=00842492 (2015년 4월 20일 접속).

박남선. 1988, "광주시민은 왜 총을 들었나." 『신동아』 5월호: 348-380.

박노해. 1989. "광주무장봉기의 지도자 윤상원 평전." 『노동해방문화』. 3월호: 58-144.

박몽구. 1989. "광주민중항쟁의 횃불 윤상원 열사에게 드리는 글." 『사회와 사상』 5월호: 118-133.

박병규·김양애. 1988. "도청 지키다 사망." 증언자료 DB. 전남대학교 5·18연구소. http://myweb.jnu.ac.kr/~cnu518/board518/bbs/board.php?bo_table=sub6_03_01&wr_id=490 (2015년 8월 10일 접속).

박석삼. 2011. "김남주 형을 생각한다." 『작은책』. 190호. 4월호: 122-125.

박선정. 1989. "밀폐된 공간의 벽을 깨는 역할을." 증언자료 DB. 전남대학교 5·18연구소.

http://myweb.jnu.ac.kr/~cnu518/board518/bbs/board.php?bo_table=sub6_03_01&wr_id=413 (2015년 5월 26일 접속).

서울지방검찰청·국방부검찰부. 1995. "5·18관련 사건 수사결과."

손남승. 1988. "5월은 민중들의 힘으로 이루어졌다." 증언자료 DB. 전남대학교 5·18연구소.

http://myweb.jnu.ac.kr/~cnu518/board518/bbs/board.php?bo_table=sub6_03_01&wr_id=476 (2015년 6월 13일 접속).

신만식. 1989. "공수부대와 싸운 방위병" http://myweb.jnu.ac.kr/~cnu518/board518/bbs/board.php?bo_table=sub6_03_01&wr_id=478 (2015년 8월 11일 접속).

안병용. 1990. "남민전." 『역사비평』 12권 8월호: 241−289.

안성옥. 1989. "군인이 아니고 적이다." 증언자료 DB. 전남대학교 5·18연구소.
http://myweb.jnu.ac.kr/~cnu518/board518/bbs/board.php?
bo_table=sub6_03_01&wr_id=436 (2015년 6월 6일 접속).

양홍, 안충석, 최기식. 2013. "정의에 대한 투쟁을 늘 생각하며 살아야죠." 5·
18기념재단 엮음. 『5·18의 기억과 역사−−5 천주교편』, 231−274. 광주:
성문당.

염동유. 1989. "기동타격대 3조로 활동." 증언자료 DB. 전남대학교 5·18연구
소.
http://myweb.jnu.ac.kr/~cnu518/board518/bbs/board.php?
bo_table=sub6_03_01&wr_id=435 (2015년 6월 4일 접속).

月刊朝鮮특별취재반. 1988. "「광주」주역 36인의 증언." 『월간조선』. 3월호:
418−480.

위성삼. 1988a. "죽은 자가 산 자에게 말한다." 『국민신문』. 3월호: 24−25.

위성삼. 1988b. "역사와 민족 앞에 부끄럼없이." 증언자료 DB. 전남대학교 5·
18연구소.
http://myweb.jnu.ac.kr/~cnu518/board518/bbs/board.php?
bo_table=sub6_03_01&wr_id=484 (2015년 6월 10일 접속).

윤기권. 1989. "탈출에 성공하다." 증언자료 DB. 전남대학교 5·18연구소.
http://myweb.jnu.ac.kr/~cnu518/board518/bbs/board.php?
bo_table=sub6_03_01&wr_id=458 (2015년 6월 4일 접속).

윤철호. 1994. "길이 만난 사람 / 광주항쟁의 마지막 수배자 윤한봉의 귀향 일
지 : '김대중 총재가 광주시장이 되는 정치는 없는가?'" 『사회평론』. 94권
6 호: 38−45.

윤한봉. 1996. 『운동화와 똥가방』. 서울: 한마당.

윤한봉. 2006. "윤한봉 구술녹취문(1차)." 면담자 박현정. 두암동 자택. 1월 23

일. 5 · 8 항쟁사 정리를 위한 인물사 연구.

http://trollwall.egloos.com/4236007 (2012년 10월 30일 접속).

윤한봉. 2006. "윤한봉 구술녹취문(2차)." 면담자 박현정. 두암동 자택. 1월 24

일. 5 · 8 항쟁사 정리를 위한 인물사 연구.

http://trollwall.egloos.com/4237820 (2012년 10월 30일 접속).

윤한봉. 2006. "윤한봉 구술녹취문(3차)." 면담자 박현정. 두암동 자택. 2월 22

일. 5 · 8 항쟁사 정리를 위한 인물사 연구.

http://trollwall.egloos.com/4237830 (2014년 3월 22일 접속).

이동용, 임주형. 2005. "80년 도청 '최후의 항전' 중학생 시민군 이동용 씨."

http://cafe.daum.net/80518/CTHN/443 (2015. 5. 30. 접속).

이승호. 2011. "[4 · 11 총선] 33년전 남민전 사건…'경비원 찌른 범인, 이학영

아냐.'"

http://www.newsis.com/ar_detail/view.html?ar_id=

NISX20120404_0010991591 (2015년 4월 14일 접속).

이우정. 1988. "조선대의 열악한 운동역량을 딛고." 증언자료 DB. 전남대학교

5 · 18연구소.

http://myweb.jnu.ac.kr/~cnu518/board518/bbs/board.php?

bo_table=sub6_03_01&wr_id=410 (2015년 4월 20일 접속).

이인배. 1988. "석방운동 전세계로 번진 '반국가 사범' 金南柱, 그는 누구인

가?" 『월간예향』 8월호.

이재의. 1988. "도청 상황실에서." 증언자료 DB. 전남대학교 5 · 18연구소.

http://myweb.jnu.ac.kr/~cnu518/board518/bbs/board.php?

bo_table=sub6_03_01&wr_id=477 (2015년 6월 24일 접속).

이재춘. 1989. "방위병으로 시민군 기동타격대로."

http://myweb.jnu.ac.kr/~cnu518/board518/bbs/board.php?

bo_table=sub6_03_01&wr_id=434 (2015년 6월 23일 접속).

이주성. 2012.『김일성, 광주사태 북한군 남파 명령』. 서울: 평화출판사.

이호재. 2010. "광주사태에 대한 당시 북한의 선전."
http://cafe.daum.net/issue21/3IBb/531 (2015년 4월 8일 접속).

임동규. 2006. "광주가 낳은 박현채."
http://forum.chosun.com/bbs.message.view.screen?bbs_id=
1601&message_id=204004 (2015년 4월 17일 접속).

자유북한군인연합 편. 2009.『화려한 사기극의 실체 5·18』, 서울: 자유북한군
인연합.

제144회 국회 청문회 속기록. 1989.『5·18광주민주화운동 진상조사 특별위원
회회의록』. 대한민국국회사무처.

제145회 국회. 1989. 5·18광주민주화운동 진상조사특별위원회 현장검증 소위
원회. 4호.

제145회 국회 청문회 속기록. 1989.『5·18광주민주화운동 진상조사 특별위원
회회의록』. 대한민국국회사무처.

전남사회문제연구소 엮음, 박호재·임낙평 정리. 1991.『들불의 초상: 윤상원
평전』. 서울: 풀빛.

전 북한군 항공사령부 소속 여성고사포중대 중대장. 2009. "한국군은 광주의
살인자가 아니다."자유북한군인연합 편.『화려한 사기극의 실체』. 149-178.
서울: 자유북한군인연합.

전용호. 1988. "끝까지 싸웁시다." 증언자료 DB. 전남대학교 5·18연구소.
http://myweb.jnu.ac.kr/~cnu518/board518/bbs/board.php?
bo_table=sub6_03_01&wr_id=293 (2015년 6월 9일 접속).

전용호. 1989. "5월 선전(선동)활동 보고서."『민족현실과 문화운동』. 봄호:
288-302.

전 함경남도 금야군 고등중학교 교원. 2009. "교육자의 시각에서 본 5·18사
건." 자유북한군인연합 편.『화려한 사기극의 실체』. 45-92. 서울: 자유북

한군인연합.

정상용. 1988. "집중취재/증언! 5월의 광주, 그 육필수기 / 그날의 함성은 끝나지 않았다."『엔터프라이즈』 6월호: 63-68.

정석환. 1996. "5 · 18당시 정보부 전남 지부장 정석환 비망록/전두환은 공수부대장에게 진압격려금 내려보냈다."『신동아』 1월호.

정용화. 1989. "윤한봉의 밀항을 돕다."증언자료 DB. 전남대학교 5 · 18연구소.http://myweb.jnu.ac.kr/~cnu518/board518/bbs/board.php? bo_table=sub6_03_01&wr_id=421 (2015년 4월 18일 접속).

조국통일사 편. 1982.『주체의 기치따라 나아가는 남조선인민들의 투쟁』. 평양: 조국통일사.

조희연. 1990. "60년대 조직사건에 대한 역사사회학적 연구: '통혁당'을 중심으로."『경제와 사회』. 7월호: 90-137.

조희연. 1991. "1970년대 조직사건에 대한 연구"('남민전'을 중심으로).『성공회대학논총』 5호. (한국 현대사통합 데이터베이스).

주미사. 1992. "역사와 인물 2: 남민전 사형수 - 신향식."『월간 사회평론 길』 92권 2호: 128-133.

지승호. 2005. "잃어버린 진실을 찾아서: 75년 4월 9일, 그 미망(未亡)의 기억."『기억과 전망』 10권: 154-185.

천순남. 1988. "배가 고파 나간 거리."증언자료 DB. 전남대학교 5 · 18연구소.http://myweb.jnu.ac.kr/~cnu518/board518/bbs/board.php? bo_table=sub6_03_01&wr_id=480 (2015년 6월 12일 접속).

최동북. 1988. "중학생 특공대의 도청 공격."증언자료 DB. 전남대학교 5 · 18연구소. http://myweb.jnu.ac.kr/~cnu518/board518/bbs/board.php? bo_table=sub6_03_01&wr_id=458 (2015년 5월 27일 접속).

최정운. 1999.『오월의 사회과학』. 서울: 풀빛.

최치수. 1989. "고등학생 수습위원회."증언자료 DB. 전남대학교 5 · 18연구 소.http://myweb.jnu.ac.kr/~cnu518/board518/bbs/board.php? bo_table=sub6_03_01&wr_id=506 (2015년 5월 27일 접속).

카치아피카스, 조지. 2002. "역사 속의 광주항쟁."『민주주의와 인권』2권 2호. 10월호: 227-247.

한국기독교교회협의회 인권위원회 엮음. 1987.『1980年代 民主化運動: 광주 민중항쟁 자료집 및 상반기 일지』제7권. 서울: 한국기독교협의회.

한영읍. 1990. "남조선 인민들의 반파쇼 민주화 투쟁을 보다 높은 단계에로 발 전시킨 영웅적 광주인민봉기."『근로자』. 5월호.

한영진, 정영호, 박창선. 2005. "5 · 18 광주, 北에서는 이렇게 보았다."데일리 NK. http://www.dailynk.com/korean/read.php?cataId=nk01300& num=5488 (2015년 6월 22일 접속).

황석영. 1988. "항쟁 이후의 문학."『창작과 비평』16권 4호. 겨울호: 50-76.

大檢察廳. 1981.『左翼事件實錄』제12권. 서울: 大檢察廳搜査.

風間公一. 1985. "日人 사진기자의 現場 목격기."『신동아』. 7월호: 241-271.

Anderson, Terry. 2000. Remembering Kwangju. In The Kwangju uprising. Henry Scott-Stokes and Lee Jae Eui eds, 43-52. Armonk, New York: M.E. Sharpe.

Martin, Bradley. 2000. Yun Sang Won: The Knowledge in those eyes. In The Kwangju uprising. Henry Scott-Stokes and Lee Jae Eui eds, 87-105. Armonk, New York: M.E. Sharpe.

Lee Jai Eui. 1999. Kwangju Diary: Beyond Death, Beyond the Darkness of the Age. Kap Su Seol and Nick Mamatas trans. Los Angeles: University of California.

Lee Jai Eui. 2000. "Operation 'Fascinating Vacations.'" Henry Scott-Stokes and Lee Jae Eui eds. The Kwangju uprising: Eyewitness press accounts of Korea's Tiananmen. Pp. 19–40.

Thorpe, Norman. 2000. Let's live and meet again. In The Kwangju uprising. Henry Scott–Stokes and Lee Jae Eui eds, 117–127. Armonk, New York: M.E. Sharpe.

Uriminzokkiri. 2014. "님을 위한 행진곡." https://youtu.be/akjuecp5w6Q (2015년 4월 11일 접속).

임을 위한 행진곡

– 국가행사 기념곡 지정에 대한 찬반 토론자료 –

||||||||||||||||||||||||||||||||||||||||||||||||||||||||||||||||||||||||||||||||||||||||||||||

초판 인쇄 _ 2015년 11월 18일
초판 발행 _ 2015년 11월 23일

저　자 _ 김대령
펴낸이 _ 박기봉
펴낸곳 _ 비봉출판사
주　소 _ 서울 금천구 가산디지털2로 98. 2동 808호 (롯데IT캐슬)
전　화 _ (02)2082-7444
팩　스 _ (02)2082-7449
E-mail _ bbongbooks@hanmail.net
등록번호 _ 2007-43 (1980년 5월 23일)
ISBN _ 978-89-376-0439-3　03910

값 18,000원